张倩仪 著

大留学潮

北京联合出版公司
Beijing United Publishing Co.,Ltd.

序一：为接朝霞顾夕阳

张信刚

张倩仪女士即将出版新作《大留学潮》，以书稿赠我，请我作序。

1963年我自台湾赴美留学，1990年回香港。这期间我先后居住美国19年、加拿大7年，法国1年，对海外留学生的情况颇为注意，因此对本书的题材很感兴趣。

《大留学潮》叙述20世纪上半叶大批中国知识分子出国留学的历史。书中提及的许多人我都听说过；有一面之缘的近30位，颇有过从者也有6位。

全书大致以年代为经，以留学生所赴国度为纬，兼及各类留学生的出身和资助来源。作者以大量资料展示留学生在国外所遭遇的文化震荡、学习过程以及所受的歧视等；也对许多人回国后的际遇做了描绘。

许多留学生的回忆文字都能证明，20世纪初期欧美各国和日本的社会秩序以及公民素养都远超当时的中国。也就是说，19世纪中叶"师夷长技以制夷"、"中学为体，西学为用"的自强方针对提升国民素质没有起到作用；由此也反证，必须引入西学方能振兴中华。大留学潮的基本动力和历史使命即在于此。

本书内容翔实，述中夹评，既有趣味性，又具思想性。我觉得书中有两个题目值得进一步讨论。

第一个，作者特别指出，欧美各国和日本的大学教育十分注重实验，而中国留学生一般都需要克服不善动手的弱点。这个情形即使在20世纪后半叶仍然如此。然而，著名的"李约瑟问题"是：为什么古代中国创造了如此多先进的工艺技术，而近代科学却没有在中国出现？本书提供的资料显示（我个人也观察到）另一个现象：在古代长于工艺却没有产生近代科学的国度里，大多数近代知识分子偏重理论而疏于实验！这个令人费解的悖论很值得进一步探讨。

第二个，作者细述了在整个大留学潮中占时间并不长、人数也不算太多，但日后对中国的影响却极大的勤工俭学运动。勤工俭学者大都是小康以上家庭出身，但在欧洲经过一段工人生活后，许多人信奉了马克思主义；其中一部分人又从此放弃了"学术救国"、"实业救国"的初衷而走上了社会主义革命的道路。中国留学生的勤工俭学运动和法国天主教发起的"工人神父"运动几乎同时。天主教为了和一战后盛行的马克思主义争取工人的忠诚，特别指派一批青年神父到各地厂矿当工人。许多被派去教化工人的神父们在经历一段工人生活后决定放弃教会交付他们的任务，反而成为左翼工会的组织者。这两段往事似乎证明了马克思主义的信条："存在决定意识。"这些勤工俭学者和他们的后人在20世纪中叶以后的中国社会变革中具有何种社会意识将是很有意义的研究课题。

我细读《大留学潮》之后也有几点联想，愿意在此与读者分享。

首先，"大留学潮"可以放在人类文化交流史的框架中加以考察。在人类文化交流的历史上，从来未曾有过如此大规模的、持续的人才出国学习潮流。我能想到的是日本大化革新后来华的遣唐使；再一个就是日本明治维新前外派留学生的计划。遣唐使学习的对象是中国；明治维新的学习对象主要是德国和英国。而中国大留学潮的学习对象包括了日本、美国、法国、英国、德国、比利时和苏联。不能不承认，即使在危急存亡的时刻，中国仍是一个兼容并蓄的国家。

第二，应该在世界近代史的范畴里看待大留学潮。西欧各国在意大利文艺复兴后，纷纷效仿意大利的教育方法和典章制度。之后，落后的俄罗斯在彼得大帝的主导下开始向西方学习，持续了一个世纪有余。但是所有欧洲国家之间在宗教上、语言上和历史渊源上的差别都远不如中国和欧洲国家之间的差异。从这个角度看，与中国大留学潮有较多可比拟性的是奥斯曼帝国的革新。18世纪初开始，奥斯曼帝国的国势向下滑落，先是割地赔款，继而被迫承认列强的治外法权，最后将海关和财政管理权交付给债权国，颇似中国晚清的情况。自19世纪中叶起，奥斯曼帝国政府进行了将近一个世纪以西方为榜样的改革。在此期间，许多社会上层和中产阶层家庭的子弟前往西欧各国学习。他们在外国发行各类刊物，成立不少政治组织,其中"青年土耳其党人(Young Turks)"政团在20世纪初曾经掌权执政。在这一世纪中,奥斯曼帝国的政府形式、社会结构和文化品位都受到了"西化派"的影响。中国的大留学潮、奥斯曼帝国的西化改革应该是大可研究的两个案例。总体来说,无论是中国还是奥斯曼帝国(也可以包括未曾遭到欧美列强欺侮的日本),都是以西化为自强的手段,而不是进行全面的文化更新。

第三,必须在近代中国积贫积弱的语境中观察和评价大留学潮。近代中国外侮频仍,士大夫和一般百姓都难以忍受,大留学潮正是中国全国上下渴望自强的表现。然而,在任何社会大潮流中都不可能万众齐心;在纷纷攘攘涌往外国的留学潮中,的确是鱼龙杂混,泥沙俱下。但我们今日回顾大留学潮,应该看到100年来中国所发生的巨大变化。无论用任何客观指标来度量,大留学潮的总体效果都是正面的。

任何近代国家的自强努力都牵涉到现代化的问题。而现代化是一个持续的过程,没有任何一个国家的现代化业已完成,可以不须努力而永享太平。

因此,尽管今日中国早已非昔日可比,中国学生赴外国留学的人数却空前高涨,许多中国百姓也有向外国移民的意愿。一如本书的结语所表明,中国的社会现状和欧美等发达国家仍有明显的距离。虽然大留学潮给我们带来了许多有益的变化,但是振兴中华的使命还没有完成。

希望在未来的二三十年里,中国能够进入一个民主与科学贯彻于社会各个层面的时代,成为不再需要另一个留学潮的国度。到那时,《大留学潮》将会被视为记载往者披荆斩棘的路径并且激励来者奋发向前的好书。

我深信,《大留学潮》的历史意义将是——借用一位前辈留学生富有诗意的书名——"为接朝霞顾夕阳"。

张信刚,英国皇家工程院外籍院士,历任香港科技大学工学院院长、美国匹兹堡大学工学院院长、香港城市大学校长,任校长期间以人文治校而著称,著有《大中东行纪》《尼罗河畔随想》等视角独到的文化观察手记

序二：以史为镜的留学课题

陈万雄

这是张倩仪女士运用大量近代人物自传为主体材料而撰写的第二本著作。第一本名为《再见童年》（按：繁体版名为《另一种童年的告别》），也曾邀我写序。我很欣赏这个题材。因为19世纪与20世纪之交的前后几十年，中西文化交错，是中国儿童教育和成长嬗变的时期，在中国历史文化上时代意义重大。我也赞赏这种以组合亲历者自述内容为主体的撰写形式，既有学术的基础，又有如亲历其境的生动描述，增加大众读者的阅读兴趣。《再见童年》一书，曾风行两岸，相当受欢迎。

近百多年是中国历史文化长河中一个翻天覆地的时代。这个巨变时代中的弄潮儿留下亲历亲闻的传述，原就是百多年中国文化和社会方方面面活生生的实录。从文化教育来说，近代留学外国是中国史无前例的现象，其影响日后中国社会和文化之深远，不言而喻。正如作者自序的标题为"三千年未有的留学潮"，结语的标题是"未完的留学潮"，已见全书端倪。

留学这课题，从1970年代起，已属学术界的热门题材，中外文的有关书籍也不少。但是，这些研究大都从政治和文化入手，且多属高头讲章的学术著作，非一般读者所能接近。留学既是过去广泛渗透到社会各个阶层的教育潮流，现今——甚至可见的将来，仍然是中国社会一种突出的现象，社会大众对这种潮流，自有广泛了解的兴趣和需要。作者全面挖掘、集拢当年留学问题的种种现象，大小不遗，各成专题，真是五花八门，描述生动，读来引人入胜。

当然，自传材料有其局限。片面不全有之，记叙不实有之，评说偏见有之，记忆疏漏有之，不一而足。要凑合成文，非作大量史料核实、排比、疏解、厘清等等费时耗心的工作，难以为功。作者继《再见童年》后，经经年研究、整理，撰写成此《大留学潮》，范围与内容固然广泛丰富，其中还不乏出人意表、令人发噱的故事。最难得的是，作者不时就事点拨，抒发己见，亦足引人思考。

所谓"以史为镜，可以知兴替"，百年经验，做点总结反省，既可透过留学这课题，增加对中国百年历史的认识，且对日后或会愈演愈烈的留学现象，于政府、于社会、于家庭、于个人，都是很可参考借鉴的。

陈万雄为著名出版家、近代史学者，香港科技大学荣誉院士，现任香港出版总会会长、饶宗颐文化馆荣誉馆长。主要著作有《新文化运动前的陈独秀》《五四新文化运动的源流》《历史与文化的穿梭》等。他策划过多套大型出版项目，如《故宫全集》《中国地域文化大系》《中国本草图录》《敦煌石窟全集》，1990年代率先开发电子出版、数据库和网络经营，获香港印刷大奖终身成就奖

序三：时代的挑战

张翠容

倩仪呕心沥血的新书洋洋洒洒近30万字，道尽中国数个大时代的大留学潮，可谓是中国一页重要近代史。现在她要赋予历史重新论述的生命，把个人与时代命运紧扣，究竟是时势创造英雄，还是英雄创造时势，当中是否存在历史的密码？

这是我少时读历史的一个大疑问，只可惜香港的历史教育浅薄，中国历史尤甚，中学教育未及让我多了解，自己后来也加入了留学的浪潮去，但这可不能与前人相比较了。香港人出洋留学，在殖民年代，连家国也说不清楚，自然是个人前途多于一切。

虽然如此，我记得在大学的注册日，大批来自第三世界的同学，非洲的、阿拉伯的、拉丁美洲的、印度的和亚洲的，有不少依赖公费或奖学金前来学习。对他们而言，大留学潮没有结束，只是进入了另一个新阶段，留学与个人及国家命运，仍然息息相关，这令我不无思考。

过去一直是第三世界向西方取经，最重要的桥梁当然是留学生。西方亦乐意向发展中国家的精英尖子招手，送出大量奖学金。后者希望学习前者的新科技、新思潮，待回国后能一展抱负，推动社会变革，这是20世纪动荡的上半叶，中国留学生对国家民族普遍怀有的愿景。

因此，在中国，大留学潮亦是个大革新潮，留学生学成归来抢着提出不同的社会实验，正如倩仪在书中指出，大有一代革一代的命之势。

"前有先驱，后有来者，伏涌延绵，越代相师"，这场波澜壮阔的大留学潮横扫日本、欧洲、苏俄及北美洲，当中的佼佼者包括留日的蒋介石，留法的周恩来、邓小平，留苏的蒋经国、刘少奇等，都成为一代的领军人物，对中国发展影响深远。除他们外，还有我们已知，或遗忘，又或不为人所察觉的其他重要人物故事，倩仪都能仔细为我们一一拆解，令我们再度探讨历史而回看当今的中国以至世界。

阅读倩仪的巨著，令我引发至少两个问题：首先，为何历史悠久的东方国家，自19世纪末开始，涌现到西方学习的大留学潮？这令我想到伊恩·莫里斯（Ian Morris）的繁体版新书《西方凭什么》(*Why the West Rules—For Now*)，在中国台湾的中文译本却多加了个副题《五万年人类大历史，破解中国落后之谜》，反映了华人内心的情意结。

其实，莫里斯在书中一开始，即触及中国，就从火烧圆明园开始。1860年英军攻进圆明园，把原本属慈禧太后的爱犬带回伦敦，献给维多利亚女王，取名"战利品"。作者不禁问：为什么鸦片战争结果是维多利亚女王获取一条狗，而不是她丈夫阿尔伯特被押去北京做人质？

作者继续问：西方征服新大陆靠的是"枪炮、病菌与钢铁"，可是，枪炮源自中国，中国亦不缺病菌、钢铁，为什么征服新大陆的却是西方？郑和航海技术远胜哥伦布，为何他没有横越太平洋？为什么工业革命在英国发轫？最后的问题：西方凭什么主宰世界？

当我们现在说到国际标准，便意即西方标准；当我们谈到现代化，即追赶西方的现代化。中国晚清有所谓洋务运动，便是以"师夷长技以制夷"为口号，把一批学子送往欧洲，企图打开西学之门，汲取西方机械技术，在全国展开工业运动，作为救国救民的自强路，可惜最后因战败而告终了。

在人类历史里，多个文明你追我逐，不过发展无前后，以达者为先。就这个问题，我和倩仪及其他朋友在聚会时曾多番讨论过，朋友提出波斯的拜火教，倩仪就讲述波斯帝国第一代大流士大帝比较过"民主"与其他政制。作为人类首个横跨三洲的大帝国的波斯帝国和拜火教，可以说是极早的文明之一，欧美人也承认，当东方文明高度发展的时候，欧洲曾经大为落伍。在整个"大留学潮"中，我们不禁再问：西方凭什么？

《西方凭什么》作者莫里斯指出了一个历史的法则，就是当社会向上发展，自会出现阻碍。发展遇到阻碍，不可能一直原地踏步。不突破，便会衰退或崩溃。核心衰退，只得沦为边陲，但如有一天又发展出后发优势，便会再次挤入世界核心。

换言之，从掠夺中寻找突破及创新之法，乃是西方帝国生命的所系。

但物极必反，正如米尔斯海默的《大国政治的悲剧》里指出，过度扩张的帝国最终自招衰败的悲剧。

人类文明互相竞争甚至冲突，一直以来我们问西方凭什么，但走到了21世纪的今天，十年河西，十年河东，中国崛起现象成为西方争相研究的课题，留学潮由西往东，近年竟有愈来愈多的西方莘莘学子，前来中国了解中国崛起的模式。

除"西方凭什么"外，第二个问题就是西方为何张开怀抱并慷慨向发展中国家提供大量奖学金？这是我少年时期往英国读书的问题。

后来我研究资本全球化，发现无论冷战前后，世界仍打着意识形态之战。例如20世纪70年代初，美国扶助智利右翼独裁军人皮诺切特，他一上台即以"休克疗法"重建国家经济。之后出现所谓"芝加哥男孩"（Chicago Boys），即留学芝加哥大学师承弗里德曼的拉美经济学家，回国后大力推行新自由主义政策。他们当中有不少获美国奖学金赴芝加哥大学学习。

西班牙等欧洲国家亦然。它们的经济、哲学发展，也可以找到与智利相同的轨迹，只不过伦敦政治经济学院取代了芝加哥大学，前者深受哈耶克影响，而哈耶克乃是弗里德曼的启蒙老师。

看来，奖学金不是白给的，留学生也不是白吃的。当年苏联向中国留学生大开中门，道理也如是。留学生当然应有其独立的思考，而且是个关键。为什么呢？

回答这个问题，我又要回到这本《大留学潮》，虽然讲的是中国20世纪上半叶留学热潮与中国发展，但当时其他落后地区亦风起云涌，中国是其中的写照。它们都面对西方列强的东征西讨，国家积弱，急于走上现代化道路，留学生在其中扮演重要的角色。但，究竟要怎样的现代化？大部分发展中国家争议不休。要全盘西方，超英赶美，还是取西方之长而补自己之短，再走出属于自己的发展之路？

在中国，"西化"、"中化"、"革新"、"守旧"之间的论战尤为炽烈，即使到了现在，中国此刻最需要有识之士，不卑不亢地为国家指出前途，留学生的态度尤为重要。倩仪把我们带回现场，自辛亥革命，再到五四运动、新文化运动、抗战的留学全记录，从宏观到微观，每一个时代都有类似的忧虑，即使到现在中国改革开放已过了30多年，仍有人问：在参考西方现代化之余，该怎样看待自己的文化，以及如何追求社会理想和体验个人价值？这同是当今中国"海归"面临的挑战。

有趣的是，自五四运动以降所倡议的"中学为体，西学为用"，过去多年来都不时受到华人思想界质疑。相互尊重的交流可擦出灿烂的火花，丰富不同的文化。但学习如掺有太多政治色彩，便会出现重重的矛盾。好事与坏事之间，可真是一念天堂，一念地狱。

在历史知识上倩仪是我的老师，平时与她闲聊古今中外，她亦妙语连珠，令我获益良多。愿意花上巨大心力写一本可借古喻今的历史专书，在功利的香港更见此著作的难能可贵。她以说故事的方式解读中国近现代史中一个重要的大留学潮，天使、魔鬼都在她的细节里，好像追看小说一样备添趣味，并为香港留白的历史教育填上色彩。

当我读完这一本作品，内心感叹难止。毕竟，大留学潮所留下的问题，至今仍是我们这个时代面临的挑战。

> 张翠容，香港资深战地女记者，对国际时事的精准评论融汇东方女性特有的细腻、敏锐，著有《行过烽火大地》《大地旅人》《拉丁美洲真相之路》《重走东欧剧变之路的启示》《中东现场》等

自序：三千年未有的留学潮

"三千年未有的变局"里，掀起三千年未有的留学潮。

这是一次主动追求的西潮，寄托着一个古老民族对前途的热望。日本为求迅速维新，也曾经留学以求西法，中国的留学却一波三折，延续半个世纪，数以十万青年学生离乡别井，远渡重洋。

今天的中国人世界，仍然热衷留学。中国成为世界上输出学生的第一大国，一年里去留学的人数，就比本书所写的半个世纪多两三倍。

那20世纪上半叶的大留学潮，对我们还有参考价值吗？

留学成为大潮，始于中国败于日本后，以官派留学为国策，延续到1950年代初政治狂澜逐渐平伏，留学生或回国或留居为止。其中20世纪头30年，真可谓"高潮迭起"，留日、留美、留法、留苏，峰回路转。当年一部留学史，有半部是清末民国政治史，还有半部，是平民求救国、求前途的艰难打拼，里面有热情，也有功利。出去的人固然艰辛备尝，留下来的，原来也同生共死。

比起日本，近代中国的留学花费大，时间长。对这个留学大时代，有人抨击，亦有人讴歌不已，而大部分人并没有真切的认识。一讲到近代留学，大家就聚焦在更早的幼童留美计划，许多文化人为这计划中辍而扼腕。然而比起那120个幼童的经历，这大留学潮涉及的人数超过千百倍，有更多可歌可泣的人生起落。可是，正因为规模大，枝节多，所以现在写它的人少。纵有，也是写个别故事或片段时间的多，描写全线的少；作学术研究的多，供阅读的几乎没有。

回想当年，这留学潮是十分火热的题目，留学生自己就写了两本畅销小说，分别写留日和留欧。一本是揭黑幕式的通俗作品《留东外史》，一本是才子文学家的手笔《围城》，都不忘调侃留学生的窝囊，甚至堕落。

《大留学潮》是承接1997年出版、描述西风东渐下儿童成长环境变迁的

《再见童年》。我把它们视如相续,是中国在文化转折的关键时刻,留下的三个深刻足印——成长环境的丕变、追求新知的留学,以及关乎民族存亡的抗日战争。我想透过身在其中者的描述,以勾勒一个古老民族面对巨变的连番挣扎和人心的震颤骚动。这三部曲中,抗日准备过材料,未及动笔。

由于激起中国大变的元素,不能无视外因,因此有一阵,我移心外国,想比较亚洲不同的古老文化对欧风席卷有什么反应。以孙中山、甘地、凯末尔、福泽谕吉等政治家、思想家的自述,做一点对比。草草披览材料,我知道追寻这个问题,远超出我的体能极限。

其实写留学亦不容易。比起"童年"一书,《大留学潮》是写共见不易、写新见更难的局面。共见少,因为当年留学的地方多、时间长,留学生之间不易有共同的经验。新见难,因为研究留学的书汗牛充栋。在取材上,如果写留学的生活细节,易琐碎而无深意,不似童年乡土生活,顺手拈来,都有趣味。更何况留学事业后来卷入政见及意气之争,颇为激烈,看当事人自述,要排除互诋及自捧的地方。留学生的争端与世界潮流亦大有关系,要放到世界思潮等诸多背景上考虑,才可见到根源的一二。难关千百,颇费踌躇,独学时常畏难,更况这是一条孤独而狭窄的路。

犹记得写童年书,曾觉得中国女性很可怜;及至写留学,又觉得中国人很可怜。生于可怜之世而奋斗不懈,是可敬的。留学救国的成败未来还会争议,但大浪淘沙之下,许多动人的努力,不应该任由时间埋没。

一个清华留美的优异学生回国后遇上"文革"等种种政治运动,记者问他作何感想。留学生说:这就是历史、人生,是一个国家历史的自然演变过程。任何人,包括兴风作浪者都不能主宰它的总趋势。我们只能够,也应当为几千年来的民族文化遗产遭劫,一个伟大、古老民族所遭受的损失和停滞而悲伤。至于个人的遭遇则是渺小的。比起多少相同的人不幸的命运,我还应当说是很幸运的。[1]

这番话,略为调整,也大可用来总括留学大潮。

但愿新的留学潮,不必蹈前人艰难的步履。

---

[1] 汤佩松《为接朝霞顾夕阳》,载《资深院士回忆录》第1卷,上海:上海科学技术出版社,2003年,页127。

与《童年》书一样，我虽然力求严谨，但这本书不是学术书，为了较为流畅易读，有时夹引夹述，未必按引文格式的要求，甚至不用引号，以便把部分原文是文言的引文改得浅近些，以方便今天较少机会读古文的读者。不过本书范围甚大，个人已没有精力把文字梳理到清畅好读，希望读者能体谅。个人所知也有限，书中不免有疏漏未全、数据讹误、评断失准的地方，尚望方家指正。

写作《童年》书的灵感得自工作中受陈万雄先生启发，本书与《童年》书为一脉，因此亦须大力感谢陈先生。此外，承留法勤工俭学纪念馆、卞昭波（Canta Pian）女士、郑启明兄，以及马庆洲、汪家明等先生、霍玉贞女士并众多好友协助搜集及授权使用照片；在收尾阶段已疲不能兴的时候，获徐志宇师兄仗义帮忙整理格式，谭汝谦教授、尚未谋面的钱静远同学、久未见面的伍尚沛同学协助越洋追查确认数据，使本书得以完成，谨此一并致谢。

1890—1950年代留学潮一览

1890至1950年这一甲子，作为一项吸收、学习西方文明的主动举措，留学潮最直接地体现出两种截然不同的文明的相互碰撞，在弱势的中国社会激荡出的期望、挣扎、无奈、抗争等等反应。留学潮起起落落，与世界大势紧密相关，也受中国国情牵扯限制。它是近代中国艰难转型、追赶世界先进文明的一个侧面。（见下页简表）

世界形势		1904年日俄在中国东北交战，俄国战败	●1914—1918年第一次世界大战。战后经济动荡。 ●1917年俄国十月革命，苏俄成立。 ●1917年中国对德宣战，派华工支援英、法、俄。 ●1918年美总统威尔逊提出十四点计划，包括民族自主。1919巴黎和会召开，日本得到德国在山东权利
	1890年代	**1900年代**	**1910年代**
中国形势	●1894年甲午战败于日本。 ●1898年康梁百日维新失败	●1900年义和团事件，八国联军入京。 ●1902年南洋公学学潮，此后学潮不断。 ●1905年清朝宣布变法，废科举，奖励留学生功名	●1911年辛亥革命爆发，清朝派袁世凯镇压，袁氏与革命者谈判劝清帝退位。 ●1913年疑总统袁世凯暗杀宋教仁，国民党人发起二次革命 ●1916年袁世凯称帝失败。此后北洋军阀混战。 ●1919年要求日本归还山东权利，五四运动爆发，新文化运动入各地
留日大事记	1896年官派留日开始	●1903年俄国势力入侵东北，留学生倡拒俄运动，大批退学回国，组义勇队。 ●1905—1906年第一次留日高潮	●辛亥革命后，3000多人回国。 ●1913—1914年第二次留日高潮。1915年大批留学生抗议日出"二十一条"，退学回国
留美大事记		●1905年中美谈判退还庚款。 ●1909年游美学务处成立，第一批庚款学生赴美	1911年清华学堂成立
留法大事记		1902年留法俭学会在北京成立	工读主义思潮弥漫，1919年勤工俭学运动大起
留苏大事记			
其他		1903年首批中国官费生留学比利时	

1920年代	1930年代	1940年代	1950年代
…21年华盛顿会议裁军，中…取消治外法权，失败。…29年美国经济大萧条	1939年欧战爆发	1941—1945年第二次世界大战	1950年6月朝鲜战争爆发
1920年代	**1930年代**	**1940年代**	**1950年代**
●21年中国共产党成立。●24年孙中山决定联俄容共，…5年孙中山死。●27年国民政府北伐，结束…混战，国民党清党，不少…党人被杀	●1931及1932年，日本进攻东北及上海。●1931—1935年国民政府5次围攻共产党。●1937年"七七事变"爆发，中国宣布抗日	●1945年日本投降。●1946年起国共内战，1949年国民党政府退守台湾，中华人民共和国成立，鼓励留学生回国建设	
	●1931年日本侵占东北，留学生大批退学回国。●1935—1937年汇率有利中国，日本侵略暂缓，第三次留日高潮。●1937年7月抗战开始，约8000名留学生回国，主要是留日学生		
●25年清华学校转为大学。●28年停派高等科毕业生留美	1933年第一届庚款留美考试	●1941年3月美国通过"租借法案"援助盟国，包括资助在美国留学的盟国学生。●1943—1947年约1000名中国工程师到美受训	美国初鼓励中国学生回国，后给予居留权，1950年通过中国援助法案为学生提供生活费，1951年转而下阻留令，禁止曾受技术训练者离美
●21年勤工俭学生发起学潮，…分被遣回国，运动于1922年…。●21年里昂中法大学成立			
●21年倾共学生由欧陆赴苏…东方大学。●25年莫斯科中山大学成立，…党及共产党员、团员由中国…，1927年因国共分裂停派			
	1933年第一届庚款留英考试	1943年第一届自费留学考试	●1949—1957年欧美各地数以千计留学生回国。●1949年起欧美的天主教大学资助约1000名中国留学生在国外学习

目 录
Contents

序一：为接朝霞顾夕阳　　　　　　　　　张信刚　001
序二：以史为镜的留学课题　　　　　　　陈万雄　004
序三：时代的挑战　　　　　　　　　　　张翠容　006
自序：三千年未有的留学潮　　　　　　　　　　　010
1890—1950年代留学潮一览　　　　　　　　　　　013

第一章　出国的雄心与现实　001
留学梦的起落　002
死水里的大波澜　005
镀金梦　011
救国雄心　017
青春的救国梦　023
科学梦就是实业梦　028
附：最惹笑的救国梦场面　033

第二章　钱从何处来　035
五花八门的公费　036
公费留学的流言　045
庚子赔款的多种作用　050
教会对留学的影响　060
倾家荡产的自费留学　066

附：最折腾人的筹钱留学故事　072
出外靠朋友　074
附：最豪气的穷学生花钱故事　077
半工读有可能吗？　078
半工读的中国少爷　088
无钱之苦　096
留学生养家　100
币值决定留学地　102
附：最异想天开的借钱占便宜计划　107

第三章　初出国门　109
东去西去的典型旅途　110
受歧视的忧虑　118
留学国的第一印象：以日、美为例　132

第四章　大潮第一波：留学东洋　141
再三兴起的留日潮　142
日本的转口作用　147
跟日本学习的问题　156
广求知识于世界的学习环境　163
天下秀才的高中　170
留日学生之反日　177
留完东洋留西洋　187

第五章　大潮第二波：新大陆新风气　191
在中国的美式小社会　192
什么人能进清华　203
庚款留美的优渥生活　212

演讲的风气　215
体育关　223
留美学生的先锋思想　230

第六章　大潮第三波：欧陆的特殊浪潮　235
留法勤工俭学大潮　236
重伤的热情　247
附：最天真的留学经费计划　258
留学苏联的政治热潮　260
奇特的学批判　269

第七章　学　习　273
语文关　274
选校和选科的困惑　285
附：最三心两意的转系故事　293
放弃科学救国　294
自由而严谨的法国大学　297
附：李石曾认为中国宜重视法国教育的理由　304
超龄中学生　305
留学生看法国中小学教育　309
实验及实习精神　312
欧美著名实验室　317
培养中国赛先生　320
小班讨论会　329
在外国研究中国　332
留学生的留学规划　337
附：最艰难的作育英才故事　344
玩新生　兄弟会　艺术节狂欢　346

歧视女生的英美大学　356

第八章　生　活　361

面对父母主婚的新青年　362
附：最明理的弃妇故事　369
自由恋爱的躁动　370
附：最曲折的自由恋爱故事　380
在外国过中国生活　383
乡党互助的旧疙瘩　387
名门望族留学生　393
附：最扑朔迷离的留学公案　401

第九章　归去来兮？　403

新科举　洋进士　404
回到中国的第一印象　411
抗战也回来　418
何以想归国？　426
附：最基本的爱国心故事　433

第十章　国际风云中的留学生　437

可怜异代却同时：不同世代的留学生　438
一代革一代的命——几件事例　441
时潮作弄弄潮儿　446

结语：未完的留学潮　461

传主介绍　463
出版后记　479

第一章

出国的雄心与现实

留学梦的起落

三千年未有的变局,激起三千年未有的留学潮。

中国人本来有游学传统,《劝学篇·游学》说春秋战国时期最流行游学,这大概也是时代需才而教育下放,人人力争学习以致世用的缘故吧?从东汉到明清,有很多上进的青年学子周游寻访名师的故事。但这种读书人的游学,范围主要在中国境内。中国第一次出国游学热潮出现在唐朝,游学地点是印度,游学者是出家人,所求的是佛学。相比之下,近代的游学(后来改称留学)潮,无论规模、广度、迫切程度,都是惊人的。以中国人口之多,只要潮流涌起自民间,那力量岂能不巨大?

留学潮兴起

这股大力量的开始,却连涓涓细流都称不上。最初去留学的人不但少,而且身份低微。第一个在美国著名大学毕业的留学生容闳是穷孩子,无力读书,所以到教会学校受教育,与同校两三个孩子一起,自愿跟回国的教师去美国。虽然容闳留学时(1847—1854),鸦片战争已经打过,但是当时有点经济能力的家长,如果不是教徒,根本不会让孩子接受教会教育,更遑论到外邦留学了。二十多年后(1872年),由容闳安排的幼童留学美国计划,得到重臣曾国藩支持,起初还是招不够人数。同一时间,在中国政府开设的同文馆,教外文,也不易招到好出身的学生。

自从留美幼童被急召回国,留学沉寂了二十多年,中间只有基督教或商人家庭的子弟零星的游学,[1] 1896年开始,却突然爆发成潮,而且越来越

---

1 清末民初外交家施肇基和颜惠庆在1890年代赴美留学。颜惠庆是教徒,父为牧师。其父及叔父均在上海教会学堂读书,然后赴美。颜惠庆的留学由家庭安排,因为父母立意要使子女接受美国大学教育,见《颜惠庆自传》,台北:传记文学出版社,1989年,页35。施肇基家做丝的生意,在上海和洋商打交道,《施肇基早年回忆录》,台北:传记文学出版社,1967年,页13。第一代女留学生陈衡哲自小受舅父影响,要进学校,舅父在广东做官,多见新学,见《陈衡哲早年自传》,合肥:安徽教育出版社,2006年,页55。

大，十年之后，光在日本已经有8000个中国留学生，不少还是自费的。留日潮之后，是留美潮、留法潮、留苏潮。20世纪上半期变成留学大热的时代。从1896年到1950年代初，有数以十万计的学生去留学。

由不肯去到争着去

标志大潮兴起的1896年，是中国败于日本、签订割地赔款条约的第二年。此前半个世纪，中国已经三次败于英、法；这是第四次战败，而且败于新兴的日本，中国知识分子为之震动。这一震动，摇落了洋务运动已为中国找到富强出路的幻想。

1896年清政府派13名留学生到日本，作为中国中坚力量的知识分子也开始把眼光和希望移到外国，留学于是变成全国的行为。两年之后，派学生到日本成为国家政策，地方大员也派人去日本学陆军。鼓吹留日的大臣张之洞就更不用说了。他主政湖北，设立两湖书院，用心培养学生，1900年曾经让他们全体官费留日。当时书院的学生都是有初级功名又经进修的人，离湖北去日本时，由候补道率领，著名幕客辜鸿铭随行；到上海，有上海政府官员设宴招待。张之洞亲自送船去上海时：

> 对学生频频答礼，提督张彪后到，屈膝请安，文襄（张之洞）口衔长旱烟杆，视若无睹。我们见这种倨态，不免暗笑，亦更觉自己所受的礼遇。[1]*

这固然是重文轻武的风气，却可以见到张之洞对教育、对留学的寄望之殷。

不过，中央或地方派遣的留学生人数有限，大抵只是开启风气。让留学成为大潮的，是民间心态的转变。1900年义和团事件之后，开始有年轻人认为国家要改变方针，个人亦应另有打算，他们有些选择自费留日，因为"日本维新以后，政治工业，效法西洋，进步很快，尤以海陆军更优，

---

[1] 张知本《张知本先生访问记录》，台北："中央研究院"近代史研究所，1996年，页15。为方便读者阅读，标有*号的引文经作者简写或略改白话。

且学费亦省,学堂为优待留学生,可不经考试入学"。[1]

人同此心,于是以公费、私费留学日本顿成风气。20世纪伊始,去海外留学发展出规模,产生量变的意义。

与留学大潮相伴的,是两种似矛盾又相承的心理。

一方面,它是各种各样的报国之心。由于中国积弱太甚,稍有一点热诚的年轻人,都想通过留学,学到一种救中国的方法。

另一方面,留学潮泛起的半个世纪,中国曾经多番改革、革命,世局却越往乱处发展。[2]谋生的困难、时局的混乱、对国情的苦闷、对新兴国家的向往,都加强了年轻人到外洋寻找出路的热望。未留学的人,眼看留学生回国那么风光,都拼命要争一个出国机会,于是留学热里又夹杂了传统功名的动力,只是场景变了,十年窗下,只为去镀金喝洋墨水。

留学潮延续几十年。留学生源源不绝,先是南方沿海省市如上海、江浙、广东的青年,稍后是内陆省份如安徽、四川、湖南等家境较好的官绅家庭青年。到1910年代,留学风经过长期发展,加上社会名流鼓吹,因此青年不论家境,不论地域,都向往留学之梦。于是一批接一批青年人,一层推一层而深入村镇,深入内陆,直到上世纪50年代才因为政治原因,在中国大陆告一段落。随着大批人移居台湾,留学热亦转到台湾。

---

[1] 曹汝霖《曹汝霖一生之回忆》,台北:传记文学出版社,1970年,页12—13。
[2] 从推翻清朝建立民国到1917年,七年里三次革命(辛亥革命、护法运动及二次革命以讨袁之役阻止帝制)、一次复辟。

死水里的大波澜

国是日非,战乱频仍,教育不兴。局促的环境,困扰着好几代青年学生。这是一沟绝望的死水。

清末政制是改还是不改?怎么改?全国在焦躁求变里争执一番。好不容易1911年革命成功,推翻了清朝,却换来更大的失望。

革命后不久新旧交替的混乱时期,广州的青年回到学堂,却发现"学校情况大非昔比,好点的教授多不去上课。……因是对于学业的前途也感着幻灭,同时即是对于革命,感着失望"[1]。在浙江小县城,"眼看着革命过后,余波到了小县城里所惹起的是是非非,一半也抱了希望,一半却拥着怀疑,在家里的小楼上闷过了两个夏天,到了这一年的秋季,实在再也忍耐不住了,即使没有我那位哥哥带我出去,恐怕也得自己上道,到外边来寻找出路。"[2]

民国的政府虽说实行共和制,却被军阀把持。军阀为了扩大地盘,不断向外国借钱打仗,教育经费都挪去作军事开支。这种乱局又扰攘了几近20年。

受到"五四"思潮号召的中学毕业生,即使处身于有新思想的地方军阀治下,看到市政、通讯有改进,却仍然"莫名其妙地感觉苦闷。我想飞,想脱离狭隘的环境"[3]。民国建立近十年,青年学生蜂拥到法国勤工俭学,"因为国内黑暗,没有出路,才往外跑。……我们当时的心情,真可以说是'慌

---

[1] 张资平《资平自传》,北京:中国华侨出版社,1994年,页36。
[2] 郁达夫《郁达夫自传》,载《郁达夫日记集》,西安:陕西人民出版社,1984年,页403。
[3] 郑超麟《史事与回忆》第1卷,香港:天地图书有限公司,1998年,页157。陈炯明有无政府主义倾向,一到漳州就建马路、公园,开运动会,出版日报,在公园刻"自由平等,博爱互助",又响应勤工俭学运动,派半官费生去法国。

不择路'，就像溺在水里的人，见根稻草也抓一把，不管它顶不顶用。"[1]

1927年南方的国民政府扫平了割据的军阀，却立即爆发国民党和共产党的意识形态之争，终致分裂、内战。

无论谁是谁非，当年清党的场面，把许多人都吓坏了。画家常书鸿在路上走，忽然迎面来了一队刽子手押着三个青年，其中一个是画会失踪了三天的成员：

> 正在我心里惶急、惋惜的当口，突然人群哗地一下四散奔逃。原来这些丧尽天良的刽子手，就在当街将这三个无辜的青年杀害了。这个遭遇像电流一样，使我全身打了一个寒噤，也促使我下定决心，必须尽快离开这里，离开这个白色恐怖的险恶世界。[2]

新式教育的问题

中国的新式教育也问题百出。

20世纪，中国兴起一股新式教育办学潮，学校和师生人数大增，由世纪初不足7000个新学堂学生，大幅增加到民国元年近300万，受新式教育的学生人数已比得上科举时代的童生，接下来十年，又再增长五成。考虑到当时中国的内乱状况，连英国人也认为增幅惊人。[3]

---

1 何长工《勤工俭学生活回忆》，北京：工人出版社，1958年，页55。
2 常书鸿《九十春秋——敦煌五十年》，兰州：甘肃文化出版社，1999年，页10。
3 桑兵《晚清学堂学生与社会变迁》，上海：学林出版社，1995年，页2，据宣统元年及民国的教育统计，未计教会及未申报的私立学堂等。新式教育刚发展时，学生的程度虽然是小学，但年龄偏大，见同书，页68。罗素认为在内乱的情况下，中国教育在学校及师生人数上的增加是惊人的。他在书中引刁敏谦《中国觉醒了》中的资料，人数由1910年160万增至1919年450万，见［英］罗素《中国问题》，上海：学林出版社，1996年，页170。事实上，当时的学校甚至不仅要应付适龄儿童，到辛亥革命前后，江西安福县只有一所高等小学，而200多名学生中，竟大多数是30岁左右的青年，《王造时自述》，载《上海文史资料选辑》第45辑，页99。

年份	学生总数	小学生人数
1902	6,912	约5,000
1903	31,428	约20,000
1904	99,475	约80,000
1905	258,876	约230,000
1909	1,638,884	
1912	2,933,387	

但是新式学校暴增，仍远远不能满足全国适龄青年的需要，何况还有大批超龄青年有待接受新式教育。据估计，1906年全国学龄儿童有5000万，要设50万家容100人的小学才足够。而办中小学等基础教育的经费长期不足，到1930年代仍没有解决。[1]

除了数量，这些新学堂的水平是更深刻的问题。

广东号称富庶开放，但新式教育也办得不好。1911年，文学家张资平考入一间地方官费学校。校长是留日学生，教师也多出自留日的速成班，又或是日本私立大学专门部混了两三年的留学生，只是把日文著作译过来，叫学生做笔记；广东籍新诗人李金发甚至曾到香港学英文，也感到求学前路茫茫，于是，1919年听到鼓吹到法国勤工俭学，虽然本身家境尚可，也毅然与大批贫穷青年同做俭学生去。[2]

四川的新学堂比较多，但1914年作为哥哥的郭沫若却主张弟弟"毕业后，可急行东渡，考上官费，便是好算盘；国内无此便宜，而学科不良，校风确劣无论矣"。[3]

1920年代留学法国的物理学家严济慈认为，中国中等教育之坏，与法国相较，不啻天壤之别，窒碍了科学常识的普及。办学数十年，竟然没有

---

1 桑兵《晚清学堂学生与社会变迁》，页167，引罗振玉《各省十年间教育之计划》，原载《东方杂志》3卷9期。汪一驹《中国知识分子与西方——留学生与近代中国（1872—1949）》，台北：枫城出版社，1978年，页238—239，据1930年代的数据。
2 张资平《资平自传》，页22，26—27。李金发《李金发回忆录》，上海：东方出版中心，1998年，页40。
3 郭沫若《樱花书简》，成都：四川人民出版社，1982年，页26，见"1914年7月8日信"。

一间好的中学,没有一本自出心裁的中文科学教本或参考书。中学以上的科学教科书都用西书,因为欠缺一班读科学而国文根底深厚的人译定科学名词。中学科学教员的学问不足以解决这个问题,而留学生则不屑问中等教育的事。他把这种情况告诉法国的教师,他们大为愕然。[1]

新式教育不完善,水平不佳,追求新学没有出路,促使很多年轻人向海外寄托前途。

学 潮

使落后的新式教育更举步维艰的是,人数骤增的新学堂学生经常闹学潮,[2] 以宣泄他们对现实不满而无力改造的苦闷。

新式学堂从一起步,已发生学生群起反对学校、演变成革除学生或集体退学的事件,不管学校背景是公立的、教会的、私人的,都不能幸免。学潮最常见的争议,是校长的去留,此外学校鼓励学生用功读书,反对学生演说集会,又或学生不满教职员的,也所在多有。

在社会转型、新旧对抗的紧张局面里,小事情也成为导火线。第一宗大型学潮是1902年南洋公学200个学生退学,导火线是学生把墨水瓶放在一个不受欢迎的教师的座位上。那本是一个发泄不满的恶作剧,但在仍然讲究师严道尊的时代,那教师大为光火,要求校方开除学生。这次学潮发展到十多省的学生响应。有一阵,许多学校有饭厅风潮,例如认为伙食不好,一桌八个人,汤里只有七个虾,因此掀翻饭桌;教会学校的学生认为校长偏帮厨子,让厨子殴打了学膳费全已交纳的不信教学生等等。这种饭厅风潮一校比一校闹得凶。表面来看,学潮为的是鸡毛蒜皮的小事,其实当时中国亟待改革,但是掣肘很多,全国处在人心动荡的气氛下,受了新式思想的学生对政治、社会和教育不满,大有不平之气,纷纷借机发泄。

---

[1] 严济慈《严济慈:法兰西情书》,北京:解放军出版社,2002年,页83—84。
[2] 据1902至1911年的不完全统计,有502次学潮,见桑兵《晚清学堂学生与社会变迁》,页5。1918至1928年有248次学潮,见吕芳上《从学生运动到运动学生》,台北:"中央研究院"近代史研究所,1994年,页423。

小说家郁达夫说:"那时候这一种'呜呼'的倾向,这一种不平、怨愤,与被压迫的悲啼,以及人心跃跃、山雨欲来的空气,实在还不只是一个教会学校里的舆情;学校以外的各层社会,也像是在大浪里的楼船,从脚到顶,都在颠摇波动着的样子。"[1]

这不光是小说家的话,许多名教授如胡适、吴宓、费孝通等等,未留学之前全都因为学潮而转过校,甚至本身就是学潮发起人。日后做了北京大学校长的蒋梦麟也曾在学潮之下退学,而且声明毫不后悔,当时巴不得早日离开那学校。他说当时思想较新的人同情学生,思想较旧的人同情学校,但不论同情哪一边,似乎没有人体会到学潮兴起就是辛亥革命的前夕。

> 全国普遍显现扰攘不安。贫穷、饥馑、瘟疫、贪污、国际知识的贫乏以及外国侵略的压力都是因素,青年学生不过是这场战乱中的急先锋而已。
>
> 这种反抗运动可说是新兴的知识分子对一向控制中国的旧士大夫阶级的反抗,不但是知识上的反抗,而且是社会的和政治的反抗。……中国的旧有制度正在崩溃,新的制度尚待建设。[2]

革命终于来了,可是辛亥革命之后,局面没有改善,学潮仍然不断发生。

新式教育本来亟需发展,但是学校经常闹学潮,罢课、开除、离校、关闭学校等等,令不少人学业中辍;也令老一辈侧目,认为学风嚣张,学生桀骜难驯。由于中国的政治局面越来越坏,社会不平之气没法消除,加上国共两党都视动员青年学生为革命的关键,学潮到二三十年代更大起波澜。1930年代时"中学生颇有'驾'教员的风气。所谓'驾',就是赶走"[3]。儒雅的国学家季羡林说,自己也有一点"驾"人的经验。

---

1 郁达夫《郁达夫日记集》,页393,396。1912年,郁达夫亦因所读杭州教会学校闹学潮而转学。
2 蒋梦麟《西潮》,台北:自华书店,1986年,页66—68。
3 季羡林《留德回忆录》,香港:中华书局,1993年,页6。

自清末革命开始,学潮都不免沾染政治色彩,甚至有煽动成分。[1]然而,政治和社会的不良,还是学生长期骚动不安的根本。

在那半个世纪,中国的学界已容不下一张平静的书桌。

---

[1] 吕芳上《从学生运动到运动学生》以专章讨论学潮与政治结合,并指鼓吹学生参与政治由国民党开始,而共产党继之,相信有青年就有未来;青年党虽然反对,但大势所趋,只能跟从。汪一驹称清末革命时期,学潮里即有政治煽动,五四运动受孙中山及蔡元培欢迎,北伐时期学生运动支持国民革命军。1932年以后,学运有明显的政治性。1935年至1936年,学生大规模游行,要求政府抗日。同时中共影响力在学生中发展,抗战后,学生运动目标更明显。见汪一驹《中国知识分子与西方——留学生与近代中国(1872—1949)》,页138。

镀金梦

1850年代,第一个留学生容闳从耶鲁得到学士学位,回乡见到母亲,说美国的学士相当于中国的秀才。他贫穷的母亲天真地问,凭这学位能得多少钱。[1]在中国科名还很值钱的时候,美国名牌大学毕业的容闳只自比为秀才。

五十年后,清朝求才若渴,对留学生也另眼相看。1905年中国废除科举,断了传统读书人的出身之途,同时又请日本博士来教新科进士法律、政治、外国史地知识,以留日学生做助教及翻译。同一年起,清廷举行留学生考试。有些非出名门大学的留学生应考而合格,获得进士或举人出身。

不过半个世纪,中国本身的学位就贬值了这么多![2]留学生身价百倍。

留学生考试,被戏称为考洋进士。开始考洋进士的时候,已经有翰林提出,中国人科举思想深入脑髓,考留学生并赏给功名,以后出洋必定势如潮涌。正本清源的方法,应当是广设学堂,务求美备。而急谋补救的方法,亦要从科举着想,一方面更改各学堂奖励章程,一方面釜底抽薪,从速调取中国学堂的毕业生到京考试,酌量录用,给予出身。这样,大家以为在中国学堂读书,亦可以得举人进士,就不必竞相留学。但是这先见之明没有完全实行。[3]事实上,当时法国、德国长期不接受外国的学位。日本维新,也努力抬升本国学位的地位。

---

1 容闳《我在美国和中国生活的追忆》,北京:中华书局,1991年,页31。
2 王奇生《留学与救国——抗战时期海外学人群像》,南宁:广西师范大学出版社,1995年,页8。国外高等学堂二年毕业有文凭,约略相当于举人;大学预科毕业有文凭,授进士;国外大学学士,授翰林;博士,除翰林出身外,并予翰林升阶,然后依不同的出身授以官职。
3 张元济《议改良留学日本办法》,载《读史阅世》,西安:陕西师范大学出版社,2007年,页79。学部早在1901年已议设学堂学生考试,但迟至1910年才实行,且合格者最高只授予举人资格,见杨齐福《清末科举制度残余略论》,载《徐州师范大学学报》26卷2期。

当留学成为最有前途的出路，国人对留学，就一改从前不肯去的态度了。早期回国的留学生也备受尊崇。

1907年在湖南的乡间，一个中学生见到留日学生受人尊敬的情况："当我在乡村度假时，我看到有一个人穿一身白制服，戴一顶新式草帽，骑马到我家来。他的外表令乡人侧目，羡慕不止。他是二伯母的堂兄弟，刚从日本留学回来。……当时我就发誓，如果东洋念书就受到如此的尊敬，将来我一定要到西洋去念书。"[1]

1912年，考上日本官费的广东学生，感到"世态炎凉这真理真是千古不灭，自考上日本留学，一般朋友都明显地改变了态度，而我的人生观也从那一天起，由悲观改变为乐观了"[2]。

连一个福建小学生见到县里第一个留美博士戴着眼镜，穿着西服，也觉得很有派头。校长叫博士给小学生讲话，"在我们这些小学生眼里，博士就等于中了状元，因而对他的讲话很是佩服。"[3]

万般皆下品

如果初期还只是认为留学生是人才，加以敬重或者羡慕，到民国初年，这种羡慕已经化成行动，进入学子的意识。在南方的省份，一个英语没懂几句的湖南学生填师范教育入学申请时，所有三项志愿都填英语，目的是学会一种外语去考留学考试。

> 至于学了英语，是否可以留学，到哪里去留学，学什么，"学成归国"可以替国家做些什么，那时完全不曾想及。[4]

1930年代，浓烈的留学热弥漫全国，大学生都把留学作为理想，简直

---

1 蒋廷黻《蒋廷黻回忆录》，台北：传记文学出版社，1984年，页40—41。
2 张资平《资平自传》，页56。
3 《林耀华自述》，见《世纪学人自述》第4卷，北京：北京十月文艺出版社，2000年，页51。
4 舒新城《我和教育》，见张玉法、张瑞德主编《中国现代自传丛书》第2辑，台北：龙文出版社，1990年，页91。

是非留学不可。

> 那时候的社会风尚,把留学看得很重,好比"宝塔结顶",不出国留学就是功亏一篑。¹
>
> 留学牵动着成千上万青年学子的心。我曾亲眼看到,一位同学听到别人出国而自己则无份时,一时浑身发抖,眼直口呆,满面流汗。我当然也患了留学热,而且其严重程度决不下于别人。²

不但要留学,还非要博士学位不可:

> 如果没有金光闪闪的博士头衔,则在抢夺饭碗的搏斗中必然是个失败者。这可以说是动机之一,但是还有之二。我在国内时对一些趾高气扬不可一世的留学生看不顺眼,窃以为他们不过在外国炖了几年牛肉,一旦回国,在非留学生前就摆起谱来了。……这个动机说起来十分可笑,然而却是真实的。……一个平凡人的心情,就是如此。³

在1930年代,连北大清华的毕业生中已经找到好工作的人,潜意识里也崇拜留学。

一个北京大学文科毕业生,可以进中央研究院历史语言研究所,是求之不得的,但是他甘于放弃,因为兄长"已说了送我去日本留学,那时下意识里还有崇洋思想,留学日本,也比留在国内好"⁴。

另一个青年已在全国著名出版社当了一年编辑,明知道会有不错的前途,还是坐不住。"到商务印书馆当编译,可是有重大关系。叶圣陶、沈雁冰(茅盾)、胡愈之、郑振铎、周建人,当年都同我一样当编辑,后来加入

---

1 杨绛《回忆我的父亲》,见《回忆两篇》,长沙:湖南人民出版社,1986年,页47。文中所指约为杨绛读大学之1930年代。
2 季羡林《留德回忆录》,页5,6。
3 季羡林《留德回忆录》,页83。
4 何兹全《爱国一书生》,上海:华东师范大学出版社,1997年,页82。

左联,都成了闻人。张其昀、向达,也一样当馆外编辑。久坐必有禅,这些人都不经留学,而比留学生更吃香。"但他已成为留学迷,三考清华官费留学,两次为备取,同时又考清华研究院,投在四大导师门下。第三次他考到留英庚款,出国的时候已是三十许人。他自言,留学是有意栽花,但曲折困难,而收获少,读清华研究院是无心插柳,却风雨顺,成果多。[1]

一个家贫的清华大学生大学毕业,难找工作,穷途痛哭,幸好找到山东唯一一所高级中学的教席,工资优渥,同事关系融洽,每周去吃小馆,真似神仙生活。

> 然而不行。别人出国留学镀金的消息,不时传入自己耳中。一听到这种消息,就像我看别人一样,我也浑身发抖。我遥望欧山美水,看那些出国者如神仙中人。[2]

好不容易有个清华的交换计划,但是钱少,只够勉强支付自己的食宿,而亲老子幼,没有人照顾。没料到,全家对他的留学都很支持:

> 他们对我说:我们咬咬牙,过上两年紧日子;只要饿不死,就能迎来胜利的曙光,为祖宗门楣增辉。这种思想根源,我是清清楚楚的。当时封建科举的思想,仍然在社会上流行。[3]

这种科举思想,也像往日一样,不知不觉由长辈向小辈灌输。1950年代从中国台湾去美国的留学生讲到他童年在北京的印象:

> 从小时在天井纳凉,听祖母讲牛郎织女故事时,就听说有留学这个名词,那时的观念,所谓留学生大概就是状元的变名。……祖母如

---

[1] 《周传儒自述》,见《世纪学人自述》第1卷,页351—352,355。
[2] 季羡林《留德回忆录》,页8。
[3] 季羡林《留德回忆录》,页9—10。

果要问一下,你以后干什么呢?我一定立时可以答出:留学。[1]

毕业即失业

以往中国仍未贫穷时,科举考不中,读书人可以教书、行医维生;家里务农的泥脚秀才还可以回复躬耕;家里宽裕的可以操持家业,甚至受家庭济养,赋闲在家,继续读书问学,过以天下为己任的士人生活。清朝末年,当时家庭经济或许仍有勉力支撑的空间,这种赋闲而大抱理想的知识分子人数不少。然而随着中国原有的产业逐步被外国产品侵蚀,庚子赔款年年在还,混战的军阀又借下大额外债,中国的家庭经济再不足以支撑子弟赋闲,加上产业结构已经随社会而转变,毕业生不可能以科举时代的方法回乡教馆、行医或耕田谋生。青年既受新的社会理想鼓舞,但新社会又吸收不了这些毕业青年。

1917年冬天,在工业学校念书的学生"距毕业还有一个学期,我就发愁了。因为毕业就是失业,没有一个年轻人不为自己的出路感到恐慌。尤其是我这样的家庭,出门读书已不是易事,若是失业在家,那就更没有办法了"[2]。

1930年代,"毕业即失业"已是口头禅,大学毕业生也要失业。[3]大家寄望留学是出路。

> 30年代,我在大学里念书时,周围所接触的青年可以说都把留学作为最理想的出路。这种思想正反映了当时半封建半殖民地的旧中国青年们的苦闷。毕业就是失业的威胁越来越严重。单靠一张大学文凭,到社会上去,生活职业都没有保障。要向上爬到生活比较优裕和稳定的那个阶层里去,出了大学的门还得更上一层楼,那就是到外国去跑一趟。不管你在外国出过多少洋相,跑一趟回来,别人也就刮目相视,

---

1 陈之藩《旅美小简》,香港:牛津大学出版社,2003年,页2。
2 何长工《勤工俭学生活回忆》,页1。
3 王奇生《留学与救国——抗战时期海外学人群像》,页24。

身价十倍了。[1]

当时出国留学，称为镀金。连富商都对儿子说：

> "去法国镀两年金吧。""镀金"是指去国外留学，否则便不能当大学教授，只能当讲师。[2]

1930年代政府开始限制留学，官费留学名额极少，而且学生在中国的大学毕了业，才能申请。于是中学生也及早为计：自费留学欧美，非富商巨宦，负担不起；退而求其次，去日本不用护照，不受政府限制，多认为比留在中国好。

只有留过学镀过金的人才有资格做洋进士，这比传统科举的考试资格窄了很多。尤其要做留学欧美的洋进士，要有巨额金钱和门路，不是人人可以负担。

> 以留学与科举相比还有点不同：封建时代有资格大做其金榜题名美梦的人范围似乎广一些……留学却没有这么容易。这是个资本主义的玩意儿，讲投资，比成本。[3]

虽然留学生并不都想做官，但是国家要用新人才而集中在留学生里去找，怎能不加强全国读书人对出国留学的企盼？长期下来，留学变成所有青年的梦想，一种与社会风气同步的崇洋梦。

1　费孝通《留英记》，载《费孝通文集》第7卷，北京：群言出版社，1999年，页91。
2　赵无极《赵无极自传》，上海：文汇出版社，2000年，页7。
3　费孝通《留英记》，载《费孝通文集》第7卷，页91—92。

救国雄心

由国力差距引发的留学求新知的热潮,虽然离不开个人出路的打算,甚至有混日子镀金的情况,但是不能忽略的是留学热背后还有一个更简单的想法:面对国家积弱,想成为有用的人才,为国家做贡献。

容闳是贫家子弟,接受教会学校教育,按理没有士大夫那种以天下为己任的思想包袱。他1847年出国,本来也不是为了救国,但是美国的大学教育改变了他,纵使所受的是欧美的人文教育,也使他产生了近于"天下兴亡,匹夫有责"的想法:

> 整个大学阶段,尤其是最后一年,中国的可悲境况经常出现在我的脑海,令人感到心情沉重。当我意志消沉时,往往想反而不如根本不受教育,因为教育已经明显地扩展了我的心灵境界,使我深深感到自身的责任。
>
> 我为了求学,远涉重洋,……我可以自称是一个受过教育的人;那么,就应该自问:"把所学用在什么地方呢?"在大学的最后一年即将结束以前,我心里已经计划好了将来所要做的事情。我决定使中国的下一辈人享受与我同样的教育。如此,通过西方教育,中国将得以复兴,变成一个开明、富强的国家。
>
> 我虽然去国甚久,但无时无刻不在怀念她,无时无刻不渴望她走向富强。[1]

立志报国的思想

讲到留学生的救国思潮,自然令人想起留日学生对推翻清朝的作用。

---

1 容闳《我在美国和中国生活的追忆》,页25—27。

中国政治长期沉疴不起，而日本距离中国近，自清末到民国，留日学生持续介入中国政局，以致经常发生退学浪潮，这有地理上的原因。

至于留学西洋的，整体而言，没有出现留日学生那么多革命志士，但在国势不振的情况下，普遍都有一种报国之心。其中20世纪一二十年代是个特殊阶段，留法和留俄学生因为特殊的原因，跟现实政治关系很深；留美学生则有一种先锋思想，以舍我其谁的姿态出现于留学舞台上。

19世纪末的留美学生，在留学大潮里属于早期的西洋学生，他们大多出身于基督徒或者商人家庭，并非士大夫阶级，然而仍抱着救国的志向去留学或者回国。

十六七岁去留学、在美国八九年的商人儿子施肇基，后来做了外交大官。当教授问"来美求学，有何志愿"时，他以鸦片战争以来到1899年左右各国企图瓜分中国的情况，回答说"中国积弱，受人欺凌，愿以所学，为国家收回利权，雪耻图强"。他提出的方法竟然是打败一个外国，以恢复国民的自信心！例如打败葡萄牙以收回澳门。他这么回答的时候，中国还未出现清廷扶持义和团、向八国宣战的局面。[1]

留学生关心报国的机会和前景。民国成立，为他们开创了条件。后来做了外交大官的顾维钧就说革命成功，使他为国效力的心情再度活跃。1912年初他被袁世凯政府聘为英文秘书，当时袁世凯的用心大家尚未看清，他很想一试。教授也鼓励他，认为既然他读书是为了准备出任公职，就不应拒绝袁政府的邀请，因为这对顾维钧本人和哥伦比亚大学都是个好机会。因此他赶口试，赶博士论文，以便效力于新政府。口试时，主考者问了不少关于中国新政府的问题，例如美国宪法是否适用于中国。[2]

在中国，中小学生也听到救国的呼唤。在得风气之先的省份，由有新思想的人物成立的学校里，学生都受到救国思想的推动。湖南明德学校由出身书香之家、留学日本的湖南拔贡生成立，充满革命气息。学生下课后仍要到礼堂听代校长训话，内容都是要学生爱国，强调中国是文明大国，

---

[1] 施肇基《施肇基早年回忆录》，页29—30。
[2] 顾维钧《顾维钧回忆录》第1分册，中国社会科学院近代史研究所译，北京：中华书局，1983年，页74，77—78。

但被列强压迫；年轻一代要努力读书，吸收新知识，使中国富强。学生认为"他的话又新又刺激"。于是蒋廷黻当年在长沙念书时，和同学常做白日梦，其中最重要的一种是救中国，幻想很多使中国富强的方法。[1]

很多日后留美的学生，就是因为这些教育风气的影响而立志出国的。

天下兴亡，不仅匹夫有责，有些女子也心有戚戚焉。出身清朝官宦大家庭的女生曾宝荪，即使还是中学生，又信奉了基督教，仍然立志要为中国谋发展幸福。1912年她去英国读中学，在码头才觉得走上了人生一条新路，到了伦敦，晚上睡觉时，思前想后，想到前途，想到如何应付未知环境，总要不丢中国人的丑才好。[2]

1918年赴美留学的清华学生在上海登船。选自《清风华影》，清华大学出版社

1　蒋廷黻《蒋廷黻回忆录》，页30，40。
2　曾宝荪《曾宝荪回忆录》，长沙：岳麓书社，1986年，页32。

"五四"后的救国梦

中国政治沉疴不起,长期磨炼着这些幼嫩单纯的爱国心。

看着政治和国际局势而无能为力的未来主人翁,留学的心事也跟着国事起落。在这政治混乱的半个世纪里,五四运动是震动年轻知识分子的重要时刻,也令更大批的青年走出国门。当年出国的留学生说:

> 那时候留学生所想的,几乎一致的是如何学些对于国家民族有用有益,对于解救国家民族有效有速效,最好能立竿见影、根本解决之效的学问,然后早日回国,将所学能贡献于祖国。[1]

在教会中学毕业的,也不想拿学得的一点英文去做小职员谋生:

> 我为自己前途着想,若不能跳出旧社会的樊篱,中学毕业以后,最多只会用雅礼所学的一点英文,去考邮局或海关,考取了,便做一辈子小职员,考不取,会回家帮父亲经营商业,做小老板。这些我都认为没有什么出息。我不要做官,一心一意要救国,什么扬名声显父母的观念,在我脑中根本不存在。[2]

五四运动的传播,使时代的浪潮波及到消息较闭塞、没有新人物办学的乡间。福建在南方省份里属于山多、交通不便的一省。本来当地人不怎么看报纸,北京上海流行的报纸杂志,在偏远一点的县城,恐怕全城不容易找到一份。有时中学没有图书馆,学生除了死念课本之外,根本不看其他书。五四运动在北京发生,而地方的风气变化显著。平时不活动不说话的学生都高谈阔论,争相阅报,学生会平日死气沉沉,一接到全国学联会罢课的要求,表示爱国,倒很用劲。"当代中国的集体意识,可以说,是在这一年觉醒的。"[3] "五四"之后,

---

[1] 郝更生《郝更生回忆录》,台北:传记文学出版社,1969年,页14。
[2] 赖景瑚《烟云思往录》,台北:传记文学出版社,1980年,页35。
[3] 郑超麟《郑超麟回忆录》,见《史事与回忆》第1卷,页156。袁道丰《重游巴黎 抚今追昔》(二),见《传记文学》23卷2期,页81。两人分别是福建西南部的龙岩市附近上杭县、漳平县人。

一个生长在福建乡间的学生，辗转到城市求新学。在上海一年多，一有空就到书店看书，方知中国是列强压迫下的国家，政府贪污昏庸，人民贫愚饥病，外国警察在租界毒打人力车夫，自称眼睛睁开了，脑筋也开放了。

> 我怒火中烧，愤慨填膺，觉得国家应该改造，民族应该复兴。新的思想和新的信念指示我必须留学欧美，才能增进学识，负起一种匹夫有责的新国民的责任。[1]

这时候，哪怕世道多艰，年轻人一腔热血，还是对前途抱一种美好的愿望。尤其是当年的清华学生，自觉是新锐之士：

> （在清华）甚至能看到日后求学的远景，最重要的是可以为祖国服务、为人民服务。中国是贫弱的，但不是毫无希望，我们将努力奋斗以改变这美丽国度的绝望处境；我们是乐观主义者，但我们也很清楚，困难的日子正在前面等待着。[2]

于是"五四"时期的一大特色，是思潮涌现。当时欧洲处于社会和国家动荡的时候，社会上有资本家和工人的矛盾，国家之间有基于民族仇恨的大战，思想家提倡各种主义，简直看得人眼花缭乱，比春秋战国还要热闹。这些思潮涌入中国，使本来就为寻找出路而苦思和热议的中国人，救国心更热，迫切感更强，而青年学生最容易受到感染。

于是"五四"前后的留学生有一个特色，就是受到一套一套的说法影响。从前的留学生想救国，有潮流，有构想，但大部分人没有什么有名堂的梦，[3]而"五四"前后的留学生，已经受社会思潮汇流的影响，而深植了几种救国梦在心中。这几种梦不复杂，主要是提倡科学、建设实业、以教育启蒙国人，即是所谓的科学救国梦、实业救国梦、教育救国梦。

---

[1] 袁道丰《重游巴黎 抚今追昔》（二），见《传记文学》23卷2期，页81。
[2] 顾毓琇《一个家庭 两个世界》，上海：上海人民出版社，2000年，页29。
[3] 清末民初留学美国的蒋梦麟、胡适等没有提过救国梦。

受社会思潮和眼前惨淡的现实鼓动起来的年轻人单纯的梦想，一直延续到三四十年代，仍然在下一代的青年人脑袋里发酵。1930年代入大学的青年，因为看到中国贫弱，"以为非振兴我国的实业，不能致我国于富强。"40年代他又抱着实业救国梦，自费去美国读研究院。[1]

由于1930年代政府限制留学生人数和学历，留学生多数大学毕业，已有一些人生经验，青春的热情开始转为毅力。40年代留美的一个30多岁的成熟学生说，他1933年清华大学毕业后，走过很多地方，无论是在城市、在农村，"看到的净是广大人民在贫苦生活中挣扎的景象，完全陷于现实与理想的矛盾中。经过几年的社会实践，阅历多了些，考虑问题也就比较现实了一些。青年人应当有远大的抱负，但不能抱有不切实际的幻想。衡量一下自己的能力，觉得自己需要多读书、多观察。"[2]于是去留学。

救国不容易

回首前尘，那半个世纪里，青年学生以为出洋可以获得的成果，其实都受制于母国的内部情况，未必有空间去发挥应有的作用。当时中国千疮百孔，需要从不同角度去补救。"五四"是一场波澜壮阔的运动，但是"五四"之后，政治的对立、潮流的激荡，意识形态的分歧变成对立，而且尖锐化、相对单一化，妨碍了多元的救国目标。时代的制约太大，而潮流又改变得急促，留学回来的青年并没有基础，很容易被淹没。

但是青春的梦想怎会知道前面是如此巨大的时代制约力呢？怀抱救国热忱的青年，在学成回国的途程上，还自信地想着：

> 我青年时期所梦想的两洋横渡、百史纵观，至此已部分实现，今后的问题是如何努力，以达到学以致用及教育救国的目的。[3]

---

[1]《崔克讷自述》，见《世纪学人自述》第5卷，页143。
[2]《陈彪如自述》，见《世纪学人自述》第4卷，页93。
[3]《陈科美自述》，见《世纪学人自述》第1卷，页269。

青春的救国梦

"五四"后各色各样救国梦在青年之间流行起来。

> 国难的严重和国势的危急,激发了青年们的爱国热忱,掀起了我们的救亡运动;特别在"五四"前后,……同学们都把读书与救国紧密地联系在一起:有的考虑,要以实业救国;有的想经营商业,以经济救国;……我立志学教育,作为报国之计。[1]

在各种救国梦里面,实业救国、科学救国、教育救国是最多人做的梦,也有人想以吏治救国、体育救国、军工业救国、学术救国。

赶快富强起来,不要被外国侵侮,不要亡国灭种!这些焦虑贯穿在近代中国的历史里。不但清政府早就抱着取经救国的心去分配官费留学生的选科,不少留学生也抱着学成救国的心态踏上万里之行。

30多岁才留学的年长学生穆湘玥,19岁时见甲午战败而求学心切,认为"不知彼我之短长,无从与他国竞争,求西学之决心于是时始"。1909年他终于有足够的钱去美国留学。他想学农业,因为他到北方工作,见到这样的情况:

> 中国西北地广人稀,民间生活程度很低,交通不便,货弃于地,触目都激起振兴实业的观念,并觉得在各种实业里,占中心的莫如农业,因为中国以农立国,改良农业,国家富庶,然后可以图强图存,可以御侮雪耻。因此以前研究经济收回税权的志愿,变为投身农业的志愿。[2]*

---

[1] 《陈科美自述》,见《世纪学人自述》第1卷,页266。
[2] 穆湘玥《藕初五十自述》,载《李平书七十自叙　藕初五十自述　王晓籁述录》,上海:上海古籍出版社,1989年,页106,112。

如果1894年中日之战惊醒了士大夫，那么1919年五四运动，则鼓动起全国青年的危机意识。

五四新文化运动时期，多种救国梦在青年之间传播。中学程度的清华学生肯定能拿到官费留学美国，他们在世外桃源似的学校里，也在做救国梦：

> （五四）使我受到很大的影响。我也卷入了清华的游行活动。
>
> 所有"五四"后的思潮，如爱国、反帝、民主、科学的思想都使我对社会政治思想及其理论产生了很大兴趣，也为我后来选择学习和研究社会学和民族学理论奠了重要的基础。
>
> 由于受西方民主主义的思想影响较大和对当时所谓实业救国和教育救国宣传的接受，头脑里确立的是学习西方、振兴中华，因此也不可能走上共产党人所提倡的与工农相结合的道路。1923年，从清华学堂毕业，带着学西方和教育救国的思想，赴美留学。[1]

不过这个年轻人没有读理工科或教育系，他读了社会学，虽然参加了一个清华学生为主的爱国组织，但是较少参加政治活动，"当时主导思想是想以学术研究为国服务。"后来的事证明他是规划下一代留学生学习社会学的灵魂人物。

批判救国梦

中国有如一个痴肥的病人，连转身也难，病又太重。各色各样的救国药方开出了，却不见有大起色。

这时候，有理论支持的主义判定中国的问题在于制度，药方在于阶级斗争，各种救国论只是修修补补的改良主义，根本触不到核心。共产主义者认为不改变政制，这些救国梦都是幻象。

政治的黑洞越深，彼此的分野越大。

当时倾心于从哲学层次去谈中国出路的青年，受共产主义思潮影响，

---

[1] 《吴文藻自述》，见《世纪学人自述》第1卷，页390—391。

与主张科学工业救国的学生谈不来：

> （1922年1月初）认识了几个国内新来的学生，觉得他们是另一类型的学生，温和、客气、满足，爱谈科学工业救国一类的话，我觉得同他们有很大隔阂。倒是勤工俭学生出身的里大学生，说话之间能够互相了解些。[1]

这种思想上的分歧，在"五四"后到法国企图勤工俭学的青年中尤其明显。他们的救国梦在无情的国内现实和留学现实面前被打碎，不少人转向共产主义。中共开国元勋中，负责军事科研工业的聂荣臻就是其中一个。

> 这一大批受五四运动影响的爱国学生，所以要留法，大多数是抱着实业救国的思想。他们认为，要拯救落后的中国，必须发展自己的工业，只有到国外学好科学技术，回国才能实现实业救国的愿望。
>
> 但勤工俭学生几次与政府冲突的学潮在他脑中发酵，聂荣臻的世界观初步转变。他认为军阀统治之下，要发展中国的工业，只是幻想，于是放弃实业救国的想法。[2]

至于在未受两次大战洗礼的美国，在安稳中追求科学救国的留学生，听到抗日战争后的残局，也容易转变想法。

日后成为火箭工程师的梁思礼就经历过这个过程。当时他离开中国6年，还在读硕士，"只想着学成回国用我的知识搞工业，以工业救祖国。" 1947年他的中学好友也到了美国留学，这个好友其实已是中共地下党员，由共产党派去游说留学生，谈内战和接收大员的腐败，民不聊生。"他有一句话深深印在我的脑海里，他说：'你想搞工业救国，但是大厦是不能建在沙滩上的。'他还说当时国内已有的工业企业都支持不下去，如果不从政治上解

---

[1] 郑超麟《史事与回忆》第1卷，页178。
[2] 聂荣臻《聂荣臻回忆录》，香港：明报出版社，1991年，页15, 18—22。

决，根本谈不上什么工业救国。……他的一席话给我很大启发。"¹这个清末立宪派领袖梁启超的幼子，于是支持红色中国。

被两三代年轻人热烈拥抱一番的救国梦，后来被拔高为救国论，被共产党人批判为没有认清中国的基本问题，不是解决社会问题的正确途径，只是一种改良的妄想。

其实这种青春的遐想，单纯、直率，没有深层的企图，也没有完整的步骤和系统，只是想为积弱的国家出力，称之为"论"，真是抬举了。一个在五四运动时"游行、请愿、宣传等活动都参加了，但也只有摇旗呐喊的份儿"的青年说：

> 当时总觉得我们似乎有一个基本问题需要解决。想起了古书中所说的"足食足兵"的重要性和积贫积弱显然是导致横逆的原因，那么富强似乎是当务之急。这也许是一种模糊的"经济救国论"的意识吧，但当时却没有赋以什么"论"的外衣。²

一个国家左右支绌的时候，革命与救国论之争将永难休止，正如清末的改良与革命之争一样。无可否认，如果国政腐败，一生努力随时付诸流水。以教育救国，教出来的几许青年才俊，可能死在战场；又或终生努力搞实业，而赫赫成果瞬间被摧毁。但革命之后，就有良好环境去救国吗？新中国经历如斯艰苦的争斗而革命成功，立国之后，仍摆脱不了争执，甚至没有给予救国论者一个好机会去实践。虽然有些救国论者得以成就，如梁思礼成为火箭专家，但不少救国论者却被怀疑和敌视。

毕竟救国途径上的两派之争，撕裂人心太久。

正如留美的经济学家陈岱孙所讲，1918年他只是上海一个中学毕业生，不料见到外滩公园草地前沿"华人与狗不许入内"的牌子：

> 对于这横逆和凌辱，我当时是毫无思想准备的，因为关于这类牌

1　梁思礼《一个火箭设计师的故事》，北京：清华大学出版社，2006年，页38—39。
2　《陈岱孙自述》，见《世纪学人自述》第1卷，页365。

子的存在我是不知道的。我陡地止步了,瞪着这牌子,只觉得似乎全身的血都涌向头部。在这牌子前站多久才透过气来,我不知道。最后,我掉头走回客店,嗒然若丧,第二天乘船回家。对于一青年,对我们民族的这样凌辱的创伤,是个铭心刻骨的打击。我们后来经常批判那个年代出现的所谓各种"救国论"。但是只有身历了这种心灵上创伤的人才会理解"救国论"有其产生的背景。[1]

---

[1]《陈岱孙自述》,见《世纪学人自述》第1卷,页364。

科学梦就是实业梦

发展工商实业是要建设经济，使国民富强，以抵抗外国产品入侵。中国虽然经过两次鸦片战争以及太平天国的战乱，但毕竟曾经是个手工业发达的国家，丝茶瓷器等出口数量仍然很大，所以到1876年仍然出超，之后才长期入超，[1]白银年年流出。长期入超的结果，是本国工商业不发达，失业人多。底子被掏空之后，家庭经济渐露困境。

实业救国的说法在19世纪末兴起，但早在甲午战争甚至洋务运动的时候已经产生。辛亥革命前，清政府有目的地想通过规划留学科目来振兴实业，派遣庚款留美学生时，明文规定八成要学实业。[2]实业的范围很广，西方因为工业革命而实力大增，所以当时讲实业也以工业为主，但是农业、商业都属于实业的范畴。推翻清朝之后，大家期望从此有一个安定的环境去扭转局面，部分革命党人也变身为建设者，加入发展实业。

科学救国呢？"五四"既然提倡民主和科学，涌现科学救国梦的热潮似乎理所当然。究其缘由，科学救国的想法跟实业救国一样，在"五四"之前已经出现。

辛亥（1911年）"那时中国的学生，已经完全相信科学救国，也许比现在学生更加认真，因为我们并不是想出路，想赚钱，而是诚心诚意地志愿用科学来服务国家"。[3]

不过，实业和科学这两个词，当时是纠缠不清的。实业和科学看来好像是两样东西，然而仔细点儿看，却藕断丝连。革命党人任鸿隽"五四"之前以学生身份留美，曾在留学生中间发起"科学救国运动"。他的妻子纪念他时说，"那时在美国的中国学生中，有一部分是受过戊戌政变及1900

---

1 陈三井《华工与欧战》，台北："中央研究院"近代史研究所，1986年，页10。
2 程新国《庚款留学百年》，上海：东方出版中心，2005年，页225。
3 曾宝荪《曾宝荪回忆录》，页34。

年庚子国难的刺激的，故都抱负着'实业救国'的志愿。"但她接着又奇怪地补充说"所谓实业，即是现今所谓科学"。[1] 这句话现在看来不通，当时却是互相关连的，我们看看一生鼓吹科学救国的任鸿隽所参与创立的中国科学社，宗旨是"提倡科学，鼓吹实业，审定名词，传播知识"，就可见当时科学和实业如何紧密相关了。

大概当时要办西式工业，都要有科技作基础，所以好些例子都可以见到当年大家是把实业和科学联系起来的。

1914年，一个美国化学教授在长沙基督教青年会演讲，劝中国青年努力学科学。那么他所讲的科学是什么呢？他说的是农业：

"你们吃过从美国进口的金山橙吗？有这么大的个儿。"说到这儿，他夸张地用手比划了个碗口大的样子，又接着说："金山橙皮儿薄，用刀子一剥，甜美的汁水四流，真是好吃极了！更妙的是，里面连一个籽也没有！"

这演说将一个听演讲的少年口水都引出来。美国教授还补充说这种金山橙，是美国加州的农业专家路斯·卜班克用几个不同的品种嫁接成的，其中就有四川的广柑。

"这番演讲，听得我心往神驰，简直坐不住了，恨不得马上飞到美国去，拜路斯·卜班克为师，学会嫁接果树的本领，种出自己的良种橙，到那时候，再也不用万里迢迢进口美国金山橙了！……去美国的念头一直萦绕着我，我渴望早一天学到先进的科学知识，好造福于自己的祖国。"第二年少年就去了美国，"我毫不犹豫地选择了植物学，这当然是金山橙的吸引力了。……我虽然是奔金山橙而来的，想的是'实业救国'，然而眼睛偏偏不作美"，先是看不清显微镜下的植物，不能读生物，接下来到野外检测标本又老是错，又学不了地质，不能帮中国把工业搞上去，达到国富民强，于是才改学文科。[2]

---

[1] 陈衡哲《任叔永先生不朽》，见《科学救国之梦》，上海：上海科技教育出版社，2002年，页746。

[2] 陈翰笙《四个时代的我》，北京：中国文史出版社，1988年，页15，20。

振兴实业由一部分人的思想，到"五四"时发展为社会思潮，广泛向青年传播，令青年大做实业救国梦。这"实业救国"几个字，跟"科学"这个"五四"口号有很大关系，"五四"青年学生脑中的科学，是跟实业分不清的。

1919年去美国留学的青年，对父亲说"我立志要做人，要救国。我不想做生意，也不愿考海关或邮局，一定要到美国进大学学科学，将来回国办实业，教学生，把中国变成一个富强的国家"。由于当时长沙只有几个专科学校和一个仅有文科课程的雅礼大学，而"我很早就被'科学救国'的呼声所说服，所以认为要学科学工程一类的学科，一定要离开长沙"。

> 那时只略知一点科学救国的道理，但是并不明白什么是科学，或科学如何可以救中国。我仅凭我一个十多岁青年的直觉，选定我认为中国工业化所必需的机械工程。

在美国学工程多年后，他的决心不变，只是认识深了：

> 美国教授常常提醒我们不可和文科学生一样重视学位，而忽略了工科学生所必需的实习机会。……进了规模宏大的福特汽车公司，做了三个月的暑期工作，学会了一点技艺，……又到芝加哥和密尔瓦基等大城，参观了许多机械和电机工厂。我得到有关汽车制造和工厂管理的许多新的知识、新的技能，我才知道我学工程不应以当一名工程师为满足，而要以全力使中国工业化，使中国人接受西方的科学和科学精神。[1]

西方科学和科学精神包括机械、电机、汽车制造和工厂管理！这就是当时对科学和实业的理解。所以当时的学生去读农科、工科、地质等等，可以说自己是读实业，同时也会说是读科学。百废待兴的时候，行事旨在

---

[1] 赖景瑚《烟云思往录》，1980年，页36，53，55，57。

应付当前急务，无可厚非，所以当时讲到科学也以科技或者应用科学为主。¹

著名物理学家、中国科学院副院长严济慈毕业于当年的科学强国法国。他1920年代出国时也是抱着科学救国的宗旨：

> 我也深认科学对于人类的贡献，似在宗教、艺术、文学、政治之下，但是立国在今日世界，利弹怪艇咄咄逼人，舍科学无以救国。

但他怪责当时中国的教育家曲解科学的含义：

> 科学在吾国尚无它应占的地方，那班非牛非马的教育家、哲学家往往与科学以错误的解释，致无形的加以摧残阻碍。

所以他认为中国尚须一班哲学科学家，对科学之所以为科学，给予正确的了解，以激起社会的信仰和青年的努力，而不至使学习理科的青年十之八九视研究科学为时髦，一见更时髦的就弃科学而他去。

在深明科学含义的严济慈心中，科学和实业是两回事，但是需要携手合作。

> 科学实业携手，是战后各国所最努力以求十分实现的。在我国科学实业幼稚时代，这种人才尤为难得，而实在是最切要的。科学家能为实业家解决疑难问题，实业家能与科学家以种种资助。²*

即使20年代中国已有学者如严济慈，在法国这个昔日的科学强国学得科学的精粹，中国的实业救国梦还是持续到40年代。梁启超的幼子梁思礼1943年转到工科大学，因为那时"一直想走工业救国之路，觉得中国老受人欺负，将来学一门工业技术，学成回国为中国建设出力就好了"³。他后来

---

1 这并不代表他们不知道理论科学或科学精神。
2 严济慈《严济慈：法兰西情书》，页83，203。
3 梁思礼《一个火箭设计师的故事》，页33。

成为火箭设计专家,回到中国大陆,在导弹和运载火箭上有贡献。

严济慈大力推荐而去法国留学、入居里夫人研究所的钱三强,是个核物理学家,回国后负责新中国两弹一星的原子弹、氢弹计划。

农科、机械工程与核物理学,在科学学科上或许有知识含量的高低之别,但在应付国际局面、增强国力上,最后还是殊途同归。如果不是要应付越来越厉害的船坚炮利,钱三强等中国科学家可能是理论物理学的世界翘楚。他们的尖端知识用在国家实际的需要上,是中国近代发展的许多无奈状况之一。

附：最惹笑的救国梦场面

在美国，成绩优异的毕业生会获得学系推荐入费·贝达·加巴荣誉学会（Phi Beta Kappa）。这是美国最古老的兄弟会，于1776年创立。会员将得到一条刻有学会字母简称"ΦBK"的金钥匙，可以佩戴，以示荣誉。金钥匙的价值相当高，是做自我广告的好工具，据说还可替代订婚戒指。语言学家李方桂就曾把它作为定情信物，送给女朋友。[1]

有一次留美学生洪业遇到另一个中国学生，对方脖子上挂着好像荣誉学会的钥匙，还是特大号的。洪业仔细看，钥匙上面是倒过来写的：加巴·贝达·费！

那个挂着假金钥匙的中国学生在洪业背上重重拍了一下，笑说："你们分数最好，我们分数最差；你们专心做学问，我们专心赚钱；将来你们办学校盖图书馆，就得靠我们赚的钱才成。"[2]

这个学生讲的倒是真话。搞经济、办实业是留学生设想的一大救国途径，而救国在在需财，所以努力赚钱也未尝不是一个方法，只要发了财还记得救国初志的话。

1　王念祖《我的九条命》，北京：中国财政经济出版社，2002年，页47。徐樱《方桂与我五十五年》，北京：商务印书馆，1994年，页41。

2　陈毓贤《洪业传》，台北：联经出版事业公司，1992年，页74。

第二章

钱从何处来

五花八门的公费

当史无前例的大留学潮发生时,中国正处于国用不支、民生日渐窘迫的20世纪之交。

民国时军阀混战,教育变成余事,"1919年,全国教育经费仅273万余,'不及两师兵一年的开销'。"[1]

虽然国内百废待举,教育经费紧缩,但是中国在留学上仍然用很多钱。以国家名义付出的留学费用固然林林总总,私人留学费用更足惊人。据教育部的统计,1934年左右,公私留学费用一年要2000万元,而当时1000万元"若拿来办大学研究所,可办一二十个有余,用它半数亦有十个八个不愁经费设备无着"[2]。

国家公费

中国花一大笔钱去培养留学人才,始自1870年代曾国藩听从容闳建议派百多名幼童留学。计划中途夭折,此后除了派人去欧洲学技术,长期没有系统计划地再用官费遣送留学,直到1894年中国败于日本,大臣纷纷上奏,1896年才再派学生去日本。[3]

---

1 董宝良、周洪宇《中国近现代教育思潮与流派》,北京:人民教育出版社,1997年,页381。句中引文见光舞《平民主义和普及教育》,载《平民教育》杂志1919年12月27日第12期。

2 中华民国教育部教育年鉴编纂委员会编《第一次中国教育年鉴》,1934年,页1110,当时留学生5000多人,共需法币2000万元。公费生占7.3%。汪一驹说2000万元是国内大学教育费总预算的两倍,《中国知识分子与西方——留学生与近代中国(1872—1949)》,页140。引文见1934年12月任鸿隽《大学研究所与留学政策》,页511。

3 由总理各国事务衙门派了13个留学生,到东京高等师范学习。此后日本不断劝说中国政府派人到日本留学。"该国政府拟与中国倍敦友谊,藉悉中国需才孔急,倘选派学生出洋习业,该国(按:指中国)自应支其经费……人数约以二百人为限。"见实藤惠秀《中国人留学日本史》,香港:中文大学出版社,1982年,页16,引《光绪廿四年(1898)总理衙门复议遴选生徒游学日本事宜折》。

接着清廷定下派送留学生的国策，不但中央负责外交的部门选派，还叫各省大臣进行。[1] 这个格局到民国还维持，于是所谓公费（清朝时称为官费），大抵是中央和各省的公费两种。

中央政府的经费主要由教育或者外交部门负责。但是中国既然要改革，各业待兴，关乎军事和交通等部门，也自行在部门或者在属下的培训学校如海军的水师学堂、交通部的高等实业学堂等等，选派留学生，当时称为部派。

林林总总的中央政府公费里，还有两种较特别的，一是稽勋留学，即是因革命有功而奖偿留学；一是用庚子赔款资助留学，这是中国出钱，却按外国同意的安排、派遣留学生的计划。庚款在中国当年的留学经费里，最大宗也最稳定。

省 费

省费是公费留学的另一个重要来源，甚至应该视为一大宗。

1914年胡适曾经在留学日记里，记当年湖南省选派留学的有581人，派去日本470名，欧美111人，一年的留学费需日元21万4200多元、银元15万9800多元。"一省所送已达此数，真骇人听闻！吾《非留学篇》之作，岂得已哉！"而次年又记湖南省岁出是693万元，那么光是留学费用已占湖南岁出的5%以上，这还只是留学费，不是教育经费。[2]

从一个国家的角度，用中国的钱培养中国的人，何必自分畛域呢？所以很早就有人主张化除省界。[3]

最初清朝将派遣留学定为国策时，可能从方便处理的角度考虑，不止一次要求各省的大臣赶快派学生出国。到了军阀混战的时候，中央根本无

---

1 实藤惠秀《中国人留学日本史》，页16，引《光绪廿四年（1898）总理衙门复议遴选生徒游学日本事宜折》。
2 胡适《吾国各省之岁出》，另文《吾国之岁出岁入》记1915年岁入1亿4558万元，1912年教育占岁出1.83%，两文均见《胡适留学日记》，卷9。
3 张元济1906年写的《议管理留学欧美学生办法致学部堂官书》，见《读史阅世》，页103。

法向各省收税，各自为政之下，继续维持省费留学，并不出奇。各省的经济实力不同，省费的名额、资助额也有差别。同时因为各自审定获得公费的资格，各省政策不同，有时不同省籍的学生考到同一间学校，公费却大有分别。于是中央政府又尝试制订各种规则，企图减少混乱。

中央和省的关系更不能一下撇清。事实上，很多由中央去跟外国谈判的重要留学计划，如清华留美预备学校以及和日本的五校协议，最后的费用也是分摊到各省的。

清华留美预备学校按省收生，是因为庚子赔款是分摊给各省负担的，有的省多付，有的省少付，为求公平，享受清华官费也就以省为单位。这是清朝处理外交和教育的部门的规划，"按照各省赔款数目分匀摊给，以示平允，其满洲、蒙古、汉军、旗籍，以及东三省、内外蒙古、西藏亦应酌给名额，以昭公溥。"[1] 事实上，东北三省既是满人祖庭，不必分摊赔款，却可以有留美的名额。不过实际执行上，有时招生不足，有时退学，庚款留美的各省学生人数并非真的与赔款同一比例。江苏确实是负担赔款最多、留学名额也最多的一省，但是赔款只占近13%，留学名额却占到21.7%。而有些省份负担少量摊派，但并不常常能派出学生，像新疆，负担1.7%赔款，但学生只占庚款留美名额的0.4%。[2] 所以有些要人的儿子借了新疆的名额入读清华。

至于清廷与日本的五校协议，是为了解决留日学生多数只读中学程度的普通科、入高等学校困难的问题。按协定，中国出钱让五间日本官立高等学校增加名额，收中国学生，考上的学生可以向本省驻在日本的机构申请官费。[3] 这个安排，扭转了留日学生量多而质不高的现象。

其实以省为中心，源于中国的政治格局。乡村以宗族为基础，省则是以乡村为基础的最高地方行政单位，血缘和地缘结合是中国传统社会组织

1　1909年7月外务部与学部《奏请收还美国赔款遣派留学生赴美谨拟办法折》。
2　王树槐《庚子赔款》，台北："中央研究院"近代史研究所，1974年，页315。
3　中日磋商特约五校协议，增收中国学生，增收的经常费由中国补助，中国政府要求各省分摊。民国时各省未必彻底实施，但留日学生都知道这条前朝规定，以考上这五校为目标。

的特色。同宗之外,同乡也是重要的人际网络。一个省出资帮助本省的子弟留学,这些人学成归来,往往有责任为本省服务。[1] 于是各省视乎本身的实力和需要,举行留学考试或者资助有困难的本省学生。

当时的观念,认为由省襄助让省子弟求学是分内的事,留法勤工俭学闹得学生食宿无着,除了中央政府之外,各省也有参与救济本省的学生。而最多勤工俭学生的四川省,因为不肯救济,受到四川人批评:

> 其时四川正兵乱如麻,……欲望四川这种毫无心肝的军阀对于远方学子有所救济,虽有吴、李两先生的屡次去函呼吁,直似以石投水而已。[2]

其实以勤工俭学为志向的学生,出国之前也有向省里的款项动脑筋。湖南省60个希望勤工俭学的学生没有路费,找掌握湖南米盐公款的熊希龄解决问题。这笔公款湖南军阀也争夺,熊希龄是湖南人,曾做过北洋政府财政总长,知道这笔钱是清朝因辛亥而留下的公款,曾说用来给湖南人办福利事业。学生认为熊希龄曾表示,如果欧战停止,他们出国时,由该笔公款利息中拨一笔作路费,但到他们真要动身时,却得不到这笔钱。各人只好回乡想办法,想地方出公款,不得要领。最后还是熊希龄给每人400元作路费。[3]

私费生竞考公费

已经在外国留学的自费生,也有申请公费的途径。尤其是留日的,都知道考取那五间特约学校,就可以申请公费,而且有固定手续。如学医的杨步伟是在日本补安徽省公费的,她考入医专之后通知中央监督处,监督说既然已入正科了,并且认识杨府上祖老太爷,认为安徽省一定可以批准。只要两个月,安徽的公费就发到,还补了以前三个月的生活费,学费且由

---

[1] 张资平、冯友兰、贺培真都曾作回省服务承诺。
[2] 李璜《学钝室回忆录》,台北:传记文学出版社,1973年,页69。
[3] 何长工《旅费风波》,见《勤工俭学生活回忆》,页19—24。

政府支付。[1]

因为有这个约定，很多家庭给希望留日的子弟筹钱供一两年之用，希望他们发奋考上那五间约定的学校，就可以得到公费，连衣食零用都有着落。于是很多留日学生先进入为中国人开设的各式私人预备学校，拼命读日文，再补习一下数理就去应考。苦读一年而考取的文学家郁达夫说：

> 领到了第一次的自己的官费，我就和家庭，和亲戚，永久地断绝了连络。从此野马缰弛，风筝断线，一生潦倒飘浮，变成了一只没有舵楫的孤舟。[2]

可能成绩良好就有望申请省费的印象深入人心，有些人就是自费去欧美留学，也抱了到达后申请省费的打算。[3]欧美的私费生确实可以留学成绩良好为凭，申请补为公费生，但途径就没有留日生那么明确了。

要获得省派公费留学，人事的因素颇有影响，与省政府掌握留学拨款的人有交往，常占便宜。

靠工读留美的蒋廷黻收到国内亲友通知，可以向湖南省长申请奖学金。于是他把成绩单和所有教过他的老师的推荐信，外加一封申请信，寄给省长。

> 我以为这实在是一个大胆的尝试，因为贵为省长的大人先生，如何会注意到一封远从美国寄上的小孩子的申请函。……我得到复函，得到一份奖学金，数目十分可观，每月80美金。我感到突然成了富翁。[4]

于是他把哥哥也叫到美国来读书。每月80美元，等于一个清华留美学

---

[1] 杨步伟《一个女人的自传》，台北：传记文学出版社，1983年，页136—137。杨家是安徽望族，杨仁山创立的金陵刻经处在文化界有大名声。杨步伟是其孙女，生长于江苏。她留日学医，后嫁语言学家赵元任，居留美国。

[2] 郁达夫《郁达夫自传》，载《郁达夫日记集》，页408。

[3] 文学教授苏雪林虽然由家庭出资入法国里昂中法大学，但父亲叫她到法后申请安徽省的津贴，页49。

[4] 蒋廷黻《蒋廷黻回忆录》，页52。

生的金额。清华给自费生津贴，按规定只会给半额。蒋家是做生意的，他在革命党人办的小学读书，而省长谭延闿和革命有渊源。亲友通知他向省长申请奖学金时，是不是跟省里关说过呢？

有些获得省费的学生没有通过考试选拔，也没有成绩单作保证。有一个例子是成绩不算好、恐怕考不上国内好大学的中学生，却免试获得安徽省教育厅名额有限的留德官费。这中间的情节是，该省省长不满省议员贿选，辗转请人告这些议员，而领头去告的，就是这个中学生。中学生的校长是省教育厅的科长，为他谋划，叫他申请留学，待省长核准时，再教他去拜访省长，并已为先容。[1]

也有人用别省的钱。有一个湖北人，哥哥是1896年的官派留日学生之一，与奉天将军赵尔巽有旧。他带弟弟去日本之后，设法由奉天方面补给一份官费。[2]

稽勋留学

民国成立后，又有一类特别的公费，是对民国革命有功的人或后代，给予留学奖励。由于这个留学案后来归稽勋局办理，因此这批学生又叫"稽勋学生"。

这稽勋留学的缘起，据说是民国临时政府秘书处的年轻人搞出来的。留日时参加革命的任鸿隽说革命成功后他不想做官，"和几个在秘书处的同事，决定再到国外去继续求学，将来再以所学报效国家。因此，我便拟了一个呈文，请求总统予以批准。此次列名的大约不过十数人，后来增加到三十余人。如宋子文、曾广智（曾广勷的弟弟）、冯伟（冯自由的弟弟），还有胡汉民的两个妹妹，他们既未在政府任过事，有的还在学堂读书，此次各以私人的关系，得到出洋留学的机会，不知何以对其他学生。"[3] 当时稽勋局的局长是冯自由，任鸿隽对名单里安插私人以及稽勋学生越来越多颇有微词。

---

1 张果为《浮生的经历与见闻》，台北：传记文学出版社，1980年，页9。
2 戢翼翘《戢翼翘先生访问纪录》，台北："中央研究院"近代史研究所，1985年，页4。
3 任鸿隽《前尘琐记》，见《科学救国之梦》，页712—713。

稽勋的范围并不只在中央，在民国成立的头一两年，湖南、广东等省纷纷派有功者或者烈士后人去留学。广东省作为革命基地而为新国家造就人才的表示，即是决定选考东西洋留学生：

> 这次的招考分两个机关主持，由都督府的是以有功民国为主要条件。这明白是革命要人们的从属太多，无法安插，只好开辟了这一"遣派出洋留学"的新路。……其实，我对于革命哪里有什么功呢？我只捏造了些事实，说我在潮汕光复时，跟着张醁村尽过义务，投过炸弹。都督府的填册处只有几本册簿，一任来填册的人乱涂乱写。填了姓名、籍贯、年龄及祖宗三代之后，便略叙有功民国的经过，无需相片，也无需报名费，手续竟是那样的简陋。由这些事实就不难推知在未考试以前，当局早已经把应派出洋留学的人们决定了。[1]

袁世凯当上总统之后，没有废除民国革命者自创的稽勋留学，还当作笼络的手段，给孙中山的子女资助，"拨了约一万美元给我和两个妹妹，作我们去美国求学的教育公费"[2]。

后来稽勋学生越来越多，到1913年反袁世凯的二次革命失败而后才停止。[3]之后这些已去了外国的稽勋学生的留学费用，不知道从哪里来，有人认为恐怕不少后来转为庚款留学。事实上连袁世凯也在执政时为袁氏后裔设了留学津贴，后来大概也在庚款里匀出。[4]退还的庚子赔款成了一块大肥肉。

辛亥革命已过了一二十年，还有留学生听闻有烈士遗属得到公费的。一个江苏的勤工俭学学生自称安徽人，得到安徽省的津贴救助，因为他的

---

1 张资平《资平自传》，页40—41。
2 孙科《八十自述》（上），见《传记文学》23卷4期，页9。
3 稽勋留学生的数目约共百余人。中央的临时稽勋局因财政困难，分三期派遣，但二次革命失败，部分未能成行。确知出国的第一批为25人。全国实际以稽勋名义留学的，应在25人到100多人之间。王奇生《中国留学生的历史轨迹》，武汉：湖北教育出版社，1992年，页143—144。
4 程新国《庚款留学百年》，页86。

父亲是革命党人,民国初年在安徽被杀,于是他算作安徽烈士遗孤。[1]1930年代又有留学生从邻座听来一段故事:"一位同舟青年,由中央用官费送到欧洲读书,据他自己向人背诵的履历,是黄花岗某烈士的侄子,因为造国有功,'福延'后人,于是以一万大洋,送到欧洲镀金,言时颇觉意气甚得,我一细看时,才知道是在香港渡头上,以名片请某通讯社为登报的少年,衣冠甚丽,而人却很弱,不知道怎样,我有个与此君不同的思想,我觉这是一件痛心事,因为至少是'吃先人骨血'!想到这点,不禁越为他那一身丽服而兴悲!"[2]

政局不稳官费不继

获得公费留学虽然为人艳羡,但除非公费跟外国政府挂了勾,否则经常受人事或政局影响。

辛亥革命发生,形势混乱,清朝的留学生就出现官费不继的情况。[3]到袁世凯上台做总统,他利用公费作为笼络或打击的手段,在反对他的革命失败之后,取消了不少从前批准的公费,广东、湖南这些清末革命阵地大受影响;又罢免有革命分子之嫌的省长,连这些省长主政时派的留学生都革了公费,只派川资回国。据说这种政治清洗并不含糊,有革命党嫌疑的公费生受到影响,清朝时派的湖南公费生却继续有公费。在这次事件里,有一个被取消留日公费的国民党员只好拼命考特约五校,说若考到了特约五校,取消他的公费的湖南总督汤芗铭也不敢不给公费,因为不敢与日本政府开玩笑。[4]

袁世凯死后,由于军阀混战,各省留学费用被挪作军事开支,从1919年起,积欠留学费用的情况趋于严重。留日学生里最多公费生,人数因而

---

1 郑超麟《髫龄杂忆》及《郑超麟回忆录》,见《史事与回忆》第1卷,页184。
2 姜亮夫《欧行散记》,见《姜亮夫文录》,昆明:云南人民出版社,1999年,页267。
3 杨树达《积微翁回忆录》,上海:上海古籍出版社,1986年,页11。
4 张资平《资平自传》,页76—77。蒋廷黻《蒋廷黻回忆录》,页56。龚德柏《龚德柏回忆录》,台北:龙文出版社,1989年,页16。

大为减少。[1]

经费发不下来,美国的留学监督曾向美国商人借债,又曾电催汇款几十次;实在没办法,还避见留学生,或者叫留学生自己想办法,有公费生因此没法入学。[2] 在德国有学生因欠交住宿费而被房东驱逐,冬天没冬衣,没地方住,到使馆要求救济。由于省公费积欠严重,教育部除了限制留学生数目,1924年甚至要下令停派留学生一次。[3]

这种混乱情况持续多年,到1927年国民军北伐成功,中国统一,安徽省仍然有两年发不出公费。安徽公费生说:

> 我一直在闹穷,官费经常不发,不得不靠写作来挣稿费吃饭。[4]

在这场中国留学史罕见的经济灾荒里,公费留学的教授刘半农和"五四"学生领袖傅斯年在书信来往中大叹:中国自有留学生以来,从未遭此大劫!有生以来,从未罹此奇穷大苦。[5]

1　谢长法《中国留学教育史》,太原:山西教育出版社,2006年,页120。实藤惠秀《中国人留学日本史》,页55。

2　1920年代前期军阀内战方殷,公费停发问题极严重。除了庚款留美学生,留学日、法、德、美、英各国的公费生,无论是中央、部、省所派,都受到影响。在英的刘半农、在日的钱歌川、在法的詹剑峰及徐悲鸿之妻蒋碧薇均叹过穷。1923年冯友兰的河南公费不准,在美国的学生监督嘱公费学生自筹生活费。在德的张果为则称北伐解决军阀混战局面后,仍有两年公费不继。

3　谢长法《中国留学教育史》,页119—120。汪一驹《中国知识分子与西方——留学生与近代中国(1872—1949)》,页124。

4　朱光潜《自传》,载《大师自述》,香港:三联书店,2000年,页226。

5　刘半农《欧洲回忆录》,转引自《中国百年留学全纪录》(二),珠海:珠海出版社,1998年,页627。

公费留学的流言

中国虽然不富有，可是公费学生每月所得的钱不少，除了由国家付学费之外，还有生活费，出国之前，有时还有治装费。"这种官费钱相当多，可以在国外过十分舒适的生活，往往令人羡煞。"[1]因此就连富家子徐志摩，也想补上公费。

许多初得公费的留学生立即去做衣服，买家具，甚至有人捐了一架钢琴给几个学生组成的俱乐部。[2]但是年轻人花钱没节制，而且当时流行借贷，因此有公费生用光了公费，甚至还要借款或找人担保预支公费，才能回乡。[3]

公费身份有价。在日本，可以用官费生的证件作抵押借钱。大概这是日本的惯常做法，日本学生没有钱了，也是去当铺把学生证往上一放，就会有一块钱出来。[4]

难免除的人事关系

虽然中国在公费留学上所费不赀，但是名额有限，僧多粥少，因此流言很多，都认为没有人事关系，不易成功。

富有的徐志摩也相信人事请托是必要的，姻舅张君劢写信给他，"为予

---

1 季羡林《留德回忆录》，页69。
2 蒋廷黻《蒋廷黻回忆录》，页52。
3 张资平《资平自传》，页75。毛彦文讲其清华留美的博士未婚夫，见《往事》，北京：商务印书馆，2012年，页41。
4 欧阳予倩用官费生折抵押给高利广东药铺借款，用来筹款演戏；公使馆布告禁演戏，否则停官费，才沉寂，页23。黄尊三以留学通账为担保，向友借30元使用，见实藤惠秀《中国人留学日本史》，页89，引黄氏日记"廿三日"条。1940年代仍有这种做法，见《早年留日者谈日本·汪向荣》，济南：山东画报社，1996年，页160。

补官费事。云已致信严思樵,大概有望。惟此事终赖部内有人帮忙方可。"[1] 勤奋的穷学生沈宗瀚认为自己虽然"留意各方公费游美机会,如浙省及教育部派遣留学生事,因无人推荐而失败"[2]。

1920年代的人对公费生有很多意见,认为不少是不学无术的。

文字尖刻的自费生说里昂中法大学的学生,在每天很舒服的饮食和起居以外,总要做些很特别的事,像当事人为了男女追求的是非而开大会。"这的确是一个有闲阶级底青年男女的养成所。我这样叙述,并不是对中法大学有甚么恶意,中法大学尽有许多很用功的人,并且现在成为名流和学者的也不在少数。然而这个并不能掩饰这一个所在底留学生和那般被强迫地遣送回国的M城(按:即蒙达尼)底留学生的不同之点。"[3]

连憨厚的物理博士生严济慈也忍不住,说在欧洲只有一个留学监督,恐怕是住英国,在法国则由公使代理,事极腐败,闻说有当巴黎大学二十年官费生的,言虽近谑,事或不免。[4]

尤其是不在中国凭考试取录,而是到了外国再补省里的公费的,更容易凭一两个人的私意。勤奋的严济慈亲耳听到一个巴黎大学的留学生说,他们三个同县的乡里,共享一份公费,因为其中一个人的父亲是营长,和省长同县。这个巴黎大学留学生不怎么懂法文,读书更不用说,读化学三年,没有考得一科文凭。"彼等之得官费,公文到来,一如天降,更不必说见公使作陈请书之无谓矣。省中办事,固不必依若何资格与经一定手续。"[5]

不少1920年代多方求公费失败的青年,后来以自己的能力,证明确是人才,沈宗瀚、严济慈都在其中,并在读博士时获得公费。

种种传言,并不全是空穴来风。有得到好处的留学生自证人事关系确实存在。1918年,画家徐悲鸿在北京结交名彦,透过康有为很吃得开的弟

---

1 徐志摩《留美日记》,载《徐志摩未刊日记》(外四种),北京:北京图书馆出版社,2003年,页144。
2 沈宗瀚《沈宗瀚先生自述》,载沈君山、黄俊杰编《耕耘岁月——沈宗瀚先生自传及其他》,台北:正中书局,1993年,页95。
3 王独清《我在欧洲的生活》,上海:大光书局,1936年,页197—198。
4 严济慈《严济慈:法兰西情书》,页50。
5 严济慈《严济慈:法兰西情书》,页198。

子罗瘿公，得见教育总长傅增湘。据徐悲鸿的描述，傅增湘是个恂恂儒者，没有官场交际的虚伪，听见徐悲鸿想公费留学，提出要看他的画，看后答应待第一次世界大战平息后有机缘时不会漏掉他，后来却没有消息。徐悲鸿十分不忿，又再经蔡元培关说，傅增湘终于给予他留学之费。[1]这一幕资助公费留学的场面，用今天的眼光看，是不公平的。一是不经公开比试，其次单凭官员的看画眼力。不过，人情请托早已流行于清朝官场，当时人未以为怪，而士大夫颇有善习文化、书画修养不差的。傅增湘身为翰林，后来做过故宫博物院图书馆长，有一定眼力。徐悲鸿留学时亦极用功，后来成为一代大家，"吾学于欧凡八年，借官费为生，……计前后用国家五千余金，盖必所以谋报之者也。"[2]说不定有人认为这是一幕识拔人才的好戏。

虽然慧眼可以识英雄，但凭人事关系推荐留学，有时未免滑稽。一个热望留学的年轻人1920年考省官费，初试第二名，在北京复试时，他认为教育部临时保送一人，致使他落榜。失之东隅的年轻人入交通部工作才几个月，一天交通部人事变化，竟然促成他留学。

"北洋政府时代新旧交替时，常有一种陋习，即旧任于去职以前每每借此发表一批人，俗称起身炮。"这一次的起身炮让他一天之内成了留学生。交通总长换人命令发布那天，司长要他当天就写好折呈去留学，保证这件公事在该晚就办妥，因为第二天新总长就会上任。于是小职员忽然成了交通部派的半官费留学生，原薪照支，还有川资治装费。如此优惠，原来是从中穿针引线的司长有意招他为女婿！后来他在欧洲要求延长官费，去美国读博士，因为姐夫是政要黄郛，又批。[3]

到1930年代，无论是全国或各省的公费，主要通过激烈的考试选拔。[4] "这两种官费人数都极端少，只有一两个。在芸芸学子中，走这条路，比骆驼钻针眼还要困难。"[5]而全国性的留学官费考试，比如留英庚款、留美庚款

---

[1] 徐悲鸿《悲鸿自述》，载《艺人自述》，杭州：杭州大学出版社，1998年，页65。
[2] 徐悲鸿《悲鸿自述》，载《艺人自述》，页71。
[3] 沈怡《沈怡自述》，台北：传记文学出版社，1985年，页51—52。
[4] 中山大学因为历史原因，1930年代仍然有凭推荐而留学法国里昂中法大学的名额。另外，公费留学比利时亦靠推荐。
[5] 季羡林《留德回忆录》，页69。

之类，更有如金榜题名之难。抗战胜利前后，留学考试规模大，精英尽参加，据说当时由三所京津名校组成的西南联大，有的老助教也考不取公费留学名额。[1] 可见到三四十年代，公费留学大致上已凭考试竞争了。"是否有走后门的？我不敢说绝对没有。但是根据我个人观察，一般是比较公道的，录取的学员中颇多英俊之才。"[2]

这些英俊之才，与从前皓首穷经考科举，实在不遑多让。第六届庚款留美考试平均分最高分的历史学家何炳棣，几乎用了整个青年时代做留学的准备，大学毕业后一直当助教，光是1940年准备第一次考试到1945年真正出国，费了五六年，年近三十才开始读博士的生涯。其间，他患得患失，既苦恼于考试因为日本珍珠港事件而延搁，又担心每届录取不同科系的学生，未必开自己那一门。再加上各校的高手都用尽全力，虎视眈眈，竞争十分激烈。[3]

或许我们应该说，经过长期改进，公费留学考试所选尽多精英人才，然而公费留学考试之外，人事岂能完全避免？

自费留学与官价外汇

不光公费留学有各种传言，留学政策在逐步收紧时，自费留学也流传开后门的问题。

抗日战争时对留学严加限制，自费留学不光名额有限，还遇到外汇问题。

1940年代抗日战争正紧张，物价疯长，货币贬值，兑美元的黑市外汇价，比官价高十倍，战后初年情况仍无改善。许多学生就是符合自费留学资格，也没法得到外汇去留学。[4]

传说国民党官员的亲朋子女纷纷开后门，买官价外汇去美国留学。为

---

1 许渊冲《逝水年华》，北京：三联书店，2008年，页153，158。
2 季羡林《留德回忆录》，页68—69。
3 何炳棣《读史阅世六十年》，香港：商务印书馆，2004年，页133—144。
4 官价1美元兑20法币，黑市则200法币，见刘绪贻《箫声剑影（一）——刘绪贻口述自传》，桂林：广西师范大学出版社，2010年，页220。刘绪贻留学美国，后为社会学家。汪一驹说1946年时是兑2020法币，见《中国知识分子与西方——留学生与近代中国（1872—1949）》，页141。

了平息民愤，1943年和1946年官方举办了两次自费留学考试，录取了1500多人。录取者拿着考试及格证，加上国民党中央训练团受训一个月的结业证书，可以在留学期间每年买一定数额的官价外汇。[1]

官员走后门买外汇的传闻是否确实呢？据说1944年末的一次欢送自费留学生的大会上，教育部长陈立夫致辞，讲到举行自费留学考试是为了给所有大学毕业生以平等竞争的机会。坐在他旁边的高级将领、军事委员会政治部部长张治中站起来插话说："是的，以前是不公平。我有一个儿子，既未经过考试，也未到中央训练团受训，就找陈立夫伯伯帮忙，买官价外汇到美国留学去了。"在场的学生说陈立夫一听这话，忙扯张治中的袖子，请他不要讲。学生见到这场面，都颇为惊奇。[2]

至于要先在中央训练团受训才能留学的事，也曾惹起一点麻烦。在国民政府，这是为了保证学生遵奉三民主义，但是美国人认为这些学生被国民政府洗过脑，后来经过疏通，才同意接受他们去美国学习，但延迟了约半年。[3]

有官价外汇可买，也不是顺利完成学业的保证。有考取自费留学的学生，没钱多买官价外汇作保险。他读法国文学，应该去法国，但听说美国半工读比较容易，为防万一，就改去美国。后来大陆政权易手，再买不到官价外汇，他果真要半工读去完成学业。[4]

---

1 刘绪贻《箫声剑影（一）——刘绪贻口述自传》，页220。
2 刘绪贻《箫声剑影（一）——刘绪贻口述自传》，页223。
3 刘绪贻《箫声剑影（一）——刘绪贻口述自传》，页222。
4 《詹锳自述》，见《世纪学人自述》第5卷，页222。

庚子赔款的多种作用

1900年义和团排外导致八国联军攻入北京，是中国一桩大悲剧。此后中国要分39年向八国赔偿白银4亿5000万两，称为庚子赔款。这巨额赔款之沉重，虽然比不上德国在第一次世界大战之后的赔款[1]，但中国平民承受压榨四十多年。[2]当时中国没有能力像德国那样闹成第二次世界大战，只能不断赔偿，亦不断谈判。所幸中国未致沉沦不起，还用美国退还的一部分血汗钱建立了一间清华大学，成为中国留学史、教育史上的奇葩。

建清华大学是中国人的意思，清华大学的前身出自用庚款去美国留学的安排。这源于美国同意退还多出的赔款可用在教育上，尤其是挑选学生去美国留学。有了美国的先例，中国政府和民间又努力运动其他七个国家退款。为了竞争对中国的优势，后来好几个国家都有类似的安排。不过所谓退还庚款，不是不收取，而是中国每年赔了，由该国再退还，所以用庚款留学，实际上仍是用中国人民的血汗钱去外国读书。

美国退款

美国为什么要退还庚款，而且提倡用于留学呢？这是国际角力之下的因缘际会。

事缘中国开始赔款不久，美国国务卿就在国内透露美国获得的赔款本来过多。1904年底，驻美公使梁诚跟美国交涉以白银支付赔款，从美方明确得知赔款过多，于是上奏外务部，提出向美国交涉取回。中美两国开始了就退还过多赔款的磋商。

美国是后起的工业国，又不及日本近水楼台，因此在欧洲列强及日本

---

[1] 1921年确定的1320亿金马克约相当于4.7万吨黄金。
[2] 该赔款1943年才完全终止赔付。

加紧谋求瓜分中国的局势中，显得落后。如果中国灭亡，沦为各国的殖民地，美国很容易被摒出门外，工业品亦会失去一个东方大市场。因此美国在义和团事变前后一直提倡门户开放政策，谋求平衡局势，不使中国被瓜分。中国民间负担沉重的战争赔款，容易滋生仇外情绪，也容易产生社会动乱，这对美国亦有不利。因此在驻美公使梁诚的游说之下，美国退还庚款有了利益基础。

不过赔款是既得的钱财，中国拿回去之后，对美国有什么好处呢？这自然是美国关心的。虽然，在外交口吻上，梁诚坚持中国怎么用自己的钱，跟美国无关，他的奏章中说"如何用法则是我国内政，不能预为宣告"，但是实际要促成退款，也不能不考虑美国的要求。他认为若果用于教育，包括在中国兴学及派学生留学，可较易争取到。

美国提出用这笔钱送学生到美国读书，这固然是兴文教，同时也可以培养亲美的中国人才。伊利诺大学校长詹姆士赞成退款，1906年他给美国总统罗斯福的备忘录说：

> 哪一个国家能做到教育这一代的青年中国人，那个国家就将由于这方面所支付的努力，而在精神的和商业的影响上，取回最大可能的收获。如果美国在35年前已经做到把中国学生的潮流引向这一个国家来（按：指容闳安排的幼童留美），并能使这个潮流继续扩大，那么，我们现在一定能够使用最圆满最巧妙的方式而控制中国的发展。这就是说，使用那知识与精神上的支配中国的领袖的方式！商业追随精神上的支配，比追随军旗更可靠。[1]

1　Arthur Smith, *China and America To-day: A Study of Conditions and Relations*, New York, F.H. Revell Company, 1907, p213—218.

这不以军队而以精神支配达致商业成果的断语,真是可圈可点。¹ 而清华留美生梁实秋晚年时处身台湾,读到这备忘录,不禁感叹"以教育的方式造就出一批亲美的人才,从而控制中国的发展。这几句话,我们听起来,能不警惕、心寒、惭愧"?²

美国庚款退还最早,在各国的退款安排里,美国退款的使用安排也最周详有效,这是美国人和中国人角力又合作的结果。撇开美国退款的政治用心,由于中美双方角力,以及中国知识界努力反制,美国退款确实为中国培养了不少人才,令军阀混战下的中国定期有一笔相对稳定的钱,发展科教事业。³

胡适(右二)、金岳霖(右三)在哥伦比亚大学。二人均受惠于庚款而留美。
选自《清风华影》,清华大学出版社

---

1 1920年美国对华贸易比1915年增加4倍。1909年只有几十人在美留学,到1915年,已达1000多人,见程新国《庚款留学百年》,页46—47。1931年中美贸易额达到历史高峰。自1932年起美国是中国的最大贸易国,1934年其贸易额占中国进口的26%,出口的17%。摩(H.Y. Moh)认为中美贸易的兴盛有很多原因,但留美学生的贡献不可忽略。见 Commerce and Industry, American University Men in China, 页117—118。

2 梁实秋《清华七十年》,载《老清华的故事》,南京:江苏文艺出版社,1998年,页71。

3 1919年北洋政府中央预算里军费占42%,教育经费不及1%,见程新国《庚款留学百年》,页47。

退款最显著的开支和成就，首先是公费留美的大潮，然后是最终育成清华大学。除了1910年实时选考180人去美国之外，到1925年为止，为留美做预备的清华学堂所招的学生，毕业后都可以留学美国，十多年间达1000多人。[1]但是留美的费用毕竟不便宜，中国人不想片面依从美国的安排，所以参与其事的中国教育家很早就谋求更上一层楼：在中国发展大学教育，而派大学毕业生去美国读研究院。几经波折，这一安排成真，1925年清华学堂转为大学，还聘请四大导师开设闻名一时的清华国学研究院，进入一个新阶段。

半官费

庚款留美也不只是清华学生或考取庚款生的禁脔，清华还有发放半官费的制度，补助自费生。只要有美国大学的成绩单证明成绩良好，加上教授推荐，就可以申请。每个月领清华官费生生活费的一半，但年限比较短，多是一两年。清华前后共计向近500人发过津贴。

半官费批核的效率也高，半年就有结果。文学家冰心就曾申请过。她填了申请表之后，只上了九个星期的课便病倒了，没有参加期终考试，但几个教授都在申请表上写上优秀的考语，于是糊里糊涂地得了每月40美元的零用钱。她本已有美国大学的奖学金，可供学费和膳宿。[2]

清华以外的美国庚款用途

清华学堂改为大学之后，不再保送毕业生去美国留学。从1933年开始，清华又用庚款送学生去美国深造，这次开放给全国大学毕业生申请，称为留美公费考试，每年规定主修科目，由教育部与清华共同考选。这个考试一共办了六届，竞争很激烈，前后资助了200名学生。考取的人都是成绩优秀的学生，已读过研究院，或者已在做助教。

清华亦有与外国签约，选派清华学生去欧洲读研究生，国学家季羡林和数学家陈省身都因此在30年代去德国，虽然生活费远不及公费生，但是对当时进修机会不多的学生也是难得的机会。

---

1 王树槐称1909年至1929年总计高等科毕业留美是1157人，另有专科、中等科等，见《庚子赔款》，页313。程新国称1911年至1925年有1200人，见《庚款留学百年》，页32。

2 冰心《冰心回想录》，海口：南海出版社，1999年，页176。

美国退还的庚款也不止用于留学。1924年退还第二批退款，当时为了这一笔退款而忙着运动的人很不少，包括画家徐悲鸿想用来购买艺术品，中国科学社的人认为应该拿一部分来办科学事业。管理款项的基金会最后议定用来补助有成绩的机关做科学的研究、应用和教育，以及永久性的文化事业，主要是图书馆。[1] 所以画家徐悲鸿想设立法国雕刻家罗丹的美术馆，用一部分庚款买罗丹的作品收藏于中国，自然就没有回响了。[2] 缓不济急，到1920年代中后期，科学事业还是中国的救国希望。

庚款留学与其他国家

美国退款的安排，其他国家也有意仿效。英、法、比利时都有用少量庚款资助留学，但是资助的人数有限，所以大家讲庚款留学，都讲美国和清华。清华以外的留学资助多数凭考试选才，因此不会像清华学校收生那样，因应每省赔款的比例分配名额，于是考取的就以沿海各省的人为多了。[3]

日本也有退还的谋划，但是波折最大，最后中国委员愤而全数退出。

此外，苏联革命成功后，在1919年宣布放弃庚子赔款，中国省了1亿8000多万两，所以没有退还的问题。但国民党要人胡汉民对党员说，莫斯科中山大学的经费用的是退还的俄国庚款，学生都是中国政府派去，主权似应操之在中国。[4] 这个讲法未必准确。

英　国

英国早在1912年已有意仿效美国，但直到1917年英国希望中国对德国宣战，该建议才得到财政部同意，而怎么用、怎么管理又成为角力点。

1　任鸿隽《中国科学社对美款用途的意见》，载《科学救国之梦》，页313。王树槐《庚子赔款》，页328。
2　徐悲鸿《悲鸿自述》，载《艺人自述》，页74。
3　刘晓琴《中国近代留英教育史》，天津：南开大学出版社，2005年，页365，参见"留英公费生表"。
4　王树槐《庚子赔款》，页559。白瑜《有关留俄中山大学》，载《传记文学》30卷1期，页65。

双方政府力争控制权之余，中国教育界则力争用在教育上。拖了十多年，1930年两国才达成协议：英国庚款分为补助和投资两部分，补助部分的53%用于教育和科研；投资的部分，是借钱在中国办铁路及其他开发项目，借款的利息才用于教育。因此留英教育经费实际上只占到退款的15%。

中国教育界用这些钱，举行留英公费考试，也是规定招考的科系，以理工科为多。虽然总计只派了193人，但是它是最难的考试，入选者成绩很好，有研究基础，思想比较成熟，又有董事会帮忙，协助考取的人选学校。[1]

1939年欧战爆发，这个庚款留英计划曾经受阻，当年考上的钱伟长等被安排转学到加拿大。可是临上船的时候，他们发现签证上有日本的签证，当时中国已全面抗日，于是学生全体罢去，气坏送船的英国人。这批学生延误到年中才启程。

以中国当时的支绌，学界、教育界经费短缺，有人脉关系的，常常运动以获得庚款资助。社会学家费孝通说，抗战时期搞调查研究的条件十分恶劣，经费也很困难。老师吴文藻从搞到的中英庚款里拨出一点钱给他们。[2]

法国和比利时

法国和比利时接壤，又都有法语的背景。中国跟两国都曾商议用部分庚款合办大学，但是两国退还的庚款只有少量用在教育上。无论中法或中比合办的大学，都不是全数由庚款支持的。

在里昂的中法大学，中国人简称为里大。初办的时候，情况非常复杂，中法两国正就法国实业银行倒闭以及金法郎案而谈判。到1926年情况明朗，里大才开始得到部分庚款资助。所以这家命途多舛的大学起初根本没有庚款，经费由北京政府、广东政府和法国政府提供。由于北京、广东与里大有这层金钱上的关系，北京的中法大学和广东的中山大学，称里大为中山大学海外部，说中山大学有60个名额在里大。[3]北京是首都所在，以中央政

---

1 刘晓琴《中国近代留英教育史》，页349—352，383。程新国《庚款留学百年》，页77。
2 费孝通《暮年自述》，载《费孝通在2003年——世纪学人遗稿》，北京：中国社会科学出版社，2005年，页56。
3 郑彦棻《往事忆述》，台北：传记文学出版社，1985年，页38。

府的名义出钱。广东则是南方革命政府的大本营,当时主政广东的军阀陈炯明是新式军人,有无政府主义思想,早在驻军福建的时候,已经响应过留法勤工俭学,由福建派半官费生。[1] 于是吴稚晖等又去运动他拨给经费,资助广东学生去法、比两国留学。但是以后广东政局多变,陈炯明被逐,结果拖欠里大的费用。

由于许多人都以为里大是用庚子赔款来办的,所以1921年它在中国招第一批学生时,引起已在法国的勤工俭学生不满,认为舆论促成法国国会通过退还赔款,而大批勤工俭学生的存在又大有助于舆论,反对办了大学却不让他们入读。勤工俭学生的学潮闹过之后,里大的自费生见广东学生免费,也不肯交费。一个当年拒绝交费的学生后来回忆,承认广东学生是官派性质,免学膳费,无可厚非。"我们闹事的少数人是为自费去,未出国前本已与学校说妥,每年自己负担600银元的学膳费,这比之留美学生低廉数倍不止,还闹什么?"[2]

不少去里大的学生,本来想留学英美,只是有机会留法,也不肯放过。他们未学过法文,甚至连英文都不够好。[3] 里大的环境也不利学习法文和法国文化,正如第一任校长吴稚晖所说,它其实是个宿舍,自己的校长名头是给外国人看的。曾经是里大学生的文学家苏雪林说,大家称这学校为里昂中法大学,是受吴稚晖海外大学四字感染的溢美之词,它实则是一间环境优美的学生宿舍。学校安排学生补习法文两年,然后到其他大学读书,但是整天在中国人圈里,学不好法文,求上进的学生只好跑到当地中学读法文。[4]

现在不少中文材料仍称跟法国合办的里大是中国在海外办的第一家大学。从1921年至1946年,里大共有473个学生。

至于与比利时商议用庚款合办大学,比利时方面由沙洛瓦劳动大学

---

1 郑超麟《史事与回忆》第1卷,页159。福建半官费生赴法,每年学生自筹300元,县知事筹300元。
2 苏雪林《浮生九四——雪林回忆录》,台北:三民书局,1991年,页57。
3 如苏雪林,她自言英文不好,留法4年,没有读出什么成绩。
4 苏雪林《浮生九四——雪林回忆录》,页57。郑彦棻《往事忆述》,页40。

(Université du Travail in Charleroi)校长Jules Hiernaux推动。他是个政界人士，做过教育部长。跟里昂中法大学不同，这家大学不是专门为中国学生开办的，它本来就是一家工业学校。该校的介绍说为了学校的国际声誉，它从1921年起为中国学生开设课程，是比利时取录较多中国学生的几间大学之一。不少勤工俭学生因为留法难以实现目标，转学到比利时这家大学，其中最有名的就是聂荣臻。

比利时庚款用于留学的金额仅次于英国和法国，对30年代公费留学该国关系颇大，在比利时的庚款生远多于教育部公费生。比利时庚款助学金采用推荐后核准的办法，所以获其奖金者跟中比庚款委员会两国的负责人多少有点关系。[1]

此外，在中国懂法文的人数始终不及懂英文的，所以不懂法文的也能获得留法、留比的机会。种种折中下，留法、留比公费的分配自然有未尽公平的地方以及种种传言。画家常书鸿就认为中国军阀安插私人，控制里昂中法大学的名额，因而同情勤工俭学生争取入校的运动，并说1927年政府被迫将里大的名额改为各省选派，他也因此得到庚款资助，收到里昂中法大学取录通知，而去里昂美专上课。[2]

日　本

受美、英退还庚款的影响，日本国会亦在大正七年（1918）商议退款，交给大藏省（财政部）拟方案。大藏省建议在中国内政安定之后，用这笔钱来开发中国经济资源，亦包括教育上的设施，[3]派员来中国谈判时，则说专用于振兴教育及卫生事业。

1923年，日本以退款的名义设立"对支文化事业"机构，与中国议定退款用途。中国提出希望有留学生补助费，但日本未有答复。总的来说，当时中国舆论虽然欢迎日本退还庚款，但是颇有戒心，怀疑日本借文化之名行文

1　王庆余《留比学生史》，台北：光启文化，2011年，页173。
2　常书鸿《九十春秋——敦煌五十年》，页14。
3　王树槐《庚子赔款》，页483。

化侵略之实,一班老留学生名流因此主张废除协办文化事务的协议。[1]

诸多交涉之后,中日又争论管理机构的人员委任,中国委员多有抗议、辞职的。及至1928年济南惨案发生,中国委员全部退出,于是管理庚款的权力就落在日本外务省。

在三四十年代,有人说当时大部分中国留学生都申请到公费或庚款,每月有30至80银元,所以留学生生活优越,很少人打工。本来考上官立学校的留日学生可以向中国申请省公费,金额优厚,问题是发放时间不准,可能一欠半年一年。所以有些学生宁愿申请庚款。申请庚款的学生,读官立学校的较容易获批,亦有少数名额供私立大学或专科学校的学生申请;庚款还有一种特选名额,专门补助可以获得博士的研究生,名额不到10名,月给100元,由日本官员面试发给。有个私费学生查阅庚款申请的内容,怀疑有亲日派的条件,才可望核准。[2]不过有些申请到的公费学生并不亲日,后来甚至反日。[3]

未来人才培育权的国际纷争

教育是文化事业,同时又有政治实利。

"多培育一名中国青年,即为日本所以进一步扩张势力于大陆之计。"[4]1907年日本人所讲的这句话,里面的日本也可以换成美国或者八国联军其他强国。

日本争取中国留学生大量留学日本,企图影响中国未来的人才,这一举动引起美国注意,加入竞争。美国以庚子赔款作为经济来源,不需本身动用分毫,而做得有声有色。美国的先例挑动了多方关注,中国政府游说

---

[1] 时报有此论,朱经农、胡适、任鸿隽、范源濂、胡明复三兄弟、丁文江、陶行知、杨杏佛等都怀疑。胡适在1924年7月之前曾致信任鸿隽,抗议日本文化事业;范源濂说他个人总觉得日本人不可轻信。但中国缺文教经费,任鸿隽无奈地承认万一在中国做一两个研究所,总胜于无。任鸿隽《关于日美庚款问题的通信》,载《科学救国之梦》,页315。胡适的信见《胡适来往书信选》上册,北京:中华书局,1979年,页255—256。
[2] 雷啸岑《忧患余生之自述》,台北:传记文学出版社,1982年,页35。
[3] 如朱绍文学经济,倾共,后被捕回国。
[4] 实藤惠秀《中国人留学日本史》,页51,引青柳笃恒《中国人教育和日美德间的国际竞争》。

各国退款，中国文教界也往来穿梭，推动以退款办文教。各方就退还庚款的讨价还价，历时二三十年。

由于各退款国的动机、经济实力不尽相同，所以退款的用途和成效也有差别。英法为主的欧洲列强当时深受战争阴霾困扰，从中国获得实实在在的经济利益，显然比控制中国未来人才更为迫切。结果只有美国甘心投入全数退款来建立影响力。

不过哪怕有现实政治的波谲云诡，还是得说美国在庚款处理上干了一桩好事。在军阀混战、各种经费都挪为军费的状况下，中国教育界很重视这巨额而稳定的钱财。这笔巨款持续影响中国留学三十年，由两国的人员监察和互相防范，比政府公费还稳定，对留学生安心求学确实起过作用。

留学教育无论作为立人的事业，或者作为政治的诱饵，效果都不是立竿见影的，但是影响又是深远的。近代中国的留学大潮历时达半个世纪，好几代的留学生前仆后继，留学教育的影响会是如何错杂混乱呢？

当年中国濒于亡国，但是国大人众，它的市场和利益的规模仍足以使外国纷纷提供条件，维持对它的影响力。这个衰老大国最初因为市场大、利益大而引致侵略，同时又因为市场大、利益大而受拉拢。世界局势如此，试问一个急于求成而权力核心涣散的中国，怎能不乱呢？

教会对留学的影响

在20世纪早期想到留学西洋的，除了庚款留学生，以及在通商口岸或沿海城市感受到新风气的人家之外，还有一批教会学校的学生。教会学校不仅沿海有，风气开放的湖南等内陆省份也有，所以早期的留学生也有来自内陆的青年。

这些学生读的大多数是美国教会学校。至于欧洲教会的角色，为什么没有美国的明显，就要进一步研究了。罗素说中国另一种教育模式由传教士首创，几乎都把持在美国人手中，他揶揄美国人一直以传教士自居，自以为在传播基督教。[1]或许因此美国教士引动中国学生去留学的热情更大一些吧？

不过美国教会很少直接资助中国学生，出手的通常是教友，出钱以外，更常见的是鼓励、照顾。事实上，获得教会或教会大学的奖学金或教徒资助的人，并不真的很多，教会资助是1940年代国共内战爆发之后才多起来的。[2]

教会或教徒资助

教会的目标是培养传教士，着重资助贫困青年，包括女子，所以没有

---

1 ［英］罗素《中国问题》，页171，175。罗素认为这跟退还庚子赔款有关。不过，退还庚款之前，据我所见，留学生仍以读美国教会学校的为多。另外，不时协助留学生办手续或临时住宿的青年会，也是美国教会所办。

2 李喜所《近代中国的留学生》，北京：人民出版社，1987年，页6。燕京大学等教会大学有一些奖学金。非教徒的梁思礼、李湞也因人事关系得过基督教徒资助。据李湞说国共内战促成天主教会提供较多资助，认为资助在中国有影响的人的子女读书，颇有好处。汪一驹称1949年至1954年因为于斌枢机主教之故，欧美天主教大学给中国留学生1000个奖学金名额，见《中国知识分子与西方——留学生与近代中国（1872—1949）》，页165。

大量提供奖学金的安排。牧师的子弟可能得到一些减免，但不一定得到教会全面资助。如牧师的儿子颜惠庆在美国读书，可以减收学费，但是其他费用仍是由牧师父亲支出，不计暑期，每年花费300美元左右。[1]

接受教会或教徒的资助有什么条件，是中国受助者最关心的问题。教会资助多数附有传教的条件。教徒的资助则比较私人，有些是有财力的商人，跟教会学校有联络，有些是善心的妇女凭个人之力赞助。教徒资助一般没有条件，捐钱的人当然希望受助者会发扬基督精神，但并不以此作为直接条件。

早期留美的容闳是穷家子弟，教会学校透过校董会找监护人资助他和另外两个学生去美国。这些监护人本身是报刊老板或商人。容闳认为这些监护人是基于基督徒的博爱精神而出钱培养中国青年的。但是监护人只准备资助他们读完中学。容闳想升大学时，监护人只肯资助他读专业科目。

善心妇女的资助金额未必多，学生经常要同时半工读来维持。容闳最后是依靠美国老师联络妇女协会帮助，加上自己工读，来完成耶鲁大学文科课程。信教的历史学家蒋廷黻失去省公费之后，由原来教会中学的校长夫人和纽约一个慈祥太太供给他学费，以半工读赚生活费。[2]

对于有条件的资助，不信基督教的中国老一辈是有顾虑的，尤其是知识分子家庭。学者洪业从教会中学毕业时，校长告诉他，美国一家百货公司的老板愿意资助他到美国深造。洪业的外祖父富有人生经验，认为这是个好消息，但是先要问明条件，知道没有条件，才高高兴兴接受了。[3]这大概是中国家庭的基本考虑。

即使学生本人是教徒，也不想接受以传教为条件的限制。容闳就曾申请美国教会学校的助学金，知道条件是学成之后回中国做传教士之后，认为这有碍他为中国谋福利，就放弃了。信教的经济学家何廉也如此，"他们要我签订合同，在读完医科以后，得回来在长老会传教团工作。这就使我原来的打算完全起了变化。对于这类羁绊，我是十分反感和不屑于依附的，

---

1 颜惠庆《颜惠庆自传》，页23。
2 容闳《我在美国和中国生活的追忆》，页12，23—24。蒋廷黻《蒋廷黻回忆录》，页56。
3 陈毓贤《洪业传》，页61，66。

于是我有礼貌地谢绝了他们的资助。"[1]

　　幸好不少教徒的资助是无条件的，后来还曾惠及非教徒。如梁启超的小儿子梁思礼，父亲已故，没有多少钱留下，母亲有个好朋友是留美的医生，跟美国教会学校关系好，帮助他得到一间小的基督教学校的全额奖学金，只自己负担路费和生活零用。[2]两年之后，梁思礼为了读工科而转校，转而接受美国政府对二战同盟国学生的资助。

　　热望传教的教徒，自然会得到较多照顾，但不一定是金钱上的。教育家曾宝荪在一间英国教会的学校读书，已经领洗，一心要在中国从事教育和传教，她的英国老师提出趁休假回英国一年，带她去英国自费留学。在辛亥革命之年，女子留学还是大事。她得老师处处提点，在英国读完中学。她考入大学那年，教会要求她的老师回中国教书，否则会失去退休金。老师毅然决定放弃退休金，陪她留在英国，因为"教育你一个中国人出来在中国为上帝作工，远胜我十倍！我培养你，就是做主的工作"！曾宝荪感动得痛哭流涕。要知道，曾宝荪是曾国藩的曾孙女，曾家在中国传统家庭里声名赫赫。[3]

因教会学校影响而出国

　　看教会学校对中国留学的影响，不必限于传教的角度。不少早期留学生并不是教徒，只因为在教会学校读书，沾了近水楼台的知识启蒙好处，决定自费出国。

　　当时许多人送子弟去读教会学校，不是因为信教，而是因为不满意中国的学校，而栖身于教会学校求新知。家长期望子弟在教会学校学好数理和英文，至于中文，若是知识分子家庭，自有家庭教育。这些中国家长，虽然不激烈反对教会，但嘱咐子弟小心教会的教义和办学目的。最早译出《进化论》的翻译家严复就是其一。他深明中西文明消长之理，因为公立学校办得不好，他的侄孙入教会中学读书，严复说"这是万不得已的事"，再三告诫侄孙，"外国教会在中国办教育是别有用心的。你要牢牢记住这

1　何廉《何廉回忆录》，北京：中国文史出版社，1988年，页19。
2　梁思礼《一个火箭设计师的故事》，页27。
3　曾宝荪《曾宝荪回忆录》，页43。

点。"即使商人家庭的子弟为方便未来谋生而入教会学校，家长也嘱咐他们对教士所讲的上帝和耶稣要留心。为谋生而寄读的蒋廷黻后来受洗为教徒，但他最初对传教没有好感，认为《圣经》的中译本文字粗鄙，又觉得周日的主日学和上教堂是一种折磨，只是感于学校老师的热心，关怀福利事业，认为基督教应该是好宗教，才在美国信徒老师带他出洋之前受洗。[1]

促成教会学校学生留学的，与其说是宗教，不如说是在学校里接触到的新思想或新知识，令他们对西方教育产生兴趣，同时在中国的政治乱局中向往变革。

20世纪初就去美国留学的外交家顾维钧在上海的圣约翰学校读书，受教师的思想影响，与同学向往变革。同学对西方教育兴趣浓厚，一批批去留学，顾维钧也受到影响。该校成立三十年来，未发生过这么急切的留学要求，连美国教师也震惊。[2]

这些向往新知的学生，家境宽裕的，可以求家人出钱去留学；家境差一些的，听着美国老师讲美国领袖或富豪以半工读白手兴家的故事，[3]于是带着年少的梦想，去那遥远的国度求学。

这些从未有长途旅行经验的十几岁大孩子，敢于贸然出洋，往往因为有教会学校老师关照，知道沿途或彼邦有人照顾，有时是老师趁回国时陪他们出国。若没有老师从旁鼓励、照顾，不要说完成学业，他们甚至不能顺利完成旅途。

---

1 《严群自述》，见《世纪学人自述》第3卷，页223—224。蒋廷黻《蒋廷黻回忆录》，页35，37—38。
2 顾维钧《顾维钧回忆录》第1分册，页20，22—23。
3 非教徒的程天固1907年抵美，是受新加坡教会学校的美国教师鼓励半工读。程天固《程天固回忆录》，香港：龙门书店，1978年，页35。教徒赖景瑚的家庭因生意不佳，未能供他留学。雅礼中学的美国老师认为美国大学生多自食其力，并讲了许多出身寒微而奋斗成功的故事，如石油大王洛克菲勒、钢铁大王卡内基、汽车大王福特，甚至林肯等。雅礼中学是耶鲁大学民间团体雅礼协会所办，当时中国人也理解为教会学校，该校图书馆里多宗教书，老师也有向学生传教的倾向。赖景瑚终于在父亲及亲友设法，卖掉亡母部分首饰后筹得900美元去留学，见赖景瑚《烟云思往录》，页35—36。

曾经有一个从湖南出发的青年，在上海上船之前，一时大意把护照放到人力车上，没法追回，幸得老师所托的朋友鼓励他大胆上船闯关。船经停日本时，他和同船的学生上岸作半天游，迟了半小时回到码头，老师的朋友再伸出援手，请一个住在日本的外籍友人在码头等候他们，用小船送他们追上大轮船。

一登上海轮，我们就安心了，但都觉得很失面子。……又高兴，又惭愧，又感激。我才知道一个少不更事的孩子会闹出这许多笑话，增加年长者这许多麻烦。

横渡太平洋的漫长旅途中，他为护照而担忧。美国老师和他的朋友不断好言安慰，到了夏威夷，预先代他电召中国使馆，准备在入境美国时帮忙，到了美国港口、必须拿出护照的关头，又与他一同焦虑和紧张。

万一移民局不许我进口，不要说我求学救国的志愿完全落空，就是回到家乡，我也没有面目去见我的父亲和三叔。想到这里，我真的准备登陆不成，立刻跳海自沉，至少可以把我的壮志埋葬在太平洋里。

请中国使馆帮忙不得要领之后，"我急死了。我真以为这便是我结束这个小小生命的时候。"想不到心里着急、表面冷静的美国老师直接领他跟移民官交涉。

我那时也把两眼盯住那位几分钟内便可决定我终身命运的裁判官。他在那一刹那中，真是对我有无上的权威。他透过那副老花眼镜，望望我又望望二先生，再把案件一查，居然找出了我的护照签证记录。

既有签证，又有两个美国人保证，于是这青年被批准入境读书。

他还对我补说一句："我的孩子，下次做事小心一点啊！"这句话，我一生没有忘记。

这个冒失青年在美国期间，老师不断写信鼓励他发愤读书，一再强调精神生活的重要，叫他不要只重视美国的物质文明。后来老师"知道我能读书，能吃苦，又不需要家庭的接济，认为他对我的扶植很成功，表示无限的安慰和不断的鼓励"。[1]这个深受恩泽的年轻人因此对宗教产生浓厚兴趣，勤上教堂。

留学毕竟以求知为目的，宗教对学生有激励作用，但不是唯一的动力。信教的穷苦学生沈宗瀚没有读教会学校，没有教会资助，自己筹款去留学，终于成为农科博士。他回忆千辛万苦的留学生涯时，将个人立志、亲人师友的帮助等列为学业有成的主要原因。信教虽然有助他在失败时重振希望，但在他的成就动力上，只列为最末的一点。[2]

---

1 赖景瑚《烟云思往录》，页35—40，43。
2 沈宗瀚《沈宗瀚先生自述》，载沈君山、黄俊杰编《耕耘岁月——沈宗瀚先生自传及其他》，页144。

倾家荡产的自费留学

一般人以为自费留学生都是官宦之家的子弟，非富则贵，不虞冻馁。其实当时的自费留学生，有些并不富有。虽然留学生在他们的回忆里，常常鄙夷以留学混日子的官绅纨绔子弟，但是这些纨绔子或许是无可回忆，没有留下文字记录，或许文过饰非，因此在许多留学回忆里，真正称得上不愁生活的自费留学生不多。[1]

不富有的自费留学生，或因国内新教育不良，或因向往出洋见识，或因泛滥的留学热，急不可待，想尽快出洋留学。他们的经济来源，最大宗是亲友供给，偶然也见有社会名流或者师长资助；留学生也梦想自己可以出力，以好成绩博取公费，或者在美国和法国过工读生活。

中国人重视后辈的前途，有些父兄为了满足子弟的留学梦，不惜售屋卖地，甚至借债让子弟成行。中国当时盛行借债，亲友之间借来借去，有借有还，每个人经常是欠着债来生活，有如现在的信用卡透支消费情况。到了外地，穷学生向穷学生借，实行互助以渡难关。中国当时国力甚穷，如果计入这样典卖借贷地花钱留学，中国人在子弟教育上花费之多，实在难以想象。

---

[1] 有家底的学生自费留学的，早期的如顾维钧，后期有来自天津富家的翻译家杨宪益，又或父亲以黄金交易致富、有金子大王之称的王念祖，及父亲是银行家的赵无极。当缫丝厂富家子同学约顾维钧一起去美国留学，顾父虽然能负担，但因为费用可观，当场也不置可否。杨宪益的留日父亲早已去世，但留下巨额财产和几处地产。中学的英国教师提议带杨宪益去留学。因为家富，他又是独子，家人估计可以应付。他去英国之前还先到美国游览。王念祖虽然坐三等舱去留学，家里却一次给他3万英镑以备战时不时之需。赵无极的父亲给他3万美元去镀金。顾维钧《顾维钧回忆录》第1分册，页22—23。杨宪益《漏船载酒忆当年》，北京：北京十月文艺出版社，2001年，页22。王念祖《我的九条命》，页7，31。赵无极《赵无极自传》，页7。

家庭卖田卖嫁妆

中国人视父母供给子女教育为理所当然，因为教育是美好前途的保障，为了下一代的远大前程，很多父母都承担了背后的艰难。当时的人很少有现金储蓄，要用钱往往要卖首饰或者卖产业。在早期的留学例子里，卖田卖嫁妆的场面是出国前的一曲。

清末赴日的曹汝霖，听朋友讲日本维新的局面而心动，和父亲商量去日本留学。父母虽然赞成，但难以筹措费用，决定"为子留学，不惜鬻产"，卖了在城郊的附郭田两亩许，得400余元，以充学费。[1] 在路矿学校念书的郝更生因为做学生领袖，外务太多，成绩日下，想转换读书环境，和父亲商量远赴美国求学，"我的要求刚说出口，他立刻点头应允。事后多年，我方始获知父亲为我的求学，付出了多么重大的代价。"那时郝家已分家，郝父分产所得，虽然仍是地主，但只是小康，他"瞒着家里的每一个人，卖掉一笔田产。这笔田产每年可以收到80担的租谷，——父亲把这一笔巨款全部交给了我，叫我安心地到美国去读书，以后，他将源源不断地供给我学费和生活用度"。[2]

有时父亲不肯供给，还可以从母亲入手。经济学家陈翰笙的父亲经常不在家，而且已娶妾。陈翰笙作为长子，等于与母亲相依为命。他一心想去美国留学，中学快毕业时，终于对父亲说起这个多年心愿。谁知父亲一口拒绝，叫他考北京大学，毕业后才考虑公费留美。陈翰笙想尽办法，都不得要领，最后竟然想到绝食。

> 咬咬牙，硬是三四天没有吃饭，谁劝也没用。父亲还是无动于衷，母亲却心痛得直掉眼泪。她悄悄问我，这到底是为了什么？说清楚可以想想办法。我看母亲心动了，就对她吐露了自己的心愿。母亲听完，走了。……母亲虽然自己不识字，但深知读书有用，盼望我将来能有出息，所以她终于忍痛卖掉娘家陪送的金银首饰，又向娘家借了一些钱，

---

1 曹汝霖《曹汝霖一生之回忆》，页13。
2 郝更生《郝更生回忆录》，页9—10。

凑了2000块大洋，交给我做路费。[1]

可以估计，他父母的感情裂痕因此增大；母亲没有了私房首饰，经济更无保障，还要忍受唯一的儿子远离身边多年的孤苦。

如果父母无法独资承担留学的钱，就得向外筹措，幸好当时社会犹有重视教育的传统价值观，亲友认为资助学业是正当行为，甚至宗族里也有专门用以资助族人教育的钱，因为光宗耀祖的思想仍然有地位。有些家族规定若读专门学校，可以得到族里祭产奖学金20元；有些公祠本来就办学校，有宗族的资金，停办学校之后，族人就打积存资金的主意，希望向公祠免息借300元留学，订个期限，以别人田契抵押。[2]以家族里第一个上现代大学的子弟为理由，经济学家何廉的父亲希望宗祠能从教育基金中拿出一部分，负担儿子到京津上大学的部分费用。岂料儿子提出反建议，希望父亲筹措约800元，让他去美国工读大学，以后不再要求他更多的支持。

> 我父亲被打动了，但是他一时三刻怎能筹谋到这笔钱呢？他听着我的话沉默不语。后来他就到何氏宗祠去跟那里的一些族人谈。最后结论是，宗祠可以补助我总数的一半，如果我父亲能筹措到另一半的话。几个月以后，我父亲卖掉了一块地，得价400元，宗祠捐助了其余400元。[3]

急于出洋的折腾

这种重视子女教育的传统，究竟是成事还是败事呢？

> 父亲有时跟我讲，某某亲友自费送孩子出国，全力以赴，供不应求，好比孩子给强徒房去作了人质，由人勒索，因为做父母的总舍不得孩

---

[1] 陈翰笙《四个时代的我》，页15—16。
[2] 沈宗瀚《沈宗瀚先生自述》，载沈君山、黄俊杰编《耕耘岁月——沈宗瀚先生自传及其他》，页61。贺培真《留法勤工俭学日记》，长沙：湖南人民出版社，1985年，页151。
[3] 何廉《何廉回忆录》，页20。

子在国外穷困。[1]

1920年代,留学已经成为社会热潮,留学生总人数中一直以自费生为多。到1924年教育部颁布《管理自费留学生规程》和《发给留学证书规程》后,自费生才日渐减少。[2] 汲汲出洋的年轻人,一般在20岁上下,最多廿四五岁,[3] 多数从未持家,人生经验不足,易于冲动。他们听了种种说词,看见留学回来的光彩,有时不顾一切地要求出国。

一个20岁青年本来是陪考上公费的同学去订船票,凑巧"所定的船舱中还空着一个舱位,定洋只需50元,同学和教授们并不清楚我的经济状况,见我日常那种恍惚神情,又鉴于德国马克日落,都劝我何不自备资斧早日出去,经不得这些人的怂恿,未免为之心动"。于是他不加思索订下船票,然后要求两个姐姐资助。

青年的大姐夫是政治名流黄郛,二姐夫是北京大学教授陶孟和。他的大姐读了信,足足有一夜未睡,夫妇均不赞成他此时出去,但两个姐姐商量好久终于让步,"决定趁此时有伴,还是让我去罢,希望此去能上进读书,懂得做人道理,将来也好上报国家,下光门第云云。又说'二姐也不赞成弟此时出去,但如不得不如此决定,则甚愿分担一部分费用,惟弟应知二姐丈在北大教书,薪水时时积欠,加以新置小三条胡同房屋,债务未清,姐殊不忍使其为难姐丈,也说如此不懂事理,出洋回来,亦属徒然,但均因姐溺爱过甚,故如此决定。'我读罢此信,惭感交并,泪如雨下",当日便去把船票退掉。[4]

23岁的巴金也是这类不懂事理的青年,他极不喜欢他的传统大家庭,朋友劝他留学。"去法国的念头不断地折磨我,我考虑了一两个月,终于写信回家,向大哥提出要求,要他给我一笔钱作路费和在法国短期的生活费。"

---

1 杨绛《回忆我的父亲》,见《回忆两篇》,页48。
2 谢长法《中国留学教育史》,页122。
3 综合以下记述自己急于出洋故事的曹汝霖、沈怡、黎东方、巴金、陈翰笙、郝更生、丰子恺、徐悲鸿、何廉等。
4 沈怡《沈怡自述》,页42—43。

当时巴金那一房人正走着下坡路,入不敷出,家里人又不能改变生活方式,当家的大哥为了家累正在绝望挣扎,希望两个弟弟早日读完书,回家帮忙。

> 大哥的答复是可以想象到的:家中并不宽裕,筹款困难,借债利息太高,等等,等等。他的话我听不进去,我继续写信要求。……(大哥)劝我推迟赴法行期两三年。我当时很固执,不肯让步。……(三哥)要我体谅大哥的处境和苦衷。我坚持要走。

《新青年》等刊物的新思想,曾为巴金的旧家庭生活打开一扇呼吸新空气的窗。作为幼弟,他比哥哥"更进一步,接受了更激进的思想,用白话写文章,参加社会活动,认识新的朋友"。日夜热望于社会改革的情绪,令巴金固执于留学,到了难以劝说的地步。大哥拗不过,终于汇来了钱,让他去法国。[1]

这些新青年的渴望一刻不可以延迟,可是他们在大家庭里生活惯了,没有美国子弟自力更生的习惯,年轻人也筹不出一笔大钱,于是把家庭供给视为理所当然。可是1927年时,就连自认生于富裕旧家庭[2]的巴金,家里也不易供得起他留学,可见那时候中国旧式的大家族经济,经过长期消耗,已经没有多少底子了。巴金虽然去了法国,但一年多之后,家里再供不起,他也就回国了。

大家族的子弟逼迫父兄,小户人家的子弟一样吃上辈的资产。当美国以清教徒式的社会风气提倡自供自给时,中国的父母还在为一个个成年的儿子张罗前途。

一个青年中学毕业,没有出路,又不想教小学,由于父亲无力供他上完大学,只能筹钱让他去日本一年,期望他考到公费。他不负所望考到公费读师范,却又领着公费休学一年,回国游玩,在日本读完师范仍然不想工作,又考京都帝国大学,一年后回国,前后共领公费七年。这个青年虽

---

[1] 巴金《我的哥哥李尧林》,见《病中集》,香港:三联书店,1999年,页52;《信仰与活动》,见《忆》,北京:中国华侨出版社,1994年,页76。

[2] 巴金《信仰与活动》,见《忆》,页72。

然没花家里的钱去留学,但是结婚还是由父亲张罗出钱。至于他的大哥,在杭州的绸布庄学生意,辛亥革命时逃回家,就没再出去,家里为他娶了亲,又为他借钱开了一间小杂货店,让他做小老板。"这个店只是为了让他显得不是无业游民而开办的,以致每年都有小小亏损,家里得代他偿付债务。"[1]

另一个年轻人在法国游学一番,娶了外国妻子,到不能待下去时,要求家里寄150元川资回国,等到他拿到钱时,却不立即回家,把钱全花在游览意大利上,然后叫家里再寄。青年自知行为孟浪,却自辩自己念美术,如果回中国之前没有去看过意大利,未免遗憾。[2]

当时为人父母兄长的责任真有如千斤担子。所以有一个留日学生得了公费,随即写信回家告诉老父,并请他老人家以后不要再寄钱来。"父亲回信说:得信很高兴,以后若无特别需要,不再寄钱了,可是信中却附来日币200元的汇票一张,大概他老人家顿感肩头轻松,一喜之下,又给钱了。严父慈心,使我感激得热泪盈眶。"[3]

---

1 章克标《九十自述》,北京:中国文联出版社,2000年,页32。
2 李金发《李金发回忆录》,上海:东方出版中心,1998年,页60。
3 叶曙《病理卅三年》,台北:传记文学出版社,1970年,页75。

附：最折腾人的筹钱留学故事

　　为了索钱留学而累及家人，其中最令人瞠目结舌的例子，是历史学家黎东方。他让一家人连旁支亲友都乱作一团，还间接害死了父亲。全因父母溺爱，这个盲目乐观的幼子才得遂所愿，在1928年去法国留学。

　　当时21岁的黎东方在清华大学已经读到三年级，那时清华已是新制，再没有自动留美这回事，但是仍是万千人期望入读的大学。黎东方听人说巴黎大学不讲资格，只讲学力，任何人可以直接考博士；而且巴黎的生活费用低，可以半工半读，有在清华读书的钱，不如带到巴黎去花。于是他弃清华大学不读，一心想越级，去法国直接读博士，而且说干就干，绝不反悔，从动念到走上征途，前后只有十几天时间。

　　他的父亲是前清举人，但在1920年代末，月入不到100元，住的只是八个榻榻米的一间房子，墙上的唯一装饰品是儿子上学期的清华成绩单，如此省吃俭用，每个学期仍给儿子寄钱。黎东方去找父亲要钱留学，看见父亲如此穷苦，良心不安，以致分手时号啕大哭，可是逼父亲帮他去留学的决心不改，终于迫出父亲一个月的工资。他拿着这点钱立即上路，做成一件既成事实，路上等家人再汇钱。

　　他的母亲接到儿子要留学的电报，哭了一夜，担心儿子如果在哈尔滨的中国银行接不到钱，一定会饿死在哈尔滨或饿死在法国。他的母亲出身富家，但是出嫁近三十年，没有一次无缘无故回娘家，第二天却硬着头皮回去借钱。

　　除向父母借之外，黎东方又向哥哥借。哥哥可不比娇纵幼子的父母，写了一封长信责备他冒失糊涂：钱？没有，纵使有，也不愿寄。望迷途知返，速回清华为要。黎东方仍不放弃，又打电报向亲友借，借到表姐夫和表叔头上，而且果然得到所要的钱。

　　黎东方去到法国，才发现半工读不易。他本是听信了勤工俭学的美丽故事而来，及到身上的钱越来越少，知道父母都已被挤干，不免恐慌，但是也只能继续请母亲想办法。见到如此情景，连守寡寄住在他们家的表姐也自动拿出全部积蓄。

黎东方在法国备尝酸甜苦辣，总算拿到大学博士，回国之后，才知道父亲为了筹措他在法国的生活费而死。他的父亲回去河南正阳皮店，想典卖祖父留下的100亩左右田地。田地典卖不出，却遇到半兵半匪的任应岐部队洗劫皮店，把他掳走。这些半兵半匪骑在马上，用绳子扣了他的手，拖在马后边走，从正阳一直走到潢川。就这样，这可怜的父亲得了重病，才被解开绳子。他逃走出来，疗养了若干天，便去世了。一家人为了促成黎东方的学业，一直隐瞒这不幸的消息。学成回来面对父亲去世的现实，黎东方终于感叹：

> 我在清华住洋房，睡钢丝床，吃牛奶与高丽馒头，穿西装，打网球，看电影，养得雪白粉嫩，两腮白里透红。却还不知足，又要去法国，叫无钱可剩的父亲再花更多的钱！[1]

写出执拗要家人筹款留学等种种馊事的留学生，无独有偶，都是家中幼子，幸好他们后来都算是事业有成的人。究竟中国当时有多少个同样执拗，但是机遇或者毅力不及的青年留学生呢？巴金的大哥文武全才，为了家庭重担而牺牲了自己的前途。他苦劝弟弟暂缓留学而不得，待巴金去到巴黎时，仍然不忘问弟弟，巴黎是怎样的。

有雄心而终于留了学的中国男子，回首前尘，会不会觉得自己有点混账呢？

---

[1] 黎东方《平凡的我》，台北：传记文学出版社，1969年，页220—240。

出外靠朋友

中国俗语有谓"在家靠父母，出外靠朋友"。家庭供给以外，自费留学就要靠资助或者借贷。

当时借钱十分普遍，并不视欠债为什么可怕的事。比较正式的借贷要付利息，还要有抵押品和中介人。而且要借到钱，须有几种手段：一交涉广，二信用大，三交人诚，四言论切实。[1]讲信用，有借有还，就可以再借。

所谓"济急不济穷"，亲友之间借钱是为了接济有前途、愿自助的人的一时需要。有工作的人，别人不会借生活费。画家徐悲鸿从日本回国，未去法国之前住在北京，"既滞留，又有小职于北京大学，礼不能向人告贷。"[2]

社会认为留学是特殊情况，而且是襄助有为青年，因此亲友之间互通有无的习惯，也带到留学生之中。少数学生靠名流资助，像徐悲鸿所谓留学日本，其实是由上海名流姬觉弥资助去日本生活了几个月。周恩来去欧洲，是由出资办南开大学的严修资助。这毕竟是少数，更多人还是靠朋友互助。"余筹借游美学费……友人借助占大多数"，所谓友人，包括同学、老师、族兄。[3]

在传统中国社会里，朋友有通财之义，男性外出寻求前途，特别重视朋友关系。

有些热心人代朋友计划留学之余，还代其借钱。革命党人任鸿隽说，"我所准备的留学经费，在当时的上海，留学一年已经不够，一年以后怎样？更是不曾想到。少年时代的糊涂，也真可以了！幸而这些困难我虽不提及，已有朋友替我计划解决。"他的同学在东京与同县两个李君约好，每年借出

---

1 贺培真《留法勤工俭学日记》，页136—137。
2 徐悲鸿《悲鸿自述》，载《艺人自述》，页65。
3 沈宗瀚《沈宗瀚先生自述》，载沈君山、黄俊杰编《耕耘岁月——沈宗瀚先生自传及其他》，页125—126。

日币一二百元，让他到日本去留学，到能考入日本高等学校为止。借款的两个李君，一个是任鸿隽的中学旧同学，一个则素昧生平。[1] 肯借钱给素未谋面的人，可见四海之内皆兄弟的想法影响多大。

肯借钱的朋友，不见得都是有余资而出手相助，穷学生借给穷学生，十分常见。

有个由舅父资助的学生，出国之前遇到朋友，见他本来有的资助忽然无着落，分了200元给他。[2]

在法国的勤工俭读学生，经济困窘人尽皆知，做工的都穿着破鞋破衣裳。管加工汽车零件的何长工，一天工资6个法郎，当时在巴黎3个法郎就能过一天，因此还可以把挣来的钱，分给同学用。

> 一到发工资的时候，好多人都来了，嘴里叫得怪甜的："老何，搞点东西吃吧。"吃完，抹抹嘴，又伸手要几个，末了，还把你的衣服也穿上，说声"下月再会"，一溜烟跑了。那时都是如此，互相帮助，互相调剂。不分什么你的我的。有的或是三个人做工，两个人读书。……也有一两个懒虫，硬是娇生惯养，撕不开面皮，不肯做工，成天愁眉苦脸，躲在帐篷里，记什么日记。熬不住了，就东借一个，西借一个，像个叫化子似的。我和罗喜闻都碰到过这样的，我们说，得好好治治他；可是往往费不了三句好话，就把我们的口袋掏空了。[3]

中年人明白赚钱之难，在经济上的考虑自不似年轻人般唯恃勇气，而更懂得珍惜朋友的义气。因为对前途迷惘，敦煌学家姜亮夫30多岁才毅然出国留学。朋友送别上船时，要他不必以经济为念，听见朋友这番话，"心里有无限感触，觉得择交二十年，究能有几个忠实的朋友啊！"[4]

人情、面子种种现在视为不良的人际关系，当时确实支持着中国青年

---

1 任鸿隽《前尘琐记》，见《科学救国之梦》，页704。
2 程天固《程天固回忆录》，页37。
3 何长工《勤工俭学生活回忆》，页52。
4 姜亮夫《欧行散记》，见《姜亮夫文录》，页256。

去硬闯寻找前途。

理财之道

青年学子在花费上有一个毛病，就是不善理财。

拿着优渥公费的学生，不但用光公费，还要借债。[1]清华学生回国有旅费，有些人可以把钱在路上花光，或者因为欠债，到码头就没有钱，要家人拿钱去接船。[2]有些清华留美的年轻人，把朋友的互助看得比供养家庭还重，公费有余钱，并不寄给家里，有时借给同学，有时竟随随便便借给人用掉，忘记由清华回乡时，母亲在他袋里发现几块银洋，都拿去当家用的困苦情况。有一次他兼职积存下200美元，寄给叔父，并请他转寄100元给父亲，"后来知道四叔接到我寄回的钱，感慨得哭起来了。"[3]

无论公费自费，钱得来都不易，但是青年人思虑不周，容易受外界的引诱。有赴美工读的学生，因为向来对打字机有兴趣，一上岸见到就买，本来剩下不多的钱，一下用掉三分之一，还对朋友说，反正还是穷，就那么回事。[4]也有人考得留学名额后，在广州候船期间随朋友游玩，未出发就把旅费花光的。[5]

那时候的中国男青年，大有千金散尽还复来的气概。

---

1 《胡适日记全集》第1册卷4，页305。"3月14日日记"记，"得美国朋友慷慨借200美元，急忙拿100美元寄回家，90美元还债"；《胡适全集》23:55，"1914年5月20日禀母"，均见江勇振《舍我其谁：胡适》第1部，北京：新星出版社，2011年，页211—212。
2 潘光旦《谈留美生活》，载《大师自述》，页232。毛彦文《逃婚记》，见《往事》，北京：商务印书馆，2012年，页41。
3 李先闻《留学时期——一个农家子的奋斗之三》，载《传记文学》15卷1期，页50—52。
4 何廉《何廉回忆录》，页23。
5 邓文仪《留学俄国的回忆》，见《传记文学》28卷1期，页70。

附：最豪气的穷学生花钱故事

有一个勤工俭学生下了船，才刚从港口转车第一天到达巴黎，见这花都，大感新奇。

一个久处在文化落后的东方的青年，一旦能走到资本主义文化发达的中心，他底愉快，是怎样也禁止不住的。

为了要多看些地方，他竟然一个人叫了一辆出租车，任那个汽车夫驾着满街乱跑，半天里竟然把早晨下船时才从同伴那儿借来的200法郎尽数花掉。

本来勤工俭学生赴法，规定要备有600法郎作求学及生活费，可知200法郎不是一个小数。200法郎"在当时的留学生手中实在算是一笔大款，一到法国便没有一个铜板的我，却把才由朋友借来的这笔大款花在半天的汽车上面。我这人底没有打算，性情底浪漫，在这件事上也可以看得出来了"。

这个学生后来成为诗人，加入创造社，提倡浪漫主义。如果称为浪漫不是嘲讽的话，差不多的浪漫行为，这并不是唯一一宗，只是最极端而已。而这个年轻人因为这浪漫豪举而囊空如洗，当晚就没钱吃饭了。[1]

---

[1] 王独清《我在欧洲的生活》，页2。

半工读有可能吗？

想自费留学而钱不够，半工读的美丽故事给年轻人一线希望。

不过"所谓半工半读，只是说来容易，并且富有引人入胜的浪漫色彩。然而一旦成为事实，就完全是另一回事"。这是中国第一个留美名校毕业生容闳的亲身体验。¹

留学潮起的时候，去日本的人最多。日本距离中国近，花费比较少，很少学生要做工维持。去欧美求学，路程远，时间长，能去的人比较少，想去的人却相当多。但是人地生疏，语言未熟，如果不是有外国老师指点，或者有中国学者大力提倡，年轻人不会贸然想到半工读这条路。求助于半工半读来留学，与渴求留学的心态有关，与当时的世界环境也有关。

在半个世纪的留学潮里，留学生半工读的主要国家是美国和法国。美国是留学西洋的热门目的地，早期留美学生大多数出身基督教或商人家庭，不太需要半工读；到后来大批清华学生去美国，拿着公费，更不必做工。于是在美国半工读的只是少数家庭经济不够好的自费生，人数恐怕比不上去法国的勤工俭学生。但是去美国半工读持续了半个世纪，直到四五十年代仍有半工读的中国学生；²而去法国半工读则几年间形成一个大潮流，但倏起倏落，以失望告终。

半工读的出现，是教育向平民开展的结果。以前欧洲只有贵族和富人能受教育，他们不必半工读。但法国革命之后，欧美向平民社会发展，既然人人平等，都有受教育的权利，那么半工读就是让穷人受教育的一种解决方法。

当时又流行说劳工神圣，这就不纯粹是平民社会的产物。这个口号应该出自工人或同情工人的欧美知识分子的提倡，大概在20世纪前后才出现。

---

1 容闳《我在美国和中国生活的追忆》，页22。
2 詹锳听说美国半工读较容易，于是1948年去美国，当助教、改习作、看卷子、教中文，又在亚洲学系教汉语、做教育统计助教等，见《世纪学人自述》第5卷，页222—223。

1903年梁启超游美国，看见劳动者的地位日高一日，而"劳力者神圣"成了美国通用的格言。[1]当时欧美资本家大工厂剥削工人，屡屡引起工人罢工以及欧陆各种反对思潮，因此工人运动跟各种社会主义、马克思主义、共产主义运动有复杂的关系。这股重视劳工的潮流影响很广，流布到亚洲。1920年代，日本军事学校的学生打帮厨的小孩，被中队长训斥，说近来世界潮流中劳工的地位已经提高，切不可贱视劳工，随便欺侮他们。[2]

中国也不落后，早在庆祝第一次世界大战胜利时，蔡元培就以"劳工神圣"为题演讲，表扬华工支持协约国的贡献，说"此后的世界，全是劳工的世界"。但是在蔡元培的演讲词里，这"劳工神圣"的"工"是针对四体不勤、五谷不分的中国文人陋习：

> 我说的劳工，不但是金工、木工等等，凡用自己的劳力作成有益他人的事业，不管他用的是体力、是脑力，都是劳工。[3]

这是中国对世界潮流的一次转读。

半工读的实践在美国

中国学生跑去美国工读的人数并不多，但是很早。1847年到美国的容闳就是靠半工读赚钱读完大学的。当时美国食宿低廉，穷学生有机会半工读。但容闳自言因为要工作，所以读书成绩不算好。[4]

清末留学潮兴起之后，美国虽然也是国人留学的目的地，但是远涉重洋，能负担的人极少，直到美国退还庚款，才有每年上百中国学生浩荡赴美的景象。与庚款留美学生差不多同期，也有自费去美国工读的学生。[5]这

---

1 梁启超《新大陆游记》第47节，长沙：湖南人民出版社，1981年。
2 唐筱蕙《五十年前留学日本士官预校的回忆》（四），见《传记文学》23卷3期，页114。
3 蔡元培《蔡元培选集》，北京：中华书局，1959年，页65。
4 容闳《我在美国和中国生活的追忆》，页18。
5 五四运动之前如程天固、蒋廷黻、陈翰笙，五四运动之后如何廉、陈科美、陈立夫、赖景瑚。

些工读生人数少,家里能够筹到路费,但未必能负担几年的学费和生活费。他们大部分是美国教会学校的学生,在校内或教会听到美国的情况,兴起留学的念头。

> 1914年春天,有一次我与同学一起去长沙基督教青年会听演讲。演讲人是美国化学教授罗伯特先生。这位美国人,以他渊博的学识,娓娓动听地劝导中国的青年应该努力学习科学知识。……这番演讲,听得我心往神驰,简直坐不住,恨不得马上飞到美国去……这偶然的机遇,使我萌生了去美国学习的念头。[1]

有了不足以成行,还要有门径。为中国学生指示门径的是教会学校里的美国教师。

> (老师)力劝我去美国升学,并且告知我,说美国是一个民主国家,贫苦学生有半工半读的机会,即他本人也是如此苦学毕业的,他在大学念书时,于课余代人打字及派卖报纸,藉此来供给宿食,美国社会领袖多有出于此辈贫苦学生的,成才之后,至为社会所嘉许。[2]

"他(雅礼学校的美国历史教师)给我讲了许多美国的风土人情,还给一位朋友写了信,介绍我到收费低廉的赫门工读学校学习。"临别时,这美国老师还拿出自己的四套西装给学生去美国穿着。[3]

如果读收费高昂的私立大学,或者住在生活水平高的东岸大城市,不容易以工读完成学业,一般想工读的学生都是由美国老师或者前辈学生指点,入读可以工读的学校,或者到生活费低一些的西岸大城市,入读伯克利等公立大学,方便到城市找工作。

这些半工读的年轻人多数能够完成学业,成功概率不低。不过话说回来,

---

1 陈翰笙《四个时代的我》,页15。
2 程天固《程天固回忆录》,页35。
3 陈翰笙《四个时代的我》,页16。

在美国半工读的中国学生总人数少,也大有关系。如果是留法勤工俭学运动的规模,恐怕美国也吃不消。

半工读风气的成因

美国流行半工读,有环境和制度的关系。美国是清教徒传统,没有贵族,美国知识分子和学生习惯干活,做下人的工作。

> 中学生送牛奶、送报;大学生做苦力、做仆役,这些工作已经变成教育的一部分。这种教育,让每一个学生自然地知道了什么是生活,什么是人生。所以一个个美国孩子们,永远独立、勇敢、自尊……作卑微的工作,树高傲之自尊,变成了风气以后,峥嵘的现象,有时是令人难以置信的。耶鲁大学有个学生,父亲遗产30万美金,他拒绝接受。他说:"我有两只手,一个头,已够了。"报纸上说,"父亲是个成功的创业者,儿子真正继承了父亲的精神。"[1]

私立贵族学校里也有学生工读。菲利普斯·埃克塞特学院(Phillips Exeter Academy)是1781年创办的私立中学,在美国东部新英格兰的一个小镇,有基督教背景。该校被视为哈佛大学预备校,不少学生来自富贵人家。当时人都认为它是贵族学校,因为当时美国的公立学校不收学费,公开招生,没有寄宿,由独立校区及地方政府管理,而该校不是。但清华学生认为它不是贵族学校,因为同学里有工读生:

> 美国是民主的国家,穷人和富人受教育的机会均等。波士顿人有一句话:"今天我的儿子由埃克塞特(Exeter)毕业,明天我的司机的儿子由古鲁顿(Groton,富兰克林、罗斯福的母校)毕业。"没有什么了不起。我同班有个同学名叫彼得士(E.C. Peters),是棒球队队长,每次快下课时,他总比我们早走5分钟,初时我很奇怪,以为这位"队长"好大的派头,后来才知他兼任敲校钟的工作,不能不早走一步。有些

---

[1] 陈之藩《旅美小简》,页63—64。

同学兼任食堂侍役，有的打扫教室庭园，以赚取课外收入来维持读书。有钱人的子弟，有的也兼做课外工作赚点钱，同时培养个人独立生活的好风尚。[1]

美国学生也不盲目崇拜成绩优秀的学生。一个清华留美生在明尼苏达大学以全校第一名的优等生头衔毕业，"报纸以显著地位赞扬，'一个来自中国的青年获得了最高毕业生奖'时，我听到不少我的美国同班同学们传到我耳朵里的谈说：'这算什么？我们要自己边工作边读书来维持生活和学习，而他是国家出钱供他全力以赴的专业读书生！'"这个优异生说，"这是多么正确、多么深刻的真言！这一评论我一直牢记心头，至今不忘。"[2]

留美经济史学家陈翰笙后来成为共产主义者，他用唯物史观去看美国的半工读风气，认为是社会向资本主义发展的结果，也是杜威的实用主义产生的土壤：

> 当时的美国教育事业正处于新旧交替阶段。19世纪时，美国进行的是欧洲的古典教育，保持人文学科的传统。……可是，随着资本主义的发展，美国越来越需要从事实业的工程师和农学家。……各州争着兴办农学院。同时，也产生了几所世界上最出色的工程学院……美国的实用主义教育家约翰·杜威……在这种新的教育思潮影响下，美国的教育在传授书本知识的同时，也注重体力劳动、手工操作等民间教育，出现了许多勤工俭学、半工半读的学校和学生。[3]

半工读的实践在法国

在法国也可以半工读，这消息在中国青年之间广为流传。而且因为法

---

1 胡光麃《波逐六十年》，台北：文海出版社，1974年，页82。
2 汤佩松《为接朝霞顾夕阳》，载《资深院士回忆录》第1卷，上海：上海科学技术出版社，2003年，页22。
3 陈翰笙《四个时代的我》，页17。

国的科学和艺术水平高，而一次大战之后，法郎币值低，所以在二三十年代也是留学的热门地点。不过留法勤工俭学运动实在影响太大，零散的留法学生半工读也就不引人注意了。

留法勤工俭学运动是留学运动里最大的工读潮流，是一次国内国外交相激荡的运动。

五四运动前，工读和劳工神圣的观念已在中国弥漫，加上号称先进的西欧在第一次世界大战下四分五裂；又有俄国革命推翻沙皇，宣称是工人力量的胜利，这些疾风骤雨的政治变化，与本来就汹涌于欧美的社会思潮，一起在急着找出路的中国鼓荡。[1]

> 勤工俭学这一主张，其本来的意义，并没有错。读书求学，原不只是有钱人子弟所专有之物，应该使一般青年人都得以享有。因之穷人子弟或半工读，或工余读，或作工存钱然后读，都不是不可能的。……因此在"五四"前后，北京各大学的知识界都在研究工读互助这件事的可能办法。[2]

工学互助的思潮经过中国知识分子鼓吹、新文化运动的张扬，还转化提升为青年实践自我改造和改造中国社会的方法。

这时知名知识分子提出到法国可以工读。去先进的法国，一边在工厂做工，一边读书，既符合教育平等的思想，又符合劳工神圣的号召，更可以扭转中国青年子弟靠父母供养、不够独立的弊端，还可以学先进工业技术。于是全国没有足够经济能力去留学的知识青年，齐声响应，终于成为轰动一时的勤工俭学运动。结果这个掀起大波澜的运动，让大批青年失望而回，不是无工可做就是能工不能学。

---

[1] 略数一下当时的思潮，就有劳工神圣、无政府主义、社会主义、合作主义、泛劳动主义、新村主义等等。

[2] 李璜《学钝室回忆录》，页55。

半工读的成败

中国提倡有教无类比欧洲为早，向来不止富家子弟能读书，汉代匡衡凿壁偷光、宋代范仲淹煮粥一碗分四份吃、元末明初宋濂抄书抄到砚都结冰等，都是穷学生读书的励志故事。在乡村中，宗族用祠产开办村学、义学，十分普遍，教育对象虽然是宗族的子弟，但也可以收其他学生。这都是中国农业社会普及教育的形式。

但是这次学习新式的西方学问，既不能依靠父兄的经验，面前也没有一条康庄大路可行。当时中国旧教育制度已被打破，青年不想再读经书，可是新教育并未能有效及全面地推行。教育不良，青年大受个人前途的困扰，加上外面世界的消息刺激，因此半工读成为大批青年的希望。

工读生活的理想，如果看留学美国的工读生略有小成，多认为可成功；看法国勤工俭学运动大闹学潮，大批青年失望而归，会认为只会失败。为什么留法勤工俭学会失败呢？旁观者嘲笑这些学生是些知识青年，要他们卖气力，一方面体力不足，另一方面心理上也以干活为耻。我们不否认中国男子确有少爷气习，但是这不见得是失败的唯一原因，何况他们是带着自我改造的理想去法国的。中国男子整体的情况相近，不见得去法国勤工俭学的都是不能做工的人，而去美国工读的就是有为者。

其间区别，首先是所赚的钱起什么作用的问题。在美国工读所赚的钱，有人用来补贴不足，如容闳挣的是食宿费用；有人是受了社会风气感染；有些视为终年伏案的生活调剂，甚至只为多赚些闲钱，补充游历观光的费用。[1]

这和在法国靠工作活命、手停则口停的状况不同。

其次，是劳动强度的问题。在美国半工读，一般是做些小工杂活。在校内的，主要在图书馆、食堂或者实验室里工作，最吃力也就是洗刷地板之类，如拉骡运煤在中国工读生里是极端情况。[2] 校园外的工作，主要是去

---

1 容闳《我在美国和中国生活的追忆》，页24—25。萧公权《问学谏往录》，台北：传记文学出版社，1972年，页57。
2 陈毓贤《洪业传》，页68—69。1915年前后，洪业在校园洗刷体育馆地板，在校友办公室折信件，替疗养院分析泌尿。蒋廷黻的工读学校则有运煤的工作，见《蒋廷黻回忆录》，页47—48。

做侍者、擦盘子，给人家做家务，做商品推销员。[1]

对必须打小工做杂活才有生活费的学生而言，在美国连续几年既工且读，又要忧心工作机会不继，也是考验毅力的事，但是跟在法国勤工俭学，进入大工厂打工，疲劳程度毕竟大为不同。[2]生产大型机械的工厂代表当时先进的生产力，对工人体力的要求很高。在法国勤工俭学的过来人告诫新来者，他在法国一直勤工，未能俭学，因为入工厂工作了一整天，累死人，下了工便想睡，哪有精神看书？哪有时间到学校上课？[3]

说做工又苦又累，是不是勤工俭学生能力不济，找借口呢？

如果跟美国工科生的实习比较，在美国的大工厂做体力活也是很重很累的。福特汽车公司招收外国大学生，去接受汽车制造和工厂管理的严格训练，为期一年。曾经参加的留美学生说："我在那庞大的工厂，每一部门都去实习二周至一月。我又到它的狄尔朋农场，学开农业牵引车。不到两星期，我就被那烈日晒得和黑人一样。……我的体力当然不能和高大壮健的美国工人比。无论在工厂或农场，每天8小时做下来，总不免精疲力竭；一回到自己的卧室，有时来不及上床就倒在地毯上睡觉了。"[4]这只是实习工作，已经累得要死，可想法国勤工俭学的人更辛苦。

何况在美国做兼职或实习，与在法国做全职工人，进入剥削性的大工厂，辛苦程度和感受都大有不同。在美国工读，周围有老师同学做榜样，受人照顾，即使累得倒头大睡，美国工科实习生仍然"丝毫不以为苦，反觉得学识增进"。这是可以想象的，因为他可以在一间工厂做各个部门的工作，

---

1 蒋廷黻推销过百科全书，见《蒋廷黻回忆录》，页56—57。方显廷到大百货公司做麻将牌推销员，因美国1923年禁酒法令不能饮酒，美国人以中国麻将为戏。见《方显廷回忆录》，北京：商务印书馆，2006年，页39。
2 有些小工杂活，如8小时都在太阳下割草或在小雨中刷墙，对中国学生来说是重活。1950年代留美的陈之藩说下工以后，觉得人已瘫下来，比行军8小时还累得多。美国同事异口同声说："美国做工里这可能是最轻闲的。"陈之藩认为中国只有在军队里可以找出这样紧张的工作。见《旅美小简》，页63。但是这恐怕是读书人的状况，中国的农民和苦力的体力活一点都不轻松。
3 黎东方《平凡的我》，页239。
4 赖景瑚《烟云思往录》，页59。

而且实习有年限,不是永无尽头,而勤工俭学生却重复做着简单技术工作,既学不到技术,又看不到出路,还要因为手艺不熟而看人脸色。在法国实习学校读过相关科目的中国工读生,暑期时去雷诺飞机汽车发动机厂、雪铁龙车厂做钳工,这些都是万人以上的大工厂。工读生通过了技术考试和体格检查,做工时却被恶言相向,感触颇深:

> 雷诺的管理很严,迟5分钟即不能入厂,该班当旷工,要等下一班,那半天就没有工资。质量要求也很高,不合格要扣工资,三次不合格就减薪,直到开除。因为生产的是特大部件,体力消耗很大,勉强做了一个月,吃不消。在雪铁龙车厂仍然做钳工,但计件。流水线操作,每道工序的时间事先由工程师测定过。但是仍不免有人快有人慢。自己是初干,做到浑身是汗,仍然做得慢,下一道工序的工人很不满,甚至恶言相向,指为中国猪。虽然内心极为痛苦,但为了生活,只有咬牙坚持下去。[1]

法国实习学校是以培养技工和初级技术人员为目标,校内还有实习工厂,程度虽然不高,但受勤工俭学生欢迎。从这些技术学校出来的中国学生也大受羞辱,可以想见未受训练的中国知识青年去法国工厂做正式工人,而且靠工钱活命的话,会有什么感受。

跟华工比较,知识青年除了体力不及,志向也不同。中国读书人向来以天下为己任,自东汉以来又有学生运动的传统。勤工俭学生人数多,而主事者筹划不当,终于闹成大学潮。

或许参照其他人的情况,对半工读的成败会更明白一些。同样在法国,入工厂做工的,基本上都失望而回;编抄报刊、译书、发通讯回中国,又或者在中国餐馆找工作,反而能够完成学业。[2]在日本,有人遇上好空缺,为上

---

1 沈沛霖《我的留法勤工俭学经历》(上、下),见《档案与史学》2004年4期,页33—39;5期,页38。
2 黎东方《平凡的我》,页240。袁道丰《重游巴黎 抚今追昔》(二),见《传记文学》23卷2期,页86。胡愈之已有《东方杂志》的稿费,但30年代法郎上升也要离开,见《我的回忆》,南京:江苏人民出版社,1990年,页13。

海报刊做通讯员,每月写三四篇稿的收入,已经足以专心读书,还有余钱买书添衣;[1]没有好机遇的,虽然不介意做过大街穿小巷的小贩,可是忍冷忍饿在寒冬深宵挣几个小钱,根本应付不了学费和生活费。心神不定,学业也就荒废,半工半读变成幻想。[2]甚至留学生在美国想半工读,也要好好谋划,像东海岸生活费用高,就不是半工读的理想地方。[3]因此要实践半工读,得有熟悉的人代为筹谋,然后加上个人的坚持努力,才有成功的希望。

工读的成败,固然是求学者意志力的反映,但是世界时势、所在国环境、主事者的筹划,以至于个人的机遇也有很大关系。在动荡求变的大环境下,一个少不更事而满腔热血的中国青年,拿着家人倾全力筹措的一点旅费,到人生地不熟的外国去找出路,其成其败,岂不等于以青春生命押一次赌注?

---

1 雷啸岑《忧患余生之自述》,台北:传记文学出版社,1982年,页25。
2 杨肇嘉《杨肇嘉回忆录》,台北:三民书店,1977年,页56—59。
3 赖景瑚和教会中学的美国老师商讨多次,然后选定中西部的伊利诺伊大学,因为学科完备,学费又便宜(50美元),接近芝加哥,方便找暑期工作,见赖景瑚《烟云思往录》,页54。陈科美则因为纽约生活程度太高,每年需1200美元,即使有500元半官费,还获得学校免学费,仍须每日去学校餐厅工作两小时,每周末去中国饭馆工作一天半,才勉强维持了两年。因此虽然他的博士论文已有基础,还是放弃写完论文而回国,见《世纪学人自述》第1卷,页268。

半工读的中国少爷

面对半工读的风潮、劳工神圣的思想,以及人在异乡、囊中羞涩的实际需要,以男性为主的中国留学生对于打工赚钱有什么反应呢?

少爷大丈夫

在男尊女卑的中国社会,决定享福或操劳的不是家境,而是性别。女孩生下来就准备嫁人,万一父亲认为一个穷小子有前途,那么千金小姐也可能嫁到穷人家。所以她们自小受训,以适应各种经济条件的婆家。家中的男孩却生活在另一个世界。

> 根据旧习俗,女孩子的教养要适应将来的夫君;她们得烧饭、洗衣、缝纫,要能做一般的家务,无论嫁到怎么样的人家,都能适应环境。……男孩和女孩差别待遇的结果,女孩都成为绝佳的妻室,男孩子被人宠坏了,缺乏上进心,都没有什么成就。[1]

社会习惯影响着男孩子。在家里,男孩不用操持家务。哪怕守寡贫寒,母亲也不会叫儿子帮忙烧饭洗衣。在农家,男孩倒是要帮忙农活,但是留学生主要出身于城镇家庭或者有点资财的乡村家庭,亲自下田放牛的人不多。而且当时中国人口过多,农村有大量劳动力,连不太富裕的家庭,也可以有佣人。因为人力便宜,做小工挣的钱实在太少了,连提倡工读互助的团体接下洗衣服的工作,仍是交给人洗!在这种环境下,哪怕普通人家的男孩子,也无形中有一种少爷习惯。

另一方面,大家族制度也造成不少不懂营生的男人。在未分家的大家庭,

---

[1] 林语堂《八十自叙》,台北:风云时代出版公司,1989年,页30。

自有一套经济安排,不当家的人,就没必要忧心家计。子弟靠父兄十分普遍,父兄亦认为理所当然。

直到留学时,在工厂勤工俭学,这些子弟才晓得"晚间归来,把凉水面包的晚饭用了,坐着慢慢地想,才知我往年用的钱,都是祖先用汗水赚来的。那么为父母者,拿钱与子弟挥霍,是父母的罪过;为子弟者,靠父母,是子弟的无能。我们往年谈劳工神圣,哪里知道硬要出汗"[1]。

这些子弟不怕出力,甚至很有雄心,只是从未接触过赚钱艰难的现实,尤其是在一个政治、社会混乱,生计日蹙的时代,没有实学或者一技之长,胸怀大志就变成空怀大志。

文学家茅盾的父亲在1900年之前,就主演过一个一孩之父有大志而无力实行的故事:

> 父亲忙于他自己的事,也可以说是他的做学问的计划。……父亲虽然从小学八股,中了秀才,但他心底里讨厌八股。他喜欢的是数学。恰好家里有一部上海图书集成公司出版的《古今图书集成》(那是曾祖父在汉口经商走运时买下来的)。父亲从这部大类书中找到学数学的书,由浅入深自学起来。他还自制了一副算筹(用竹片),十分精致(母亲一直保存着直到她逝世)。但当时,曾祖父尚在,父亲只能偷偷学习,而且结婚以前,父亲没有钱,不能购买那时候已在上海出版的一些新书。
>
> 当时,(曾祖父尚在梧州)老三房各房的用度,都由曾祖父供给,家中称为公账开支;这公账包括了老三房各房的一切费用,外加零用钱,每房每月5元。祖父一房,大小八口(祖父母、包括父亲在内的六个儿子女儿),每月零用也就只这5元(祖父是没有职业的,也没有收入),统归祖母掌握,如果父亲向祖母要钱买书,祖母就会说:家里有那么多书,还要买?

---

[1] 陈毅《我两年来旅法勤工俭学的实感》,载《陈毅早年回忆和文稿》,成都:四川人民出版社,1981年,页48。

这个没有钱的男子汉大丈夫竟然盯上了妻子的嫁妆：

> 父亲知道母亲有填箱银元800元，他就觉得他的一些计划可以实现了。这些计划，除了买书，还有同母亲到上海、杭州见见世面，到苏州游玩等等（父亲那时也没有到过上海、苏州），甚至还想到日本留学。

长大后的茅盾一定是一边听着母亲复述，一边为父亲的大计在两方面行不通而感到无奈。一方面：

> 当时曾祖父尚在，除了到杭州乡试，是不许父亲到别处去"见世面"的，何况到日本！曾祖父自己30岁到过上海，后来走南闯北，是最喜欢新环境、新事业的，不料他管教儿孙却另是一套。

另一方面，没有实务经验的男子汉大丈夫，对钱的概念还及不上妇道人家：

> 母亲笑道："你没有当过家，以为800块钱是个大数目，可以做这做那。我当过家，成百上千的钱常常在我手上进出，我料想这800元大概只够你买书罢了。"……父亲暂时只能满足于买书，求新知识。他根据上海的《申报》广告，买了一些声、光、化、电的书，也买了一些介绍欧美各国政治、经济制度的新书，还买了介绍欧洲西医、西药的书。

这个胸怀大志的男子，几年之后生了怪病，西医也治不好，留下娇妻幼儿，去世了。[1]

1　茅盾《父亲的抱负》，见《我走过的道路》，香港：三联书店，1981年，页24—25。

劳动的改造

青年决心以打工赚读书的钱,父母也不反对他们去做工,他们如果没有去外国,说不定还不知道自己有少爷习气呢!习气不是改不了,只是实际做起来,首先是心理准备不足,其次是需要时间去适应。

美国的环境相对安宁和少竞争,工读的学生大都做到自立而有成,我们就以他们的例子来看中国留学生的工读实况。

外国没有苦力

1912年,一个十六七岁青年决心到美国做工求学,他坐船抵达旧金山港口,见了移民官之后,待在三等舱里等苦力来拿行李。等了很久没有见到人来,广东籍的服务生告诉他"美国没有苦力,每人都必须自己扛行李"。青年才知道自己动手。[1]

从头学做家务

不会做家务,也是一大考验。准备工读的一个学生初抵美国,看见中国学生轮流做饭,不由感叹:

> 唉,我尽管出生在寻常百姓家,却从未做过饭,我父亲也没有做过。这种活,断然是女人干的。可是,在那里每个小伙子都得轮流做饭。这真是怪事。

住下之后,美国房东说:"小伙子们,我知道你们想干点活,你们这就开始在你们要住的房间里好好干吧。"这帮中国学生于是打扫所住的屋子,"反正让我们干什么就干什么,可惜我们没有经验,干了大半天,还是那么脏。"[2]

另一个学生做兼职,为一个文学家打扫及准备三餐。可是他虽然做过学徒,却自出生以来从未做过家务,笨手笨脚,掸灰尘时竟然打碎了一只

---

[1] 蒋廷黻《蒋廷黻回忆录》,页46。
[2] 何廉《何廉回忆录》,页22—23。

漂亮的玻璃碗，那是雇主的结婚纪念礼品！[1]

教授和同学就是工人

中国读书人很少放下长衫去做工。中国青年见到外国知识分子能亲自动手，起初都很惊奇。

有学生迁入宿舍时，院长说有任何问题随时告诉他。于是坏了门锁时，学生就到楼下的院长办公室去报告，满以为他要雇人来修理。"不到半个钟头，他自己拿着工具上楼来蹲在门边迅速地修好了。我们中国的院长先生们肯'屈尊'去修锁的，大概很少。他们也未必有这样的技能。"[2]大概从看见教授会劳动干活这一刻，这个受"五四"影响的青年才对"劳动神圣"这个口号生出真切的感觉。

中国学生还发现美国学生也不靠家里。一般大学生的家中无论贫富，父母最多是代儿女缴交学费及住宿费，其他零花钱，都该自己设法。人人皆视打工为理所当然，绝不会受到歧视。工作包括为老教授做家务、改卷、当图书馆管理员，又或端盘子、当家庭教师、到农场打工，有的女生甚至到画室去做人体模特儿。[3]

不少留学生目睹这种情况，同时为了经济需要，也打临时工。有些有奖学金的留学生发现同学大都课余工作，自己也不愿例外。[4]

心理适应

决心工读，要毅力，也要经过心理调适。

有一个留学生违反父意执意去美国留学，幸好他的心态正面积极，后来终于有所成就。这个学生童年虽不是养尊处优，但是家境也相当舒适，父亲做生意，店里雇用十多个店员和学徒，还有几个男女佣工。但是由于家庭变故，父亲已不能供他上大学，他按中学的美国老师指点去半工读：

---

[1] 方显廷《方显廷回忆录》，页39。
[2] 萧公权《问学谏往录》，台北：传记文学出版社，1972年，页54。
[3] 潘大逵《风雨九十年》，成都：成都出版社，1992年，页66。
[4] 陈毓贤《洪业传》，页68—69。

> 我到美国半工半读，立刻由大少爷变成靠劳力赚工钱的工人，心理上自然要有一点准备和改革。我既已自动地出洋求学，如果觉得做工是苦难，那也是自作自受，怪不得其他任何人。我后来看见美国学生那种勤奋做工的上进精神，立刻受到不少的鼓励。我最初只做轻松的工作。过了一些时候，大学附近，无论剪草、洗窗、擦地板、生火炉，凡美国学生所能做的工作，我都去做。

他找工作时曾受美国人白眼，又曾和中国餐馆老板吵嘴而失业，尝过身无分文、用冷水啃面包、没交通费回学校的窘况。

> 边工边读，我不怕。我最怕是工资低，赚钱少，时时为下年费用不够而发愁。……我咬紧牙关，历尽艰苦，不但四年工读生活一直继续支持，而且我从入学到毕业，没有缺过一堂课。……我知道祖国和家庭的种种灾难，我既立下救国救民的志愿，又已经过千辛万苦才跑到美国来，我绝不容许自己改变初衷。

吃过苦的大少爷后来与同省的学友合租廉价房子。家务不再是女人的事，他们分工合作，做饭洗衣，打理房子，经济亦宽裕多了。[1]

中、外观念不同的小尴尬

留学生虽然学会放低身段去打工，但是打工时见到熟人，不免还有行为分寸上的犹豫。做过推销员的学生在餐馆端盘子时，对接受熟人的小费，觉得不好意思。

> 有些教授到餐厅来，我侍候他们。他们同情我，多给小费。我感到很不安，因为在中国，学生对老师习惯上总是免费招待的。我对心理学系主任史塔生说："我是你的学生，不能收小费，因为中国习惯是有事弟子服其劳的。"他听后大笑不止。他说在美国给小费是很普遍的。

---

[1] 赖景瑚《烟云思往录》，页55—57。

招呼女友和她母亲时收小费，也令他尴尬，担心女友认为约会时用的是她妈妈的钱。其他侍者劝他把钱收起来，不必耿耿于怀。[1]

日本也容不下少爷

中国地大人多，风气变更需要渐次进行。留学国的风气也不是千篇一律的。日本是个吃饭也有下女服侍的地方，东京车站也有搬运工搬行李。可是1930年代进东京第一高等学校的学生，也经历了一次自己动手的洗礼：

> 我在上海上学很特殊，生活都有茶房管的，铺盖卷到门口，茶房就会拿到屋子里。我就总有个印象，以为到门口，就有服务员来拿行李。……（学校）门房问明我是新生，他不准三轮车进校门。校门全是石子路，就我站在那里。我想，总应该有人来接我，……可是什么人也不来，有行李又有箱子，举目无亲。我无奈，也只好扛起行李往里走……我是少爷出身，背着铺盖走进校门，满头大汗，真是等于劳动改造一样。

那时中国已经废除帝制二十多年，中国青年仍然未脱少爷气习！来到这家东京帝国大学的预备学校，青年发现它保留"东方人艰苦奋斗，志士仁人的生活态度和精神状态"，令这个来自中国的志士学生受了一次改造：

> 我在一高时，把自己学得坚强又踏实。我原来算是少爷，在那儿真是改造，生活自理了。[2]

结　语

中国的知识分子向来不能吃苦耐劳吗？那不见得。箪食壶浆，不改其乐，

1　蒋廷黻《蒋廷黻回忆录》，页58。
2　《早年留日者谈日本·朱绍文》，页51—53，57。

本来也是君子的传统。

发起留法勤工俭学的吴稚晖是特别能吃苦的例子，"能恶衣粗食，受一切苦，毫不生病。其生平以'素贫贱行乎贫贱'为信条。"他既是社会名流，自己也到处去学习，亡命英国期间，为了省钱，甚至在菜市场捡剩菜来吃。与吴稚晖同船到法国留学的苏雪林说："吴先生之表现真令人钦佩。他能吃苦、能耐劳，一点架子没有。赴法途中陪学生睡四等舱，吃的也是同等伙食。中国读书人是四体不勤五谷不分的，是酱缸倒了酱架子不倒的，无论怎样贫寒出身，这种习惯总是不改。吴先生则讲手脑并用，收拾屋子、捆扎铺盖、搬运行李总是亲自动手。他对学生躬行示范，殷殷劝诫，学生固肯听从，无奈千百年传下来恶习惯，一时也改革不了。"吴稚晖衣服寒伧，船到欧洲时，来接船的法国人员以为他是随役。[1]

吴稚晖当然是特例。但是一般学生达到个人自理，并不是问题。不惯做活的中国青年，在外国见到谁都动手，就开始改变，起初不会做饭缝衣的，一两个月后，即自称家里井井有条了。连世家出身、在家时有佣人服侍的钱锺书和杨绛夫妇，1930年代到了牛津也慢慢学，像"由原始人的烹调渐渐开化，走入文明阶段"。

在前途光明的憧憬中，有些学生不止可以做活，还认为自己受过工读训练，有独特的价值：

> 即使是在现代的中国也很少有知识分子从事体力劳动的。我的经验非同小可。尽管以后我对许多理论问题感到兴趣，但我相信，体力劳动的经验，帮助我站稳了脚跟。[2]

---

[1] 苏雪林《浮生九四——雪林回忆录》，页53—54。
[2] 蒋廷黻《蒋廷黻回忆录》，页52。

无钱之苦

在没法留学的年轻人来看,留学生都是天之骄子。可是当时汇兑和通讯都没有今天方便,这些天之骄子远适他方,与家人隔着重洋,加上政局动荡,国破民贫,除非家庭极端富裕,任由挥霍,不然很多留学生都有财源断绝、生活不继之苦。连富商之子徐志摩在美国留学也有青黄不接的时候:

> 这一月内,着实经验了些没有钱用的难处。东拉西扯,借债满身,好不难过,真不自由。真不说虚话,用一分钱,也要掂掂斤两。周太尉入狱,方知狱吏之尊。我今日才晓得钱财之贵。到了昨日,袋中剩了一块多钱,吃饭不够两天,正在迟疑,救星到了。可是暂时的救星,这还是靠不住。老邱寄来了21元3角6分,连前凑足150块。他说月初再寄我50块,以后要还好想法子。这位仁善的债主,真正难得!
>
> 钱一到手,就活动起来了,信纸也买了,香蕉也吃了(好几日不吃水果,连嘴唇都干焦了)。头也剃了,今日下午下镇去。表也取来了,戏也看了,一笔零头债也还了。真是舒服![1]

留学生里,公费生最令人羡慕。其中又以用庚款留美的学生最不必操心,公费不继的事绝无仅有,他们虽然也有借债的,但主要是自己花费大。其他公费生却受动荡政局影响,常有断炊之苦。在法国读博士的刘半农就身受其苦,到访的语言学家赵元任想给他一家照个相,刘半农说:"我们一家真是在此苦撑着过,就是因为要得这臭博士,中国钱也不来,所以我们过的像叫化子一样的生活,就给我们照一张叫化子相吧。"于是一家人在墙角照了一张,孪生的儿子还双手趴在地上扮讨饭的样子。刘半农后来是著名的语言学者,赵元任的太太说,幸亏留下相片给大家看看当年这些学者

---

[1] 徐志摩《留美日记》,见《徐志摩未刊日记》(外四种),页101。

是怎么成功的。[1]

公费生再穷，比较之下，自费留学生更常遭受无钱之苦。

百无聊赖穷学生

留学本来是开眼界的机会，但是自费的穷学生天天省吃俭用，没有钱也就少上街，社交缺乏，对留学国的了解自然受到限制。

即使在巴黎花花世界，缺钱的留学生也要叹一句"花都虽好，但穷学生根本没有享受过"。勤力的学生只好上图书馆，幸好巴黎是个有文化气息的地方，如果还负担得起交通费用，可以参加著名期刊的座谈会，有名人演讲专题，演讲后甚至有茶会。[2]如果连交通费也踌躇，这样的学生就几乎足不出户，在巴黎附近生活了三年，可以不曾参观过罗浮宫、凡尔赛宫等名胜，没有进过剧场，就是朋友来往也自惭形秽，因为家里生活寒酸，只能请到访的客人吃一碗面。[3]

当单身穷学生最苦的莫过于假日。有钱的可以请女同学吃饭、跳舞、看电影，但穷学生却有无限辛酸，没钱交不上女朋友，中国同学已经见得太多，不想再见，结果只能一个人看书，枯燥孤寂。[4]

没钱过多姿多彩的社交生活，除了迫人读书之外，在运动流行的美国，穷学生也可以把时间都消磨在运动场上。有一个学生一星期打几次网球，结果"年快三十，还能和美国那群闹肚子还喝凉水、天不怕地不怕的青头楞在球场上大战，赢了全校冠军"。

这个以运动充娱乐的学生已经娶妻生子，留学前有工作经验，但金钱谋划上仍然不足，拿着舅父从棺材本里借给他的2000元，换了800多美元，到了可以工读的学校，只剩400多美元，交了学膳宿杂费，每月留一点零用，到年底一算账，袋里只剩两美元。人人回家过年，他一个人留在校园里，幸好副校长见他孤单一人，请他回家共度除夕。谈话间了解到他的经济情况，

---

1 杨步伟《杂记赵家》，台北：传记文学出版社，1972年，页34。
2 袁道丰《重游巴黎 抚今追昔》（二），见《传记文学》23卷2期，页85—86。
3 侯外庐《韧的追求》，北京：三联书店，1985年，页20，23。
4 袁道丰《重游巴黎 抚今追昔》（二），页85。

"老校长夫妇大为惊讶作者的窘,大为嘉许作者的志",元旦就跑到办公室为他张罗奖学金。这个没钱硬要出国进修的年轻父亲,对自己的留学竟然喜剧收场,以英语俗谚概括:天使不敢走的地方,傻子一步就冲过去。[1]

断　炊

不少自费留学生所带的钱只足以维持一年半载,之后要靠家庭接济,或者靠打工赚钱。但是家庭接济也受时局左右。如四川在军阀割据下,除了种种苛捐杂税、预征多年田粮之外,还乱铸钱币逼迫老百姓使用,由四川汇款到东京要经过多次兑换周折,说不少好话,花很多时间,令到等家庭汇钱的学生,生活费时断时续。[2]

身无分文,最感印象深刻的,是吃饭问题。

有一个半工读学生,星期日因为无钱用膳,懒于起床,索性卧床看书。到11点多,房东太太入房整理,见他未起床,以为他有病,殷勤问候之余,还拿面包、点心和咖啡送进房来。刚巧中国同学见他未如常参加聚会,来探望他,女房东还以为是来探病,深赞中国学生交情亲密。这群中国学生都点头不作声,只暗里偷笑。[3]

这种没饭吃可以穷开心的日子不多。在断炊的时节,起初可以向中国同学借钱济急,但时间长一点就不行。长期支绌,不少学生尝过一个人凄凉地吃冷水送面包的日子。

在日本的学生多数租住私人房子,若赊欠膳食费,就要看人面色。"九一八事变"后,有学生两三个月收不到家里的钱,没钱吃午餐,因为宿舍老板只供应早晚两餐,于是早晚尽量多吃。老板娘收拾小饭桌时,总要说一两句"你们中国学生真能吃饭",他只能装着听不见。老板催问食宿费,面色难看,他只好保证以后连本带利归还。"这种挨饿生活,加上学校功课紧张,度日如年,留学生生活美好的幻想早就破灭了。"[4]

1　李抱忱《山木斋话当年》,台北:传记文学出版社,1979年,页83—84。
2　彭迪先《我的回忆与思考》,成都:四川人民出版社,1992年,页21。
3　程天固《程天固回忆录》,页44。
4　彭迪先《我的回忆与思考》,页21。

生老病死

留学生也免不了人生的生老病死。

没有钱,生既是喜,也是悲。有个法国留学生的妻子临产,没钱进私人医院,于是进可以为外国人免费接生的公立医院,可是在公立医院出生的孩子必须入法国籍。今天很多人争取入外国籍,当年的中国人却不。两夫妇回国时,法国政府不给他们的儿子发离境证书,因为他是法国国民。留学生悲愤在法国三年,除了一捆译稿和一个儿子之外,一贫如洗,于是想尽办法要把儿子带回国,最后得到法国共产党朋友帮忙,才能在证书上补上儿子的名字。[1]

至于生而拮据,还要客死他乡,更容易勾起其他穷留学生的同病相怜之感。"适同乡蒋君病死巴黎医院,吾问后事如何处置,则云人死领事馆津贴400佛郎,有600佛郎则可由代葬局料理一切,有占地权二十五年,闻之能不兴悲?彼家离吾处仅30里耳,且闻四五年间勤工俭学生病死法国者有二百五六十人之多,深足悲矣。"[2]

---

1 侯外庐《韧的追求》,页25。
2 严济慈《严济慈:法兰西情书》,页119。

留学生养家

家庭是经济之源，也可能是经济负担。家里穷或者要养家的人，不能任性妄为只管自己留学。

当时中国的经济实在困难，有些一心上进的子弟屡遭困阻申斥，例如学农的沈宗瀚，本来读中等农业学校，免学费，却为了去美国深造，想转到北京农业专门学校以获得资格，还未涉及留美，已经令父亲老泪纵横，对他说"我将为经济逼死，你即能毕业北农，而于心安乎"。不过父母对于子女的坚定志向，还是不能无动于衷的，沈氏极尽辛苦自行借钱转校，始终反对的父母也就在极度艰难中筹钱供他买冬衣御寒。工作多年后，他才能筹到钱到美国读书，"游美前，安排家事之困难，亦与筹款相同，……因家庭经济关系责我为不孝。大哥亦以游美为非分，余甚苦之。余竭尽所能，自游学经费中拨出200银元以充家用，使家庭不以余游美而感困苦。"[1]

对于家中人口的供养，家里没有父兄的，不能不考虑怎样安置寡居的老母、年少的弟妹、娇妻幼子的生活。胡适考上了官费留美，但家里有寡母，还庆幸叔祖答允遇必要时可以垫钱寄给母亲供家用，一个朋友也答应帮忙。"没有这些好人的帮助，是不能北去（指去北京考官费），也不能放心出国的。"[2] 母亲孀居的洪业得到美国富人资助留美，把好消息告诉母亲时，母亲不表示意见，叫了个轿子去见外祖父。因为他们母子刚从外祖父家搬出来，现在"全家又要靠外祖负担了，那是相当严重的事"。外嫁的女儿回娘家寄居，很容易惹娘家亲戚的闲话。幸好外祖父对读书一力支持，对洪业说：

> 这事情应该感谢你们祖先的阴德，你父亲做清官；这是古人说有

---

1 沈宗瀚《沈宗瀚先生自述》，载沈君山、黄俊杰编《耕耘岁月——沈宗瀚先生自传及其他》，页61，70，129。
2 胡适《四十自述》，上海：上海书店，1987年，页178。

好报应。你将来出国深造有益,好好地去,关于你母亲和弟弟,我还可以帮忙。[1]

至于身在外国的留学生,有些不得不把所得的奖、助学金寄回做家用[2],有些甚至被家人挪用官费:

> 父亲每年从县衙门支领这300元官费,一直支领至我从莫斯科回到上海那一年。他曾寄来一次钱,官费之外自己还凑了一点,虽然未曾凑足600元数目。以后不仅家费没有寄来,连官费也拿去做家用了。我们县里的人很不满意我的父亲,但我原谅他。他不寄钱来,我不会饿死,寄钱来,我也不会进大学或专门学校,因为此时法国生活也提高得多了。但国内一家多口的生活,有这笔款补助,究竟宽松得多,我也安心得多。[3]

---

1 陈毓贤《洪业传》,页62。
2 《李匡武自述》,见《世纪学人自述》第5卷,页357。胡适母亲曾告诉儿子,家中颇形拮据,要求儿子在美国时,若有余钱,寄一些做家用,不可以再散漫花用,见"1911年8月10日信",载《胡适遗稿及秘藏书信》第22册,页42。
3 郑超麟《史事与回忆》第1卷,页177。

币值决定留学地

虽然国弱民贫，可是仍然用银元的中国货币却有稳定的价值。第一次世界大战后德国民生凋敝，马克大幅贬值，掀起一阵留学德国热。20世纪二三十年代法、美、日也经历过大幅经济波动，这些国家的货币的升贬，影响了中国留学生决定去什么地方留学。

占德国便宜的赴德潮

在留学热潮里，德国不是热门留学地，但是第一次世界大战之后，德国是战败国，马克滥发，大幅贬值，通胀剧烈，去餐馆吃一顿饭或是发一封信，要马克上千上百，但以外国货币来计算，却只是很少钱。[1]东西便宜得不得了。于是战后几年间去德国留学的人络绎于途。[2]1922年，一个外国学生在德国生活的费用颇低廉，一个月一美元就可以维持。[3]而德国社会上大量工人失业，贫民陷于绝境。

战后只余孤寡、没有劳动力的德国家庭，因为生活艰难，纷纷出租房子来维持生活。由法国赶去德国的勤工俭学生说，他们租住在新柏林区，在法国连半官费生或自费生似乎都未住过如此漂亮的房子。房东是个军官寡妇，有个待嫁女儿，她们把家里最好的房间高价租给外国人以补贴生活，若将租金折为法郎，在法国只能租恰配勤工俭学生的房子。[4]

于是英国、法国的中国学生成群结队涌入德国，享受便宜的留学生活。大家不管语言问题，不管学籍问题，全是临时想办法解决。

趁马克贬值避居德国的中国学生有些本来阮囊羞涩，甚至还欠着别人

---

1 王独清《我在欧洲的生活》，页170。
2 谢长法《中国留学教育史》，页123。
3 张果为《浮生的经历与见闻》，页13。
4 郑超麟《史事与回忆》第1卷，页197。

的债，这时候却享用比拟王公，去听歌剧也只是小支出。¹

这种穷学生的王公享受，以勤工俭学名义出国的诗人李金发曾作过一番描述：

> 同学趁战后的千载难逢之机径往德国游历，我们见猎心喜，不顾前因后果，遂与林风眠等亦贸然往柏林游学去了。大家不懂一句德文，女侍问我们窗子是否要关上也听不懂。新柏林区的房屋在从老旧的巴黎来的人看来，是美轮美奂了。游客熙熙攘攘，多是世界各国来此乘人之危享受马克的便宜的，德国人虽然没有鹄形菜色、鹑衣百结，但已是外强中干，有房子的不得不出租房子以补家用，自己暗地里吃假牛油假咖啡黑面包。有的典当殆尽，只活在饥饿边缘。他们的生活比中国抗战时期还苦，因为没有平价米，物资配给。外国游客则换廉价的马克大吃大喝，大买照相机，成了天之骄子，到处放银弹，有时思想过激些的德国人，真是怒目相视。我们每日坐环城火车去吃饭，如无缰之马，一日看一两次电影，或坐小咖啡馆，小咖啡馆很有诗意，布置华丽，全有地毡，比巴黎路边的铁椅咖啡馆真如小巫见大巫。²*

在欧洲的留学生要转到德国，有交通之便。而在美国的留学生，也风闻德国花费的便宜，不远千里渡洋而来。1922年春天，一个自费留美的学生正在选择博士论文题目时，忽然有朋友从欧洲回来说，战后德国通货膨胀，马克贬值得惊人，一美元可以换好几亿马克。听到这消息，他立即开动了脑筋，美国生活费用高，手头只有2000美元，夫妇两个人用不了多长时间，如果去德国，这点钱足够两个人舒舒服服地过上几年，那就可以安心做论文了。经商议，夫妇决定去柏林。柏林的住户都争着拉留学生到家中食宿。夫妇租一间房，连吃饭洗衣都包括在内，每个月只要5美元。意大利里拉贬值也是空前绝后，两人在意大利六个城市住了六个星期，只花掉8美元。³

---

1 徐悲鸿《悲鸿自述》，载《艺人自述》，页68。
2 李金发《李金发回忆录》，页56—57。
3 陈翰笙《四个时代的我》，页26。

中国留学生在德国的情况，在一个爱伤感的文人学生眼里，是一幅末世享乐图：

> 在一向本来就是除了享乐以外再没有别种人生观的一般留学生，真算是碰到再好没有的机会了。……柏林的跳舞场、赌博场、夜咖啡店，总之所有娱乐的，可称为销金窝的所在，一旦都填满了中国留学生的足迹。一个瘦小的黄面孔的东方人带着三四个甚至五六个的高大女人走进一个最阔气的饭厅或其他更奢侈的甚么地方，拿出一卷钞票来随手乱丢，这在柏林竟成了很寻常的事了。[1]

这幅享乐图或许有夸张的成分。有些中国留学生还是穷，其中一些好书成狂的留学生，手头并不是那么宽裕，为了请远客赵元任夫妇吃一顿丰盛的茶点，好几个人要省下午饭钱；俞大维和陈寅恪要请赵氏夫妇看歌剧，只有余钱买两张票，自己不进场，否则就要好几天吃面包。他们为了把钱都用来在德国买便宜的书，只能吃面包当饭。

> 这些人以前是英美官费留学生，大战后因德国马克正低，这些书呆子就转到德国去，大买德国的各种书籍，有的终日连饭都不好好地吃，只想买书，傅斯年大约是其中的第一个。[2]

不过马克贬值的"好日子"没有维持很久。德国的恶性通货膨胀到1923年最为严重，但在马克暴跌同时物价也飞涨，而且德国也有法律禁止全以外币付值。该年驻德使馆就要求教育部叫青年人不要盲目涌去德国，而许多本来准备在德国读几年书的学生也顿感支绌，甚至要中止学业返国。[3]

1　王独清《我在欧洲的生活》，页170。
2　杨步伟《杂记赵家》，页28。
3　谢长法《中国留学教育史》，页123。

20年代的法国和美国

　　法国虽然是第一次世界大战战胜国，但是战争结束不久，经济一时未有起色，法郎贬值。按币值计，勤工俭学生较容易去法国。一个1920年去法国的勤工俭学生，换了1500多法郎，因为当时中国1元可以兑法郎11元还多。他估计可以在法国维持半年基本生活。[1]但是战后经济困难，法国青年士兵复员，勤工俭学生不易找到工作，提倡勤工俭学的李石曾等在中国办的布里留法工艺学校也在1920年停办。

　　随着德国赔款及割让殖民地，20年代中期法国的工农业发展迅速，但是法国鼓励出口，刻意让法郎币值贬值，中国银元一元可以换十几法郎，因此留法费用比其他国家便宜很多，同样的钱，如果去英美等国，绝不够用。[2]对留学地币值敏感的中国留学生因此互相通消息，说法国生活便宜，到法国留学的费用并不比在上海等处的费用多，必要时还可以半工读或者申请中国地方官费。何况当时去法国只须有环球学生会介绍信和一张船票，法国总领事馆便发入境签证，手续非常简单，[3]于是赴法留学的人数，一时称盛，不光勤工俭学生多，自费留学生也增加。重视吸收西洋知识的人更认为法国是西洋文化的重镇，五四新文化运动既然提倡学习西洋文化，那么不应只看重美国而忽略法国。[4]

　　不过这种情况到1930年就已改变，1929年美国经济大萧条波及欧洲、英镑贬值等等，都令法郎汇价变高，逐渐涨到一个中国银元只能换4法郎。那些趁着币值低而来、不上学的中国留学生纷纷离开，而那些读学位而尚未毕业的留学生，则要靠亲友接济，但也力求早一点结束学业。[5]

　　至于美国，美元也是大跌。1919年大战刚结束时，中国货币与美元之

1　沈沛霖《我的留法勤工俭学经历》（上），见《档案与史学》2004年5期，页34。
2　吴俊升《教育生涯一周甲》，台北：传记文学出版社，1976年，页37。
3　袁道丰《重游巴黎　抚今追昔》（二），见《传记文学》23卷2期，页81。《詹剑峰自述》，见《世纪学人自述》第2卷，页200。吴俊升《教育生涯一周甲》，页37。姜亮夫《欧游散记》，见《姜亮夫文录》，页254。
4　吴俊升《教育生涯一周甲》，页37、43。
5　吴俊升《教育生涯一周甲》，页44。胡愈之到瑞士住，因生活费更便宜，但及至1930年代法郎上升也要离开。

间的汇率非常有利，1中国元兑1美元多一点，[1]加上战后美国劳动力缺乏，可以半工读。这些都是1920年代初期留学美国的有利条件。一个工读生带了1200块中国银元，作为服装费、路费，登上新大陆工读了六年。[2]

二三十年代的日本

日元汇率也吸引中国留学生。在日本读书不比在中国贵，20年代中期青年之间已经有这样的比较。1926年到北京准备考大学的中学毕业生，"听说在日本读书，俭省一点，比在北京上学所花钱并不太多。我认为要读书救国，留日深造可能更好，我为此多次挂号函请父亲同意。父亲知道我的犟脾气，他只好同意，并邮汇了路费。"于是他跟了三四个老留日学生就上路了。[3]

只要费用承受得了，青年学生颇有一往无前的勇气。哪怕20世纪30年代中日关系已经很紧张，中国人认为中日之战不可避免，仍然有很多中国人去日本留学。30年代金跌银涨，有利于银本位制的中国。[4]日本在当时则是金本位制。以当时的日元币值，去日本留学跟在中国读书花的钱差不多，甚至更便宜。当时中日生活费用差不多，有一阵中国1块钱还顶日本1块1毛钱。在中国上大学，一个月起码40元，在日本相同的生活，36元就够了。而且在中国大学毕业以后，也是失业；去日本念书不要护照，也不要签证，日本领事馆还表示欢迎年轻知识分子去日本，填个表，第二天就批准了。[5]

1　何廉《何廉回忆录》，页21。
2　《陈科美自述》，见《世纪学人自述》第1卷，页266。
3　彭迪先《我的回忆与思考》，1992年，页13。
4　王奇生《留学与救国——抗战时期海外学人群像》，页24。
5　据赵安博、朱绍文、米国均所述，分别见《早年留日者谈日本》，页36，46，103。

附：最异想天开的借钱占便宜计划

当德国马克大贬值，留学生花些许小钱作大玩乐的时候，一心只记着美术的徐悲鸿竟然生出另一种乘人之危的念头。

当时留学生多借贷，但最妄想的可算是画家徐悲鸿了。他本来留学法国，因为第一次世界大战后马克大幅贬值，因此去德国生活。有一天他见一家画店拿出大批画家名作，按外币计算十分便宜，但这时他欠学费已十几个月，前途渺茫，欠债已近千元，再想借也没办法。当时新任德国公使魏宸组曾经请徐悲鸿吃饭，于是他雄心勃勃，不揣冒昧，想与新公使商量借钱买画。那种患得患失的心情竟使他生平第一次失眠：

惧其无济，又恐失机，中心忐忑，辗转竟夜，不能成寐。

第二天他鼓起勇气去中国使馆游说公使，盛称画作佳妙，画家有名，价钱便宜，请借钱买下来，画作可以挂在使馆，待学费一收到，就还钱。公使婉辞。这次借钱，于是以失败告终。最后徐悲鸿还是买了两幅，是他向其他留学生借钱、集腋成裘而成事的。[1]

---

1 徐悲鸿《悲鸿自述》，载《艺人自述》，页69。

第三章
初出国门

东去西去的典型旅途

留学的目的地主要是欧美和日本，留日、美的往东去，留欧洲的往西走，主要都是坐船，当然去欧洲也可以坐西伯利亚火车。海程赴欧美，时间较长，是交友、游览的重要时机。

这东西两途，见闻大异。横渡太平洋去美国的，中途只经过日本，留心的是现代化的线索；若到欧洲，沿途经东南亚、印度、非洲，见到的是殖民的面目。

东去日、美的旅途

到美国的留学生，无论学校在哪里，都是从西海岸入境，然后转赴各学校。横渡太平洋之旅，只有日本、夏威夷可以作陆上观光。留美学生在夏威夷停留的少，多趁机会在日本作短暂观光，因为中国人无须检查证件就可以登岸。

20世纪一二十年代留学美国的中国学生，在一天半天的东京、横滨观光中，有不少对日本的市政秩序和人民的教育程度留下好印象。

他们看见街道虽然不宽大，但是整洁；火车虽然拥挤，但是有秩序。城市建设不是很宏伟，都是木房子和纸糊门窗。日本人多穿和服木屐，生活并未西化。他们生活俭朴，旅馆中洗脸用单布而不是毛巾，牙刷也用木棍打碎一头做成，伙食简单，这显示出日本获得甲午战争大量赔款后，军事、工业和经济建设都有大发展，但仍很爱惜金钱，并不大手大脚。日本人阅读报纸很普遍，在20世纪的头十年已见到教育普及于女性，旅馆的下女有空时，也坐在门槛上读报。妇女工作的很多，在码头可见女工排着长队加煤，邮局、银行也有不少妇女工作。这些青年学生因此得出日本国民教育普及的印象。[1]

许多留学生本来不大看得起日本,观光之后,态度有所转变。与中国比,日本显然是有组织的社会。更有甚者,日本之整齐清洁,与抵达美国旧金山时所见的唐人街喧嚣肮脏的景象一相对比,不免令人感触。[2]

有趣的是,与这些短暂观光的留美学生相比,同期的留日学生大多对日本的先进程度略感失望。可能因为对当时的中国人来说,留学机会一生一次,追求的是世界最先进的知识,因此留日学生的心境,与途经这个新兴国家、趁机认识一下的留美学生,大有不同。

西去欧洲的旅途

海 路

"红海早过了",这是写欧洲留学生的小说《围城》的第一句话。

读到这句话,当年留欧的学生和他们的家人都能心领神会。无论是出发去欧洲,还是像《围城》的方鸿渐那样从欧洲回国,一代一代留学生口耳相传,都知道红海代表什么。赴欧的人经过印度洋的风暴,不免晕船和呕吐大作,而航近红海,虽然天气很热,但从此风平浪静,心情舒畅,而距到埠的日子也不远了。

从中国到欧洲,作漫长的亚非欧之旅,当时多是从上海或香港出发,经东南亚的越南和新加坡、南亚的印度及斯里兰卡(按:当时叫锡兰岛),抵达非洲东岸港口,过红海、地中海,抵法国马赛或其他港口,再转陆路到欧洲各国。这条路线所见的,都是弱国的印象。在学科学的学生看来:

> 离上海后所经各港口没有一个独立的地方,西贡及吉布提是法国领地,其他都是英国领地,言之可叹。人一离国门,种族思想油然填胸。[3]

---

1 缪云台《缪云台回忆录》,北京:中国文史出版社,1991年,页8—9。浦薛凤《万里家山一梦中》,台北:台湾商务印书馆,1983,页77。萧公权《问学谏往录》,页43。
2 萧公权《问学谏往录》,页45。
3 严济慈《严济慈:法兰西情书》,页17。

去勤工俭学的青年则说:

　　航程历经南中国海、印度洋和地中海沿岸众多著名港口,使我开了眼界,但心头总像压着铅块似地沉重。尽管这些港口景色绮丽,有数不清的高楼大厦。可是给我印象最深的,是港口上多衣衫褴褛的苦力和乞丐,有些还是很小的孩子,在那里做工或讨饭。这些城市的情况,同在上海见到的情形很相似,大多是英法帝国主义的殖民地,真是哪里有帝国主义统治,哪里就逃脱不了贫穷落后的命运。[1]

去法国的艺术家赵无极说:

　　这次旅行对我来说百无聊赖,每天出现的风景好像都是一模一样的。我从未对大海产生过很大的兴趣,在很长一段时间内它对我来说是外来侵略的同义词,必须抵抗。[2]

港口情况

香　港

香港的夜景大概是令人印象最深的,背山面水,夜里灯光灿烂,四周全是灯火,确是好看。夜的美景和殖民地的现实,却又恰成难堪的对比。

　　一座千万花光的九华仙岛,只宜分给美人高士去住。又谁知道一到白天,全是一些鸽笼样的扁狭的房子,下面一概是些攘攘为利的人呢!夜竟成了幽美的源泉。[3]

1　聂荣臻《聂荣臻回忆录》,页14。
2　赵无极《赵无极自传》,页8。
3　姜亮夫《姜亮夫文录》,页262。

香港是个殖民地的现实,也令中国留学生不自在起来。

> 同为炎黄子孙,语言障碍颇大。港人多讲粤语,不懂国语。我们以英语交流,因不熟练,反为港人耻笑,故只有手势加英文,此为殖民地教育的陋习。[1]

> 我正这样东方思想式的迷恋着时,香港的美丽已在船尾消失了,一位同舟的人说:"香港全都是中国人,还不是属于中国人的?!"是!是属于中国人的。你看一群农奴,当他们在烈日下工作时,在我们看来,土地是属于他的,但是可怜,他的血汗是为了坐在高屋大厦中的主人而流,他何曾想到"耕者有其田"这句话!……奴隶还配说占有什么的权利吗?[2]

东南亚

航船主要停法属越南的西贡和英属的新加坡,也会经过槟城,当时称槟榔屿。

西贡的市内建筑多欧式风情。但是在距西贡只30分钟路程的堤岸,华人较多,街市建筑全是中国式的,还有许多中华学校。[3]

新加坡是英人统治,港口有警察检验护照和检查疫病。[4]居民以华人为主,而整洁程度令人印象深刻,与西贡比较,不可以道里计。"地方明净得很,新鲜得很,道路罗列在绿荫之中,满街的人都配上非常协调的白衣,再点缀一点马来人的红裙红巾,令我这初游的人非常兴奋。街市两旁的人全是闽广一带的同胞,即市招也用广、林(福建多姓林)诸字为多,外态上还是一个中国人的新加坡,好似已够舒适了。"[5]

对这个英属地,留学生另一个突出印象是华侨多,招牌皆用中文,与广东福建城市无异,令人不觉在异国。有学生到新加坡时已近新年,门上

---

1 沈沛霖《我的留法勤工俭学经历》(上),见《档案与史学》2004年4期,页35。
2 姜亮夫《姜亮夫文录》,页264。
3 沈沛霖《我的留法勤工俭学经历》(上),页36。
4 聂荣臻《聂荣臻回忆录》,页13。
5 沈沛霖《我的留法勤工俭学经历》(上),页36。姜亮夫《姜亮夫文录》,页273。

已开始贴对联，其中有一副写：皇恩春浩荡，文字日光华。他不禁说"这时早已是民国，还写什么皇恩浩荡，除了表明这些同胞思想守旧一面，更主要是倾吐了他们思乡爱国之情"。¹

让今人不敢想象的是，船离西贡朝新加坡去时，在水天相连的大海，远远看到鲸鱼喷出的水柱，时喷时停。壮观的海上奇景，令人忘了旅途疲劳。²这才不过一百年的事呢！

科伦坡和印度洋

中国势力到槟榔屿（槟城）而尽。过了马六甲海峡，直过大洋，首度停靠的是科伦坡，护照检查得严，但不必检疫。³

这个同属英占的小岛与新加坡完全两样，街上看不见一个中国人一个中国字。它本受印度文化影响，而由英国人经营，表面欧化了，骨子里处处仍存印度风光。一旦停留在什么地方，便有人无缘无故问要钱。"中国人是暗地揩油，印度人是伸手要钱。不仅释迦的精神扫尽，就是甘地、泰戈尔的精神，也有些白白抛弃。贪鄙也当是亡国的原因，我想起我们老大的中国。"⁴

自科伦坡之后，大部分船即横越印度洋，由科伦坡直驶非洲的吉布提。有人说从握守马六甲海峡的槟榔屿到科伦坡，风浪大，船首尾起伏，最厉害的时候，船役亦呕吐。⁵但是大部分人最痛苦的晕船经验，是从科伦坡到非洲这一段，航程长达七天，是全程中最长的一段海路，而海浪甚大，几乎人人都经历了头晕呕吐，吃饭喝水都成了难事。有一个留学生说可堪告慰的是，临行前母亲准备了一罐雪里蕻咸菜，实在吃不下饭时，他便吃一点咸菜。⁶

一个读西洋文学的，见海浪而吟起诗来：

---

1 沈沛霖《我的留法勤工俭学经历》（上），页36。聂荣臻《聂荣臻回忆录》，页14。
2 聂荣臻《聂荣臻回忆录》，页13。
3 严济慈《严济慈：法兰西情书》，页13。
4 姜亮夫《姜亮夫文录》，页283。
5 严济慈《严济慈：法兰西情书》，页13。
6 常书鸿《九十春秋——敦煌五十年》，1999年，页12。

大风大雨，浪高如山，天翻地覆，人吃不下，也睡不着，一连七天七夜，折磨得年轻人都变老了，使我想起了柯勒律治在《古舟子咏》中说的：

水呀，水呀，到处是水，

泡得船板起皱；

水呀，水呀，到处是水，

却休想喝一口。[1]

非　洲

吉布提（Djibouti）是非洲东岸的法国殖民地，在红海南口，是轮船停靠加油的港口，法国人驻重兵镇守。沿红海一带英国人亦如此。虽然是多日海程后的第一站，但大家对这沙漠地方的港口普遍印象不佳，形容为一片荒凉，马路奇脏，小虫满天飞，手一抓可获许多。沿岸房屋低矮，多是草房。岸上未见街市，商店闭门，或者沙漠地方条件所限，虽经法国人极力经营，尚无足观。[2]当地产大如碗的橘子，可能是季节关系，有一个永远带着乐观情绪的留学生说其甜无比，把身边的钱全都用来买橘子吃，很开心。[3]

过了吉布提就进入狭长的红海。红海两岸是沙漠，人人都说天气极热。红海两头的大海洋大概是个鲸鱼世界，有人在近阿拉伯的印度洋见到鲸鱼喷水高达四五丈，也有人在地中海见鲸鱼喷水。但在红海里，可以见到的是腾空而跃的飞鱼，壮观无比。[4]

进红海之后，在埃及南部、苏伊士运河口处，可以停靠苏伊士港。这个港口城市在沙漠上用人工建起房屋、马路，种起棕榈树，倒也非常美丽。城外除了黄土，似乎什么都没有，连一片草一个树枝都看不见。船泊岸后，

1　许渊冲《逝水年华》，页166。

2　沈沛霖《我的留法勤工俭学经历》（上），页36。赵无极《赵无极自传》，页8。严济慈《严济慈：法兰西情书》，页17。

3　徐悲鸿《悲鸿自述》，载《艺人自述》，页66。

4　沈沛霖《我的留法勤工俭学经历》（上），页36。严济慈《严济慈：法兰西情书》，页17。

有小贩来售卖风景画片。[1]

出苏伊士运河,是地中海岸的塞得港(Said)。这里是英国占领下的埃及土地,大概卫生也一般,曾经疟疾横行。[2]沿河口两条街较热闹,但商店的人或小贩常常强人买货。所卖的纪念品都标有埃及图案,却是日本货。意大利的布林迪西(Brindisi)民间穷困,上船的人所卖的玩意儿上满绘意大利的艺术,但也大半是日本货,与在塞得港、苏伊士城所见满载埃及画的玩意儿一样。[3]

进入地中海,天气比红海凉快,欧洲大陆已在咫尺,旅程接近尾声,最主要的艰难已经过去。可是有一次全程无大风险的旅程,却在地中海遇险。"遇上大风暴,两天两夜在巨浪中荡来荡去,一会儿抛上浪尖,一会儿又跌进浪谷,海水呼啸着从甲板掠过,我们只能蹲在船舱里,每个人都背上救生圈。这时又听水手说第一次世界大战期间在地中海布的水雷,还未彻底清除,精神上的压力更大了。"[4]

潜水捞钱的绝活

更引起留学生弱国悲思的是,他们在贫穷国家的港口,看见不少人表演潜水乞钱。船上乘客投钱币到水中,让当地人潜水去捡,以此作乐。20世纪一二十年代沿东南亚到非洲的远洋轮船停靠港口,无一独立,不是法属就是英属,或许这种潜水乞钱的现象在非洲、印度等地的海港多有流传。其中在非洲的吉布提港最常见,小孩子一群群地在海里玩,有些专向游客讨钱,一旦游客扔钱币到海里,他们就像小鱼一样潜到海底把钱摸起来,并且高举给你看。[5]小孩捡钱容或可以当作嬉玩,但有时却是成人蜂拥泅水到船旁乞钱。像在科伦坡,当地人划小船来做生意,船客拿铜板掷入海中,

---

1 姜亮夫《姜亮夫文录》,页295。沈沛霖《我的留法勤工俭学经历》(上),页36。
2 赵无极《赵无极自传》,页8。
3 姜亮夫《姜亮夫文录》,页297,301。
4 聂荣臻《聂荣臻回忆录》,页14。
5 何长工《勤工俭学生活回忆》,页30。严济慈《严济慈:法兰西情书》,页17。蒋碧薇《蒋碧薇回忆录》,南京:江苏文艺出版社,1996年,页81。

水性好的可迅速潜入海中捞起。¹ 30年代时，有留学生在新加坡见到一大群马来人乘小舟，绕着大船讨钱，见有钱投到水里时，随手放了小船，往水中一钻，不到半分钟就从自己的船边冒出头来，口里衔着所给的钱。技巧是如此纯熟，大概已是半生的练习了。"但你所摔下去的若是个铜子，他连眼都不动，让它千古沉埋在大海中去！"²

谁会想到，日本在二战战败不久、由美军占领的时候，这种景象竟然也出现在横滨的海上。

> 当游览车行至某处下车参观时，吃香烟的客人故意将烟蒂掷向人群，辄有二三日本人争着抢拾这只烟蒂，抢到的人显有得意之色。离开日本时，将军号停靠在横滨码头，又有人故意将美元辅币，五分或十分的硬币掷投于水中，在硬币缓缓地下坠时，辄有日本人纵身下水将硬币拿起，其高兴的表现一如之抢得烟蒂者然。³

---

1 沈沛霖《我的留法勤工俭学经历》(上)，页36。李金发《李金发回忆录》，页42。李金发还说当地有鲨鱼，"若将印度穷人咬死，则我们的罪戾大了。"
2 姜亮夫《姜亮夫文录》，页271。
3 刘道元《九十自述》，台北：龙文出版社，1994年，页58。

受歧视的忧虑

中国穷而且弱，加上前辈种种传闻，留学生出国前很担心在外国要受歧视。

中国土地上的恶洋人

除了学校和教堂，留学生未出洋之前，在中国土地上最容易见到外国人的地方，是租界或殖民地街头。在这种场合所见的，多是水兵、警察或者趾高气扬的洋人。尤其在上海租界，外国军警毒打人力车夫甚至人民的景象，对留学生不无影响，甚至有学生身受其害。20世纪初，一个少年在香港街上第一次见到两个穿制服的英国水兵，好奇地尾随，被水兵发觉，给他屁股上一个无情而大力的飞腿。当时他愤愤不平，但不敢还以颜色，只得忍气吞声回去旅店。店伴说："香港的番鬼佬水兵绝顶凶恶无情，以后应避之则吉。踢你一脚，已是便宜你，就是踢死了，也是当作踏死了一只蚂蚁一样。"[1]

十年后（1914年），一个清华学生在上海准备去美国，在马路上因为阻碍了洋人坐的黄包车，被洋人一拳打在胸膛上。他也愤愤不平，但亦只能忍气吞声，回到青年会寝室大哭一场，想"一个中国人在中国地方，尚且受外国人的侮辱，将来我到外国地方去，一定要受到更大的侮辱"，于是哭得更加伤心。[2] 种种见闻加身受，自然让留学生对今后在外国将受歧视深感忧虑。

日本由于政治的原因，歧视中国人的情况比较普遍和严重，而且成为留日学生反日情绪的底蕴。至于在欧美有没有歧视，各人讲法不同。

---

[1] 程天固《程天固回忆录》，页15。
[2] 陈鹤琴《我的半生》，香港：山边社，1990年，页88—89。陈鹤琴，中国著名儿童教育家、儿童心理学家。

国外有没有歧视？

入境关和检疫关

入国先要过关。在中国形象低落、白种人凌虐的时代，中国人入境排在后面，被问许多问题，[1]虽然无奈，还未至于难堪。

中国学生最担心的是入境受刁难。在欧洲，入境检查不成什么大问题，哪怕是勤工俭学的穷学生，入法国国境也很容易。去美国的话就紧张多了，美国由欢迎华工到歧视华工，在1882年通过排华法案，专为取缔和禁止中国人入境，因此传闻美国对华人入境限制很严，手续麻烦。私费学生常担心过不了美国移民局的关，因为他们坐船常住三等舱，易被移民官员视为华工而受留难。另一方面，无论公费私费，留学生都要保证没有患传染病。

一旦受到移民局怀疑，所得待遇是关在木屋里，等候发落。当年美国移民局有关检查拘留者的木屋，设在旧金山金门湾名叫天使岛的小岛上。1910年到1941年，一共有17万中国人曾被关在这里。

1907年冬天，一个上进的学徒以私费生的身份去美国，见到三等舱乘客200多人里，有四五十人被拨入木屋拘留问话。由于新加坡中国领事馆发给他的护照无效，他也被拘留在木屋内四日，幸好他有教会和学校证书，证明是学生，才准登岸。他见到木屋内的中国人，因入口纸手续未妥而被拘留，并且受到种种苛待，只能感叹国势衰弱，受人欺负，夫复何言！不过这个在新加坡做过学徒的青年，想起从前的情景，更感叹美国虽然苛待华人，但较英国人管治的新加坡，已胜百倍。当年他坐英国人的船到新加坡时，乘客大半是猪仔客——和招工者订了合同做苦工，还有一些被带去做妓女的少女，最小的只有五六岁。为防止疫症传染，上岸前，要将所有衣服拿去用硫磺熏。而且不论男女老幼，人人都要脱光衣服，在舱面上排队，

---

1 曾宝荪1910年代末经过美国，入境时受许多询问，虽有一切证件，还是将她压到最后，才放出海关，《曾宝荪回忆录》，页65。巴金1920年代入境法国，验护照时洋人先行，见《巴金自叙》，北京：团结出版社，1996年，页86。杨生茂则称1940年代受社会歧视仍很重，入境检查，中国人排在行列之尾，见《世纪学人自述》第5卷，页332。

由英人用棍拨阴部,认为没有疾病的方可上岸。[1]

为免被当作华工、惹麻烦和受辱,去美国的留学生尽量留意做三件事:[2]

一是坐头等舱。头等和三等费用差三倍以上,公费留学生比较容易住得起。

有的公费生住二等舱,也担心入境时遭留难,不过最后总算轻松上岸。[3]连二等的钱都没舍得花、住在三等舱的私费留学生,上岸时难免心情忐忑,战战兢兢,幸而结果往往是圆满的:

> 船到旧金山时,他们要我在三等舱等,不久我被招呼到甲板上的房间中去。移民局官员问了一连串问题,说得很快,一时听不懂。我很着急吃惊,因为是不是通过移民官员的盘问,是留学成败的关键。我谨慎地把名词和动词都放在我认为最适当的位置,然后对移民局官员说:如果阁下说得慢一点,我就能够懂。移民官大笑,准许上岸。[4]*

二是穿整齐西装,显示出学生模样。好些留美学生曾经在街头被误当成是日本人,当他们说是中国人,有时对方的反应是:噢!穿得那么整齐。

三是先检查有没有沙眼、钩虫病或其他传染病,尤其是沙眼。有好多年,中国的沙眼病传染得很厉害,有的学生在上海等船时跑去百货公司天台的游乐场玩,用热毛巾擦脸,就被传染到。[5]所以他们入境美国时被查得很严,有时去日本和法国也被查,哪怕坐头等舱去美国,港口医生也特别仔细检查中国学生的眼睛。[6]

为避免到了美国才验出患沙眼,留学生在中国上船之前,也有医生做检查。1909年,一个学生坐日本的船去美国,上船之前,由美国医生检验

---

1 程天固《程天固回忆录》,页15,38。
2 缪云台《缪云台回忆录》,页7。他是省公费学生,1913年坐头等舱去美国,在夏威夷有领事馆派人来接,从旧金山入境没有困难。
3 凌鸿勋《七十自述》,台北:三民书局,1988年,页22。
4 蒋廷黻《蒋廷黻回忆录》,页45。
5 李金发《李金发回忆录》,页40。
6 蒋梦麟《西潮》,页90。

身体。他因为眼睛红,多次检验没通过。后来一个女西医给他药丸,他用了立即不红,女西医吩咐他在日本和美国检验时各用一片。谁料到美国前一天,他发现药丸受潮,粘成一片。结果他和七八个有眼病的日本人都不能登岸。船上警察密布,早晚都要点名,"防范之严无异监狱"。他好不容易从管事人那里打听到,日人公会会请美国医生为船上的日本人医眼病,管事人叫他到时给医生钱,说明自己是学生。他依言而行,美国医生果然给他些药,跟女医生给的一样,叫他在检验之前3小时服用。检查当天,他不听吩咐,拼命用药,终于通过。[1]

长期送学生去美国的清华学校,为了万无一失,有医生为学生治疗沙眼。一个受过治疗的学生说,出国前一年,他积极去找校医治眼疾。外籍校医认为最有效而最喜欢用的方法,是用白糖块的棱角猛擦翻开的眼皮数十次,弄得大量流血,甚痛。谁料入境时,对方并不问有没有眼疾。清华同学调侃说:"我们的游美资格,是以流血牺牲换得的。"[2]

在这三点之外,如果做到第四点:有美国人陪同入境,也很有利。在美国老师周旋之下,曾经有丢了护照的学生也踏上新大陆的土地。

住的歧视

入了境,面对的第二个问题是租房子。在日本这不是一个问题。在欧美,住学校宿舍没有问题,但是到外面租房子,面对普罗大众,便有不少人遇到困难。[3]美国无论东海岸或西海岸,中国学生往往吃闭门羹,房东有时写明不租给中国人,或者说房子已经租了。有时先用电话联系过有空房,到时房东见是黄种人,竟说刚刚已经租出。[4]

---

[1] 穆湘玥《藕初五十自述》,载《李平书七十自叙 藕初五十自述 王晓籁述录》,页113。
[2] 吴宓《吴宓自编年谱》,北京:三联书店,1995年,页155,162—163。
[3] 留德的季羡林说德国易,老舍小说里则说英国难,见《留德回忆录》,页37。1930年代童第周在比利时遇到租房困难,见《童第周:追求生命真相》,北京:解放军出版社,2002年,页14。
[4] 冯友兰读哥伦比亚大学时的经历,见《三松堂自序》,北京:三联书店,1984年,页54。沈有乾1939年任哈佛讲师时的经历,见《怀念六位美国业师》,载《传记文学》49卷1期,页110。杨生茂1940年代在加州读伯克利时的经历,见《世纪学人自述》第5卷,页332。许靖华《孤独与追寻——我的青少年时代》,北京:三联书店,2003年,页191。

有时房东不嫌，但要考虑其他住客的意见。同是1923年，一个中国学生见房子挂着"有屋出租"，于是叩门。房东是一对老医生夫妇，夫人因为以前没有租过房间给中国人，便客气地请他稍候，进屋去征得美国房客同意后，才租给他。¹另一个学生的房东是法国移民，他搬入去时，有一个白人立即搬出。那房东并不后悔，反而安慰他，说这是美国人的愚笨。²

这种歧视还延伸到船上。从加拿大去中国的船上，两个女青年会的美国女子嫌同舱的中国女子晕船呕吐，一定要她搬出去。三人闹到船长处。船长认为中国女子有船票，不能随意要她搬，而且晕船的不止她一个人。美国女子竟然说不能与有色人同住。其他中国学生只好劝中国女子让步，搬去与女侍应同住。³

由于租房困难，所以一旦租到房子，留学生往往代代相传地租用。有些地方华侨多，彼此之间会出手帮忙，譬如美国西海岸租房难，于是华侨捐钱在斯坦福大学和加州大学各买下一间住宅作中国学生会会所及宿舍。⁴

交　往

美　国

美国是个东西跨越四个时区、面积900多万平方公里的国家，从都会到乡村，再到以大学为主的大学城，生活形态千差万别。留学生散布美国，遭遇自然各不一样。总的来说，一个留学生的讲法比较近于平均值：黄种人偶然会被轻视，但尚不至于歧视。绝大多数中部人士不歧视亚洲学生，且往往善意结交或照拂。有些居民时常约中国学生到家里吃晚餐或吃茶点。餐厅旅馆则随意光顾。⁵

1　孙瑜《大路之歌》，台北：远流出版公司，1990年，页71。
2　沈有乾《怀念六位美国业师》，载《传记文学》49卷1期，页110。
3　曾宝荪《曾宝荪回忆录》，页65。
4　潘大逵《风雨九十年》，页63。沈有乾《怀念六位美国业师》，载《传记文学》49卷1期，页110。
5　萧公权《问学谏往录》，页72。孙瑜认识了做建筑工人的德国移民，拜访他的农村亲友。当地人第一次看见中国大学生，以前认为在美国的中国人都是开杂碎饭馆和洗衣店的。孙瑜《大路之歌》，页72。

在大学里，学生普遍感到老师没有歧视。但是进入更深的社会层面，情况就复杂暧昧了。

不少美国白人同学，在课堂上可与有色人种打交道，可以杂坐交谈，但在大街上相遇，就都装作不认识，特别是女同学，哪怕曾经受她父母所邀，和其他有色人种学生在年节时去她家里作客，但到了街上，也装作不认识。在西海岸，可能华工较多，这种情况尤其明显。据说斯坦福大学和加州大学都是民族偏见较深的高等学府，留学生前辈讲到美国一些风俗人情，说是自己应该知趣，行止都得放尊重些，如果不是白人女同学主动打招呼，就不用自己去找钉子碰。在美国东部和中部，情况较好些，但还是不能免。[1]

有些场合，即便不自招也难免受辱。科罗拉多大学举行毕业礼时，照例是毕业生一男一女地排成一双一双的纵队，走向讲台领取毕业文凭。有一年有六个中国男学生毕业，美国女生没有一个愿意和他们成双作对地排在一起。结果学校苦心安排他们自行排成三对走在行列最前端。毕业生说，"我们心里的滋味当然不好受。"[2]

甚至留学生出了校园做研究，也有不便。心理系学生要研究差别心理学，美国教授建议他专门致力于实验室内的问题，因为黄种人受歧视之故，不便外出接洽实验。[3]

有形无形的歧视，哪怕出动法律，也不能彻底改变。有个学生进入一家理发馆，半天都没有人理，而且理发师说明不伺候中国人。他愤而到法院告了一状，而且获胜。理发师道歉之余，诚恳地请他以后如要理发，千万不要到店里来，可以通知一声让他上门做，以免白人不再光顾他的理发店。[4]

对歧视的防卫反应

由于听过许多歧视的传闻，有些初到美国的学生以为美人都鄙视华人，

---

1 潘大逵《风雨九十年》，页28。孙瑜《大路之歌》，页71。
2 梁实秋《谈闻一多》，台北：传记文学出版社，1967年，页48。
3 沈有乾《怀念六位美国业师》，载《传记文学》49卷1期，页109。
4 梁实秋《谈闻一多》，页47，记清华留美学生陈长桐之事。

所以一切行为以"你们勿小看中国人"为前提,或者在课堂中以"不鸣则已,一鸣惊人"为目标[1];或者遇事时据理力争。[2]

有人为了在歧视黄种人的社会里站住脚,就用西方上层社会的行为举止来要求自己,熟习各种餐桌、社交、服饰礼仪,以免被视为没有教养。在加拿大,他们就以英国绅士的举止为准,白衬衫洗熨一新,白领子尤其雪白笔挺。[3]这和印度圣雄甘地曾拼命学习吃西餐的礼节,浆洗衣服达到毫无皱褶的地步,以符合西方文明人的标准,简直如出一辙。

让我抄录一个小故事,以此来体会既自卑又自尊的中国留学生,抱着林妹妹似的心情,在美国这个大观园里怎样咬牙苦练。在美国主修体育、回国成为体育教育先锋的郝更生,出身于江苏一个富庶的小康之家,营养不比别人差,户外活动也不比其他孩子少,家人不抽鸦片,但是,20岁时依然矮小瘦弱,体力比美国同学差很多。他因为花光了钱,想凭劳力来换取生活所需,遭受了一次又一次的打击。

当时许多工厂每周四求职者登记,以便在周末分配临时工作。每逢周四登记处门外都大排长龙,其中不乏富家子弟。郝更生也去排队,于是发生了别的中国人看来丢脸的事:每一次他都被身材魁梧的工头从行列中拉出来,那人俯视着对他说:"你,太矮、太瘦、体力不够,我们用不着你这种小矮个子!"

头一次,美国同学爆出哄笑,郝更生默默地低头走开。下周四他又去排队,再被工头拉出来,美国同学的笑声比较少了,有人露出讶异的表情。第三、第四、第五次他不屈不挠,屡次被拉出来,屡次再排进去,同时仍然默默地不作抗议和解释。渐渐地,美国工头不再那么倨傲,峻然拒绝变成婉言相劝,美国同学更由哄笑、讪笑、冷嘲热讽,化为讶异、惊诧、同

---

[1] 沈有乾《怀念六位美国业师》,载《传记文学》49卷1期,页112。
[2] 李济认为哈佛大学虽然是最高学府,但执行小事时,仍有歧视外国人的偏见。不过如果据理力争,他们还是尊重法律的。所以他跟美国人打交道,哪怕小事,如果己方有理,就争辩到底。有一次他划船,与一个新生撞了,新生的船破了一块。管船人说对方是新生,要他也赔一半。他觉得不公平,力争到学校当局,获胜,但再不去划船了,见《感旧录》,台北:传记文学出版社,1985年,页41—42。
[3] 李瑞骅《八十忆语》,济南:山东画报社,2006年,页66—68。

情与——尊敬。而中国同学就觉得他太差劲了,一次次被人撵出来。

> 他们哪里知道,当我排队再排队、拉开又拉开的时候,我的眼眶里何尝不滚动着眼泪?胸腔中何尝不泛滥着辛酸?但是我要证明,坚忍不拔的意志力量,可以和壮健体魄同样的引起人们的重视与尊敬。

最后,招工的职员给了他一份好差使——到图书馆做管理员。同学纷纷祝贺,因为大家都知道这是坚忍换来的结果。[1]

法 国

法国社会风气比较平等开放,与我们今天认为法国人高傲相反,留学生普遍觉得法国人友善和气。

> 他们对外国人无种族歧视,很富于人情味。有些留法同学缴不出房租,房东老太太非但不迫迁,还接济他们的零用。[2]

在法国的小城镇尤其感到自在。

> 在玛伦河畔的小古城,没有巴黎人对中国人的那种白眼。校长一家、看门人夫妇、书店店员、花店姑娘都表现友好态度。[3]

留学生混在法国中学生中学习法文,也没有受人耻笑:

> 法国中学青年很可爱,和气友善,爱说笑话。除偶然问及中国男人是否还蓄辫子,和女人是否仍缠小脚之外,他们从不发言侮辱。……一般教员知识程度高,对不远千里而来的青年学生前来吸收法国文化,

---

[1] 郝更生《郝更生回忆录》,页15—16。
[2] 吴俊升《教育生涯一周甲》,页40。
[3] 《詹剑峰自述》,见《世纪学人自述》第2卷,页201。

表示无上光荣,因之予以无限的同情和欢迎。[1]

学艺术的学生在法国的艺术圈子里也比较快乐。徐悲鸿、常书鸿都没有为歧视而苦恼。拿着3万元去法国的富家子赵无极,出国时对法语和法国文化一点不懂,身为长子,本来只想去两三年,后来不再想回中国。在法国结识的朋友帮他在法国扎根。在法国第二年,他的画已获得现代艺术博物馆的馆长推介:

> 对于我们这些1949年的法国人来说,看到这些年轻的外国艺术家涌向巴黎,像涌向当代艺术的首都,更确切地说是实验室和圣殿,没有比这令人欣慰甚至激动的了,而更美妙的是,他们受法国影响之余,仍然保留自我,甚至更加成为其祖国文化的继承者。法国的教育和榜样不但未使他们窒息,反而使他们蓬勃发展。一个世纪以来,成千上万的艺术家都有如此的经历,赵无极也不例外。[2]

法国人在1949年热心推介在法国的中国艺术青年,或许有政治的原因,但是法国人对艺术的包容和赏识也不宜抹杀。

弱国之民虽然受到知识分子和小城淳朴人民的善待,但是偶然还是会遇到官员和工人、小市民的势利眼。

> 法国政府和所属的机构,对于外国人尤其弱国的侨民,不免时露鄙夷不屑的态度,我们留法同学对他们从无好感。[3]
>
> 在街上行走时,电车月台上站立的工人有时会口出恶言,使人难受,面红耳赤,心里只怪自己的国家民族不争气。报纸上不是说军阀混战,便是说某外国对中国施压,给人家看不起。[4]

---

1 袁道丰《重游巴黎 抚今追昔》(二),载《传记文学》23卷2期,页83。
2 赵无极《赵无极自传》,页49。
3 吴俊升《教育生涯一周甲》,页41。
4 袁道丰《重游巴黎 抚今追昔》(二),页83。

看管艺术品的罗浮宫管理员也挖苦正在看断臂维纳斯的艺术学生吴冠中,"在你们国家没有这些珍宝吧!"比较内向敏感的吴冠中立即反击:

> "这是希腊的,是被强盗抢走的,你没有到过中国,你去吉美博物馆看看被强盗抢来的中国珍宝吧。"这次,我的法语讲得意外地流利。[1]

形象与尊严

几乎同期到法国的吴冠中和赵无极,后来各自都成了名画家,一个说在巴黎经常遭到歧视,一个说在法国丝毫没有先前所担心的那样受到种族歧视,这悬殊之论,恐怕跟家庭背景、当日际遇、个性倾向都有关系。

个人遭遇可以一笑置之,但是社会舆论和文艺把中国人刻画得形象恶俗,却很难视而不见。这些形象在公众之间传播,加深了外国大众的偏见。"士可杀,不可辱"是中国读书人的气节,留学生不免为了这些恶俗形象而伤心。

1923年山东土匪绑架了20多个洋人,西方舆论激昂,主张列强共管中国铁路,其中法国主张最力。巴黎各大报一律以头版登载,大字标题称中国是土匪世界。旅法学生和华工都大受刺激,甚至不愿出门去餐馆吃午饭。因为法国人习惯一面看报,一面吃午餐,而读到这新闻,必定注视黄面孔座客一下,令中国人感到羞辱,食不下咽。[2]

一些美国电影里,中国人成了被歪曲丑化的对象和阴险愚蠢的象征,读电影专业的学生说这是中国学生最感难受的事。[3]

为了改善印象,留学生做了不少亲善工作和推动中国人形象的工程,包括平日谨言慎行,令美国人知道中国学生是有教养的。他们不但要令知识分子有好感,也要令淳朴但容易狭隘的农民、与华工易有利益冲突的工人认识中国人的其他形象。[4]

---

[1] 吴冠中《我负丹青——吴冠中自传》,北京:人民文学出版社,2004年,页13。
[2] 李璜《学钝室回忆录》,页93。沈沛霖《我的留法勤工俭学经历》(下),见《档案与史学》2004年5期,页37。
[3] 孙瑜《大路之歌》,页70。
[4] 萧公权《问学谏往录》,页54。孙瑜《大路之歌》,页72。

另外，做好学生最大的本分，就是争取好成绩。中国学生经常不辱使命。可是在成绩高居榜首的学生里，有天才的极敏感心灵，对维护中国形象毫不妥协。

早慧的新月派诗人朱湘（子沅），读清华时已经文名甚盛。清华同班同学、诗人之子柳无忌盛称他是个天才青年诗人，极聪明，对功课不大用功，但成绩甚好，颇为美国师长所器重。他大部分时间花在翻译诗作上，几个月内译了四首英国19世纪有名的长篇叙事诗。"最使我钦佩的，是他译诗的方法。他读书与翻译时从不用字典。真的，他去美国读书时连一本字典都没有带去；遇有疑难的地方，他才借我的字典来应用，但是这些次数并不多。他翻译并不打草稿，……他的诗稿上很少有涂抹的地方。"

有一次，纽约戏剧协会演员来大学演"银索"一剧，"当我们把原剧先读过一下的时候，子沅看了剧里有讥讽华人吸食鸦片的几句，他就愤恨着把一元半买来的票子撕去了。再有一次，在法文班上子沅读都德（按：Daudet，法国著名小说家）的游记，遇到了一段侮辱华人的文章，他气愤得连课也不去上。后来法文的教授也觉得不好意思，还亲自到我们家里来道歉，说这不过是书中不经意的一段罢了。到底子沅没有再去读法文，他放弃了半年后就可得到的文凭和学位，一个人带上了轻轻的几件行装，就冒雪到芝加哥去了。"[1] 朱湘回国后，孤傲的心又加患病，不足30岁就投江而死。

再开放的国家，都免不了有势利的人；再包容的文化，都避免不了天才心灵的挫伤。国势弱则受轻视的阴影挥之不去，既不能掩耳盗铃，中国学生唯有反求诸己。"九一八"沈阳事变掀起日本全面入侵中国的序幕，这时连无政府主义者都说："人为刀俎，我为鱼肉，在民族存亡的关键时刻，必须为中华民族打出一个平等的地位。"[2]

---

1 柳无忌《我所认识的子沅》，载《柳无忌散文选——古稀话旧》，北京：中国友谊出版公司，1984年，页53—54。
2 《詹剑峰自述》，见《世纪学人自述》第2卷，页205。

歧视总论

说了那么多,到底有没有歧视呢?胡适在美国没有遇到过歧视,而他的小友和学生唐德刚却调侃胡适活在美国上层社会,所以没有接触而已。这两个都在美国留学生活的人,谁说得对呢?

人类学家和历史学家看歧视

考古学、人类学教授李济,以自身清华留美学生的经历,加上人类学的角度,谈过歧视这个问题:

> (美国)在自由与民主思想的发展上,也发生很多挫折,这些挫折可说都是由种族问题带来的。在哈佛当外国学生,固然很少直接接触这些大问题,而且种族问题表面上也没有什么严重的实际问题发生,不过学校里偶尔也有令人关怀的事件。如一年级学生宿舍,黑人可不可以住进去,就是个大问题。中国学生所受的待遇要看各人的行为而有差别,因为个人行动往往因志趣而有差别,每个人除读书,还会参与活动,各种活动接触方面各有不同,在美国做学生或长期住的中国人及许多东方人,若与美国人接触,很快发现不能超越一种范围。这点很容易在戏院和一般娱乐场所看出来,若到美国南部旅行,这种范围更清楚。这类事是每个亚洲来的学生都感觉到的,不过各人敏感程度不同,有的人感觉很快很尖锐很深,有些人可以马马虎虎过去。……学人类学的人对种族问题有比较多一点深一点的了解,所了解的又不限于现实一面,又涉及很远的过去未来。[1]

既然涉及很远的过去,两个历史学家陈寅恪、何炳棣又怎么看呢?在清华和西南联大读书,然后考公费出国的何炳棣,有很多师长是留学生。他的老师辈"每有忆及留美期间曾遭种族歧视"。他二战后在印度等船去美国时,刚巧陈寅恪亦在印度等待赴英,有一天陈寅恪突然有所感触,说欧

---

1 李济《感旧录》,页43—44。

洲人看不起中国人还只是放在心里，美国人最可恶，看不起中国人往往表露于颜色。何炳棣说这促使他长期观察留意美国歧视华人的问题。而他自己在"纽约两年多的学生生活中最愉快的回忆之一是我从来未受到种族歧视，反不时受到相关方面的优待"，包括美国上层社会富而不骄不露的终日接待。因此他认为种族歧视不可一概而论，时代、国际情势、个人行为及机遇都有关系。[1]

在中国比在外国复杂

中国地大，人多。出洋的人由苦力到学者；由地位卑微而心志向上，到教养文明而趋求欢呼声。各色人等，各有际遇，何况还有歧视不必发生在己身而感同身受的人，或者看见同胞的粗俗行径而望求摆脱桎梏的人。这么大而立体的中国人性矩阵，遇上一个更大的欧、美、日社会矩阵，得出的面目自然是变化万千的。

不过有一点大可概言，在中国本土所遇到的外国人，平均来说，比在外国见到的坏。

留美教授的妻子在1923年写给美国朋友的信里说："我们看到一个外国人猛力掴一个苦力，苦力用手抚摸他受伤的脸静静地溜走了。在中国的西洋人对中国人的虐待是在美国闻所未闻的。上礼拜我们被邀去吃晚饭，那菜肴的丰盛讲究，在美国只有大富豪才能请得起。光是葡萄酒就有五种，可见在此的外国人及高级华人生活不简单。"[2]

前文那个在上海租界被洋人当胸打了一拳的清华学生，后来在美国五年，去过十多个州，"不要说没有一个美国人敢来打我一拳，就是连一根头发也没有人敢来动一动呢！但是那次侮辱给我一个很大的教训。从前我想外国人都是好的。"这印象来自学校里的外国老师，现在遇上这样凶暴的外国人，"使我深深地认识了，外国人并不个个都是好的！"[3]

瞎子摸象的结论不是结论，但瞎子只能努力摸象，努力瞎说，以求得

---

[1] 何炳棣《读史阅世六十年》，页209，214—219。
[2] 陈毓贤《洪业传》，页112—113。洪业之妻1923年写给克劳弗德家的信。
[3] 陈鹤琴《我的半生》，页89。

一点了解。这篇文章也就是瞎说的一种吧。何况那个年代,再少说都是半个世纪前了,我们离它越来越远,歧视不歧视似乎已是过眼烟云。不过,在这个大讲文明冲突论的所谓全球化时代,我们也得明白今天是怎么过来的,而前辈对当时世局的反应和选择,并不是无的放矢。

留学国的第一印象：以日、美为例

不少留学生既然以学别人之长以改进中国为目的，对留学国的兴趣及钻研，自会影响到学习的动力和成就。留学生追求现代化，努力学东洋、学西洋，但他们初次踏足日本和美国时，对这两大主要学习对象的第一印象，却颇为不同。

对日本的印象：东洋先进吗？

留日学生对日本的第一印象，与那些船经日本时上岸观光的留美学生相似：日本俭朴、清洁、教育普及；对日本的建设，以交通便利印象最深，城市建筑则觉得平平无奇，甚至不及他们初抵上海所见的那么新鲜。

留美学生匆匆一览，对日本的印象以正面居多，与留日学生的心情，并不一样。留日学生欣赏日本的社会建设，但是从硬件看，并不觉得日本了不起。几乎没有学生在踏足日本时，为日本建设的先进而感动的，总觉得看旧的东西，气派比不上中国；看新的建设，又比不上租界先进。

城市印象

留日学生大多坐船在长崎、门司、神户或横滨等港口登岸，再转火车。山清水秀的海港，足以吸引爱自然的学生。来自江南的人，对西南通商口岸长崎的印象是"小岛纵横，山清水碧"，船再行到濑户内海，又觉得"日本艺术清淡多趣，日本民族刻苦耐劳，从这一路上风景，以及四周海上的果园垦植地看来，也大致可以明白"。门司港对一个东北的学生来说，"在家乡还是冬景肃杀时，这里却山清水秀，我想日本真挺漂亮。"[1]

---

[1] 郁达夫《郁达夫自传》，载《郁达夫日记集》，页406。《早年留日者谈日本·萧向前》，页119。萧向前是从事中日关系的中共官员。

可是对更多学生来说，登岸一看，首先映入眼帘的，是地狭人稠的景象，进入耳朵的，是一叠连响的木屐声。[1] 在20世纪初，日本已经连胜中国和俄国，留日学生抱着学习开眼界的心情来取经，第一印象却是小，无论登岸的是什么港口，要去的是什么目的地；无论是20世纪初或三四十年代，都有这种小的感觉：一方面城市建筑并不宏伟，房屋仍多是木造的。另一方面国土小，从神户一上火车，就感到日本的狭窄。"我们中国的火车在平原上，一望无际；在日本则一边是海，一边是山。"[2]

有些学生从审美的角度，欣赏"日本的木房子也感到似古代中国，挺清爽的"。[3]

有些学生则从取经学习的角度，看到日本市容似中国而小，就迷惑起来："在长崎的街道上不觉得到了外国，也不像要受他们教育的感觉，总像到了一个游玩的地方。他们过日子好像在做戏给我们看好玩样子的，像在西洋景里似的。房子小，像玩意儿。很失望地心里想，这就是我要来学医的地方吗？每天问自己好几遍。"[4]

从横滨去首都东京的火车上，所见也不比九州岛的长崎更宏伟。1912年一个去过香港的广东学生说，"车外，大部分是用铅皮盖屋顶的小房屋，再过一会，便是东一所西一所的高低不一的木造房子。火车似乎是在乡间驰走了。……风景十分幽雅。但是看不出一点伟大的东西来。自明治维新以来，近五十年了，他们的建设，只是如是如是么？我在那时候，总存着一种偏见，即是觉得日本的人物及事业尽都是小小巧巧的，虽然精致，但值不得我的崇拜。'我是从有长江大河的大中华来的人物啊。'"[5]

---

1 《早年留日者谈日本·陈辛仁》，页87。陈辛仁是广东普宁人，左翼作家。凌鸿勋《七十自述》，页21。凌鸿勋，江苏常熟人，中国土木工程专家、教育家、铁路史研究专家。
2 《早年留日者谈日本·赵安博》，页37。赵安博毕业于东京帝国大学，回国后一直工作在对日外交第一线，曾出任毛主席的日语翻译。
3 《早年留日者谈日本·丘成》，页93。
4 杨步伟《一个女人的自传》。
5 张资平《资平自传》，页64。

十年后，军阀唐继尧的儿子去日本留学。他已到过河内和香港，除了香港的电车令他感到新奇，这两个城市给他的印象都不好，"在我的想象中，日本一定非常美丽。"可是这期盼落了空，第一个港口"门司市看来非常陈旧，尤其在晨雾与煤烟笼罩下，看来比不上香港多了。及至上了岸，清晰地看看市容时，只见房屋低矮，马路泥泞窄狭，使我幻想中的日本破灭"。第二个港口神户的风景，也和门司差不了多少。[1]

再过十年之后，日本仍然是这副模样。1934年，一个从上海去的学生说："上海当时是殖民地，我们中学在租界里，洋楼电车司空见惯了，到长崎一看，两层小木头房子，日本人穿的和服也差，木屐的声音响成一片，没有感到什么了不起的现代化。上岸到饭店吃饭，第一个受不了的，是下女跪在旁边，给你盛饭。我们做学生自己惯了，也不好说，这个印象很深。我觉得日本没有什么了不起，街也破旧。"[2]

另一个从上海去的学生，已经住在日本一段时间，有同学来自旧藩侯家，带他去参观藩侯的宅院，见到"院子是大，但要比中国的还是太小"。等深入到农村，他甚至产生了贫困的感觉。"跟食堂老板的亲戚去茨城，沿路房子多是草顶的，屋里东西很少，很穷困，跟中国农村差不多。"[3]

唯有从已经变成伪满洲国的东北、距沈阳300里的县城去的学生，才自认为"我们是小地方去的，表面看日本是繁荣"。[4]

不仅日本给中国留学生的第一印象吸引力不够，就连英国哲学家罗素也认为，若没有高楼大厦，欧陆的吸引力也比不上美国。

> 美国比起其他国家来说，给它的学生盖上了更明显的印记；那些从英国回来的学生被所在国同化的程度，远不及从美国回来的学生，这一点是可以肯定的。对那些想变得现代和追赶时尚的人来说，摩天

---

[1] 唐筱蕙《五十年前留学日本士官预校的回忆》（二），见《传记文学》23卷1期，页105。
[2] 《早年留日者谈日本·朱绍文》，页46。
[3] 《早年留日者谈日本·汪向荣》，页164，167。汪向荣是中日关系史研究领域的著名学者。
[4] 《早年留日者谈日本·米国均》，页101。

大楼和花花世界看起来是那样浪漫，因为这一切与自己的故乡是如此不同。比起中国的旧传统来说，保守的欧洲人所珍视的古老传统只不过是新长出来的蘑菇，无法吸引中国人。[1*]

他的讲法是有道理的。富家子杨宪益1930年代经美国去英国留学，虽然印第安人的际遇令他对美国的理想印象改观，但纽约的摩天楼还是令他印象深刻，当他去到伦敦，第一印象却是破败落魄之感。[2]

日本之强

抱着日本是强国，维新成功、要向它学习的心情到来，留学生不免会问：为什么会是这样的？日本是贫穷吗？无能吗？还是落后呢？

住下而深入日本生活的学生，很久之后才明白日本的变革图强体现在精深的地方。日本自明治以来超过大半个世纪，国民仍旧过着勤俭的生活。日本的成功恰恰体现在这种卧薪尝胆式的刻苦里。

觉得门司和神户破旧、曾感到对日本的幻想破灭的军阀唐继尧之子，领悟到"日本的一切作风都很实际，陆军省的被服厂竟是如此简陋，比较我们中国的机关，来不来先盖起漂亮的房子，内容如何一概不管，专事表面装饰的虚浮作风来，实在是大不相同，这也许即是日本比我们强的原因所在吧"！[3]

一个不讲浮夸、刻苦奋斗的民族本来很值得习染虚浮的中国人尊敬和学习。可惜日本的失败也植根在军国主义下，国民仍然刻苦服从、不加反抗的思想状态里。

在20世纪最初的十年里，一个由妓院逃出、跟丈夫去了日本学习、后来做大生意的女强人说，这是个有强烈的民族自尊感的民族。"有些人受了军国主义的教育，脑子里充满了蔑视和侵略中国的思想，说我们是亡国奴。事实上，他们自己也是处在被压迫的地位，而不自知。我在那里的时候，

---

1 ［英］罗素《中国问题》，页174。
2 杨宪益《漏船载酒忆当年》，页29，34。
3 唐筱蕡《五十年前留学日本士官预校的回忆》（二），见《传记文学》23卷1期，页103。

适逢日本明治维新的建设时期。日本人民非常爱国，为了国家的富强，全民吃苦耐劳，勤奋地工作，更愿忍受生活上的一切苦难。食住……都极其简朴节省，从不叫苦。一般老百姓四季衣履，一两个包袱而已。室内家具非常简单，席地坐卧，……吃的东西很简省，……肉类极少见吃，饭毕还用开水涮碗喝下，一颗饭粒都不浪费，常年如此。老百姓的菜殽，简直说不上有油脂。"[1]

美国印象

比起日本，较早期去美国的留学生，兴奋感很不一样。

美国给他们的新鲜感，一方面来自全然不同的文化和人种，另一方面是城市的面目。

只身到美国的私费留学生，哪怕不像清华学生般早已安排妥当，也不像留日学生那样有老留学生照顾，他们的兴奋感还是盖过了孤单和不安。

> 我在美国的头一个星期……睁大着眼睛到处逛，对看到的事物常常感到惊奇，印象深刻，一切都使我兴奋。[2]

刚刚才被美国移民局从拘囚的木屋里放出来的青年，也丢开了被囚的耻辱：

> 我遂左手抱住我的棉被，右手挽住旧皮包，昂昂然乘车向西雅图市中心进发了。当时系冬天，满街大雪，寒气刺骨，此是我一生初次见雪景的经验；本来受惯南洋热带气候的人，碰着这种寒冷的气候是不容易抵受的，但我当时总不觉得如何寒冷，心里反觉得十分兴奋。城内五光十色，街上来往白人川流不息，此又是初次见到许多白人之

---

[1] 董竹君《我的一个世纪》，北京：三联书店，1997年，页69—70。董竹君是中国女权运动的先驱、上海锦江饭店的创始人。

[2] 何廉《何廉回忆录》，页23。

经验。市上贩报小童随街叫卖，尤感奇特。我在城中心徘徊了数小时，总觉兴趣丛生。时将入夜，我始计及当夜寄宿的问题。[1]

美国人的友善随和，也增加了他们的好感。

> 我不知道下一步应该怎么办，我该去什么地方。我坐在行李上，自言自语地说：用不着急，反正已经到美国啦！此一想法予我极大的安慰和鼓励。尤有进者，当天正是一个晴朗的星期天。往来码头的人似乎都很友善。[2]

于是他们抱着探索的心情东试西探：被人带去坐电车，就想"我对电车并不害怕，因为我已在上海见过"；又鼓起勇气试乘电梯，"我被领到一个外面看起来好像铁笼子的东西。我并未害怕，因为我看见还有其他的人被装在里面"，但翌晨下楼时，却不想冒不必要的危险去乘电梯，于是从楼梯下。[3]

至于在清华读书八年的学生，早已听过美国许多事物，印象中的美国是：

> 听美国教师说，300年前美国是一片荒凉大陆，……英国新教徒、法国新教徒，就一批一批地逃到新大陆辟草莱，披荆棘，建立新城市，吸收自由空气。……（脱离英国、解放黑奴后）什么开矿筑路、立学校、建工厂、辟市场，一切应兴事业，都是蓬蓬勃勃，如雨后春笋……
>
> 听说人民生活程度是很高的。普通工人每天总有三四块钱的工资，吃的大餐，穿的西装，住的洋房，比我们中国有钱的人，着实舒服得多呢！
>
> 又听说人民的知识程度也是很高的，差不多没有一个人不读书，

---

1 程天固《程天固回忆录》，页39。
2 蒋廷黻《蒋廷黻回忆录》，页46。
3 蒋廷黻《蒋廷黻回忆录》，页46。

不识字的。……

又听说世界上最大、最高、最多的东西都在美国。……交通最便利，铁路最多，公路最长，恐怕也要算美国了。

听说要发财到美国去，要读书也到美国去，要看奇闻壮观，到美国去，要吸自由空气，也到美国去。那时我一听见这样的一个新兴的自由国家，不觉神驰心往了。所以那年毕业清华预备上美国的时候，我心中的快乐，真是非笔墨所能形容呢！[1]

这个学生踏足美国，由华侨接待参观旧金山，没有留下什么印象，但坐火车路过盐湖城，下车去观光，还是受到新房子、新道路的吸引：

这个城好似人间天堂，看起来是新建设的，什么东西都是新的，房屋又新又高，道路又阔又长，有自来水，有电灯，有大学，有教堂。一切近代设备应有尽有。[2]

这种新鲜感不是一时的，20世纪初到埠的学生反应固然强烈一些，但部分20世纪中期来到美国的学生也有这种感觉。

1948年抗战后赴美的学生，在旧金山登岸，觉得"街道整洁而有序，楼宇高大宏伟，很富有现代感。我马上就感受到了旧中国与这个新天地的差别。我自言自语道：'在这片新国土上，我期盼着享受新的生活。'"[3]

对中国留学生而言，这一个月的海程，去了一个全新的世界，有如发现新大陆：

船终于在美国旧金山靠岸了，不到一个月的时间，我觉得我不仅跨过了一个太平洋，而且跨越了整整一个历史时代——从一个等级森

---

[1] 陈鹤琴《我的半生》，页83—84。
[2] 陈鹤琴《我的半生》，页94。
[3] 邵品铡《回忆在中美》，上海：上海交通大学出版社，2005年，页93。邵品铡1948年赴美，是第一个竞选美国联邦参议院的华人。

严、思想禁锢、毫无民主自由可言的半封建半殖民地社会，进入了一个注重科学、讲究民主自由、平等博爱的资本主义国家。历史，在我的面前揭开了崭新的一页。[1]

---

[1] 陈翰笙《四个时代的我》，页17。

第四章

大潮第一波:留学东洋

再三兴起的留日潮

大潮之兴

近代的留学称得上潮的,是从甲午之战败后开始。中国败于日本,令国人认为透过日本学习西学,可以更快学得建设国家的方法。方法有两种,一是请日本人来教,一是派人去学,中国当时是双管齐下的。在南方主政的名臣如张之洞、刘坤一等极力鼓励自费留学,不限资格,以节省官费开支。

自1896年起,中国人陆续到日本留学。由于路程近,生活费用也便宜,又误以为日本用汉字,语言关容易过,留日大军摩肩接踵,从20世纪初到抗日战争全面爆发之间,共有三次留日高潮。

较大规模的欧美留学潮,如持续十多年的清华学生留美以及大盛两三年的留法勤工俭学运动,学生人数约各在2000人以内,比起留学日本的人数动辄上万,差距颇大。尤其是留学潮刚掀起的时候,留日的人数占了绝对优势。留日潮热了近半个世纪,如果不是抗日战争,说不定还会持续下去。

三次留日高潮

留日高潮出现在1905年至1906年、1913年至1914年、1935年至1937年。[1]

甲午战败之后两年,清政府带头送官费学生去日本留学,共去13人。由于改革头绪繁多,清政府想在教育上省些力,于是鼓励自费留学,以补时艰。[2]而一些人——尤其是上海江浙一带的,见形势不对,也早想转到日本去谋学业出路,并且互相传告。

第一次高潮出现在1905年,当年清政府宣布废科举,并且举行留学生

---

1 实藤惠秀《中国人留学日本史》,页63。
2 1901年有《出洋游学赏给进士举人各项出身》的谕旨。

考试，于是大家不再观望迟疑了，都知道留学已取代了读书人最重视的科举出身，在这种形势下，"人人有侥幸之心，势如潮涌。"到日本留学的人自然多起来，1906年最高峰时，学生达7000人。[1] "说者谓科举既停，日本为我国一大贡院，非过语也。"[2]

第二次高潮在1913年，反袁世凯失败后，很多跟革命有沾连的人逃去费省路近的日本，颇有流亡的意味，其中的学龄青年就在日本留学。1937年中日战争爆发，但之前的几年却是留日的第三次高潮。

本来1930年代初，中日关系紧张，"九一八事变"、"一·二八事变"曾引起大批留学生退学回国，留日运动处于低潮。但是1933年开始，军事冲突稍缓，大家觉得大概一时还打不起来，于是留日学生又增加。1935年秋

明治后期的东京新桥　郑启明藏

---

1 实藤惠秀据文部省资料：1902年至1908年最多，1906年达到高峰，为7000人，后来人数减少，1909年仍有不下5000人，1912年减到1400人。见《中国人留学日本史》，页51。

2 张元济《议改良留学日本办法》，载《读史阅世》，页79。

季这一运动达到高潮，估计新增3000人，[1]东京"神保町下课时全是中国学生"。[2]两年之后，抗战爆发，留日学生才纷纷回国。

在国人大声疾呼、要求抗战的时候，学生不会不明白赴日要冒辍学的风险。一个1934年赴日并一直留到日本投降的学生说，他从小受的教育，也深明国耻，要为国争光，"当时的浪潮是抗日，这也是当时内心深处的时代课题。"但他仍然选择到日本，除了因为留日的老师认为中日必战，鼓励学生到日本学习，卧薪尝胆，更重要的原因是汇率有利，留日费用便宜。1930年代中国货币兑日元汇价逐渐上升，1935年时汇价最高，因此大批学生赴日。[3]

除了汇率有利之外，留日的手续也较到欧美留学简便，当时为了管理留学，政府规定必须有教育部发给的留学证书才能领取护照。但按当时的国际惯例，去邻国无需护照。因此不少留学生只拿着学校介绍信，便赴日留学。[4]

持续发酵的留学梦也起了推动作用，30年代不少青年想当留学生。不过这时的留日学生，面对两国开战的严峻的局势，没有谁声称自己在做留学梦。

再三兴起的退学潮

留日有费省路近的优势，但同时也因为路近，中国学生留日波折颇多，动辄因为政局而回国，打断学习。从留日兴起到抗战爆发，留日学生11次因为政治原因而集体回国。[5]

清末的时候，留日学界弥漫抗敌和革命的思想。1903年，为了声援中

---

1 实藤惠秀《中国人留学日本史》，页62。
2 《早年留日者谈日本·米国均》，页103。
3 《早年留日者谈日本·朱绍文》，页46。1930年代日元兑中国货币汇价，参见实藤惠秀《中国人留学日本史》，页63。该书还称大批学生留日，与中国学生要了解日本以及汇率有利有关。
4 王奇生《留学与救国——抗战时期海外学人群像》，页21—22。不少当年留学生如林林、朱绍文都有此经验。
5 汪丞《近代留学生"东洋二等"现象探析》，载《教育评论》2012年第5期，页145。

国抵御俄国，留日学生组成义勇队，天天操练，不少还回国奔走要求赴敌，称为"拒俄运动"。1906年，清廷要求日本颁布《留学生取缔规则》，学生认为是针对革命思潮，愤而大批回国。

及至民国，日本要中国签署出卖国家利益的"二十一条"，学生掀起退学回国潮作抗议。主张回国的学生还组织铁血团，说要暗杀不遵守的人。一个读医的学生说，校门前有人把守，一见中国学生就演说爱国热忱，结果一班里11个中国学生，有7人退学。可是，一个月后两国交涉结束，他们又陆续返回日本。日本学校发文凭给留下的中国学生，而退学再回来的则要留班，不许他们按例花10元补考。"学校说要爱国就要牺牲，所以使人更恨。"[1]

第一次世界大战快结束时，日本借口德国是敌对国，竟派兵到德国势力范围的山东，留日学生又一次掀起全体回国风潮。接着，1919年巴黎和会上传来列强承认日本侵占山东的既成事实，东京的留学生游行请愿，被警察拘留，于是大批慷慨激昂的学生纷纷回国。有一个学生因为这两次回国潮前后退学两次，回日被学校留级两次。于是他离开学校，也因此失去公费留学的资格。[2]

1931年的"九一八事变"最使留日学生愤慨，陆军士官学校近300个中国学生，无一人返校。[3]可是退学回国的，见到中国政府还是迁延，仗打不起来，保家卫国无从实现，只得悄悄零星回日。

每次这些让留学生热血沸腾的事件发生，掀动起退学潮，总令刚到日本的学生心生矛盾。他们既参与抗议，但又不想失学回国。一部分有活动能力的学生最终确实放弃学业，更多学生却不得不面对令人沮丧的现实，悄悄偃旗息鼓，有些只回国三数星期，又悄悄赶回日本，大抵在原来学校复课，但要留级。[4]

1　杨步伟《一个女人的自传》，页143—144。
2　龚德柏《龚德柏回忆录》，页42。
3　实藤惠秀《中国人留学日本史》，页62。
4　黄季陆《黄季陆先生怀往文集》，台北：传记文学出版社，1986年，页499。章克标《九十自述》，页42。彭迪先《我的回忆与思考》，页20。实藤惠秀《中国人留学日本史》，页62。

跟日本学西学有效吗？

留日的人数多，学生素质不免良莠不齐。当年有留日学生写成畅销的通俗小说《留东外史》，重点描述留日学生的荒唐，一时间喧腾众口，令国人对留日的成效大表怀疑。

研究留日学生的学术著作可谓汗牛充栋，焦点主要在于留日对中国早期改革的贡献，特别是推翻帝制、建立共和这一段。可是革命并不是留学的本来目的，实际上留学生在日本学什么？怎么学？回国后能不能发挥？留日是不是如张之洞或梁启超所切望那般、更快学得建国的方法？恐怕还有待更详细的探讨。

日本的转口作用

败于维新不足三十年的日本,令中国认为求助于日本的富强经验是一条出路。留学日本以更快学得建设新式国家之道,这种设想最后有没有达成呢?这么多年来,很多人描述过留日产生的大影响,例如翻译西方文化的书、办杂志、论政体、搞革命,可是描述了这种种不在学校的学习之后,却不见得回答了原来的问题。

大概因为这个问题很难回答。

日本由明治维新到打败中国,用了二十六年,如果以之为参考数字,那么自1896年中国派第一批学生留日,二十六年之后,是1922年。中国政体改变了,成为亚洲第一个共和国,但是依旧军阀混战;教育制度改变了,但是全国新式学校水平颇为参差,学潮此起彼落;国家的主权和关税还未能独立自主,因此才有"五四"和新文化运动。这年代,不要说留日,连留美留法都热闹过了。

最初的期望

中国政府希望最早去日本的留学生集中学习几个科目:教育、法政、工商业、医科,也保送部分学生去学习军事。但是中国的教育制度到1905年才改变。换句话说,发动留学作为改革之吁的头十年,中国仍以传统教育培养下一代:以古典为内容,文章为重点,科举考试为目的。因此早期赴日的学生,即使成千上万,但缺乏新式教育的基本知识框架,数理尤其不行,加上语言障碍,结果很少有人能入读大学或大专,试问如何快速学到西化经验、建设国家?

在追求现代化的路上,中国和日本实在有很多难以讲清的差异。中国在军事上受英国和法国所迫而签下最初的不平等条约,可是中国留学的目的地以美国为重;迫日本开国的是美国炮舰,可是日本的各种改革却主要学英国、法国和德国。

日本在1870年代初已经取法法国教育里中央管理、划分学区的做法，高等教育方面效法最多。日本颁布的新式学制构想将全国分为8个区，每区设一间大学，区里各设若干间中学和小学。这个宏图依样画葫芦的味道很重，日本的基础不比法国，推行时达不到目标，所以维新初期被不断修改，后来又同时吸纳德国的做法。

为中国人专设的课程

日本注意到培养中国留学生对本国有利，1900年正式颁布法规，将其纳为国策，但是自身的新式教育开展未久，没有多少空间容纳蜂拥而至的中国学生。

为了应对这种情况，日本开设了不少法政科和师范科的速成班，不少私立大学则增设中国人特别班。补习学校更如雨后春笋，教中国学生日语和普通科——也就是中学学科，以备战大专或高中入学考试。

在1906年，正当留日学生人数达到高峰，速成班和补习班大行其道之时，清政府成立了教育部门，立即推行三种管理方法，对留日有深远的影响。一是限制留学资格，要有中等以上学历，且通日语，惹得留学生大力抗议，认为是两国勾结打击革命，但是当时留日学生鱼龙混杂，这规定确实有利于提升留学生水平；另一方面，通知日本停止速成科；最后又与日本磋商，付费让五所专业和有地位的高等官学——第一高等、东京高等师范、东京高等工业、千叶医专、山口高等商业，每年增加名额收中国学生，计划十五年内每年增收165人。[1]

这5所官校的协议，为当时2000名读了普通科而想升学的官费生，增加了入学的机会，也令以后的留日学生有个发奋的目标，起到改善素质的

---

[1] 1908年起增收165个中国学生，名额分配为一高65名（但从未真的达到此数）、高工40名、师范25名、商业25名、医科10名。除学费外，中国政府为每名学生付190日元特别培养费，相当于日本学生学费的4到7倍；日本学校扩建校舍等设备的费用，由日本免息贷款给中国，见实藤惠秀《中国人留学日本史》。黄福庆《清末留日学生》，台北："中央研究院"近代史研究所，1975年。严平《近代中国留学日本大学预科研究——以"五校特约"为中心》，载《清史研究》2012年第4期，页53—62。

作用。这五所学校固然不是东京帝国大学等最高学府,但中国学生新学底子差,兼有语言障碍,因此并不容易考上。拿着官费而荒疏学业的学生,考了两所都失败,承认"日本不比中国,成绩的检查(体格在内)比较严格,我当然失败了","只拿一二本普通科表解来暗记,而不彻底地进学校补习科学,欲考上日本的官立学校,那比中彩票还要艰难。"[1]

这个安排影响长远,到二三十年代,留日学生仍在这约定五校的框架下为公费而努力读书。[2]

> 当时到日本考学校,唯一目标在公费,学科志愿不在乎,考到医就读医,工就读工,师范就读师范。[3]

订立这个五校协议时,中国各省请了300多个日本教习,已比高峰时五六百人为少。清政府教育部门的打算是:读了协议五校回来的毕业生,两年已经有300多人,可以取代高薪的日本教习,而令各省有足够的高等教师;再有四五年的毕业生回国,各省都可以有完备的中学,不必花钱去日本学普通科了。[4]

这盘算最终未能如愿,第一批学生毕业的时候,清朝已经风烛残年,最后寿终正寝,以后是军阀混战局面,有钱都拿去做了军饷,哪来充足的教育经费办好中学?

转口的新知识

纵观近40年的留日潮里,中国学生去日本学习的二手新知识,文理社

---

[1] 张资平《资平自传》,页75—76。1911年山口高等商业因为留学生同盟退学事件,退出五校特约,见王岚《战前日本的高等商业学校における中国人留学生に関する研究》,东京:学文社,2004年,页231。

[2] 特约五校的协议应在1922年届满。1920年12月教育部有《关于解除留日五校特约的通知》,准备期满后不再续约,见《中国近代教育史资料汇编·留学教育》,上海:上海教育出版社,页360。

[3] 钱歌川《苦瓜散人自传》,页16—17。

[4] 黄福庆《清末留日学生》,页97,引《清光绪朝中日交涉史料》卷72,页22。

工商都有，科目十分全面。但正如前面所讲，清末中国急于求新学的时候，去日本学军事、法政、师范教育的人特别多。入军事学校要由政府保送，所以法政和师范是当年一般学生的热门科目。学法律与政治是为了立宪改制、应对清廷所不熟习的新外交秩序等需要；学师范则是为了开设新式学堂、教授新的知识体系。

学军事

著名的留日学生多数活跃在军政界，跟早期留日学生多学军事和法政是有关系的。

日本的军队建设是向德国学的。[1]清末民初的著名军人，无论是军阀或是革命者，不少出身于早期留日的军事学生。他们大多来自各地的武备学堂，由政府保送留日。他们在日本并非直入陆军士官学校，而是先入它的预备学校。后来日本还为中国学生另设一间预备学校。官派留日生学军事，共派了三十多年，到抗战才停止，前后毕业1600多人。[2]他们回国之后，参与改革军事学校，参与革命，但也不免参与军阀混战，自己成了军阀或者帮凶。[3]这不怪向日本求学，只能怪中国中央权力崩溃后社会环境的复杂。1924年国民党在苏联协助下成立黄埔军校，虽然仍用留日的军事人才施教，但他们一时无两的风光不免减退了。

除了军事，留日生也有学警察专业的，回国之后，则确实取代了中国

---

[1] 日本军队一切都向德国学，后来云南讲武学堂的教育方法亦采取德国式，见唐筱蓂《五十年前留学日本士官预校的回忆》（四），载《传记文学》23卷3期，页87、114。

[2] 自1898年首批留日生到1942年日本陆军士官学校停收中国学生为止，获少将以上军衔或相当职级、又或卓有建树的，已有1600人以上，见陈予欢《中国留学日本陆军士官学校将帅录》，广州：广州出版社，2013年。汪一驹认为在日本受训的军人极少真能说日语，能吸取皮毛以上的日本文化的有如凤毛麟角，因此他们的眼界较在国内受训的，是五十步与百步的差别。汪一驹《中国知识分子与西方——留学生与近代中国（1872—1949）》，页7。

[3] 舒新城在1930年代说"现在执政的军人，十之七八可从《日本士官学校丙午同学录》与《振武学校一览（光绪三十三年）》中求得其姓名，军阀如此横行，留日陆军学生自应负重大责任"，见《近代中国留学史 教育通论 近代中国教育思想史》，长沙：湖南教育出版社，2010年，第15章"结论"。

警察学校的日本教官。¹

学法政

欧洲的法律系统、政治体制跟中国截然不同，中国既然被纳入欧洲主导的国际秩序，相关的知识系统自然要适应这套新体制。不过，据说大力主张留日的张之洞从未兴办法政学堂，也反对留学生学法政，认为政治之学，中国已近于完善。²

早期留日学法政的人，无论官派私费，大多读几所私立的法政学校。它们的毕业生自然认为这些学校质量不差，多是由帝国大学的教授兼课，功课差不多。³日本在学习西方国际秩序方面早着先鞭，而且用力，在利用西方体系的知识上，处处比中国显出优势。一个清末从法政大学毕业的学生，上国际公法课，对日本教授讲清末中日琉球交涉的经过印象深刻，说他述事详尽，理证充足，见解精辟，纯以学者态度发挥商朝臣子仲虺攻取政治昏乱之国的原理，启示不少。

可怜这个被攻取的政治昏乱之国，正是中国。讲课的教授中村进午1870年才出生，1894年从东京大学毕业，然后留学德、英、法等国，专修国际法和外交史，曾与其他教授联名上书要求政府与俄国开战。

这个听课的学生后来做了中国的政界要人、大学校长，多年后他再感叹琉球谈判：

> 二次大战开罗会议中，中国未要求收复琉球，实应归咎中方代表缺乏学养。张之洞经常提醒"名位或可幸致，事功必赖实学"，不是虚言。⁴*

早期留日学生翻译了许多法政书籍，回国也有不错的仕途，比如从私

---

1 汪向荣《中国的近代化与日本》，页103。1907年，日本警察学校有213个中国学生，见王岚《战前日本の高等商业学校における中国人留学生に关する研究》，页42。
2 张知本《张知本先生访问记录》，页14—15。
3 曹汝霖《曹汝霖一生之回忆》，页13。
4 张知本《张知本先生访问记录》，页16。

立大学毕业的曹汝霖、章宗祥都得到清朝授予的科举出身，民初时在外交界也很得意。至民国时，法政学校在中国遍地开花，其体系大受日本影响。

然而，法政是速成班最多的科目之一。1904年日本开办不少法政速成班，学生人数大增。第一个师范速成班由日本教育界设立，而第一个法政速成班据说是由中国留学生促成。学法政的曹汝霖说当时学师范的范源濂跟他说：

> 我们今年都毕业回国，我学师范，你学法律，回国后各在相关方面有所贡献。"政治不良，教育亦无从着手，两者相辅而行，政治比教育还要紧。但人才缺乏，又不能立刻造就"，我来找你商议，想在日本办一个速成法政班，虽然不完全，总比没有学过的好。*

这两个人后来都在民国政界、教育界大展拳脚。曹汝霖的反应是：

> 我很赞成，但日本法学家，自己用功的多，写写著作，不多管闲事。这件事要找一个法学大家，又热心教育的去领导提倡，才能成功。*

结果，他们说服法政大学的校长举办法政速成班，而且得到中日两方面的官员同意。这一速成班办了五年，近1800人报读，1100多人毕业。

学师范、工商、医学

中日约定的5所高等学校，除了第一高等是大学预科，其他4所都是专业学校，师范、商业、工科、医科各一间，名额亦有规定，可见中国政府期望众多私费学生用力的方向和大概比例。

教育在国人心目中向来重要，地方上不乏热心的教育家，只要培养大批新式师范人才，就可以建设学堂，大力推行新式教育。在这一方针下，清政府派出好些教育家去外国考察新式教育，考察者的身份不能说低，考察不能说不详细。京师大学堂总教习吴汝纶一次就考察了近四个月，看了各种等级、各种门类的学校44所，听了19次讲座或报告，还见了明治天皇，而且一一记下详细的笔记。[1]

同时，政府又多派学生去日本学师范，1896年首派的十多个官费生，全部被送到东京学师范。在早期留日教育里，师范是热门科目，日本也相应设了许多师范速成班。

清末大量建立各级新学堂，确实得力于留日师范学生，从专业科目到中小学堂，不少教科书仰赖从日本翻译，科学标本也从日本进口。小学体育课其实成了军操课，连口号也是日语的，可以说是过于依赖，无必要地依样画葫芦。但是，全面学习日本的中国新学堂，未能快速全面地改变教育的状态，教学水平也参差不齐，以至于有些重视教育的世家大族，不把子侄送进新学堂，而请新式人才回家，做现在流行尝试的家教（Homeschooling）。至于入学率、识字率的成就，跟日本当时难以比拟。可以说，在日本育种是做过了，但栽种在广大的中国却没有达到原初设想的效果，应了政治不良、教育亦无从着手的常识。

在约定五校的学额里，工业的名额比师范多，师范只跟商业同列第三。可见清朝提倡农、工、商、矿、医等实业。工业科的范围很大，从重工到轻工，从化学工业到偏近艺术的染织，林林总总。不过，1903年之前，中国实业尚未发展，政府虽然提倡，大家还是重视法政和师范，经过多番推动，才渐成潮流，然而仍有不少学实业的学生中途转科，改学法政、师范。政府虽然下令转科的不给官费，但大概没有彻底执行。自日本毕业的工科人才之中，最著名的是帝国大学毕业的范旭东，人称中国化学工业之父。

清朝也重视商科的留日学生。新设的商部努力罗致，还未回国已经约定他们到商部工作，不过清末读商科的人数仍然偏少。[2]中国商界以银行发展较快，由于留日学生发力早，银行界里留日学生比留美生多，出了不少名人。[3]

---

[1] 吴汝纶整理出版了十余万言的《东游丛录》（归国前就由日本三省堂书店于1902年出版），但1903年他就病逝了。

[2] 1907年6393名留学生里，读高工的98人，高等商业学校的41人。读帝大45人、官立及公立大学19、私立大学的2628人里也会有读工商科目的，但未列明。见王岚《战前日本的高等商业学校における中国人留学生に関する研究》，页42。

[3] 如中国银行总经理张嘉璈毕业于庆应大学，浙江实业银行总经理李铭毕业于山口高等商业学校。

读工商科的留学生要开展事业并不容易，尤其学工业的，不是学了技术就行。因为中国的西式工商业还受外国控制，民营公司不多，毕业生要面对保守旧技术的业界，甚至还要设法自己成立公司，身兼营运和技术双重身份。

日本的西医是学德国的。清末五校协议里有一间医校，名额最少，但是对促进中国学生在日本学医起过作用。[1]最初留学生选医科的并不多，后来渐有增加，可惜不易坚持到毕业。我们熟知的大文人鲁迅、郭沫若都放弃学医。郭沫若甚至两次学医，最后还是没有在医学上求发展。

留日学医，时间长而少精进，其原因郭沫若讲得很合情理：在日本读一个医学学位，要十年时间，实际上却只读了四年医科和一年实习，前面五年都用在预备考高中、读高中和高中的预科。而且要走种种弯路，日本的医学是学德国的，在日本学医非要学德文不可，而中国人去日本学医又非先学日文不可。[2]

但是，因为费省路近，留日学医的人还是不少。这些人回国后做了不少医学知识普及的工作，推动解剖实习的风气，也开办了中国最早的民办医药学校，从而逐步改变了清末社会医疗与外国教会紧密结合的状况。

学经济和其他冷门科目

日本政界和帝国大学的经济学是德国体系。私立的庆应大学经济系也有名，但是旨在培养经管人才，相应地偏重英美经济学。[3]二三十年代去日本学经济的中国学生很多。

留日学生也有读比较冷门科目的，这也是图费省路近的好处。比如近代画家多半留法，但其中也有留日的丰子恺；音乐人才固然留德留美，也不缺留日学画而兼音乐的李叔同；现代舞当时不是向美国学，开风气的是30年代的留日学生吴晓邦。他三去日本学习，既师承德国的体系，又透过书籍吸收美国现代舞大师邓肯的理论，成为中国著名舞蹈家。

---

1 二战前留日学医后回国的人数约789人，其中20%毕业于五校特约的千叶医大，东京大学医学部亦有11%。据见城悌治《中国医药学留学生与日本》，载《近现代中日留学生史研究新动态》，上海：上海人民出版社，2014年，页70。

2 郭沫若《樱花书简》，页170。

3 彭迪先《我的回忆与思考》，页22。

（学舞两年）还刚刚入门，懂得不多。但在当时的中国，学习舞蹈艺术的人也只有我一人。

第二次去东京时，日本各种文艺思潮很活跃，舞蹈老师也顺着各种思潮在变化，这一点给他的印象很深。这老师虽然教芭蕾舞，但可能在巴黎时曾接受过邓肯的现代舞影响。老师鼓励学生创新，说艺术上的师承应该青出于蓝，不能老师说了算的。

第三次去东京，吴晓邦想熟悉日本舞蹈界各种艺术流派，那时德国舞蹈在日本风靡一时，因此也想了解德国现代舞蹈。[1]

留日的冷门科目还有民俗学。被誉为中国民俗学之父的钟敬文是30年代在研究生课程里打下基础的：

> 这两年里，对于搞民俗学所需的知识结构，得到补充，像社会学、人类学、民族学、语言学、原始社会史等等一些知识，都有所涉猎。……总算对这几门学科粗略学习了一下，几十年做研究工作，它一直在起作用。没有它们（指基础工夫）是不行的。[2]*

世界的知识发展没有停下来等战乱下的中国人，所以到30年代中国仍然在透过日本吸收新发展。

---

1 吴晓邦《留学日本》，载《艺人自述》，页232，234—236。
2 《早年留日者谈日本·钟敬文》，页32。

跟日本学习的问题

第一批中国留学生到日本时，日本的时事评论就说，"从费用观之，留学日本比较便宜；但直接从祖家所得者，当远较经重译得来之学问为可靠也。"[1]虽然这不能一概而论，却是老实话。

日本作为一个转口港，当两方能够直接贸易的时候，转口港的价值就会减低。1905年中国第一次举行留学生考试，留日学生独领风骚，但以后数次，有英美留学生同考，虽然取录人数仍然以留日生最多，但是头几名全是欧美留学生。

此外，留日学生也怀疑他们选科或进修受到限制。学军事，虽然可选的科目很广泛，但是不能修读当时的前沿军事学科。[2]在限制留日学生成就方面，可以肯定的一件事是，中国付钱约定五所学校，最多名额给第一高等。清政府期望毕业生可以进入东京帝国大学接受最高级教育，但来回交涉，争执很大，最后并不能完全如中国所愿。

速成班

早期留日另一个惹人诟病的地方，是学生读法政和师范速成班的特别多。速成班的本意是短时间内培训出一批人才。除了课程浓缩，上课还用译员传译，学生不必先掌握日语。当时开办速成班如雨后春笋，由专为中国人而设的弘文书院在1902年早着先鞭，三年的本科之外，另开办课程长半年到一年的速成师范。接着法政大学开法政速成班，明治大学、早稻田

---

1 实藤惠秀《中国人留学日本史》，页10。
2 野战重炮科、山炮科等当时最前沿的新型兵科，没有中国学生修习，因为清政府不能认识这些兵种的作用，也可以看出日本在前沿军事学科上对中国人的防范，见傅中玮《清末留日士官生与中国近代军事变革》，载《安徽文学》2010年第3期。

大学又另设学堂或留学生部，收中国学生。[1] 速成学习有多兴盛呢？光是弘文书院，短期间就扩充到五所，前后有7000多人入学，3800多人毕业。据1908年中国的报告，60%留日学生学的是速成班。[2]

日本人里力主速成的，认为中国发展新教育比日本晚30年，应该用明治初年的方法，推行速成教育，努力在短期内培养师资，递传递广。反对的人则认为速是速了，但未必有成。[3]

速成班本来是权宜之计，有它合理的一面，却被日本学店和中国留学生弄得面目全非。为了竞争学生，竟然有日本学校竞相减短授课时间，不少混文凭的中国学生跑到这些学店买证书，[4] 令到速成教育变质。"近见江苏附生徐嘉湘等留学速成师范毕业回国，叩请批示一禀，列名者凡七十人，禀中词意无非欲得举人进士出身，心地卑污，实为学界之玷。"[5] 中国国内主张变通的呼声此起彼落。

1906年中国宣布不再派学生学速成班，这些速成班或学校就纷纷停办。[6]

日本西化之初可以速成，中国的速成之路却迅速消失。这固然可以归咎于中国人的科举思想过重，但是日本政府办速成班给日本民众，未必容许学店式的速成。更何况日本人上速成班，上课不必靠翻译，课堂之外，还有出版得快而多的日文翻译书，足以巩固和提升。无论留日学生如何努力从日译本把新知再译成中文，这些条件中国还是没有追赶上。

长期受中级教育

日本留学虽然费省路近，但是要获得与欧美同等的资格，却不容易。

---

1 实藤惠秀《中国人留学日本史》，页32。上垣外宪一《日本留学と革命运动》，东京：东京大学出版会，1982年，页68。
2 实藤惠秀《中国人留学日本史》，页39。
3 实藤惠秀《中国人留学日本史》，页32，36。
4 实藤惠秀《中国人留学日本史》，页37。
5 据1906年张元济《请勿将变通奖励学生章程与变通奖励混而为一》。
6 黄福庆《清末留日学生》，页94。实藤惠秀《中国人留学日本史》，页49。法政大学速成班由1904年办到1906年，弘文书院1907年关门，明治大学的学堂由1905年办到1910年，见上垣外宪一《日本留学と革命运动》，页67。

以同是1891年生、接近时间出国的两个留学生比较,来自安徽的留美,来自湖南的留日,获得的学术资格就有天壤之别。胡适考了留美资格,1910年去美国之前,"虽然换了三个学堂,始终没有得着一张毕业证书"[1],他去到美国即进名校康奈尔大学读农科,1917年以博士候选人的资格回国,在1919年的五四运动中大出风头。比他晚三年出国的龚德柏在中国的高等工业学校读书,考省公费去日本,先要读一年日文,再投考第一高等,连预科计要读四年才能进大学。1919年他因为五四运动抗议回国,被学校留级,因此愤而放弃学业。当时他已在日本六七年,连高中也未毕业。

如果说胡适名满天下因为他是优秀的人才,高中未毕业的龚德柏也终于成为著名报人、总编辑,在大学教书,在抗日战争时期,以他对日本的了解,一力主战,几跟胡适笔战。

龚德柏留日之时,公费留日早有许多前人;胡适留美的时候,大规模的公费留美才刚刚发轫。以所投入的时间而论,这两个同属人才的留学生,只因为留学国的不同,所获得的学术资格差距如此之大,这岂是偶然的?

留学日本一个长期问题是受教育的起点低,获得的资格低。留日学生比留美学生至少多十倍,但是在美国得到博士学位的人数却至少是在日本的二十倍。[2]据1935年的资料,留日学生大学毕业的只有十分之一强,而同期留学欧美的,八成读完大学或研究院。[3]想到日本快捷获得转口知识,其中的困难,恐怕不是国人所深知的。

日本人学新知识的态度

检讨中国人留日遇到的困难之外,也应看一看日本自己学新知识的态度。

为我所用的态度

战前日本的精尖学问,主要学习欧陆,尤其是德国。当时的人认为日本跟德国都是从落后处起步,学德国易见成效,不仅宪法、陆军等学德国,

---

[1] 胡适《四十自述》,页154。
[2] [美]史黛西·比勒《中国留美学生史》,北京:三联书店,2010年,页47。
[3] 汪丞《近代留学生"东洋二等"现象探析》,载《教育评论》2012年第5期。

经济理论也倾向于学德国:

> 他们不要跟英国走,不跟自由主义走,他们引进李斯特(按:德国经济学家)的国民经济学,讲一个国家的国民经济怎样才现代化。另外,同时也注意德国出的工人阶级劳工运动思想。当时,德国和日本,有相同的底子。[1]*

学语言有清晰目的

日本要求精英学生能够以原文吸收知识。现在中国人学外语,同时要求听说读写四种能力,但是日本精英学外语主要是为了看书吸取第一手资料。

> 日本人学外语是为了看书,不是为了说话。所以老师教了一个礼拜德语,发音还没教完,文法还没教,就立即念歌德的小说,突然得很。刚学德文ABC,我还在悠哉悠哉,突然老师就叫念歌德的小说。[2]

东京大学的预备学校,分为德文班和英文班,但分班只是更侧重其中一门外语而已,实际上这些高中学生两门外文都要懂得。[3]战前日本的医科、经济、哲学等以德国为楷模,学生必须懂得英语和德语,直到今日,在日本学西洋哲学,仍然要学德文。

由于学外语主要为了看书,日本外交官、甲级战犯重光葵第一次派驻德国时,讲德语也不灵光。重光葵专攻德国法律,他们一行人本来对自己的德文十分有信心,不料火车由法国到德国境内时,问德国车长火车何时到达柏林,车长却回答说不懂法语!这个东京帝大毕业生后来找人从头教他外语发音。[4]

---

1 《早年留日者谈日本·朱绍文》,页65。
2 《早年留日者谈日本·朱绍文》,页55。
3 《早年留日者谈日本·朱绍文》,页52
4 重光葵《外交回想录》,载《传记文学》100卷第5期。

趋步西方的高等教育

日本大学的教学方法对西方亦步亦趋：实用科目重视实习，不仅理科、医科重视实习，工科学生也要到工厂实习；有类似Seminar的小班研究课。[1]

日本的研究生制度与留学欧美等地学生所见的，几无二致。理科的研究院采用讲座制，讲座教授配有助理教授，研究生在研究所做各种工作，跟其他资深人员学习，共同为教授广泛的研究作努力，就连学会会志也仿得与德国一样：

> 日本病理学会会志完全仿效德国病理学会会志，所有论文，大都是演说稿般的形式，详细的历史性文献介绍，分项讨论，一概从略，连文献目录亦不登载。[2]

求学认真、全面、深入

与中国不同，明治维新并不是日本人第一次改换文化。日本曾向唐朝学中国文化，对学习西方文化，也秉持同样谦虚认真的态度。

顶尖的大学教学，对一个字词也一丝不苟。在东京帝大，一个学生写秋水仙碱写错一个字母，教授就在讲堂上说字都写错，还是东京大学的学生吗？

另一个东京大学学生说，日本教授向西方学习、了解西方的发展是从根本做起的。一个学者要研究英国从封建社会到资本社会的过程，劳动者怎样现代化，就从源文件搞起，成为西洋经济史一个学派。[3]

> 我在东大经济学部，看到他们教授向西方学习，他们本身没有现代化文明，同传统中国人一样。但是他们主要学习英国和德国，这就和中国转学日本是不可比的。他们学习得非常地道，认真学习第一流

---

[1] 帝大的经济系研究生每周有一次经济演习，即经济讨论课。彭迪先《我的回忆与思考》，页25。

[2] 叶曙《病理卅三年》，台北：传记文学出版社，1970年，页52。

[3] 《早年留日者谈日本·贾克明》，页135。《早年留日者谈日本·朱绍文》，页67。

> 学者的书，非常认真系统深入地做工作，所以德国历史学派在经济学部犹如官学一般。……我在学习中体会到，一个国家民族要现代化，不认真学习，不尊重科学，特别不尊重社会科学，……很危险。我们还是应该认真叫青年人向全人类学习先进的历史的学问。日本的东方知识没有放弃，史实摆在那里，它的儒家研究比中国还深，它的数据保存比你还好，它的生活方式保存很多中国唐代的东西，而我们早就没有了，连埋在地下的也破坏不少。[1]

当然，我们也不能说日本的精英教育就是日本教育的全部面目。日本也有不认真的学校和教授，尤其是私立学校。在私立学校兼课的名校教授，可以迟到、说笑、念讲义。不过考试倒很严，虽然都是背笔记抄书，仍然有很多人不及格。在官立的千叶医大，教授热心于研究，而不太重视教学，学生上课就是拼命抄笔记，审查博士论文也可以很随便，竟然几乎通过以50%盐水做实验的论文。[2] 甚至中国政要后人进的陆军预备学校，教师也不好。汉文教师语言粗鄙，没有学者风度；数学老师年近古稀，说话不清，精神不济，能省力就省力；地质教师不正经教书，最爱向学生讨邮票，经常受学生作弄。

> 我心里想这种教授怎能在军事学校任职，更不明白为什么培植陆军干部的重要军事教育机关，不请一些更好的人物，偏要集老废于一堂。[3]

日本的硬件建设不比中国先进，难以立即激发留学生向先进学习的精神；日本现代化成功的精髓在它的软件里，故此不少长期留日或进入最高学府的留学生会称美在日本学习的经历。

> 要想学习日本，就要引进，就要深，……把西方学术学到手，严复

---

1 《早年留日者谈日本·朱绍文》，页65
2 叶曙《病理卅三年》，页17、38、451。
3 唐筱蕖《五十年前留学日本士官预校的回忆》（三），见《传记文学》23卷2期，页105。

没有这个力量,这不是文化搬家就行了。前辈对西方社会科学不太理解,引进翻译似是而非,更渺茫了。而日本在明治维新以前,就有学西方的基础,理解多,翻译恰当,人数也多,质量也好。日本在翻译后就东方化了,比如一个经济学,中国翻译成计学、生计学,日本用中国汉学,经国济民,创造又拿过来,变成自己的财富。中国通过日本研究现代化,吸收人类文化财富,看来是一条必经之路,也是快捷方式。[1]

中国人时常称赞日本人认真,自己却不肯认真,这是自强之路上的一大毛病,直到现在还没有改。然而中国学生的认真程度问题,却未必是日本的西化经验未能如愿转口的根本原因。

中国之求新学,最初是为了救亡图存,不想再受列强欺侮,如果一直维持这个清晰的目标,上下共举,用日本的方法,中国精英不见得就不能有仁人志士的精神。那么中国在二三十年内富强起来,不算是虚幻的企图。

可是中国想维新的时候,境况跟日本明治初期已经大不相同了。清政府宣称改革,民间对它的决心疑虑重重,既然互不信任,日本西化的上而下的模式无从谈起。而日本对于传播新知识于中国,虽然有出力,但是关卡也不少,帝国大学本科只开一条小缝,遑论取得博士了,这迫使中国学生长期处在较低学历的学习里。中国人花在日本留学的钱不比花在欧美少,效果却恐怕远远不及。

至于日本的西化是不是成功,一些日本人认为要看时间界线划在哪里,如果以甲午战争或者日俄战争为界,那么日本快速富强,西化确实成效显著;如果以二次大战作为日本西化完整阶段的了结,那就未必得到同一结论了。

在建设良好的现代化社会这个目标上,近代的中国和日本都摔了一大跤。

---

[1] 《早年留日者谈日本·朱绍文》,页70。

广求知识于世界的学习环境

日本维新的精神具载在明治天皇《五条誓文》，其中一条是：广求知识于世界，大振皇基。

在这一点上，日本是充分做到了。他们翻译出版最新的思潮，不断追赶先进国的学科发展，并且为了掌握该学科，下死功夫学该国文字。

如果考上认真的学校，那么在日本求学，学习环境是好的，教学认真[1]，学风自由，图书出版丰富，世界最新思潮、最先进的学习方法日本都采用。就连经常讽刺日本的学生也说：

> 那些日本的科学家，你不能不说还他，到底他们也很有世界的眼光的。至少他们谈学问的时候如此。……他们除了教书之外也使我们很尊敬他们的。

因为受这些科学家的影响，这个学生心目中的世界医学中心从英国转到了德国。[2]

中国留学生去日本学习的学科颇为全面，理、工、农、医、法律、政治、经济、教育、文艺、体育、军事、警察都有。文艺也不止文学和绘画，还有音乐和舞蹈。

大学的系统

日本也有学店，但帝国大学的系统和相关高等学校素质很高。

---

1 日本部分语言学校骗钱，但也有认真的，像松元龟太郎当作毕生事业去办的东亚学校。据家中与松元有旧交的汪向荣说，在东亚8个月就解决了日语的问题，会讲会写，见《早年留日者谈日本·汪向荣》，页147—148。
2 杨步伟《一个女人的自传》，页151。

自明治维新初期，日本就规划了八个学区，准备每区设一所大学，不过，限于资财，实际上只能慢慢建立。第二间帝国大学——京都大学，要迟至1897年才出现，所以有留日学生说它是用甲午战争的赔款来设的。

到二战为止，日本本土有七所帝国大学，遍及南北。这些帝国大学都是日本引以自豪的重点大学，师资、图书设备、教室、实验室以及校纪校风，在日本是一流的。因此每年入学考试竞争非常激烈。[1]

在这几家帝国大学里，以最早创立的东京帝国大学最为重要。号称东京帝大预科学校的第一高等学校，它的毕业生入东京大学要考试，入其他帝国大学就不用考。[2]

除了帝国大学，日本还设有专业化的官立高等学校，例如东京高等师范、东京高等工业，水平也不低。这些学校反对和东京帝大待遇上有太大差距，后来都改称为大学。

虽然日本学者的视野是世界的，方法上紧跟西方大学，日本却不重视外国学位。他们把自己的大学搞得和外国一样严格先进，并不以毕业于外国大学为荣。

以医科为例，日本最初专以德国医学为模范，论文不在德国做完的话，很难在日本申请医学博士学位，后来接受用日文写论文，研究风气才增加。[3] 但这不代表他们重视在外国获得的学位：

> 日本人自视甚高，只有日本国产的才称医学博士，外国的舶来品则只许称doctor medicine，而不得译作医学博士。[4]

据说当时德国也有这种情况，只有德国的博士才能称博士。[5] 这与中国重视外国学位的情况大有分别。

---

1 彭迪先《我的回忆与思考》，页22。
2 《早年留日者谈日本·贾克明》，页132。一高毕业生入京都大学，可以免试。叶曙《病理卅三年》，页60。
3 杜聪明《回忆录》（上），台北：龙文出版社股份有限公司，1989年，页70。
4 叶曙《病理卅三年》，页37。
5 王光祈《留学与博士》，载《王光祈旅德存稿》，上海：中华书局，1936年，页459—460。

自由学习

当年日本的高中管理得很严,但是进入大学,就截然是两个世界,学习十分自由,以自学为主。"上课自由自在,也没有人管,只要你考试及格。"[1] 这种情况,在今天的日本仍然如此。

这不代表你不用上课,或者光读教科书就行。有的学生"上生物化学课,再用心也听不明白,只好找德文原书看,觉得很清楚容易,才明白大学教授讲课常是讲自己研究心得,各人自己去体会。老师要求严格,考试多是口试,用诱导的方法问学生"。[2]

在研究院,"教学方式就更放任而散漫,没有太多形式上的考试,自修的时间较多,教授们指定许多不同的参考书,完全要靠自己研究与体认。"[3]

不仅东京大学如此,另一家九州帝国大学也如此。"在当时帝大校园内,如果是学术问题,在讨论中,各种观点都可以拿出来争鸣。即使是马列主义的观点,也可以在课堂上或文章里发表,因而争论相当激烈。如果问题难于一时解决,就再次讨论,这种自由争论的学术空气,对我很有启发,大大促进了我的研究工作,我对经典著作的学习更加引向深入。"[4]

对中国历史的判断,也容许争论。研究东亚史的著名学者矢野仁一完全是御用思想,认为中国只是一个地名,不是一个国家,但容许一个正请他写推荐信的中国学生提出反驳,听过后认为那"想法还是很有一点见解",不光写推荐信,还留他吃饭。[5]

"我觉得我在东大打下了基础,分析问题,研究方法,做学问都有了。"第一,老师教学生思考问题,必须历史地考虑,从发展历史思考;第二,不要公式主义,不要拿教条公式、模式,套到自己身上;第三,任何事要

---

[1]《早年留日者谈日本·朱绍文》,页63。
[2]《早年留日者谈日本·贾克明》,页134。
[3] 雷德全《我的母亲——宋英》,台北:桂冠图书股份有限公司,1996年,页57。此处是指在东京帝大研究所。
[4] 彭迪先《我的回忆与思考》,页26。
[5] 汪向荣《中国的近代化与日本》,页157,159—160。对矢野的判断据汪荣祖引松元龟太郎所说。

自己主动思考，不要盲从，不要仅听别人的，要独立思考，"这几条我一辈子都牢记，受益无穷。这里有方法论，也有人生观。"[1]

但是所谓人生观，不是说要灌输一套人生价值，这在日本的精英教育里很是独特，与社会上的军国主义教育气氛不完全一样。

> 我学的是哲学、伦理学，是属于西方体系，同我的观念没有一点抵触。我在上海时一点也没有学过，只学过似是而非的三民主义。日本人是从学问上学，并不是灌输人生观，教材也多是教师自己编的，他们（一高教师）多是第一流的学者，可以当东大教授的。[2]*

书的方便

明治时期的基础教育工作令日本人的识字率提高了很多。日本社会的读书风气，即使游客也能体会得到。留学生住下来，更会见到女佣亦能读报，车上的中小学生一面用手扶着车，一面拿书在看。[3]

那么日本人是怎么得到书籍的呢？日本有很丰富的研究性图书馆，像东洋文库就藏有许多中国古籍。在帝国大学和相关的高中，图书馆也很不错，"一高的图书馆很方便，就在校内，日夜开放，用功基本就在图书馆里。"[4]但是私立学校的图书馆就比较差，尤其是早期，哪怕学生强调所读的大学有名望，但讲到参考图书，也不能不说少。[5]东京女医学校是私立的，当时医书非常贵，不能人人有，图书馆也不好，所以学生全靠讲义，上课时日本学生都低下头来拼命地写，中国学生跟不上，只好向日本学生借笔记。[6]

要看书，还可以逛书店，尤其是旧书店。一个教授干脆叫中国学生去

---

1 《早年留日者谈日本·朱绍文》，页67，72。
2 《早年留日者谈日本·朱绍文》，页56。
3 《早年留日者谈日本·丘成》，页94。《早年留日者谈日本·陈辛仁》，页87。
4 《早年留日者谈日本·朱绍文》，页56。
5 曹汝霖《曹汝霖一生之回忆》，页13。
6 杨步伟《一个女人的自传》，页139。

逛旧书店，不用费时间去图书馆。[1]

东京大学、早稻田大学附近都有旧书店。在神保町书店街，书店有新书有旧书，在留日学生里大有名气，到今日仍是中国爱书人游日本时必去的地方。

> 神保町街两边伸长一里多，有各种书店，日本共产党解散后，仍有一个合法的书店"那乌卡（科学）"。待得星期天，从一头开始走，一家家图书看过去，那是读书人很大的快乐。在书店可以从早看到晚，过道有几张小凳子，你可以拉出来坐着。店员很有礼貌，见你看得太久了，还倒一杯日本茶给你喝。你想在店里抄书，随便你抄。[2]*

立志研究的人则视之为寻宝地。"周末常去神保町逛旧书店，猎获许多难见的资料，为以后的研究工作打下基础。"[3] 高中学生可以由浅入深，点滴浸淫。"一高离旧书店很近。旧书店老板看你进去也不理，买不买全可。我就买一点浅显的书，慢慢看懂了。"[4]

除了周末可以大逛书店，神保町还有发达的夜书市。有开门的店铺，也有摆地上的小书摊。小书摊是在大路旁的小胡同里，每天晚上在地上铺上书刊，一个人摆几十本，点个小煤油灯，什么书都有，内容从古到今，方方面面。有的西文新译书出版几天，就上夜市，哲学、经济学什么都有，一块钱的书花一两毛钱就能买到。所以好学的学生每天晚上都要去逛夜市。[5] 中国留学生初期多住在神保町，吃完晚饭走五分钟，就逛到旧书店了。"进去随便看，主人还介绍你要看什么，好像不是做买卖的，很亲切，非常舒服地随便看书。""我就在这儿学到不少日本文化，也不需要买，站在那儿

---

1 汪向荣《中国的近代化与日本》，页155。
2 《早年留日者谈日本·钟敬文》，页31。《早年留日者谈日本·陈辛仁》，页87。汪向荣《中国的近代化与日本》，页155。
3 《傅衣凌自述》，见《世纪学人自述》第4卷，页117。
4 《早年留日者谈日本·赵安博》，页38。
5 《早年留日者谈日本·朱绍文》，页48—49。《早年留日者谈日本·陈辛仁》，页87。

看行了。"[1]

在这种社会气氛和环境之下，留学生看见"日本人大都很爱学习，一般社会上的人也是用功的"。连早稻田大学图书馆工作的小学徒一有空，都在读外语准备考试。而爱学习还不是爱一般地看书，而是爱读研究性的书。一个中国教授托留学生在东京买德文本的名著《劳动与节奏》，各书店都找不到。该学生一天进了小街上的一家小书店，坐在柜台上的中年人背后书架上正有该书，问他卖不卖，"他抬头望望我，然后说：'这本书是我自己要看的。'……这是一本很专门的书，一般人是不会看的。我想，这么一个中年人，开个小书店，竟然要看如此专门的书。"

更令这个研究民俗学的留学生惊讶的是，普通人不光看专深的书，还立志做研究。他请的一个日语老师，正职是在电台做广播，一个月挣30元，不是什么研究机构的人，家里却有几百个鸣子木偶（一条棍上安个木人头），是他研究用的。他尚未发表论文，因为"现在日本研究的人不太多，但有一人是权威。我现在写文章不能够超过他。要等到能够胜过他时，我才发表文章"。中国学生感慨说："你看看，厉害不厉害。和有名学者比赛，还要胜过他才行。""可见日本学术文化空气，已经深深透入一般老百姓的心中，大学者们就勿论了。日本战败后，很快能够恢复，主要就在教育、文化根基厚。""那不是一个简单的民族！日本人做学问，我们看着狭窄，但很深。我们现在大而无当的东西太多，空话连篇，没有意思。"[2]

浓厚的艺术气氛

除了图书，日本社会的文艺气氛也很浓厚，绘画展览、音乐、舞蹈、戏剧表演都很丰富，而且紧接世界潮流。

靠亲友接济而留在日本不足一年的青年，后半年时常请假，宁愿参观展览会，听音乐会，访图书馆，看歌剧，以及游玩名胜，钻旧书店，跑夜摊。"因为这时我已觉悟了各种学问的深广，我只有区区十个月的求学时间，决

---

[1] 《早年留日者谈日本·朱绍文》，页48—49。
[2] 《早年留日者谈日本·钟敬文》，页32—33。

不济事。不如走马看花，呼吸一些东京艺术界的空气而回国。"[1]

巴黎是那时世界公认的艺术之都。而东京每年的沙龙展览会，是把巴黎入选的现代艺术家每年一次的沙龙画展，拿到东京来展出。每张画都印成明信片大的复制品。爱艺术的学生每次展览都去看，说是一种眼福，一种享受。[2]

由于文艺表演兴盛，日本启发了中国第一个现代舞蹈家：在早稻田大学正门前有个可容1200人的会堂，每个星期六都有演出，有歌剧、话剧和舞蹈，买票也很便利，成为未来的中国现代舞蹈家开始接触艺术的场所。他本来学音乐，因为在会堂看见日本大学生创作的舞蹈，大受影响，几天都睡不着觉，从此立志献身舞蹈，常常去看舞蹈表演。[3]

吸收世界知识和创造性模仿

在广求知识于世界方面，日本十分用功。日本不是第一次大规模且全面地向外学习，这方面它比中国有经验，虽然没有创造世界新知识，而常常被人诟病为抄。欠缺原创性，可以说是日本的未足之处，但它向外的学习成果，文学家郁达夫说得好："日本的文化，虽则缺乏独创性，但它的模仿，却是富有创造的意义的。"[4]

日本人的善学和活用，令留学生印象深刻的，不仅仅在吸收西洋文化，同时在活用中国古文化做名词翻译，如经济、范畴。"范畴这个词是从中国古文'洪范九畴'引来的，大田野变成抽象的大范围，比概念还大。这一类的用法很多，日本学者发展了中国古文的近代应用。"[5]

或许在追求现代化的过程中，中国人和日本人的分别，确如一个留学生所讲，"他们不把西方学问当做西方学问来学，他们是当做人类学问来学的！"[6]

---

1 丰子恺《丰子恺自叙》，北京：团结出版社，1996年，页108。
2 钱歌川《苦瓜散人自传》，页37。
3 吴晓邦《留学日本》，载《艺人自述》，页230—231。
4 郁达夫《郁达夫自传》，载《郁达夫日记集》，页409。
5 《早年留日者谈日本·丘成》，页95。
6 《早年留日者谈日本·朱绍文》，页56。

天下秀才的高中

在日本读书的学生，想进入日本大学里首屈一指的东京帝国大学，先要设法进入第一高等学校，简称为东京一高或一高。

根据"高等学校令"，高等学校学制是三年，本来的宗旨是"完成男子的高等普通教育"，而不是大学的预备学校。但是制度和实际有别，从高等学校高等科毕业的学生，几乎全部上大学，尤其是帝国大学、官立大学。[1]一高可说是东京帝大的预科，因为日本实行男女不同校，所以是间男校。东京帝大是日本第一所现代大学，也是治国人才的培养之所，支配日本的政坛。出自其中的有日本首相岸信介、近卫文麿。一高和东京帝大系在日本的重要性不言而喻。

1910年代，日本的官立高等学校有八所，以一二三四编号，一高在东京，三高在京都，其他六所不在大城市；1929年扩展到三十二所。[2]中国留学生很早就有进一高的，清末中国政府也很重视一高和帝大的系统，跟日本订定官费五校协议时，一高名额最多。本来中国学生自一高毕业就可以入帝大，等于中国政府借助日本来培养最高级人才，可是一高专门为中国学生设了预科，[3]及格了才入本科，郭沫若、郁达夫、张资平都读过一高预科，考试之后没能留在一高，派到其他高等学校。

早期毕业生比较少提及一高的精神，但是30年代进一高的学生，都强烈感受到这里有一种天下秀才感，似乎社会公认一高是日本最高级的秀才

1　高田休广、小笠原丰光《日本教育行政通论》，上海：商务印书馆，1935年，页81—82。

2　郭沫若《樱花书简》，页65。时为1915年，详见《日本教育行政通论》相关章节。

3　据中国方面推算，如果协议顺利实施15年，一高每年收中国学生65名，毕业后进入帝国大学学习，花费不少，可知清政府对该协议的寄望之大。可是日本在一高多设一年预科，又不保证毕业生能入东京帝国大学，此事引起多番交涉。严平《近代中国留学日本大学预科研究——以"五校特约"为中心》，载《清史研究》2012年第4期，页53—62。

的云集之所。

> 东京大学学生是以天下秀才自居，是国家的栋梁，事实也是如此，是第一流的。在日本概念中，提到是东大毕业生，不算稀奇；提到是一高东大毕业生，就是日本精华了。[1]

据说一高的学生进其他帝国大学可以直升，但进东京大学就要考试，有些一高毕业生为了进东京大学，一考再考。由于一高和东京帝大的特殊地位，所以在这家学校里读书的体会，给中国留学生的印象，甚至比上东大时还深刻。[2]

日本第一高等学校学生，前排左二为中国学生朱绍文。
选自《早年留日者谈日本》，山东画报出版社

---

1 《早年留日者谈日本·朱绍文》，页54。
2 《早年留日者谈日本·贾克明》，页130。

自治生活里的精神

　　从学费来说,这家高中不是贵族学校。30年代中期,学费只要十多元,很便宜。[1]这些准东大学生、未来日本的栋梁,提倡过一种质朴刚健的朴素生活。有人认为这种精神是日本哲学思想里提倡的日本主义,甚至就是武士道精神。[2]

> 房子全是二层木头的,破庙似的,比古色古香还破烂。这是东方儒家的生活味道,我想到的是颜回陋巷的感觉。外面是马路,现代化的;旁边是东京大学,西洋化的;只有我们里面是日本式的。……睡觉的地方就是两排长长的榻榻米,上面睡几个人也不一定。钉了些板子放箱子。[3]

　　教室在两层楼的矮房舍里,只比宿舍略好而已。宿舍生活有一种自治意味,规定有一套学生自治的办法。[4]

　　学生的衣装反映同样的生活态度,穿破衣破帽才吃香,大家光着头,穿长黑袍或制服,光脚穿高木屐或破草鞋,走路一歪一歪的,但很神气,显露一种青云之志,自认是天下的秀才,以蛮为荣。[5]

　　除了生活上讲究艰苦奋斗,高年级学生不断提醒学弟保持志士精神。一高学生自治会经常贴出通告:必须高唱寮歌(按:寮指宿舍)!因此校园内歌声不断。有一首歌唱"眼下的荣华俗世陶醉于太平安逸的美梦中,我们五寮的健儿却高高站在山岗之上,意气冲天……一旦奋起,世间伟业何事不成"。[6]

　　学生自治会正式的提醒之外,还有日本式的颇有蛮气的提醒。日本学

---

1 《早年留日者谈日本·丘成》,页94。
2 朱绍文及丘成都提过刚毅质朴的评语,朱绍文认为是武士道精神,见《早年留日者谈日本》,页53,95。
3 《早年留日者谈日本·朱绍文》,页52—53,但搬到驹场后改了,没有本乡校舍那种东方味道,页59。
4 《早年留日者谈日本·贾克明》,页130。《早年留日者谈日本·丘成》,页95。
5 《早年留日者谈日本·朱绍文》,页53,58。《早年留日者谈日本·丘成》,页95。《早年留日者谈日本·赵安博》,页38。贾克明谓1939年时穿黑袍的已不多了,页130。
6 《早年留日者谈日本·丘成》,页95。

生的生活是颇轻松的，经常一起打闹喝酒。他们晚上自修完，去附近的小铺喝酒，喝完酒成群结队唱歌跳舞，把已睡的同学都闹醒，然后又乱七八糟地乱睡一通。喝醉的高年级生会半夜进宿舍，叫大家起来听他们喊，经常申斥低年级同学，申斥的内容包括以粗野的话教训新生：为什么要进一高，是否知道一高的精神？[1]

这种做法，有时引起中国新生的反感，觉得没有礼貌。但有时日本同学看到是中国同学，反而来了兴趣，常常讲："你将来回国会成为伟大的人物，领导中国老百姓；我将会成为日本伟大的人物，领导日本老百姓。将来中日要合作，东方要兴旺起来。"[2]

这种一代一代传下来的带有玩新生味道的做法，得自日本本土还是从西方学校来的，当事人没法深究，只能说中国没有这个传统。

奇怪的是在这样一家提倡日本精神的高中，饭菜却不全是日本的，不仅提供韩国菜，还有平民化的西式饭菜。有个留学生说，饭食的多元化，使他逐渐摆脱中国的一元化生活方式。[3]

学　习

一高的学习很认真。开学礼很庄重，早上列队，一站就五六小时。校长、老师在上面讲，学生在下面听，如果表现出累的样子，旁边的年长学生看见就会吆喝。[4]高年级生对新生既申斥，又鼓励。新生一进学校，学生里的"老前辈"会在桌上用粉笔写"认真学习"等鼓励的话。

按规定，高等学校的教师，除了某些特殊科目，必须合乎资格，得到许可状。一高是名牌高中，一高的教师也多是有学问的学者，备课认真，讲得很细致。教材通常是由教师自己编的。[5]

学校分文理科。修身、日文、汉文、两科外语、体操是共通的。文科

1　《早年留日者谈日本·赵安博》，页38。《早年留日者谈日本·丘成》，页95。

2　《早年留日者谈日本·朱绍文》，页54。《早年留日者谈日本·赵安博》，页39。

3　《早年留日者谈日本·朱绍文》，页59。

4　《早年留日者谈日本·丘成》，页94—95。

5　《早年留日者谈日本·丘成》，页95。

课程还有历史、地理、哲学概论、心理及伦理、法制及经济、数学、自然科学；理科课程则有微积分、物理、有机化学、无机化学、动物、植物、矿物、地质、心理、法制及经济、制图等。[1]

一高既为进大学做准备，外语要学得很扎实，文理科都要懂两门外语。日本主要学德国和英国。德国在文学、哲学和科学方面都有极高成就，所以当时日本很重视学习德国。一高的文理科班都分甲乙班，甲班以英文、乙班以德文为第一外语。但是英文班的学生也得会德语。第一外语是每天上课的。上德文班的，字母、文法都未学好，老师就迫着读小说。这种教法也可能学自德国。[2]

一高的老师不但教西洋学问很认真，教汉文也很认真。汉文有中国古文，理科学生也要学，而且老师讲解得很细致。有一次中国学生写作业，错把"概"写为"慨"，老师在黑板上纠正。中国学生深愧写中文字还让日本老师来纠正，"以后我就发愤，凡有字句上一点问题，我都去查字典，搞个明白。我从日本老师那里学习认真的作风。"大概当时国语还未普及，这个广东学生还惭愧于有个日本老师的中国话讲得比他还好。[3]

日本老师逼迫学生养成自学和处处追问的精神，学校里的图书馆颇为便利，学生自由读书的风气也很盛。老师不强迫学习，但学外语时，学生前一晚就得查字典搞清楚。第二天上课，老师会随便指叫学生把某一段给说说，他自己是不讲的，只最后讲几句。

> 我在一高学习时养成的习惯，就是从不满足于自己的学习。[4]

---

1 高田休广、小笠原丰光《日本教育行政通论》，页82。《早年留日者谈日本·贾克明》，页130。
2 《早年留日者谈日本·朱绍文》，页52。季羡林在德国学梵文也是如是，教学法是典型德国式的，第一二堂念一念字母，第三堂就读练习，语法要自己去钻，准备一堂课往往要用一天。一学期40多堂课，学生就读完一本梵文教科书，学会全部复杂的梵文文法，还念了大量从原典中选出来的练习。据季羡林回忆，"这个方法是十分成功的"，见《我的老师们》，载《留德回忆录》，页107。
3 《早年留日者谈日本·丘成》，页95。
4 《早年留日者谈日本·朱绍文》，页57。

1930年代日本军国主义盛行的时候，一高也进行军国主义教育，要求学生扛着三八式枪跑步、行军，打枪用假子弹，但有声响。出门旅游也是行军训练的味道，半夜吹喇叭紧急集合，要很快穿上制服，坐火车去很远，然后走上山顶。行军要带背包，一直扛着枪，打着绑腿。老师要求把枪擦得很干净，认真擦要擦几个钟头。若擦得马马虎虎，老师见是中国学生，也就不管了。因为有这种训练，所以日本学生体力更好。[1]

中国学生在一高

1930年代正值日本加紧侵略中国，这时候一高的同期中国学生由三数十到近百人不等。[2]中国学生在特设高等科集中上课，仍有文理科和英文、德文班之分。学校专设一栋两层楼给中国学生上课，而在生活上例如住宿舍，中国学生仍然和日本学生一起，不过上课不同一处，令中国学生跟日本学生少了来往了解。[3]虽然学习上有特设班，但是中国学生对日本历史和古典文化的认识并不相应减轻，读日本古典文化的要求，与日本学生一样。入学考试除了英文、数学等之外，外国留学生必须加考日本历史。[4]

由于当时日本在中国东北扶植伪满洲国，所以由东北去的学生不少。一高要求中国学生组织学生会，而要求东北学生另组伪满洲国的学生会，但是中国学生很团结，誓不分设学生会。学生会有不少救亡演讲会等有抗日色彩的活动，学校不干涉，日本学生也装看不见。[5]

不仅抗日活动在举行，共产主义思想也任由散播。日本学者翻译了不少马克思主义著作，因此日本成了德、法两国之外，中国学生吸收马克思主义思想的重要来源。在社会上，日本军国主义政府打击共产主义思想，拘捕看马列著作的学生。但一高的日本学生和中国学生都有倾向共产主义的。[6]学校的旁边就是旧书店，学生要看马列书籍很容易。一高本身并不干

---

1 《早年留日者谈日本·赵安博》，页39，《早年留日者谈日本·朱绍文》，页58。
2 《早年留日者谈日本·朱绍文》，页59，《早年留日者谈日本·赵安博》，页38。
3 《早年留日者谈日本·赵安博》，页41。《早年留日者谈日本·丘成》，页95。
4 《早年留日者谈日本·贾克明》，页129。
5 《早年留日者谈日本·朱绍文》，页59。《早年留日者谈日本·赵安博》，页40—41。
6 《早年留日者谈日本·赵安博》，页38，41。

涉学生看马列书籍,但一高的学生曾被告知,上课时宪兵会去宿舍搜查他们的书籍。在外面租房子、不住宿舍的中国学生,则公开看马列著作。

在学校睁只眼闭只眼的环境下,中国学生可以抗日,可以看马列书籍,教员对中国学生也没有恶感。但是在日本入侵、两国对抗的压抑气氛下,一高的中国学生不想表现为弱者。在日本生活的中国学生,都充分明白日本人只敬强者、不同情弱者的民族性格。

> 天天同日本学生在一起,我必须赶上他们,压住他们,以免被他们看不起。我要表现中国人的好强。[1]

这间培养日本统治者的高中,既培养过侵华的日本政府官员,也在日本化了的东方志士气氛中,培养着自由阅读、认真学习的风气。1934年抱着卧薪尝胆之志到日本读书的朱姓中国学生,第一天在校园里走路,就看到朱舜水的墓。

> 我一看见这块碑字,十分震动。我本来感到很寂寞,孤苦伶仃似的,一看见这个碑,橄榄树下中国人的祖先,也姓朱,我忽然觉得这个地方并不见外,有了一种亲近的感觉。这个印象一辈子都很强烈,有一种崇敬的东方人的精神的感觉。当时在上海读书学习,眼睛全盯着西方,崇洋媚外,毕业就只想进银行、海关、邮局这三个地方。现在我到了日本念书,金饭碗置之度外,只有追求真理。[2]

朱舜水是日本人敬重的人物,明亡不降清,最终东渡日本,对德川时代的儒学有很大影响。"舜水"是他到日本后起的名号,本义是浙江故乡的一条河流,以示不忘故土。

要论东方志士,中国本来也有很多人物的。

---

[1] 《早年留日者谈日本·朱绍文》,页57。
[2] 《早年留日者谈日本·朱绍文》,页52。

留日学生之反日

为什么留日学生往往反日？这既是长久以来日本人的印象，也是他们常常问外国学生的问题。中国人之中也流传一个说法：留日学生往往不是反日，就是做汉奸。在这纠结里，又混杂着一个令人迷惑的现象，就是日本人的友善，既有表里不一的伪善，也有出自真心实意的善良。一心要向日本学习的中国学生为什么反日？和气的日本人为什么发展出军国主义，而且掠杀的凶狠比欧陆不遑多让，甚至犹有过之？这么长时间了，这纠结未有解开多少。

有一个留学生怀疑是明治教育对日本人的影响。

> 我的总结是：日本人单个时候，非常和气，非常有礼貌，这是他们所受中国儒教的影响，在实践上又比中国人深。当时中国人对人也是非常好的，彼此关心。日本人民的确很友好，可是三个日本人以上，就非常凶狠，这应该说是明治教育的力量，强调团结一致。你只要看一点，日本学生穿制服上街，一个人随便走，两个人走脚步就一致了。日本教育在这一点非常成功，所以那时日本军队这大集体，就成野兽了。可你要说单一个日本人本性的话，就一点也不坏，许多事做得比中国人还好。[1]

以强凌弱

日本文化重视强者，要求弱者自强，对于锄强扶弱，并不视为美德之首。这种取向被军国主义思想抓牢，并贯彻到中小学教育里。

---

[1]《早年留日者谈日本·汪向荣》，页169。

甲午战争既以中国战败告终，掀起中国学生留日的大潮。当时的留日学生都面对着两面一体的日本：一方面一般交往里，觉得日本人挺和气，甚至称得上友善；另一方面又处处可感受到儿童嘲笑、特务监视，因而大感困扰。

儿童追喊"支那人"

从1896年第一批留日学生一到日本，就有上街时被儿童追喊"猪尾巴"及"支那人"的苦恼。三个星期后，有四个学生受不了侮辱而回国了。[1]

留日学生都感到日本人哪怕不大看得起中国人，可是见面还不觉得太坏，相处起来还随和。如果双方有实际来往，如教师、房东一类的人多表现得挺友好。可是日本的军国主义教育很厉害，儿童不用表面客气，直接就表现出来，路上总是"支那人、支那人"地叫。[2]

中国人在日本还被称为"亡国奴"，因为清朝是异族统治汉人。中国学生穿着日本女学生的校服去上学，"也是经常被一群群孩子嘲笑，跟在我后面叫喊：支那人亡国奴，亡国奴！"小女儿在院子里玩，邻居五六岁的男孩来逗她，"男孩的母亲凶恶地跑过来边拖孩子边责备儿子说：'支那人，不许再和她玩耍。'"[3]

情窦初开的中国青年，神经质地觉得日本少女的话语里也充满嘲笑的口气，"弱国民族所受的侮辱与欺凌，感觉得最深切而亦最难忍受的地方，是在男女两性，正中了爱神毒箭的一刹那。……这些无邪的少女，这些绝对服从男子的丽质，她们原都是受过父兄的熏陶的，一听到了弱国的'支那'两字，哪里还能够维持她们的常态，保留她们的人对人的好感呢？支那或支那人的这一个名词，在东邻的日本民族，尤其是妙年少女的口里被说出的时候，听取者的脑里心里，会起怎么样的一种被侮辱、绝望、悲愤、隐痛的混合作用，是没有到过日本的中国同胞，绝对地想象不出来的。"[4]

---

1 实藤惠秀《中国人留学日本史》，页121。李喜所《近代中国的留学生》，页118。
2 杨步伟《一个女人的自传》，页129。汪向荣与日人相处随和，但认为日本的教育厉害，《早年留日者谈日本》，页161。
3 董竹君《我的一个世纪》，页66—67。
4 郁达夫《郁达夫自传·雪夜》，载《郁达夫日记集》。

从1896年到1940年代，这都是中国留学生的不快记忆。而1896年以来那一批一批喊"支那人"的小孩，在日本侵华时也已经长大成人。

一个1940年代还受小孩侮辱困扰的中国学生，有个日本邻居是缺了一条腿的退伍日军，开一家小药铺。有好几次，这个邻居见到小孩跟在中国学生后面骂，就撑着拐杖从铺子出来，轰走那些小孩。这个曾经在中国杀人强奸的士兵，说看见小孩子在背后骂中国人，就觉得很讨厌，很惭愧。[1]

社会上既然对中国人以轻蔑侮辱为主，在大街上走也会受到无端侮辱和欺凌，在这种气氛下，"民国以后的留日学生，差不多没有一个不是反日的。"[2] 尽管中日两国都有认识正确的人，但这阻止不了双方敌意的发展。

器小易盈

中国学生亦不满在日本见到的很多不友好的小动作。

大家都知道鲁迅是在日本上课时，看见日本人杀中国人的电影，愤而放弃学医的。

> 第二年添教霉菌学，细菌的形状是全用电影来显示的，一段落已完而还没有到下课的时候，便影几片时事的片子，自然都是日本战胜俄国的情形。但偏有中国人夹在里边：给俄国人做侦探，被日本军捕获，要枪毙了，围着看的也是一群中国人；在讲堂里的还有一个我。

同一篇《藤野先生》里，还有一件令他气愤的小事：

> 有一天，本级的学生会干事到我寓里来了，要借我的讲义看。我检出来交给他们，却只翻检了一通，并没有带走。但他们一走，邮差就送到一封很厚的信，拆开看时，第一句是：'你改悔罢！'……其次的话，大略是说上年解剖学试验的题目，是藤野先生在讲义上做了记号，我预先知道的，所以能有这样的成绩。末尾是匿名。……中国是弱国，

---

1 《早年留日者谈日本·汪向荣》，页161页。
2 章克标《九十自述》，页42。

所以中国人当然是低能儿，分数在60分以上，便不是自己的能力了，也无怪他们疑惑。

鲁迅这篇文章纪念日本的好老师，同时也愤恨日本一般人的蔑视。类似的小动作和气愤感，在留日学生里不难见到。

另一个学医的女学生说，解剖时分配尸体，一个尸体由一组四五个人解剖，对中国学生，故意不按姓名音序排，让中国人都排在后面，轮到时已近暑期，尸体发出臭味；又或违反日本法律，派给有结核病的尸体，同组的唯一一个朝鲜人闹到学校里，中国学生才知道。做化学试验用组织学标本的时候，分派到中国人，材料不是分量缺乏，就是没有了，中国人的实习费却没有少收。"好学生他们嫉妒，坏学生他们看不起。……所以留日学生回国一部分恨日本，一部分做汉奸，都是从这种因果上得来的。不像留学英美的学生和留学国亲善。一句话，日本人做事和行为小器，专在小事上招人恨。这些大大小小刺激，在日本是天天的家常饭菜。"

在她眼中，日本战胜了，就到处炫耀，也是一种小器的表现。

有时也有同学谈中日亲善，但总提醒你甲午之战中国败的那么惨。男学生讲亲善还劝中国女学生嫁日本人。[1]

靖国神社有不少甲午战时被击毁的中国军舰烟囱作为战利品陈列在神社门前，其他俘获品则陈列在室内。当时见这情景，心中难受无法形容。中国也曾强盛，也曾东征西讨打胜仗，却没有像日本这样小器，把一时得意视作永恒的荣耀。中国留学生对所留学国家多有好感，唯独留学日本的不少后来成了反日最激烈的分子，其原因虽多，但日本人的器小易盈，像社前陈列胜利品之类的行为，的确给人印象至为恶劣。[2]

---

[1] 杨步伟《一个女人的自传》，页140—141。
[2] 黄季陆《忆往与借鉴——留学日本时期的一段回忆》，载《黄季陆先生怀往文集》，页498—499。

正如鲁迅的学校不介意给中国学生看见日本兵杀中国人一样，日本人一直备战，也不介意中国人知道。

> 到军医院看见他们好多的准备战争的东西，救护的方法，和救急的材料。……陆军屯粮看他们那些饭干不知有多少堆的像山样的，他们告诉我们用开水给米泡15分钟，给水去了用手捏成一个一个的团子。……这都是预备打仗时用的。并且告诉我们，不管人民米荒到如何程度，他们陆军部总是照数屯粮的。他们以为我们中国女人无所谓，告诉也没有关系。[1]

那时才是第一次世界大战，日本人已经准备对付欧美。所谓大东亚共荣圈的辉煌美梦，早已做起来：

> 日本人对中国留学生说，黄种人要协力同心对付白种人，中国人要听日本人指导，帮忙打仗，不要受英美欺骗。日本陆军是对付俄国，海军对付美国。日本人以为征服中国不要军队，只须鼓励中国人投降就是，否则也不过少数军队几天就完了。其时我们也觉得很动听，可是日本人的行为使我们反感。他们说话时的举动使我们觉得骄傲万分，若帮日本人征服世界，不知要拿中国人怎么欺负当奴隶看待。[2]

这种形势，直到"七七事变"之前，略无更改。"日本普通人民对中国留学生表面和善而内心极不友好，如不知自爱，行为失检，更是取侮召慢，为人轻视。……日人气焰嚣张，得寸进尺，固无时不忧心如捣也。"[3]

中国学生的竞争心理

中国留学生有一点自尊心的，在这种环境下，易滋长一种不能被人看扁的心理，尤其是青年男子。

---

1 杨步伟《一个女人的自传》，页146。此时约在1915年日本提出"二十一条"前后。
2 杨步伟《一个女人的自传》，页146。
3 沈云龙《早年留学东瀛的经过》，载《传记文学》28卷3期，页62。

一个被留日的政要父亲送到日本读书的11岁少年，1914年在一家贵族学校上课。虽然老师尽责任，不偏心，教课严格，一视同仁，但他跟同学没法合得来：

> 教室里有二十多人，十几岁的，全是日本贵族子弟。我进去之后，感到很别扭，日本人看不起中国人，我就有一种压迫感。我反抗，几乎不肯去上学。……我在那儿可以听课，没有要求我同别人一样来往。有些课不要上，武士道课则是绝对不许我上的。……我只能学一学相扑，是上课学的，但是真正比赛是没份参加的。所以我一上来就反感。[1]

另一个由并不亲日的留日政要父亲安排去留学的青年，最初跟陆军士官学校预科的同学合不来：

> 年龄都在十七八岁，可以说都是顽皮的孩子，他们对我们自然有一种歧视的心理，也和我对他们一样，所以有时常常因此而争吵，乃至于打架。虽然队长告诫他们不可歧视我们，但实际上仍然是无法办到。

他的反抗方法就是逞强：

> 我有一个念头，决不在日本人面前塌台。所以无论如何辛苦，我总是把牙关咬紧，在学科上或虽赶不上日本人，但在操行和术科上，日本人反而不如我。我也不知道少年时哪里来的一股蛮劲，凡是日本同学有对我稍不客气，我必和他们争执打架，无形中把我的气质改变了不少。
>
> 修学旅行中……看看同学们有的都在愁眉苦脸，我心里想，这正是锻炼自己吃苦耐劳的机会，要把中国男儿的精神给日本人看看，因此我即咬紧牙关，一声不响地跟着队伍走。

---

[1]《早年留日者谈日本·汤佩松》，页2—3。

结果走到脚长水泡，穿鞋痛得泪水直流，也不肯向队长告病休息，"为争中国男儿的面子，回说可以走动，同学们看见我忍痛的表情，又见我不肯告病，都觉我有点不可解。"[1]

强者才受敬重，留日学生经过许多事例，对此深有体会。出乎他们意料的是这种敬意的诚恳："有一次，和一个日本同学言语冲突，他说话中近乎轻视中国人，我即骂他是没有种的东西。那时华盛顿会议正讨论军缩问题，日本人因不能争得优越条件，常在报上骂美国人，并说日美战争将不可免。不久一批美国议员来日访问，报上即转变口吻，说日美战争为一种无理性的冲动，日美仍是要互相携手合作的，大拍美国人的马屁。我即根据这点痛痛地骂了他一顿，气得他脸色发青。"被骂的同学报告了队长，队长报告了校长。几天后，校长召见，问了这个学生很多关于时局和思想的问题，觉得回答合乎常识，于是对中国学生说：希望以后多在学术上努力，为贵国的未来多尽责任，又对队长说，以后要以客人的态度相待，称呼亦可免去军中习惯。从此队长给他异乎一般同学的优遇，在任何场所，总以敬语相称。"我和日本学生相处，渐渐地习惯……又因我在学校的表现不错，他们都对我不敢轻视，所以渐渐地也认识了几个朋友。……只是他们对我还有戒心，恐怕我的思想影响他们。中队长每次训话都说中国的历史和日本的不同，……意思是不要传染到中国的革命思想，混乱了他们的国体。"[2]

不明白为什么留学生反日

当年一代又一代中国学生就是抱着压抑和反抗的心情上学。

> 像这样子，日本人还常常不明白为什么中国的欧美留学生回来说欧美好，而留日的多半回国比去以前说的坏。[3]

---

1 唐筱蒉《五十年前留学日本士官预校的回忆》（三），见《传记文学》23卷2期，页104—105；《五十年前留学日本士官预校的回忆》（四），见《传记文学》23卷3期，页113。

2 唐筱蒉《五十年前留学日本士官预校的回忆》（四），页113—114。

3 杨步伟《一个女人的自传》，页141。

留日学生对留学国没有好感,"常常使日本人惊讶和不满"[1]。大概日本人以为以强凌弱是常理,并且是举世皆然的。

中国人对所受轻侮心生反感,有些日本人是明白的。与孙中山有来往的宫崎滔天早在1906年就对日本人说过:"你们旦夕欺侮、讥笑、榨取、剥削、诱惑的'清朝奴'中国留学生,将是新中国的建设者。他们今日含垢忍受着你们的侮辱,你们心中没有一点慊焉之情吗?侮辱他们,势将受他们侮辱。互相侮辱必将以战争相终始。"[2]

但是主流的日本人——哪怕是知识分子,当时并不明白,在以强凌弱这种人情之常之外,还有更常有的人情。

一个留日的国民党人因为五四运动时参加反日而愤然离开日本,他引用孙中山回答日本知识分子所问,来说明中国人的心情。日本人问:"我们有一个极为不解的问题,就是日本固然凌辱了中国,侵占中国权利,但是欧美各国也同样凌辱中国,侵占中国权利,何以中国人恨日本,远较欧美为甚?"这一个问题,日本人到今天还在问;部分日本人也还持有为什么欧美能做、日本人却不能做的委屈感。

而中国人的答案,与孙中山当日所答,也基本上一样:中日情同手足,本当提携协助。中国和欧美,只是泛泛的朋友。欧美凌辱中国本已难堪,日本不仅不同舟共济,反而像个年轻弟弟伙同外人来劫掠上了年纪的哥哥,且手段较外人还厉害。试问中国在情感上是恨朋友多,还是恨手足多?[3]

战争的脚步迫近

到1930年代,日本的军国主义越趋严重,中国留学生不仅受到儿童侮辱、一般没深交的人鄙夷,还感到便衣、特务、警察的滋扰。

1　章克标《九十自述》,页42。

2　王奇生《留学与救国——抗战时期海外学人群像》,页33,引宫崎滔天《关于中国留学生》,载1906年9月5日《革命评论》。

3　孙中山的比喻于1919年6月22日书面发表于《朝日新闻》。黄季陆称1915年日本迫中国签订"二十一条"时,孙中山向日本学人及名人演讲时曾作此比喻,见《黄季陆先生怀往文集》,页499。

在赴日的车船上，留日学生就已怀疑有特务。左倾的文艺青年坐日本船，同舱的日本老人告诉他一个穿西装的年轻人是便衣。不过那人并不直接找学生，所以他只能半信半疑。[1]

一旦踏足日本国境，便衣警察便公然现身了。

从长崎去东京的火车上，夜晚有穿警察制服的人来盘问。"所以我的第二印象是：日本是一个警察国家。我们当时还是小孩子，警察也来盘问。警察也知道没什么，但还是问来问去。他是一直跟踪我们的。……感觉日本警察怎么追踪这么厉害，在人家睡觉时，他来盘问你，心里非常不痛快。"[2]

另一个学生从神户坐火车到东京，"忽然有穿西装的日本人进入车厢，摸出一个证件扬了一下，然后查问学生的背景。最后他站起来，说：'你真大胆，才十几岁，语言又不通就往外国跑，你大概也晓得我们日本帝国不像你们支那，社会秩序好，不打仗，没有土匪，不会出事吧！'他那傲慢的态度，使我感到一种说不出的味道。"[3]

对于有问题的中国留日学生，入境当下固然严加查问，入境后还根据入境登记表上填写的地址，通知该区的警察。甫一抵埠，辖区的特高科警察（即秘密警察）就来问，警察管理的严密和行动的快速，使人吃惊。这个留学生住处常有人来聚会，引人注意，因此不时有着黑色衣帽的警察登门，或乘他外出时，突然来向下女盘查。不过，这些日本秘密警察也不全是穷凶极恶那种，有些只是东拉西扯，絮絮不休。有个好辩的学生时时争辩，竟然无形中使日语进步了。最后这些喋喋不休的警察还可以用点小礼物打发走。[4]而学生受到骚扰时，有些讨厌特务的房东又会帮留学生设法摆脱，甚至不客气地驱赶。[5]另一个学生的经验更有趣：在路上碰到熟悉的便衣，还会被拉着喝茶去，各自掏腰包。有一次他和早稻田大学教授实藤惠秀同行，便衣不认识，一看名片，就又鞠躬又行礼，连声说对不起，请两人喝茶，

---

1 《早年留日者谈日本·陈辛仁》，页87。
2 《早年留日者谈日本·朱绍文》，页47。
3 彭迪先《我的回忆与思考》，页14—15。
4 沈云龙《早年留学东瀛的经过》，见《传记文学》28卷3期，页62，64。雷啸岑《忧患余生之自述》，1982年，页26，
5 《早年留日者谈日本·汪向荣》，页160。《早年留日者谈日本·米国均》，页108。

自己掏钱之后就先溜走了。教授对他说:"你不要怕警察,他们就会欺负中国留学生。这一个还可以,在北京的日警更可恶。"[1]

对有政党背景或者看左倾书刊的外国人,日本警察的监视侦察尤其严密。

日本当时是左倾青年研读马列著作的好地方,1930年代大学里的气氛仍比较自由,但对看左倾书刊的学生已有较严的防范,传说书店有特务监视。40年代,马列著作在日本书店仍然可以买到,但中国人看,就有被警察抓走的危险。[2]学生去上课时,宿舍可能被搜查。甚至来自东北的留学生向中国投稿,到邮局领稿费时也会被抓走审问,搜查房子,得到大学保证之后才放人,但说明今后限制投稿中国,因为伪满洲国成立了。[3]

留日学生生病进医院,特务就到医院探听情况。医护也成了警察的人,病人外出买东西,值班的护士再三问去了哪里,告诫以后出医院大门要先打个招呼。[4]

1936年日本少壮派军人发动"二二六兵变",形势急转直下。自下半年起,社会上流行的歌曲也变了,收音机播的军歌多了。[5]

眼见这样的形势,不少留学生都明白已是战争前夕,"我忽然清醒了!此时不是读书时;此地不是读书地!"[6]

---

[1] 《早年留日者谈日本·汪向荣》,页155—156。

[2] 《早年留日者谈日本·萧向前》,页120。《早年留日者谈日本·米国均》,页107。

[3] 《早年留日者谈日本·李乃扬》,页115。

[4] 彭迪先《我的回忆与思考》,页32。

[5] 《早年留日者谈日本·米国均》,页104。

[6] 何兹全《爱国一书生》,1997年,页88。

留完东洋留西洋

中国留学求新知的浪潮，长达半个世纪，波折很多，而且留学目的地也很多。随着时势转移，中国曾向多个国家取经。

在这波涛汹涌的留学浪潮里，留学的理想地固然由东洋变为西洋，在个人的层面，也有部分留日学生学成不久，再找机会留学欧美。这种情况在20世纪头二十年中最多。

这些学生为什么两次留学呢？如清末中国政府所设想的，留学日本以求西洋新知的种种好处，比如省钱、速效，是不是出错了呢？同时，在留学机会如此稀缺、资源费用如此难于筹措的状况下，什么人有这样的能力及机会呢？

日本学者将中国学生转而留学美国的现象，归于世界各国争夺中国未来人才的培养权。1906年日本颁布清朝留学生取缔规则，引起留日学生归国风潮，各国认为是改变日本独占中国新教育权的好时机。特别是美国，1907年纽约《每日导报》刊载标题为"Chinese Don't Want Japanese Teachers（中国人不欢迎日籍教师）"的文章，公开攻击日本教习。[1] 美国除了在中国招收学生，也在日本招收中国学生。美国基督教青年会在美国驻日公使的协助下，向中国驻日公使馆及与中国留日教育有关的日本学校详细调查，又在神田青年会馆设华人青年会，教英语，于是留日后再去美国深造的学生似在增加。[2]

如果留学日本已有所成，中国学生为什么又要留学欧美？这个问题日本学者没有解释。

当时在中国进新学堂的学生很注重教员的留学资格，"东洋二等"的观

---

[1] 汪荣祖《日本教习》，载《中国的近代化与日本》，页104。
[2] 实藤惠秀《中国人留学日本史》，页51。但是书中没有列出留日之后留美的人数，只举了胡彬夏作为例子。

念非常普遍。1920年,南京一间农业学校的学生闹学潮,为的就是学校改组,留美老师都被派到别校,该校只剩下留日的教师。[1]

社会上更可哀的风气是西洋一等、东洋二等之余,还有被贬为三等的中国毕业生。

民国初年留学日本后来又嫁到美国的学生认为,日本本身的原因,也造成中国人的另求出路。"从中国来上釉子留学的渐多,日人有时就特别组织容易毕业得文凭的学校给中国人入学。他们说中国留学生不在乎认真念书,所以藉词不让中国学生进这个进那个。留日学生的名气在中国渐成了次等留学生。所以有好些日本回来的学生要到欧美上一层第二道釉子。"[2]

留东洋不如留西洋?

近代的留学目标既然是求西学,那么留学东洋不如留学西洋,似乎不言自明。可是,考虑到中国民穷财尽,几乎面临瓜分,为求快速有成,清末许多有识之士曾经大力提倡留学日本,因此从一个国家的政策来说,忽然又一阵风儿地追求留学欧美,而且留完日再去留学欧美,不能不说是耗用国力。

革命党人任鸿隽就是先留日,后留美的。年届五十作回忆录时,他的论断是留东不如留西。他说他们留学日本之后觉得不满足,经过千回百折,非要再远历欧西不可,并不是出于世俗浅见,认为留日学生及不上留西洋的学生,也并不仅仅在乎博士、硕士的头衔资格。

任鸿隽认为问题在于东西方的社会、文化全然不同,中国是东方文化的大宗。留学生一旦去到西方,会耳目一新,发觉由家庭组织到个人发展,两种文化的方向完全相反,但都不失为一种准则,只有身入其地才能收到观摩的效果,才能全面了解西方,而可以评论东西异同。日本既然只是转手西洋文化,不能起到耳目一新、启发新意的效果。[3]

这是从社会整体求新发展的角度,来看留日的不足,从革命党人建国

---

1 沈宗瀚《沈宗瀚先生自述》,载《耕耘岁月——沈宗瀚先生自传及其他》,页118。
2 杨步伟《一个女人的自传》,页142。
3 任鸿隽《五十自述》,见《科学救国之梦》,页682。

的角度或许是有这需要的。然而,如果要观摩了解一个文化不同的国度,经商岂不也可以身入其境?又或者钻研西洋学问,然后去参观考察,也有耳目一新的作用,不必要长期留学,花费巨额金钱吧?

跟日本人深入地做过西洋学问功夫的留日学生,就未必同意任鸿隽这种看法。

从一开始想用日本作为西洋文化的转口港、短时间求速成的办法,那是为了救亡。如果中国是如任鸿隽所说,求全盘理解西方文明,耳目一新,然后为中国寻找融合的新出路,那就不是救亡,而是文化更新,需要在和平阶段作长时间的往来交流。只是当时的形势,不见得容许中国有这样的环境。

第五章

大潮第二波：新大陆新风气

在中国的美式小社会

用美国退还的庚子赔款成立的清华学校,是一个建立在中国的小型美国社会。

1920年英国哲学家罗素参观清华之后,认为清华气氛与小型美国大学相似。校长是中国人,但完全是一副美国腔。教员既有美国人,也有在美国受过教育的中国人,而且中国人人数逐渐增多。一进校门就可以发现中国惯常缺少的美德,如清洁、守时和高效。清华很重视英语。清华留美学生办事的能力、清白的人品和精湛的技艺,无疑大有助于国家进步。[1]

预备留美的小社会

清华学堂是培养留美学生的预备学校,因为以赔款支持,所以费用低廉,尤其早期,几近包吃包住[2],课程分中等及高等两种,各四年。从高等科毕业后可以留学美国,深造五年,经批准甚至可延至六年。

由于眼光都看着将来选送留学的机会,学生学习十分努力,竞争激烈。每级80人,能够经八年毕业的,大约只有60人。清华对学业成绩抓得很紧,课程要求不低,完成作业要费相当时间和精力。老师打分严格,必修科不及格,要重修;平均总分不及格,要留级,两年不及格,就要开除。

> 当时我们省1916年考进清华的五个人,按成绩我是第四名,到1924年毕业时,只留下我和原来第五名的两个人。[3]

---

1 [英]罗素《中国问题》,页172—173。
2 《吴文藻自述》,见《世纪学人自述》第1卷,页390。浦薛凤称包括膳宿一切免费,见《万里家山一梦中》,页50。
3 《胡毅自述》,见《世纪学人自述》第2卷,页296。胡毅后于1924年留美。

罗素偕夫人访问中国，赵元任（前排右三）任翻译。香港中文大学图书馆授权使用

经过不断淘汰和遴选补充插班生，高等科学生都有一定水平。经过头两三年派送之后，美国大学知道他们的程度，都接受清华学生插进大学三年级。他们跟班上课困难不大，而且许多人的成绩很快就达到优秀。

由1911年正式开学到1929年最后一批学生毕业赴美，清华学堂这一留美预备学校的角色维持了近二十年。考入清华的少年，住在安静的清华园，在人生的重要成长阶段，接受长达八年的美式学习。

清华园中无疑形成一小型社会，有其特具的校风习尚，使学生在不知不觉中，具有成为面面俱优的学生的志愿：即中英写作俱佳，学分与活动均优。[1]

生　活

清华的校园远在北京城的西郊，校园甚大，有小卖部卖零星杂物。全体学生住宿，很少进城，过着与外界隔离的生活。清华的生活也有很中国

1　浦薛凤《万里家山一梦中》，页60。

式的一面。一日三餐,吃的是粥饭馒头、酱菜、中式菜肴。厕所是北方的坑厕。

清华的校规严格,对中等科学生尤其严厉,不许离开校园,平日要想进城玩一次,非有保证人来信不可;对高等科学生稍为放松,有未请假进城,竟未受处分的。[1]

为了训练学生的自理能力,清华对很多生活细节都有规定,由斋务处负责,比如每周强迫洗澡,连写家信、用钱这类小事也要干预。学生要学习理财,每月收支要记账,呈斋务处查阅,发还时有戳记注明查阅日期。学生若犯盗窃等即行开除。不过据说有位斋务处长因为开除学生,在食堂里挨了打。[2]

学校这么严格管理,很难说是受东风还是西风的影响。法国对寄宿的中学生管理甚严,中国则重视师道尊严,在学生管理上可说是同道。

最惹学生谈论的是强迫洗澡的规定。校内建有特别设计的洗澡间,用种种方法强迫学生每周洗澡。斋务处曾经印了票,规定学生在每周的固定时间,到澡堂去缴票洗澡,也试过让学生洗澡时签学号。一周不洗,宣布姓名;再不洗,监视勒令就浴。[3]

奇怪的是,有不少的同学,因为嫌这一办法干涉了个人自由,就串通了澡堂的管理员,缴票而不洗澡,逃避记过的惩罚。[4]

罗素到清华参观,说见到在中国极少见的整齐清洁的习惯。清华学生李济说,这话听起来好像中国人就习惯肮脏似的。"现代的中国人,尤其是入了美国籍的中国留学生,读了这段话,作何感想,是一个值得考察的课题。"

李济后来成了人类学家,于是以社会科学家的态度来评说。他认为中国地方大,各地习惯不同。不喜欢洗澡的同学认为汗、积垢和异味,都是身上的元气,不应随便洗掉。这是接近沙漠地带、华北干旱区所产生的人生哲学。大多数鱼米之乡的中国老百姓并不接受,哪怕穷得常常断炊,但

---

1 潘大逵《风雨九十年》,页48。
2 潘大逵《风雨九十年》,页48。浦薛凤《万里家山一梦中》,页55。
3 浦薛凤《万里家山一梦中》,页55。梁实秋《清华七十年》,载《老清华的故事》,页188。
4 李济《感旧录》,页9。

所穿的破旧衣裳，总是干干净净的。中国传统对于清洁，虽然没有固定的标准，但古书讲祭祀时候要斋戒沐浴；古礼所说的已婚妇女的职责，大部分与清洁有关。若要恭维当家的贤妇人，总要说她操井臼之劳。

　　清华的清洁运动以及守时刻和讲效率的习惯，大致说来，并不是短期培养成的；但行到十年后，确在校内发生了若干具体的成效。所以大为哲学家如罗素等人所注意。我是在这一训练风气中长成的，等到民国七年放洋到美国时，洗莲蓬浴、作健身操、守时刻，可以说已经成了一种固定的个人习惯。[1]

美式教育的内容

　　清华的气氛有如小型美国大学，因为它的筹建和规划大大得力于留美学生。清华园的规模、方式、风气及特点，大抵都由留美回国的第二任校长周诒春擘划倡议。除了国文和中国史之外，课程和教材都参照美国，基本上用美国的英文教材，用英语上课和考试。早期的教师基本上是留美人员或直接从美国聘来的外国人，若有中国教师教中国文史之外的课，也往往用英文讲课。

　　为了让学生逐步适应英语教学，中等科限于上午课用英文，教法也迁就学生的英文能力，有中国老师用英文讲课，但讲解慢，反复多遍，逐一指定学生照背或回答，力求班上各程度不同的学生都能懂得。高等科则视课程及教师国籍而定，英文程度渐深，老师亦以美籍为多。由于惯用英文学习，学生在美国上课没有大问题，至多弱于口头表达。

　　当时清华为国人诟病的一项，是不重视国文。清华有国文课，上的时间也不短，但是很少学生在意。[2]

1　李济《感旧录》，页 8，10。
2　任之恭《一位华裔物理学家的回忆录》，太原：山西高校联合出版社，1992 年，页 16。

美国教师

以待遇而言，美国的教员远优于中国教师。他们在清华自有一片地方居住，俗称为"美国地"。一个老师住一套房子，家里甚至有个大师傅做饭。跟美术老师熟稔的学生留学美国时，曾去过她在俄亥俄州的家，所见境遇和在清华大不相同。[1]

清华当时还不是大学，所以聘用的美国教师也是教中学程度的，学问并非突出。一个为人厚道的学生甚至觉得，几十个美国教师是托基督教青年会请来的，原来都是美国高中教员，由私人介绍，有些在美国找不到工作，才不远千里到中国来。有些美国教师全无学识，平日言谈举止俗鄙，令大家骇异。[2] 即使比较详细回忆过美国教师的学生，也很少谈到他们的教学水平。大抵这些老师教学还认真，但教法还是以死记硬背为主。历史教师总是叫死记史实和日期，不过教到英法联军之役时，会带全班去看在清华园旁边的圆明园。[3] 化学老师则要学生背公式，引不起学生兴趣。当他劝一个学生读化学时，学生干脆回复："背公式，我不选。"[4]

这些美国老师不少是基督徒，对学生还不错，在周日开查经班，教学生求学做人、处世接物的道理，也经常请学生回家玩。许多学生提及的美术女老师，40多岁，未婚，热心宗教，待学生有如子弟，既教绘画也教做人。她一再劝有兴趣于美术的学生学美术，但担心生计的学生没有听进去。"现在我还记得清楚，她当时那种沮丧的神情，眼泪都几乎要落下来。她虽是一位外国老师，但她对学生的关切，却是那样的淳朴和深厚。每每忆及，我都深受感动。"[5]

这个女教师还曾为残疾学生出头。常考第一名的潘光旦在清华受伤致残，有一次问曾做代理校长的严鹤龄，他一条腿能否出洋。严鹤龄说："这怕不合适吧！美国人会说中国人两条腿的不够多，一条腿的也送来了。"这

---

1 杨廷宝《杨廷宝谈建筑》，北京：中国建筑工业出版社，1991年，页94。
2 吴宓《吴宓自编年谱》，页102。
3 陈鹤琴《我的半生》，页74。任之恭《一位华裔物理学家的回忆录》，页21。
4 杨廷宝《杨廷宝谈建筑》，页102。
5 陈鹤琴《我的半生》，页75。杨廷宝《杨廷宝谈建筑》，页102。

可能是玩笑话,但潘光旦非常生气。美术女教师抱不平,说潘光旦不能出洋,谁还能出洋?[1]

清华与教会学校不同处,是由中国人主持校政,一般美国教师不大干涉。[2]不过,双方也会闹矛盾,比如美国人要多教美国史地,但中国人反对,认为无益于中国。然而庚款既是美国退还的,美国老师背后有美方支持,可以占上风。有一次,美国教师跟刚从康奈尔大学回国的教务长胡敦复不和,请美国驻中国公使出面要他辞职。胡敦复开创选课制,将各门课程由易及难,订立不同程度,颁布全校课程表。教师逐一询问学生,作考察、鉴定之后,发给每个学生一纸上课时间表。学生认为这个新制度能适应每人的能力和需要,也没有繁杂凌乱的问题。因此,学生很喜欢胡敦复,为他讲好话,认为他虽然聘请不少他的旧同学到清华当教师,但这些人擅长教数理化,认真负责,令学生欣服。而美国教师待遇远比中国教师高,却只能教低浅的课程,还教不好。英语课是其专长,但历史、文学也仍是教不好。学生心里轻视他们。对于美国教师迫走胡敦复,学生很有意见,级代表向校长力争,可惜不成功。[3]

清华有不少中国教师。许多学生记得的体育老师马约翰,是中国人。"马约翰是很有吸引力的人物,多数学生愿意响应他的号召。"[4]而学生异口同声赞扬的师长,大概要数办事认真、诚恳切实的第二任校长周诒春了。

演讲和会议辩论

英美在传统上重视演讲和辩论,于是清华亦照办如仪。

清华的伦理演讲,学美国大学的做法,请中外名人来讲。"五四"时,请过胡适、徐志摩、辜鸿铭;基督教青年会安排的演讲,比较系统,讲各种题目,不过不免有传教的成分。[5]

多年之后,很为清华讲好话、后来还当上清华大学校长的浦薛凤,回

---

1 潘光旦《谈留美生活》,载《大师自述》,页234。
2 潘光旦《谈留美生活》,载《大师自述》,页598。
3 吴宓《吴宓自编年谱》,页102—103。时为1911年,清华设立未久。
4 任之恭《一位华裔物理学家的回忆录》,页19。
5 潘光旦《谈留美生活》,载《大师自述》,页234。

忆校中的名人演讲,认为殊无特色,或则迹近应酬,空洞无物;或则枯燥乏味,当时虽不觉得,回忆时却有这印象。[1]清华请杜威去演讲四次,连优秀学生都说,杜威演讲像和尚念经似的,听了四次,也睡了四次。[2]

除了听别人讲,清华也训练学生讲。中等科有公共演说的课程。[3]高等科则有演说辩论的课。在实践上,辩论跟开会议事结合在一起。议事规则本身也是一门课,中等科、高等科的学生都有上过。教师不但详述设置主席、发言、提案、辩论、表决、复议等民主社会中人人应守的程序,还随时并逐段在课堂中试验练习。清华的学生学会这套依照议会规则辩论的艺术,也遵守这民主的形式。[4]1921年,清华的学生罢课,声援北京城内大学的学潮。校方宣布当年要毕业的一级,若不参加大考,就不能毕业,一律留级,不得出洋。于是级长召开级会讨论,激辩长久,幸好双方都有民主精神,运用会议程序,依规则发言,于是表决后,通过提案。

清华着重群育,鼓励集会结社作为议事规则的实习,让学生习惯群体生活应有的态度。级会自行选举级长和班长,学校还安排各班各级按时进行各种比赛,英文拼字、辩论、演戏、演说、运动竞赛等,全校学生自由报名参加,养成胜固足喜、败不为辱的良好竞争风度。[5]

强迫运动

美国重视体育,因此清华亦很重视运动。

学校体育设施完备,有泳池、足球场和体育馆,篮球场、网球场更各处设置。每天有规定的运动时间。早上有必修的晨练,全体学生按编定的时间,到草地上,在编好号的小方木上,跟随体育老师做十分钟柔软体操。[6]

上课到下午四时,所有教室、实验室、自修室、图书馆以至寝室,无论

---

1 浦薛凤《万里家山一梦中》,页63—64。
2 潘光旦《谈留美生活》,载《大师自述》,页234。
3 浦薛凤《万里家山一梦中》,页55。
4 沈有乾《回忆学习英美语文》,载《传记文学》57卷3期,页101。浦薛凤《万里家山一梦中》,页54。顾毓琇《一个家庭 两个世界》,页27。
5 浦薛凤《万里家山一梦中》,页54。
6 浦薛凤《万里家山一梦中》,页54。顾毓琇《一个家庭 两个世界》,页29。

晴雨,全部关闭。各处摇铃,学生必须到户外或体育馆内自由选择各种运动。不少学生换上短衣裤、运动鞋,也有学生仍穿着长衫马褂,在周围散步。[1]

中等科有侦察锻炼。高等科规定自选军训或加入童军,各有制服,定时操练,不能缺席。[2]学校也聘拳师,每年还另请人来做十八般武艺的表演。

大概在1930年代,清华取消了下午四时强迫运动的安排,不再锁上图书馆、宿舍等,但仍然很重视体育。或因长期倡导的缘故,北京各校的体育比赛中,清华常常名列前茅。

然而无论如何强迫,总有一些学生既不擅长也不爱好运动。后来做文学教授的吴宓是个书生,出国前一年他的五种运动考试都不及格。他猜测自己能够出国,是因为最后一年与校长周诒春亲近,校长对他的印象变好,才不过问他的运动成绩。[3]

清华有专门人才主持体育,体育主任是个洋人,副主任马约翰则是中国人。马约翰毕业于教会大学,没留过学,本来不是读体育的,但很热心指导学生进行体育活动,于是转为体育教师。他几乎是最受学生爱戴的中国教师。中国植物生理学奠基人之一汤佩松在清华时成绩既好,又是出色的运动员。他念念不忘的老师就是马约翰,"我在那时及以后的学习和工作中能克服许多困难和挫折以及在生活和工作中的优良运动竞赛作风、态度及精神,是和在清华八年间的强迫性体育制度分不开的。具体地说,体坛巨师、已故的马约翰教授的培养起了极大的影响。"[4]

在当时,中国书生被讥为手无缚鸡之力。清华要培养人才,课业很重,重视体育虽是美国风气,但对补救读书人的文弱也有积极的意义。"清华学习负担重,但大家身体健康未受影响,因为重视体育锻炼。"[5]

通才教育

美国重视通才教育(liberal education),清华也实行通才教育。学校提

---

1 潘大逵《风雨九十年》,页47。浦薛凤《万里家山一梦中》,页5。
2 浦薛凤《万里家山一梦中》,页64。顾毓琇《一个家庭 两个世界》,页29。
3 吴宓《吴宓自编年谱》,页156。
4 汤佩松《为接朝霞顾夕阳》,载《资深院士回忆录》第1卷,页4。
5 刘绪贻《箫声剑影(一)——刘绪贻口述自传》,页95。

供良好的环境,图书馆供给大量书刊和宽敞的阅览室,供给古今中外值得学的东西,给年轻人去自由探索。八年中等教育,是各方面打基础、养成习惯、扩大眼界和考虑学习前途的时期。到图书馆乱翻书,广泛涉猎,这种通才教育出来的人,什么都能搞一点,各种文化知识都掌握一点。[1]

除了上课和阅读之外,学校鼓励课外活动,周诒春尤其大力提倡,[2]清华有各种兴趣会、各省同乡会、宗教会(孔教、佛教等)。学生编辑学报、周刊,参加演说、辩论、演戏等活动。清华的体育和美育对学生也有终生影响,"体育、音乐、美术课占的比重不大,可是这几方面的训练却使我终身受益。留美期间经常打网球,买歌剧和交响乐的季票,一有机会就去参观艺术展览。终身坚持晨操锻炼,始终听音乐、看艺术品来调剂和丰富自己的生活。"[3]

> 清华给了我方方面面的教育:精神上的,身体上的,智力上的。[4]

学生赴美时心态

清华学生有没有因为受了八年美国式教育,于是思想变成崇美呢?优异生潘光旦说,崇美思想是当时国内的潮流,学校无须特别做工作。他当学生时,对洋人,起初是望而生畏,后来则是羡慕。那时候很自然的想法,是能出洋就出洋。[5]

对于少数人享受了庚款读书和留学的争议,一直赞美清华的学生浦薛凤认为美国归还庚款,旨趣光明正大;又认为美国的内政外交,信仰及社会,均有长处:人生而平等,有不可割弃的权利,生命自由与求乐是美国独立宣言的精神;美国科技进步,国富民强,社会安宁。他赴美时衷心喜悦,

---

1 《胡毅自述》,见《世纪学人自述》第2卷,页294—296。潘光旦《谈留美生活》,载《大师自述》,页235。
2 陈鹤琴《我的半生》,页77。
3 《胡毅自述》,见《世纪学人自述》第2卷,页294—296。
4 顾毓琇《一个家庭 两个世界》,页29。
5 潘光旦《谈留美生活》,载《大师自述》,页236。

认为自己不是盲目醉心。[1]

喜欢给美式教育抬抬杠的潘光旦则认为从一般人的心理出发，说美国退了款，盖了房子，办了学校，自然会觉得它不错。他说美国不过是那一套，自己在中国也能读，这个优异生在美国没有用尽五年的费用，不拿博士就回了国。[2]

应该说，清华的亮丽成就不全由美国造成，留美回来主持清华的人，也不是崇洋贬中派。他们主持清华，还是以中国为本心的。

当时清华学生觉得自己没有教会大学学生那么洋气，连英语演说都差得远。出国前，在欧美同学会欢送官费和自费生的午宴上，清华同学代表致谢词，"开始是背的很流利，后来忽然背不出来了，越急越背不出。我们在座的也替他干着急，无奈爱莫能助。自费生代表，是上海圣约翰毕业的，讲起来真是口若悬河，……这样相比之下，我们不免就相形见绌了。"[3]

为清华奠下良好学风和根基的校长周诒春，身上可以嗅到中国气味。

1915年清华校长周诒春（前排右五）与教职员。选自《清风华影》，清华大学出版社

1　浦薛凤《万里家山一梦中》，页76。
2　潘光旦《谈留美生活》，载《大师自述》，页236。
3　李先闻《留学时期——一个农家子的奋斗之三》，载《传记文学》15卷1期，页49。

他是标准洋学堂出身——上海圣约翰大学毕业,留学美国拿到硕士学位,英语流利。可是他为人严肃,同学和他讲话,不许站在对面,得站在一旁讲。[1] 看来还很有中国传统师严道尊的味道,不太美式呢!

清华的学生并不是封闭在清华园里的小美国人,而是跟全国的学生同呼吸的。清华学生自言:

> 学习的目的性,不能不说受到辛亥革命、五四运动的影响,要把国家搞好,多少受到点读书救国、实业救国思想影响。[2]

> 在清华头几年,循规蹈矩接受美国那一套教育。五四运动使我的思想受到很大影响。[3]

> 妄猜清华出身的人一定崇洋,留学生带回来的洋学和经验一定是好高骛远,不了解本国的实况,那就有些无的放矢,也未免小看自己。[4]

---

1 潘光旦《谈留美生活》,载《大师自述》,页599。
2 杨廷宝《杨廷宝谈建筑》,页95。
3 《吴文藻自述》,见《世纪学人自述》第1卷,页390。
4 黄荫普《忆江南馆回忆》之"柳存仁序",香港:广宇出版社,1989年。

什么人能进清华

旧制清华学生真是天之骄子。[1]

凡是在1925年清华开设大学部当年或之前进入清华,如果没有被开除,都可以留学美国。这在人人巴不得能够留学的时代,能够读清华,不是天之骄子吗?

清华学校的学生中,约有1200人留学美国。[2] 这些天之骄子是什么人呢?

招　生

庚子赔款是按省分摊的,所以用退还的赔款来送学生去美国,学校也是分省收生,以每个省负担摊派的比例分配,各省的名额不一样。

连插班补替的名额也根据各省原来的数额。山西每年只取一名,山西籍的物理学家任之恭1920年考了第三名,却得到复试入学的机会,因为前一年清华有几个山西学生考试不及格退学了。[3]

学生来自各省,等于是中国各省人的小集合。对少年学生来说,东西南北各省学生,方言不同,习惯互异,荟萃群居,相互接触,不知不觉中,增益了见闻,扩大了胸襟。[4]

清华是男校,这个小集合只有男生。但清华也在上海公开招考,录取男女专科生,在美国留学的时间与清华生大约相同,费用一致,算是让女

1　梅贻宝《大学教育五十年——八十自传》,台北:联经出版事业公司,1986年,页27。
2　程新国《庚款留学百年》,页32。王树槐《庚子赔款》,页313。
3　任之恭《一位华裔物理学家的回忆录》,页12。
4　浦薛凤《万里家山一梦中》,页52。

学生也有公费留学美国的机会。

清华的入学考试消息登在报上,在大城市生活的,消息灵通一些,所以京津沪不少中学和教会大学的学生去考;已在清华读书的,亦指点后辈亲友去考;南开等著名中学的学生,例行报考;亦有重视教育的地区,老师用心于学生的,肯为学生筹谋。[1] 为了留美,考生不怕重读,有时城市考场里,几十个考高等科的考生多是大学生。[2]

清华除了在北京、上海、南京、广州、汉口等大城市招考之外,因要按省额收取学生,所以各省也实行初试,然后推荐学生去复试。

1914年穿长衫的清华中等科学生合影。选自《清华园风物志》,清华大学出版社

---

1 吴文藻是江苏小商人家庭出身,父亲没念什么书。他读高小得第一名,得老师赏识,考上江苏省的中学,一年后那个老师劝他考清华以留美。同宗代筹了旅费,并带他进北京,见《世纪学人自述》第1卷,页390。

2 陈鹤琴读圣约翰大学,1911年小哥看报见到招生,叫他去投考,见《我的半生》,页71。萧公权1918年在青年会中学毕业,读清华的族兄鼓励他考清华高等科。同期考生六七十人,几乎全是各大学(包括南洋和圣约翰)一二年级学生,见《问学谏往录》,页31。

清末的时候，各省延用清代的教育系统推荐学生：各省学堂的毕业生由省的提学使考试。考得最好的少数学生发给路费，到北京报到，体检之后，由学部复试。复试是把在北京考取的百多学生与各省考取送到北京的学生约300人合并考核。[1]

有些地方，学校组织老师带领成绩好的学生去考，而且同一个学生不只考一次，毕业去考，毕业之前一年也去碰机会，以赚点经验。[2]当年除了清华，有些省份如河南或云南也设有留学的预备学校。但是这些学校并不能像清华一样保证出洋，学生能不能出洋，除了看成绩，还要看省里的经费是否足够。有一个在河南的欧美预备学校读书的学生，上了两年半课，河南省就没有经费了。老师和校长召集学生，叫他们考清华，如果考上了，可以减轻本省的负担。[3]

清华的考试，科目繁多，考中等科和高等科的要求不同，随时间推移，每年科目也有变化。在北京复试时，英文、算术、国文、中国史地、理化都要考，所以清末的时候，复试考期长达几天到一星期，真有点考科举的味道。天未亮，几百个参加复试的学生就出发到考场，考官戴大红顶子，穿马褂，唱名式地把名字一个一个唱出来，考官用大红银珠笔在名册上一个一个地点名，然后考生就各按座位坐下考试。学生考取之后，还必须由同乡官做保。[4]

清华初办的时候，学生除非来自沿海教会大学，否则能用英文答卷的人不会多，何况还要照顾偏僻省份的考生！除了英文作文，估计考卷还是以中文回答的。到后来，考清华的高等科插班的人，除了国文历史之外，都用英文考，这对中学读英文不多的学生是一大难关。题目尤其难猜难答。语言学家李方桂说，第一考卫生，他们在考前打听考试用书，几个学生合买了一本清华上课用的英文卫生课本研读；第二考劳作、木工，但中国的

---

1 吴宓《吴宓自编年谱》，页93，98。
2 浦薛凤小学毕业前曾到南京考清华，备取，1914年小学毕业后，跟几个同学由老师率领去北京再考清华，见《万里家山一梦中》，页36。
3 杨廷宝《童年的回忆》，见《杨廷宝谈建筑》，页92。
4 陈鹤琴《我的半生》，页72。

中学里没有做过木工；最后，还考地理、算术、外文及其他科目。[1]

权贵的学校？

既然毕业就能留美，留美之前又能接受多年的良好教育，清华的学位自然是人人向慕的。有钱有势的人难保不用各种方法入学。那时候中国是个人情社会，什么人能进入清华，里面有没有插队的成分，外间也不免有各种传言。

考上的学生说录取一概以考试成绩为标准，不受请托。考了备取的人，则认为：

> 各省有权势的军阀、官僚、政客、学阀都想把自己或亲友的子弟硬塞进去。……我没有八行书的介绍，考了个备取第一名。我气坏了，我痛恨政治的腐败和社会的不平。[2]

1923年学生去旅行前在清华学堂门口合照。选自《清风华影》，清华大学出版社

---

1 李方桂《李方桂先生口述史》，北京：清华大学出版社，2008年，页4。
2 黄荫普《忆江南馆回忆》，页15之注6。王造时《王造时自述》，见《上海文史资料选辑》第45辑，页100—101。

但只靠传闻，难有证据。清华里确实不缺满汉王公大臣的子弟，例如端方的儿子、邮传部尚书的孙子等，民国的权贵和名人子弟也有不少。权贵子弟虽然人数不多，已足以使人误以为清华是贵族学校。传说有特别生制度，是为副总统冯国璋一家子弟而设，冯国璋十三四岁的小儿子及孙子，向学校缴了巨款，未经考试进中等科一年级。全校只有这两个特别生，无先例，亦无来者。当时清华已被人称为贵族学校，因为有不少显贵人物的子弟冒名顶替边远地区学籍骗取入校资格，"不过他们虽利用权力暗中作弊，表面上还是要经过考试，借以掩人耳目。"又有传言说当时清华的权门子弟，还有国务院高级官员梁某的三个儿子、萨镇冰之孙以及梁启超的三个儿子。诸人除冯国璋的儿子外，后来都留学美国。[1]

家族、乡里、科举同年等种种联络，原是中国的血缘、地缘及士人社会的基本网络，所以人情请托避免不了。有些人也以能够受人请托而沾沾自喜。一个清华留美读教育的博士，1920年代初回国做教授。他的清华好友吴宓说，他常常穿新做而华丽的蓝缎锦袍作学术演讲。这个教育博士兼任教务处长时对好朋友说，他的职位虽然不算高，但在办公室里，每日一定有数十以至上百人来见，有所请求。事情都要由他决定准行与否，他的决定就是这些人的得失苦乐所由，自己的权力可谓不小了。听到这番说话，耿直的好朋友也认为他浅薄虚荣。[2]

据说清华学校校长周诒春遇到过不少请托入学的事，不过，他为人正直、爽快、有本事，基本上都拒绝了。

后来当了清华教务长的潘光旦也遇到请托的事，那时候已经不送学生出国了，但清华还是有名的好学校。省主席要求让他的两个儿子到清华旁听，"我说，承刘主席看得起，但清华之被人瞧得上眼，全是因为它按规章制度办事，如果把这点给破了，清华不是也不值钱了吗？在昆明也有人想把自己的子弟塞进联大来，我都拒绝了。"可恼的是，这个教务长怀疑自己当年考入清华，"此中不可能没有关节"，因为他的舅父当时在南京管教育，结

---

[1] 胡光麃《波逐六十年》，页74。潘大逵《风雨九十年》，页52—53。
[2] 吴宓《吴宓自编年谱》，页243—244。

果200多人考，只有11个名额，而他和表弟就占了两个。[1]

议长汤化龙的儿子是清华优异生，也说"由于父亲当年任北洋政府的教育总长，我于1917年'考进'在那时极难挤入的清华留美预备学校。"[2]

鉴于这些学生自己的经历，可以见到当时想子弟入学的人，在请托与旧式人情之间如何努力活动。

一个原来在上海读中学的学生，兄长是政界、学界都有点地位的潘大道。一日他收到兄长由成都突发的电报，要求他去北京考清华。因为是四川人，他先遵兄长的指示拜见四川省驻京京官，请这位京官把他带到清华园，再找同乡学生协助办理入学，先参加林语堂主持的复试，考试的内容只是分辨英文"美"字的形容词和名词。[3]

革命诗人柳亚子的儿子柳无忌则是明明白白地走后门。他原是上海圣约翰中学的学生，1925年因为五卅惨案，学生群情激愤，集体离校。18岁的青年对前途没有一点把握，在清华教书的舅父为他设法走后门，不经考试送进清华。这一年清华改为大学，新入学的学生都属新制，毕业后并没有留美的资格，而柳无忌竟然延用旧制，可以留学美国。"我与他们同时入学，却插在旧制高等科三年级，两年毕业后，仍能出洋，这是因为家庭为我付了巨大的金钱代价。在这里，我不免怀念着祖母与父母亲他们对我的溺爱和期望。哪怕父亲是革命人物，他们对走后门是没有罪恶感的。"[4]

虽然有学生走后门入学，不过，清华考试也确实招收平民子弟，里面不乏穷学生。清华的穷学生也说，"念清华的，大多是一批富家子弟，也有些像我这样家境窘困的子弟。"[5]有的农家出身的学生，认为清华不是贵族学校，强调自己一直是穷学生，有时人家请客，还要向朋友借纺绸长衫装体面。他们同级同学出国之前，用学校发的400元治装费定制西服和大衣，料子

---

[1] 潘光旦《清华初期的学生生活》，见《潘光旦文集》第10卷，北京：北京大学出版社，2000年，页564。
[2] 《早年留日者谈日本·汤佩松》，页3。
[3] 潘大逵《风雨九十年》，页46。
[4] 柳无忌《古稀人话青少年》，见《柳无忌散文选——古稀话旧》，页84。
[5] 杨廷宝《学生时代》，见《杨廷宝谈建筑》，页95。

差不多，像制服一般，他自称是穷酸相留学生。[1]

其实所谓富家子弟，未必就是巨富，在穷孩子眼中，不像自己般捉襟见肘，已经是富家子弟。清末民初经济日趋凋敝，有点资产的人家也逐渐枯竭，还要养着人口颇多的家庭，余资也不多。吴宓生于陕西商人家庭，在族中可称富厚，其他族人已沦为贫贱的小商贩、小手工业者。但他小时候，听到家人说他们只是小康之家，田地无多，而商业接连倒闭。家人住在上海一年，也感到生活拮据。[2]

凭印象，人言人殊。大概诸多回忆里，以下由清华旧生、著名社会科学家潘光旦的概括比较接近真相：

> 当年清华学生的阶级成分，未经调查研究，是不可能作具体的说明；但从各方面的迹象看来，也不难认识到一个大概。工农出身的子弟，如今回忆起来，竟想不出几个明确的例子来。这可能是由于我自己受了阶级出身的限制，交游的范围狭小，但也不尽然，记得在小学里，我是有过几个过从很密的来自工农家庭的同学的。官僚、地主、买办、士绅与小资产阶级的子弟占压倒的多数是无疑的。……但反过来，大官僚、大地主、大买办家庭出身的似乎也不太多。……当时一般学生的消费水平也似乎说明了这一点……少数奢华浪费的学生有，……但一般是较俭朴的。[3]

洋派留学生？

无可否认，跟中国其他大学比，清华是洋派的，但清华录取招生，并不专取洋气的学生。1919年考清华的南开中学毕业生，觉得清华一派洋气，和南开比较朴素的校风不同。由于高等科录取插班生的名额极少，几百人只录取几名，他以为自己肯定落第：

---

1 李先闻《留学时期——一个农家子的奋斗之三》，载《传记文学》15卷1期，页49。
2 吴宓《吴宓自编年谱》，页5，45。
3 潘光旦《清华初期的学生生活》，见《潘光旦文集》第10卷，页565。

> 应考的几百人中，至少有四分之一是西装笔挺，满口英语，趾高气扬，他们自然是京津各校的"高才生"了。我穿的是一件旧蓝布长衫，相比之下，实在有点寒酸相。我想，像那些穿西装、满口英语的人，才考得取呀！……后来我才知道，原来我对之自惭形秽的那些穿西装、神气活现的考生，录取的并不多。[1]

另外，清华学生名额有省份限制，也令清华的学生不可能全属洋气的学生。就在京城旁边的山西，经济不发达，赋税交不多，入清华的名额也少，通常每年只有一人录取。物理学家任之恭并非山西地方的望族，他考上清华之后，有生以来第一次搭火车到北京，着浅蓝色破旧长袍，穿手缝布鞋，只会讲山西方言，是个典型土包子。和来自较发达的江苏、福建城镇的同学比，他像个乡下孩子突然陷入大城市，不合群，花了一段时间才适应。[2]

就是权贵子弟，入了学校，作风还是比较朴素的。

> 冯氏叔侄（总统冯国璋的子弟）在校中生活还较朴素，读书也能用功，未有娇生惯养恶习。如我有时为他们补课，他们就争着为我擦皮鞋。[3]

清华在当时中国初级高等教育里，可说是既重洋风，又起着招引各省人才的作用。比起教会大学，清华的"土包子"较多，校风淳朴；比起中国其他自办的大学，它又自成一格。而有了保证留学的招牌，清华才能从严管理学校，保证毕业生的水平。有些早熟青年，容易倔强执拗，但为了留学机会，还是妥协。像诗人朱湘入了清华，又离开工作了数年，再入清华，以得到留美机会。[4]

但青年性情也有倔强不屈的。清华规定考试不及格要留级，有的学生

---

[1] 孙瑜《大路之歌》，页61。

[2] 任之恭《一位华裔物理学家的回忆录》，页12，15，17。

[3] 潘大逵《风雨九十年》，页52。

[4] 柳无忌《我所认识的子沉》，见《柳无忌散文选——古稀话旧》，页52。

因为活泼好动,毕业那年考试不及格,被学校留级,不能随班出洋。该学生不愿留级,不肯返校,竟然牺牲赴美留学的机会。[1]

后来成了中国考古学之父的清华留美生李济,说秀才父亲在宣统末年即毅然地让他考清华。以当时中国的政治与社会,这类教育子弟的方法必须有思想进步的父兄推动。

> 与我童年所交的朋友相比,我并不算特别聪明;但是这些幼年朋友们,大半都像洪涛中的沙砾一样,沉淀到海底去。我却幸运地被包工的运送到建筑场所,构成了三合混凝土的一分子,附属在一个大建筑的小角落上。这不能不谢谢一群先进的教育家——像蓝图设计人、工程师和包工的这一群人们一样,把我当着了一种有用的材料使用。[2]

---

[1] 浦薛凤《万里家山一梦中》,页57。
[2] 李济《感旧录》,页5。

庚款留美的优渥生活

清华学堂本是一间留美预备学校,程度约等于中学加两年大学,但是它的经费可以媲美北京大学,有时甚至超过,比北京师范大学更超过一倍,学生人数却比这两间大学少。[1]因此在清华读书,比起当时经济凋敝的中国民众,生活是很优裕的,不必交学杂费用之外,伙食丰富,每餐八菜一汤,四荤四素,馒头、米饭、小米粥俱备。最初伙食是免费的,因为社会有微词,1916年起才收费。住宿条件也好,即使中等生也住宽大的四人间,睡钢丝床。

清华学生去到美国,生活也很写意。旅费他们不用管,出发前有充足的治装费;在美国公费读书五年,既不用管学费,每个月还稳定拿到生活费,只用作住宿和零用,生病另外有医疗费。

美国有私立名牌大学,也有鼓励自食其力的平民大学,学费差距很大。如20年代私立名校斯坦福的学费,一年三季,每季要交几百乃至上千元,[2]自费学生不敢轻言入读,但是清华留美生不必管这些问题,可以任意选校和选科。由于学费是直接汇付学校,学生不必盘算所修科目的学费,也就不虞影响选科的意向,不虞学生为了省钱自用而选学费低廉的学校。[3]为了早日达成国家自强的目标,学校本来鼓励清华留美生读实用科目,但是他们在美国事实上可以各自筹划,发展兴趣,转变主修科目。

即便不转系,学生也可以用公费去学外语或选读与主科无关的课。有读新闻和政治哲学的学生选修音乐课,既学乐理,又学小提琴和钢琴,还学作曲;音乐之外,还学西洋画,全人教育得很。[4]

五年公费的安排,除了起初一两届的清华生因为不知底蕴,入美国高

---

1 王树槐《庚子赔款》,页311。
2 潘大逵《风雨九十年》,页64。
3 吴宓《吴宓自编年谱》,页164。潘大逵《风雨九十年》,页64。
4 萧公权《问学谏往录》,页55。

中或大学一年级,此后清华毕业的学生不少已等于大学二年级程度,因此五年公费可供他们读完硕士,甚至博士。五年公费期满,可以酌情延期。如果拿了博士还未够五年,可以申请读够五年,而不是提供给其他人,造就更多人留学。1920年代,一个文科生用四年读到博士,因为公费尚余一年,得到留美学生监督认可,又到德国进修一年。德国学校未开课的期间,又用公费到昂贵的语言学校上德法文会话班,每班一个教员教一个学生,效率很高。享受如此优待的学生自然大赞清华为造就学子,实在很宽厚。[1]

清华生学成归国时,公款发给路费。大概一代一代经验累积下来,到二三十年代,好些精明的清华生,回国时有足够的路费绕道欧洲,或坐火车经西伯利亚,或坐船经红海,等于环游世界一周。[2]当然也有那种不懂欧游、拿了几百元路费全花在路上,到中国码头时,还要打电话要家人来接的学生。

20世纪初的美国约翰霍普金斯大学医学院

---

1 梅贻宝《大学教育五十年——八十自传》,页37。
2 1926年或以后,浦薛凤、李方桂、吴文藻、柳无忌、任之恭都曾绕道欧洲回国,汤佩松则欧游探询植物生理功能学科的国际水平,访问权威学者。

虽说有以上种种优待，驻美的清华监督处毕竟对公费的使用有一定的管理：年轻人对前途的选择总不免三心两意，也有不少人总是走弯路，而转系是会被缩减生活费的。[1]这个监督处每个月要处理大量现金，分别汇给学校和学生，大概这种常规的进支账还管得清楚，一向很少失误。但是非常规的项目就出过错，某次因为监督外游两三个月，又不交代负责的职员，结果没有把毕业前要清缴的各种费用汇给学校，害得学生在毕业礼前一晚收到学校通知当年不能毕业，第二天不必行毕业礼。受害学生认为这个监督是老牌留美生、外交官施肇基的侄儿，将这个职位当作一个肥缺，因为管理出入钱财甚多，可以中饱，又可以不常在办事处，到处游乐。[2]

1911年到1929年清华派送官费生留美期间，中国正处于清朝覆亡、民国初立、军阀混战的乱局。享受如此厚待的清华学生，无论在中国或美国，都可以不理世事，埋头读书。人类学家李济自称在清华八年不问政治，但清华学生包括李济在内未必不被培养出报国的思想。1914年由清华送到美国的教育家陈鹤琴说：

> 童年时代，我的人生观无非在显亲扬名。在中学时代，我的人生观在济世爱众。在大学时代，我的人生观除济世爱众外还能注意到救国呢。这种救国的观念是在清华里养成的。清华创办的历史我很明白。清华的经费是美国退还的庚款。庚款是什么呢？无非民脂民膏而已。所以我觉得我所吃的是民脂民膏，我所用的也是民脂民膏。将来游学美国所有的一切费用，也是民脂民膏，现在政府既然以人民的脂膏来栽培我，我如何不感激呢？我如何不思报答呢？爱国爱民的观念从此油然而生了。[3]

---

1 胡适《胡适口述自传》，北京：华文出版社，1989年，页59。
2 吴宓《吴宓自编年谱》，页204。
3 陈鹤琴《我的半生》，页82。

演讲的风气

如果中国文人擅长上书,那么欧美的知识分子可谓长于演讲,特别是英美。

重视演讲,是希腊、罗马时代的风气。西欧各国视二者为文化根源,演讲是很常见的活动。[1]留学西洋的中国学生,尤其是留美的学生,经常被邀就中国情况作演讲,而留日的学生几乎没有类似的活动。[2]热衷请人演讲的机构有乡镇的教会,也有大大小小各色社团,尤其是妇女团体。在电视和电台都未出现的时候,请人演讲以了解一下外界情况和社会议题,既是教育,又是娱乐。

体育和演讲都是美国大学重视的课外活动。早年美国东部的中国留学生大会除了讨论会务,还举办演说和体育比赛,爱好此道的驻美公使梁诚还亲任演讲比赛的裁判。[3]比较之下,演讲比赛不受设施限制,比体育比赛更易举行。[4]由于演讲在美国这么普及,清华学堂提早就训练学生熟习演讲术。

---

1 留学英国、德国的黄佐临、张果为都曾受邀演讲,曾宝荪读的英国女校也重视演讲和辩论活动。法国留学生较少提及。
2 日本留学生少谈演讲,但日本学生曾热衷公开演讲。黄季陆称1918年一战结束,民主思想弥漫日本社会,年轻学生很向往。庆应大学的日本学生在校内站在高处作慷慨激昂的政治演讲,很多人围观,或笑或骂。按日本人的说法,这是在学习民主,预备将来选举参政。如果不经过这样学习,遇到政敌攻击便会手足无措。黄季陆认为这应是学英国海德公园的方法,日本人能虚心学人长处,见黄季陆《忆往与借鉴——留学日本时期的一段回忆》,载《黄季陆先生怀往文集》,页420。
3 罗香林《梁诚的出使美国》,香港:香港大学亚洲研究中心,1977年,页8。
4 蒋廷黻在帕克学堂没上过体育课,社交也很少。他当时的课外活动只有演说和辩论。见《蒋廷黻回忆录》,页51。

演讲中国近况

中国是一个东方大国，对很多未去过中国的美国人而言，中国有神秘感和异域色彩。美国又有不少传教士和商人在中国活动，乡镇居民周日在教堂礼拜时听听中国学生演讲，偶然有去过中国或者有亲友在中国久住的居民，可以顺便了解美国教士在中国各地传教的情形。[1]令年轻学生讶异的是听众的反应。一个暂代牧师作主日学的学生，大抵还欠点自信，结果"出人意料的是能掌握住听众，他们极欲从一个到美国一年的中国孩子那里了解中国"[2]。

美国人请中国学生去介绍中国，不要求这些学生是中国问题专家，也不要求他们是演讲家，所以大学新生也有人邀请。[3]接受邀请的学生也觉得类似的市郊教会邀请演讲，极易应付，不需准备，又可以得个机会，了解美国农村生活情况。[4]

有时学生演讲的内容极简单，仅讲讲中国家庭和读书的情形。有些学生就自己所长，向美国乡镇居民介绍中国：读文学的可以演讲中国生活和风俗；读政治的，选的题目通常是听众和自己感兴趣的，比如中国的形势、中国的问题和前途等等。[5]

除了介绍一般的中国情况之外，中国政局的新形势也会引起西方听众的好奇和关心。1911年中国革命后，许多西方人对新兴的共和政府和中国感兴趣，演讲邀请很多。有时中国学生因激于时局，积极争取演讲机会，以表达中国人的看法。如《凡尔赛和约》签署，中国被出卖时，"从1919年到威尔逊总统1920年11月落选之间，我至少演说过100次……什么地方有人肯听，我就去讲。"[6]

留学生在演讲中国近况的场合，不免会遇到讥评中国的人。中国学生

---

1 吴宓《吴宓自编年谱》，页172。蒋廷黻《蒋廷黻回忆录》，页51。
2 蒋廷黻《蒋廷黻回忆录》，页51。
3 1905年在哥伦比亚大学读一年级的顾维钧，就时常被各俱乐部和社团请去演讲。
4 浦薛凤《万里家山一梦中》，页85。
5 顾维钧《顾维钧回忆录》第1分册，页31。
6 陈毓贤《洪业传》，页89。

若有口齿便给的，便起而为中国的名声而辩。

一次某教会请中国学生去听新从中国回来的一个传教士报告中国近况。该传教士把中国社会描述得黑暗无比，几乎与野蛮社会无别，并且大肆讥评。当传教士讲完之后，听众中有略知中国情况的，立即建议主席，请在场的中国学生发言。清华学生杜钦辩才无碍，常被请去公开演讲，中国学生自然公推杜钦为发言人。他站起来，从容不迫地作了十几分钟亦庄亦谐的谈话。

> 他不直接驳斥传教士的错误，也不直接为中国辩护，但请大家注意，任何学识不够丰富、观察不够敏锐、胸襟不够开阔的人到了一个文化传统与自己社会习惯迥然不同的国家里，很容易发生误解，把歧异的看成低劣的。中国学生初到美国，有时也犯这种错误，他本人就曾如此。他于是列举若干美国社会里，众所周知、可恨可耻或可笑的事态。每举一桩之后，他便发问：那就是真正的美国吗？他略一停顿，又自己答复，说："我现在知道不是呀。"

说完之后，会堂里掌声雷动，传教士满面通红。在场留学生对杜钦的妙语和急才，钦佩不已。[1]

清华学生的表现

中国本不缺辩的传统。春秋战国时周游列国的说客、历代折冲樽俎的外交人员，都能辩，但青年学生毕竟不比千锤百炼的政治老手。生来就辩才无碍的青年，无论有没有上过演讲方法的课，也能够如鱼得水。至于向来木讷于言的，受过训练，毕竟比较有信心。清华学生就占了这训练准备上的便宜，虽然仍然有讲得散漫零碎的。[2]

一个清华生说，初到美国时，以为美国人都看不起中国人，所以不想被人小看，在课堂上想一鸣惊人而苦无表现机会。及至教授指定学生都要讲解一篇心理实验报告时，他除了在内容上作准备，还对听众"可能提出

---

1 萧公权《问学谏往录》，页52。
2 吴宓《吴宓自编年谱》，页172。

的问句，也都想好怎样回答。至于发音、声调、姿态、手势，早在清华有演讲一课，都已经过训练。而且我曾参加全校英语演说竞赛，也曾参加校际英语辩论，无不胜利得奖。所以届期照计划进行，完全满意"。老师称赏，同学另眼相看。[1]

邀请清华学生去演讲的人既多，他们也普遍乐于接受。[2]因为清华校长周诒春常常叮嘱，叫学生到美国后担负宣扬中国文化的责任。然而，在校园外的实际演讲，比诸学校里的演练，自然不乏意外的挑战。一个学生在清华曾参加英文演说比赛，因此响应校长的号召，除了随时与美国人直接接触外，"还到各地讲演，务使矫正错误观念，增进友谊感情。"不过他的第一次尝试是一大失败。他应邀去向一班女生演讲孔子学说，一上台就大声演说，几乎三四百人听也有发聋振聩的影响，女学生都抬头瞠目，以为他是大演说家。不料一刻钟之后就声嘶力竭了，他厚着脸皮哑着喉咙喊下去，女生都垂着头不好意思再看。这个学生回到住处，十分懊恨，后来总结经验，认为比赛和实际演讲不同，不能以演说的声调去对三四十人演讲。一年之后，英文改进之余，他的演讲能力也加强了，暇时到各处演讲宣传中国文化，便处处受人欢迎了。[3]

另一个清华学生到美国只一年，就入选美国大学辩论队，曾得全校演说比赛第一名，并代表学校参加全州比赛。教授介绍他到州政府为工会演讲中国情况。他到场后发现会场很大，有数百听众，都是工人，多数不系领带，身上烟味很浓。这个学生说当时幸好正选读演说学，警觉要适应现实，调整数据，于是侧重讲中国受列强侵凌和工人农民开始抬头两项，总算应付过去，但问答时，还是略为受窘。因为有人问他是否生于资本主义家庭，中国会不会产生无产阶级革命等。"予当时深刻体会，马克思主义已开始在美劳工界散播。"[4]

---

[1] 沈有乾《怀念六位美国业师》，载《传记文学》49卷1期，页113。
[2] 沈有乾《怀念六位美国业师》，载《传记文学》49卷1期，页101。清华生在美常受邀演讲，邀请者多为地方小团体。
[3] 陈鹤琴《我的半生》，页125。
[4] 浦薛凤《万里家山一梦中》，页82，85。时为1922年。

讲出两个外交家

在美国的留学生里面，能够像前述的杜钦那样，讲得满堂风动的大抵不止一二。然而他们只视演讲是美国的风尚、留学生活的点缀，再或者将其提升为学习的一项内容，为中国人争一口气的机会。但是在20世纪头二十年里的留美学生，有两个人自承因为演讲，讲出参与政治的兴趣来，结果改变了自己的学习取向。两人回国后涉足政治，先后做过驻美大使，他们就是顾维钧和胡适。

顾维钧是职业外交家，巴黎和会的中国代表之一。他读大学时决心放弃工科，主修政治和国际外交，因为读一年级时，许多俱乐部和社团请他去演讲，讲的多是中国问题，于是他的兴趣逐渐倾向政治。[1]

而新文学运动中冒起的胡适，把他由理转文的一个原因，归于辛亥革命，其实细看一下，应该归因于美国人请中国学生去讲辛亥革命。"（辛亥革命）建立民国。中国当时既然是亚洲唯一的共和国，美国各地的小区和人民对这一新兴的中国政府产生了浓厚的兴趣。校园内外对这一问题的演讲者都有极大需要。在当时的中国学生中，擅于口才而颇受欢迎的演讲者是一位工学院四年级的蔡吉庆，蔡君为上海圣约翰大学的毕业生，留美之前并曾在其母校教授英语。他是位极其成熟的人，一位精彩的英语演说家。但是当时邀请者太多，蔡君应接不暇，加以工学院课程太重，他抽不出空，所以有时只好谢绝邀请。可是他还是在中国同学中物色代替人，他居然认为我是个可造之才，可以对中国问题，作公开演讲。"

这么一讲令胡适对公开演讲大感兴趣。他为头几次演讲花了不少时间准备，"这几次讲演，对我真是极好的训练。蔡君此约，也替我职业上开辟了一个新的方向，使我成为一个英语演说家。同时也由于公开讲演的兴趣，我对过去几十年促成中国革命的背景，和革命领袖的生平，也认真地研究了一番。"[2]由于没有受过演讲训练，胡适还在1912年夏选修演讲训练课。

---

1 顾维钧《顾维钧回忆录》第1分册，页31。
2 胡适《胡适口述自传》，页43。

胡适对公开演讲大加赞扬，认为这一活动强迫他对讲题作有系统的构想，作有逻辑和有文化气味的陈述，又可以训练写作。胡适甚至自撰一句格言来概括公开演讲的好处："要使你所得印象变成你自己的，最有效的法子是记录或表现成文章。"[1]

　　几年间，他演讲的地区由波士顿到俄亥俄州。为了演讲和准备，胡适还经常缺课，又因为多年来演讲太多，申请延长本来领的研究院奖学金，不获大学批准。[2]不过胡适本是清华公费生，所以没有美国的奖学金，也不成问题。

　　胡适甚至说因为公开演讲太多，他在康奈尔大学变成人尽皆知，熟人太多，又经常收到演讲邀请，觉得应接不暇，因而转校到哥伦比亚大学。[3]不过他在哥伦比亚大学还是继续演讲，继续享受盛名的荣誉感。1917年，出身于康奈尔大学的私立哈弗福德学院院长，大概和胡适在康奈尔时相识。因为原定的演讲者康奈尔大学校长不能来，他找胡适代替。胡适从纽约跑到费城，事后喜不自胜，在日记里说，另一演讲者是美国前总统塔夫脱。胡适认为"异常优宠，却之不恭，故往赴之"。[4]

演讲甚至成为职业

　　中国学生对美国的演说活动颇为投入。对演说有兴趣的学生，喜欢参加校内的演说比赛，若在比赛中得了奖，校方和居民会将其介绍到附近教堂和民间团体去演讲。[5]除了训练胆色、口才，在美国演讲，还可以得一点小钱，演讲比赛有时还有奖金。有私费留学生用校内演讲比赛的奖金，解决了转校的旅费问题。[6]教会或民间团体邀约的演讲，也有象征性的费

1　胡适《胡适口述自传》，页60。
2　胡适《胡适口述自传》，页58—59。
3　胡适《胡适口述自传》，页61。
4　胡适《在斐城演说》，载《胡适留学日记》，合肥：安徽教育出版社，1999年，页459。
5　蒋廷黻《蒋廷黻回忆录》，页51。
6　程天固拟由中西部的大学转学西岸加州，但无旅费。他参加校内演说比赛得第一，领奖学金150美元，除了酬谢曾借钱给他的好同学，剩下的钱作了旅费，见《程天固回忆录》，页44。

用，¹对私费留学生是意外的小钱财。

留学生洪业因为演讲，还加入演说公司，并放弃博士学位的学业。他曾多次演讲反对总统威尔逊，有一次演讲下台后，一个听众跟他搭讪，说美国有不少演说局，替演说家做经纪，叫他以演说为职业，益己益人。于是洪业便写信给一个演说局。这家公司的主管来听他演讲后，跟他签下合同。洪业从此展开一段巡回演说生涯，走过美国不少地方，听众包括扶轮社、共济会、基督教堂、犹太教堂、大学等机构的民众。²更有趣的是，美国那时有专门的公司为地方乡镇组织文娱活动，称为韶达圭运动（Chautauqua Movement），活动的核心就是演讲。据洪业的介绍，在未有收音机、电视的时候，这一运动对美国的成人教育颇有贡献。

这运动也很有意思，每年夏季在美国各地组织长达一周的娱乐及教育活动，事前派人跟小镇上的牧师或商会联络，付一笔钱给韶达圭，若卖门票不足，则韶达圭补上，若门票卖多了，余钱便供教堂或小区使用。韶达圭的活动有音乐会、戏剧、孩子戏，但节目的中心是关于国际时事、科学、伦理、宗教的各种演说。结果韶达圭赚了钱，演说家赚了钱，受聘卖门票的大学生赚了钱，而镇上居民得了娱乐，还多受了点教育，皆大欢喜。因为有这些机构，洪业天天都去这个镇那个镇演讲，每次讲一小时，题目是中国语言、风俗、历史。开始时，他的周薪是85美元，后来名望高了，升为185美元。³

乡人学时髦

中国留学生是否把美国的演说风气带回中国，可明确见到的，是促使清华重视演说训练，其他的零散影响或许难以知道。然而，请留美学生演说，

---

1 辛亥革命后，孙中山之子孙科常受邀作中国革命的演讲或座谈，有酬，见孙科《八十自述》（上），载《传记文学》23卷4期，页9。小地方附近教堂和民间团体的演讲，每次可得2至5美元。暂代主日学，有20美元，见蒋廷黻《蒋廷黻回忆录》，页51。李抱忱各处演讲中国音乐得一点钱，连着妻子寄来的中国东西，由学校青年义卖，解决零用问题，见李抱忱《山木斋话当年》，页85。

2 陈毓贤《洪业传》，页99。

3 陈毓贤《洪业传》，页101。

明显已在中国国内活动里占了一个位置。在美国以巡回演说为业的洪业，回到福州被邀到处演讲。[1]一个1923年回国的留美博士，则记下湖南邵阳一次正式的家祠欢迎宴会，可以让我们看到当时中国乡村对这些新风气的态度：

> 我听说族人要出廓三里欢迎，有乐队还有旗帜。他们的意思是表示族人中出了一个留美博士，不论从哪方面说都和古时庆贺进士翰林荣归一样。……欢迎大典算是取消了，但其他传统习惯还是不能免的。……旧年，族人要在家祠中为我举行一个宴会……我敢说，我进家祠实在有些恐惧，简直比我在哥大得博士学位还紧张。

进家祠先要叙礼，然后宴会开始。西洋新科进士被让到第一桌的首席，他认为违反了中国长幼有序的传统，辞不就座。推推让让下，他坐了第二桌的首席，而让伯父坐第一桌首席，结果伯父只坐第一桌第二个位置，而把首席空出来。博士认同这不失是解决礼俗问题的聪明办法。在这么传统的场合里，乡人却引入西俗的风气：

> 家祠宴会终了，族人为了学时髦，要来一段演讲。在旧时代，并非每个人都能在家祠演说的。但当时他们坚持如此，于是我站起来，谈了一些留美的情形，以及中国需要教育等等。如此这般，我完成了那次中国乡间的宴会大典。[2]

---

1 陈毓贤《洪业传》，页119。
2 蒋廷黻《蒋廷黻回忆录》，页91。

体育关

美国之重视体育，大概是各留学国之最。中国学生到各地留学，唯有留美学生常要过体育这一关。提到美国大学不重视体育的，只有麻省理工学院的留学生，说是理工学生向来不重虚文，所以既不重运动，也不玩新生，毕业时不穿礼服不戴礼帽。[1]

在美国，体育已经由锻炼身体的项目，变成娱乐的节目、社交的话题。深谙美国文化的中国学生会明白个中三昧。驻美公使梁诚曾经是容闳幼童留美计划的一员，当年在麻省安多福市（Androver）的私立高中菲利普斯学校（Phillips Academy）读书时，是棒球队的三垒手。据说在1881年与另一家同为十校联盟的高中——菲利普斯·爱克特（Phillips Exeter Academy）对赛时，此公的最后一击，令校队赢得胜利。[2]他为了退还庚子赔款一事，在离任前去见美国总统罗斯福，据说曾跟罗斯福提到他这件光荣的往事，并说从此总统和他的关系增强了十倍。[3]

一般而言，留美学生都按学校的要求进行锻炼，活跃的学生还很投入，积极参加校内校外的运动比赛。不过，中国学生的体质普遍及不上美国同龄青年。来自江南小康之家的青年，没有不良嗜好，也比美国同学矮小瘦弱，

---

1 胡光麃《波逐六十年》，页97。
2 《中国驻美公使施肇基博士纪念容闳抵埠50周年的讲词——1925年10月13日于康州哈德福城》，见高宗鲁译《中国留美幼童书信集》，台北：传记文学出版社，1986年，页130。
3 程新国《庚款留学百年》，页9。书中称这是梁诚对菲利普斯学校的校友所讲，但未注明出处。又，罗斯福的后辈虽有人在菲利普斯·爱克特读书，但罗斯福本人上哈佛之前一直在家受教育，不是两校的学生。不过，菲利普斯·爱克特学校向来被视为哈佛大学预科，因此罗斯福作为哈佛校友，又喜欢户外活动，大概也会对梁诚讲及两所高中的棒球比赛往事感兴趣。

体力差很多，全体中国人的体质就更不堪问了。"在中国所见，男孩子一成年，许多便抽鸦片烟，女孩子才六七岁便得缠足。在贫穷困苦、灾祸频仍，而无数富源亟待开发的国度，用这种残忍的方式来自我戕害健康与生命，使全国国民的劳动力大打折扣，民族健康一代不如一代。"[1]因此当时中国被嘲为东亚病夫，政治上和体质上都不如别人。[2]

同时，体育不是每个人都应付裕如的。在清华就害怕体育的学生，不认同美国大学的体育要求。吴宓在美国读到小理查德·莱斯（Richard Rice Jr.）选编的《大学与未来》（College and the Future），论述美国大学过重体育、跳舞及课外活动的流弊，十分认同，认为这本书有益世道人心。[3]

游泳考试

有些大学要求学生毕业前通过游泳考试，这对一些中国学生是道难题。

一个对体育锻炼没有兴趣而进大学前从未在水中嬉戏的学生，每当被老师和同学推到泳池中锻炼时，几乎都吓得要死。[4]

在美国东部，康奈尔大学的毕业游泳考试只要求能游20米，而且外国学生可以免除，但据说当时中国学生表现颇佳，每星期规定的两次慢跑四五公里固然做得到，还照样学习游泳。[5]哥伦比亚大学于1910年代初新设的游泳毕业考试却相当严格，除了考各种泳姿，还要考跳水。赶着毕业的学生就碰到了大难题：

> 我不发愁上体育课，可是通过游泳测验却有一些困难。虽然每星期我跟班上游泳课，我却感到跳台跳水很难。日子久了，教练就着急了，

---

1 郝更生《郝更生回忆录》，页14。
2 中国学生的体育不仅比美国人为差，在日本也不好。1910年神户高等商业学校的中国学生成绩一般，尤其是涉及日语能力的商业应用文等科目，但体育成绩一致地差劣，100分里只得二三十分，见王岚《战前日本的高等商业学校における中国人留学生に关する研究》，页132—133。语文不好可以理解，体育也差就只能说是文化取向。
3 吴宓《吴宓自编年谱》，页164。
4 方显廷《方显廷回忆录》，页34。当时，他就读威斯康星大学预科。
5 赵元任《赵元任早年自传》，页99。

因为同班几乎所有的人都及格了。临到年终,由于我一再推迟,我还没有参加考试。最后,教练不客气地对我说,"顾维钧,你要知道,游泳考试在大学课程中和其他科目同等重要。你要是不考,你就不能毕业。"这可把我吓坏了;我说,我要在下周找个时间进行测验。他说下周可是我最后的机会。同时他建议我在周一进行,到了星期一,大部分项目如俯泳、仰泳和侧泳都及格了。最后,该上跳台跳水了,我走上去又下来了,没有跳。他问:"怎么回事?"我说我跳不了。他说:"不行,不行,你跟我来。"然后他喊道:"跳啊!跳啊!"我不敢跳,又下来了。他跟着跑下来,把我抓住,说:"上去!"我又第三次上去,觉得这台比以前更高了。他说:"好啦,勇敢些,闭上眼跳!"他还说:"我知道你不敢头朝下跳水,你就闭眼迈腿吧。"我这样做了。[1]

体育积极分子

中国学生是不是天生体育特别差劲呢?少年时期在美国生活的留美幼童里,曾出过几个运动健将,如耶鲁大学赛艇队舵手钟文耀,两次击败哈佛大学赛艇队;棒球好手有梁敦彦、梁诚,梁敦彦是耶鲁大学棒球队队员,他的曲线投球与脑后长辫构成的优美几何曲线,被驻美公使施肇基形容得活灵活现。他们被召离美在旧金山候船时,与加州奥克兰市的棒球队进行友谊赛,竟然大胜对方。[2]

留美幼童在美国家庭长大,身高或有不及,但身体条件未必输于美国人。而后来的中国留美学生,虽然并不怯于参加体育活动,划船、赛跑、球类、溜冰都能参加,颇为活跃,但受到身材矮而瘦的限制,往往努力锻炼而成绩不突出。[3]据说曾代表中国参加远东运动会的棒球投手,1910年代进入美

---

1 顾维钧《顾维钧回忆录》第1分册,页40—41。
2 《温秉忠:一个留美幼童的回忆——1923年12月23日给北京税务专门学校D班同学的讲辞》,见高宗鲁译《中国留美幼童书信集》,页80。
3 顾维钧《顾维钧回忆录》第1分册,页40—41。

国一所中学,竟然不够资格列入一年级班队。[1]

虽然受限于身高体格,难以加入美国队,但中国学生有自己的各项球队。每年的中国学生夏令营也会有运动会。[2]

与美国学生比拼高度和力度的运动既然吃亏,来自中国最南省份的学生反过来利用身材矮小的特点,选择体操、摔跤等有优势的项目。

清华毕业而爱好体育的广东学生,因为身材矮小,于是参加学校体操队,每天练习两小时,练得胸肌发达、两臂粗壮。他参加中西部的十所大学比

马约翰(后排左一)与清华足球队。选自《清风华影》,清华大学出版社

赛,得到木马冠军,获得有P字标志的毛衣作奖品,穿上这件衣服看体育比赛可以坐特别座位,又可以参观闭门备战的篮球队练习。他感到无上光荣,清华的体育老师马约翰也来信祝贺。[3]

这个称雄体操比赛的学生,参加中国学生的篮球比赛,意气风发,但和美国人打篮球,就一败涂地。有一段时期,他和另外四个中国学生被一

---

1 胡光麃《波逐六十年》,页83,此处指一位同学叫李郭舟的。
2 赵元任《赵元任早年自传》,页99。
3 李先闻《留学时期——一个农家子的奋斗之三》,载《传记文学》15卷1期,页51。

个美国同学利用，每周去不同地方打篮球，门票卖得相当贵。比赛起来，中国学生这队总是百分之百输了，但是"中国人被人称为东亚病夫倒改观了"。这支百战百败的中国学生队，其中一个队员是后来读军事、成为著名将军的孙立人。[1]

另一个广东学生也因为个子小，就放弃篮球，选择练摔跤，后来成了摔跤队的最轻量级队员，自诩与同重量级的美国人摔跤，一点不差。他还练游泳，包括一米板跳水等等全学会，考了救生员执照，暑假跑去度假胜地当救生员，免费吃住，不花钱而像度假那样享受了一番。[2]

大概当时的中国人的体能正逐步改善。1930年代一个音乐系研究生，并非清华出身，以快30岁之龄，也能凭着努力练习，和青春少艾的美国学生比赛，得到全校网球冠军。"美国向来崇拜英雄，当天晚饭时，同学们还大唱洋歌的为我庆祝。我当时也颇为得意，仿佛真作了一件什么大事似的。"[3]

主修体育的中国留学生

春田大学体育系在美国一直享有盛名。中国学生郝更生不惮身体条件不及美国人，一改科学救国的初志，1919年前后决心到春田大学读体育。这一方面是因为原来的学科和大学不适合他，另一方面，他到了美国，惊讶于为什么这么多人都跑到户外，为什么无论男女老幼，一个个都高大强壮。中国的暮气沉沉与美国的生机勃勃，形成尖锐的对照，使他对自己国家的落后与孱弱极为痛心。

他在美国听到一个故事，觉得中国人之不懂体育，已到可悲的程度：1900年左右，广东一个知县去看一个外国朋友。外国朋友正好在打网球，请知县老爷等一等。移时，外国人满头大汗打完球进来。知县看了，十分关怀地说："你的事务已经够忙的了，不必如此每事亲躬，像这种打打网球的小事，你就叫佣人去打，何苦把自己累成这个样？"

他没有交代故事是不是美国人说的，但不懂体育的中国人大抵编不出

---

1 李先闻《留学时期——一个农家子的奋斗之三》，载《传记文学》15卷1期，页51。
2 梁思礼《一个火箭设计师的故事》，页32—33。
3 李抱忱《山木斋话当年》，页83。

这个笑话。

> 我由同胞体质普遍孱弱的中国,来到运动精神蓬勃发展的美国,体育救国乃在我心目中形成一个强烈的愿望和坚定的信念。我认为若不早日体育救国,在行将见及的若干年后,中国人不但要亡国,而且更有灭种之虞。

他于是转去读体育。美国的体育与他小时在中国新式学校上的体育课不同。当时新式学校的体操课,有军国教育的目的,[1]是由日本转口到中国的欧美潮流。"几乎跟军操合而为一了,体育教师大多是日本军操教官,请不了这么多日本人,又找些中国军官或士官来充数,也有请国术高手来教学生打拳的。"影响所及,国人长期把体育和军训混为一谈。[2]

一个体弱胆怯的少年,在新式学堂吃过日本式军操苦头,留学美国时正当第一次大战,美国陆军部派一位60多岁的上校到大学设立后备役军官训练团。开始的时候,这个少年对跑步、越沟跳涧犹有余悸,几天后就觉得很容易而且宽舒,因为美国人和日本人习性根本不同。队里的连长、分队长、排长等由同校的高年级学生充当,结果每日下午几小时的兵操,各级指挥官训话的时候多,行动的时候少,没有快跑、长跑,更少伏地练习射击。[3]

在美国学过体育之后,郝更生得知1900年左右欧洲发展出器械体操和柔软体操,加上后来英美首创的田径竞赛,成为体育运动的主流,"使体育停滞于兵操阶段的观念丕然改变,体育教育也进入活泼愉悦、充满新奇和刺激的自由活动阶段。"当时体育科新颖有趣,吸引人的程度不亚于后来的太空科学。[4]

这个离开中国时做梦也没想过主修体育的学生,1924年领到大学毕业

---

1 详见拙著《再见童年》中《最引人注目的新学科——体操》一节。
2 郝更生《郝更生回忆录》,页15—18。
3 吴宓《吴宓自编年谱》,页168。
4 郝更生《郝更生回忆录》,页18。

文凭后所做第一件事，便是买船票回国。

> 我知道：摆在我面前的是一条康庄大道，但是因为多年荒废——我为它经过科举制度下死读书、读死书、读书死的毒素，提倡体育事业这一条康庄大道，一直荒废到了今天——目前正是遍布荆棘，崎岖不平，但是我有勇气，我有决心，相信我也有毅力，能够追随在许多先进和朋友的后面，一步一步地从事清扫路面的工作。[1]

他成为中国体坛的拓荒者，后来获母校春田大学颁予荣誉博士学位。

---

[1] 郝更生《郝更生回忆录》，页19。

留美学生的先锋思想

1910年代，两个后来在中国以新文学声名鹊起的年轻人——胡适和徐志摩，都在留美日记里，声称留学生是时下中国的先锋。

胡适在1917年的日记里，引用英国宗教改良运动几个领袖未成功之前互相期许的事。这些领袖的诗集上题着古希腊荷马史诗《伊利亚特》的诗句：

> 如今我们已回来，你们请看分晓罢。（You shall know the difference now that we are back again. —Iliad, xviii, I. 125）

26岁的青年胡适在日记里赞叹道："其气象可想。此亦可作吾辈留学生之先锋旗也。"[1] 1918年他回国，又把荷马这句豪气干云的诗跟林语堂讲了一次。

富家子徐志摩经过电视剧的宣传，俨然一个只管谈恋爱的大情人。其实他在美国留学时是个时常以中国命运为念的青年。1919年他在日记中写道，"按中国情形，我们留学生，都是将来的先锋领袖。但是最后的成功，是在通力合作。"[2]

这两个青年当时还不是五四运动旗手或新诗大家，却都自信未来中国

1　英国牛津运动领袖所引荷马诗，见胡适1917年3月的日记《吾国留学生之先锋旗》及林语堂《八十自叙》，页101—109。该书在27页记1918年林语堂自意大利归，引荷兰学者伊斯拉莫斯（按：应为Erasmus）的话说："现在我们回来了。一切将大大不同。"

2　"我一向信心，是在合群。按中国情形，我们留学生，都是将来的先锋领袖。但是最后的成功，是在通力合作。不错，这话谁也会说，谁也知道是对，不过这条理想的康庄大路上，起了无数的障碍，非但不能通行，而且风起砂扬，往往发生危害的结果。这是我们最大的仇敌。仇敌在哪里呢？就在吾们自己心里。这是一种破坏的，摧残的，塞绝的一种大力。我说是有生俱来，涉世益深的自利心。自利心消极的表示，就是嫉妒心。这就是我们最大的仇敌，这就是将来国家发展的大障害"，见《徐志摩未刊日记》（外四种），页110。

将由他们独领风骚。他们的先锋想法不是个例，毋宁说是当时一大批留美学生的心声。胡适和另一个留美学生朱经农连床夜话时，朱经农对胡适说："我们预备要中国人十年后有什么思想？"胡适认为这个问题最为重要，不是一人所能解决，但"吾辈人人心中当刻刻存此思想"。[1]

留美学生不过20多岁，凭什么认为自己和朋辈可以塑造十年后中国人的思想呢？

请注意一个事实：他们是1870年代幼童留美之后，近四十年来第一批人数众多的留美学生。每年以百计的庚款留学生，加上零散的教会资助生、工读生和私费学生，组成鼎盛的留美学生队伍。无论公费的胡适、私费的徐志摩，以至于其他留美学生，不能不感到自己的机遇独特。

哈佛燕京学社的洪业回忆当年，令他的传记作者对那一代留美学生的踌躇满志留下深刻印象："中国也许再也不会出现一群这么有自信、有抱负、充满着爱国热忱的青年。1910年代在美国为数两千左右的中国留学生，个个都以改造中国为己任。祖国的政治社会制度濒临瓦解，当时军阀横行，但在他们的眼中这都是暂时的障碍，他们坚信不疑将来的中国将向西方的科学、民主看齐，而当时绝大多数的西方人也深信科学民主可解决人类一切难题。谁比这群中国的菁英分子更能领导中国走向这光明的前景？他们饱受中国传统教育，兼收了西方最新的知识，没有人比他们更有资格了！"[2]

当时留学美国并不容易，这些青年在中国人中罕有其匹。美国是中国追求富强的模范之一，而他们竟能直登堂奥，进入名牌大学，怎能不认为

---

[1] 见胡适1917年1月29日日记《中国十年后要有什么思想》，载《胡适留学日记》，合肥：安徽教育出版社，1999年，页458。当然，并不是所有留美学生都认同胡适等人的意见，吴宓、梅光迪或及陈寅恪就对胡适一派自认得真相及提倡的新文学表示反感。梅光迪在哈佛读文学批评，师事白璧德，1918年仍在美国，时胡适已回中国，且在《新青年》提倡白话文，写新诗。梅光迪对此极反对，与吴宓多次长谈，慷慨流涕，极言中国文化的宝贵，历代圣贤儒者思想的高深，中国旧礼俗、旧制度的优点，胡适所言所行的可痛恨，称"从前伍子胥自诩我能覆楚，申包胥说我必复之。我们现在但应勉为中国文化的申包胥"，见吴宓《吴宓自编年谱》，页177。

[2] 陈毓贤《洪业传》，页73。这番描述有些过于夸大，事实上也有清华留美生说自己是没有大志的。

自己已经接触最先进的文明,获得不经日本转口的第一手经验?量变引起质变,1910年之前只有零星数量的私费留美生,现在结合大批公费生,这些年轻人对自己未来在中国的地位确乎充满信心。

自从容闳安排的留美幼童被召回之后,中国人留学的热情一直没有高昂起来。直到甲午战争战败,震动知识界,留学的大潮才突然掀起。第一个目的地是日本,当时日本也鼓励中国人去留学。在最高潮的1906年,有近一万学生在日本。在留日潮未衰的1908年,美国政府忽然宣布一项新政策,提出把多赔的庚子赔款退回给中国,声明要用在文化教育上,在中国办学和资送学生到美国。

中国学生在加州大学伯克利分校演阿依达。香港中文大学图书馆授权使用

庚款留美是中美近代交往的一件大事,除了一批又一批的学生被送到美国,还促成了清华学校出现,后来更变成清华大学,在国际间也造成连锁反应。

谈判退还庚款,变相促成留美大潮的,是中国驻美公使梁诚。在这里,容闳的幼童留美和三十年后的庚款留美,巧妙地接上了,因为梁诚就是其中一个留美幼童。

美国答应退还庚款，这不能不说他们有长远的眼光、养成人才的理想，但也不能忽略当时的世界大势。在留日热的背景下，1907年青柳笃恒以《中国人教育和日、美、德间的国际竞争》为题，提出培育中国青年，为日本进一步扩张势力于大陆之计。1908年美国提出退回庚款促使留美，是对日本计划的回应。由此可见，近代中国活脱脱是世界强国角力的一个据点，若由留学去看，又活脱脱是世界性思潮激荡的缩影——就在留美学生人数孳长、雄心勃勃的时候，不想欧洲的德、法等国的社会主义思想又生出另一个世界大潮，而且同样席卷中国年轻知识分子，于是1920年代留法又成为新的热点，最后导致的结果完全在留美学生意料之外。

当日的留学生，虽然因为在留学国习染不同，不免有点互相看不起，但只要稍有志气的，都想中国好，都想做贡献。奈何留学生虽然是天之骄子，是时代弄潮儿，但世界大潮才是真正的主宰。于是，信心十足的时代弄潮儿也免不了为时潮所弄。

第六章

大潮第三波：欧陆的特殊浪潮

留法勤工俭学大潮

"勤工俭学生,在中国,在外国,几乎同共产党的意义差不多;然而勤工俭学生中非共产党者居大多数,惟青年热血,有时过度,则难免耳。"[1] 身为勤工俭学生的盛成,后来留法成名,他在勤工俭学运动落幕之后十年,说了这番话。

这个留学运动在一两年间澎湃而起,席卷全国,不过两三年而没落。它轰动中法两国,闹得满城风雨,注定是三千年未有的留学潮里最为人争议的事件:争议涉及多种社会思潮,争执的意气加剧共产党和青年党——民国两个最大在野党的敌对,对这个运动的评价又涉及凭之而实力大增的现行执政党。近一百年过去,当年的意气、恩怨还影响着对这个运动的论述。

自1919年初到1920年底,两年之中,去法国勤工俭学的人数达到1600多人,加上第一次世界大战之前到达及1921年上路的,总人数达到一千七八百人,甚至近二千之数,[2] 比二十年间清华送去美国留学的人数还要多。学生遍及除甘肃以外汉族聚居的本部十八省,以及东北的奉天(辽宁),

---

[1] 盛成《海外工读十年纪实》,上海:中华书局,1932年,页46。盛成十多岁参加辛亥革命,1920年赴法勤工俭学,参与法国共产党创党。1928年他以法文写的《我的母亲》,在法国风行一时,一般法国人惊悉原来中国也有优良传统,不全是当时报刊所见的野蛮兵匪世界。盛成回国后任教授。

[2] 黄利群《留法勤工俭学简史》,北京:教育科学出版社,1982年,页19,引张允侯、殷叙彝、李峻晨《留法勤工俭学运动》,页812。贺培真说当时有1700多人,李璜、吴俊升、沈沛霖则说有2000人,见贺培真《前言》,载《留法勤工俭学日记》,长沙:湖南人民出版社,1985年。吴俊升《教育生涯一周甲》,页38。沈沛霖《我的留法勤工俭学经历》(上),见《档案与史学》2004年第5期,页38。

其中以四川和湖南最多，分别有300多人。[1]

这么一个澎湃的留学运动，结果在法国大闹学潮，终于迅速落幕，对全国盼着留学的青年是多么大的理想幻灭？

周恩来1921年报道勤工俭学失败原因，说：

> 普通都感于环境的痛苦为大，感于教育的不良为次，动一时之感情，受潮流之支配，慕勤工俭学之名，为冲动盲目的出国。[2]

这是中肯的报道。但是作为学潮首领、被强制回国的陈毅并不认同，他说自己不是"听别人的鼓吹，去作劳动神圣的尝试"。[3]

勤工俭学的时机和理想

勤工俭学的潮流不是几个热心名人拍拍脑袋弄出来的。留法勤工俭学运动可以视为欧美变革的余波。

19世纪，欧洲社会连番递变。法国大革命之后，贵族势力逐渐衰落；工业革命之后，产生了许多工厂工人。变动引起各种社会摩擦，知识分子也纷纷提出变革的主张。在教育上，要推动义务教育，打破贵族垄断知识，甚至变革高等教育，如拿破仑将大学由教会兴办变成国立，英国的费边社在1895年创办伦敦政经学院，培养工党骨干。各种社会主义者还组成国际组织，发起工人运动，要求改善劳工环境，包括推行八小时工作制、建立五一劳动节等。

---

[1] 黄利群《留法勤工俭学简史》，页20。据周恩来《勤工俭学生在法最后之命运》，载1921年12月20日《天津益世报》。从总数来说，广东学生人数仅次于四川和湖南，但广东的多是俭学生，只有二十多人要勤工俭学。又，研究留学史的舒新城及汪一驹都指责当时中国的留学以沿海学生为主，按理勤工俭学运动可以补救这一偏重的状况，但是按黄利群《留法勤工俭学简史》页20的表，勤工俭学生仍是以信息发达的省份为主；重视教育的浙江、江苏仍排在第六、七位。

[2] 清华大学中共党史教研组《赴法勤工俭学运动史料》第1册，北京：北京出版社，1979年，页8。

[3] 陈毅《我两年来旅法勤工俭学的实感》，载《陈毅早年回忆和文稿》，页48。

当欧美处在变动的时节，各种带有理想色彩的思想也纷纷传入中国，形成错综复杂的面目。其中影响了赴法留学运动的思想，包括无政府主义、泛劳动主义、空想社会主义、实用主义、工团主义等等。形形色色的主义对当时的中国人都是新鲜的，它们描绘的理想社会混合了当时欧美的半工读实践、工人运动抬头的信息，经过席卷全国的五四运动的推广，为青年改造社会的愿望提供了思想出路。

种种世界潮流在民国初年已经汇成一股工读、俭学的思潮。而劳工神圣的呼声，在五四运动前后响彻云霄。据说1917年初，蔡元培到北京大学的第一天，校工们排队在门口恭恭敬敬地向他行礼，他一反以前历任校长目中无人、不予理睬的惯例，脱下礼帽，郑重其事地向校工回鞠了一个躬，就使校工和学生大为惊讶。[1]

"五四"时，受工读思想鼓舞的青年纷纷组成工读团体，希望改造社会。提倡者认为，半工半读可以培养出工作认真、生活作风良好的新人类，而且体现到互助、平等的无政府主义价值观。不过这些工读团体并不持久，因为他们的工作没有高技术，结果既抢了小商贩的生意，赚的钱又不多；同时忙于做工求生活费，也不易求学。然而，工读思想、劳工神圣同步并进，互为表里，结合青年热切的留学愿望，却推动了留法勤工俭学成为一股大潮。

俭学成功先例

选择法国去勤工俭学，也有其根源，因为无论去法国俭学或者做工，都有成功先例。

推动勤工俭学运动的华法教育会，在民国初年，曾推动过数以百计的俭学生去法国读书，[2]虽然规模不大，但一直在持续进行，一次大战前后人数增加了不少。留法俭学是要先作准备的，俭学生要交一点学费，最少在留法预备学校学法语等半年，并筹得一定的川资以及每年约600元的费用，才能出发去法国过俭朴的学习生活。除了第一次世界大战时因为家款汇不

---

[1] 顾颉刚《蔡元培先生与五四运动》，载《蔡元培先生纪念集》，北京：中华书局，1984年，页179。

[2] 有说两年间去了140多人，据法国里昂中法大学回顾的网页介绍，请见 http://www.bm-lyon.fr/lyonetlachine。

到，到工厂做工之外，他们不必靠做工来支持求学。

留法俭学的成绩是不错的，像数学家何鲁就是第一批俭学生。他本来有相当根底，曾经读过南洋公学和清华，又在留法预备学校准备了半年，最后取得硕士回国。

至于在法国做工，勤工俭学的组织者也有成功经验。一次大战时，法、英、俄国的壮丁都去了前线，缺乏劳动力，于是到中国招募农村青年去做工，称为华工。华工去法国的最多，达15万人。他们在法国做工厂粗工、耕种、采矿等体力活，法国甚至利用灰色地带，派他们在前线做支持后勤。这些农村青年还曾在战场上舍命救过一个英国军官，又曾经在皮卡第大区（Picardie）以手中的工具，与德军搏斗。[1]根据招工合约，法方要为他们安排业余教育。

华工刻苦耐劳，很受好评，加上法国在大战中牺牲不少壮丁，欠缺劳动力，令好些知识分子憧憬推动青年到法国半工读。于是，各个方向的涓涓水滴汇而成河。

1918年，蔡元培、吴稚晖、李石曾、汪精卫这些有名望的人签名向华法教育会提出建议，又在社会上鼓吹。四个人里最热心、始终其事的，是李石曾和吴稚晖。吴稚晖年纪比李石曾大，在"五四"时已是五十许人，李石曾则未及四十。两个人都很有个性色彩，又都是无政府主义者。

吴稚晖是清朝的举人而主张革命，生平以"素贫贱行乎贫贱"为信条。他亡命英国的时候，在伦敦杂处黑人区中，恶衣粗食而甘之如饴。他力主移家就学，认为中国的新式学校一时难以完备，如果全家移居外国，以中国人的勤俭作风，一家人住陋室，一锅熟食，所费不多，而全家人生活在良好的环境，子女可以受新式教育，中老年人也可以扩阔眼光。[2]

李石曾是清朝大臣李鸿藻的儿子，年轻时跟中国驻法公使去做使馆学生。法国少种族歧视，他的法国教师又是无政府主义者，故此他深信人类互助与世界大同，甚至佩服法国地理学家勒克留（E. Reclus）的人种混合

---

1 陈三井《华工与欧战》，页179。
2 吴稚晖《脞盦客座谈话》，载《吴稚晖先生全集》卷2，台北：中国国民党"中央委员会"党史史料编纂委员会，1969年，页436—437。

足致世界大同的说法。他与法国的渊源如此之深,又热心推动中法交往,且有帮助俭学生、协调招募华工这些成功经验,另外还熟悉法国不少政界、文化界的人士,因此主要负责在法国为勤工俭学作交接规划。支持他的法国政界及学界朋友,或是社会党人,或是右翼里的左派人士,关注新成立的中华民国,热心中法文化交流,例如激进社会党领袖、里昂市长赫里约(Herriot),愿意照料中国留学生,所以华法教育会在里昂有会所;小城蒙达尔市(Montargis)的董事夏波被一些勤工俭学生视为"中国人的保护者"。蒙达尔是李石曾留学的农业实用学校所在,学校的老校长也很热心帮忙,用一间农业大学空余的房子设立学校,让热心教授做教师。所以,里昂和蒙达尔的中国学生特别多。[1]

未有勤工俭学运动之前,吴、李两人在1912年已经鼓吹学生大量去法国留学,还估计能每年出600元供子弟读书的中国家庭很多,五年之内有3000名中国学生去法国,绝不是妄想。除了设立法文学校,代青年谋划出国的交通,以至于介绍工作,他们甚至热心到代学生借钱,引起华法教育会其他会员不满。[2]

为什么要鼓吹大量交流呢?因为他们认为人数愈多,愈对改造中国有好处。学生传闻吴稚晖在上海给勤工俭学生演说,说纵使将来回国改良茅厕,亦是好的。[3]

青年的响应

社会鼓吹,加上向往新生活方式,使留法勤工俭学获得青年热烈响应,成为一时潮流。

> 当时勤工俭学生有1700多人,经济情况大都不好,在中国很难进

---

1 吴稚晖《答友人问留法俭学会书》,见《吴稚晖先生全集》卷2,页279。郑超麟《史事与回忆》第1卷,页174。

2 吴稚晖《述破天荒之西洋私费学生大出洋》《致勤工俭学诸生书》《答友人问留法俭学会书》,见《吴稚晖先生全集》卷2。

3 指1919年7月在上海的环球学生会演讲。陈毅《我的早年经历》,载《陈毅口述自传》,郑州:大象出版社,2010年,页12。李金发《李金发回忆录》,页40。

大学念书，一听到留法勤工俭学，便以为这是一个上大学的好机会，于是踊跃响应，不顾一切，争相赴法。[1]

在普遍贫穷失学的青年满坑满谷的中国，谁不想做一个便宜得来的留学生呢？[2]

响应之热烈反映在输送的人数上，自1919年第一批89人到法国，本来每次只是数十人，但年底已有一次送去162人，1920年更有一次接近200人的。不少学生是从香港上船。

经过五四新文化运动的洗礼，中国青年普遍仰慕新思想。勤工俭学生里有不少各地五四运动的活动分子或领袖。"他们一定是同我一样，想飞，想走出本省，甚至本国；但也一定是同我一样没有'翅膀'去飞。勤工俭学的呼号，决不是对着旷野叫喊的。"[3]

这些怀抱理想的新青年，相信到了法国就可以学到先进的工业技术，于是带着一种知识分子洗心革面、尊奉劳工神圣的情绪出国。祖父是秀才、自己本来信奉孔孟学说的陈毅说，他到法国的初志，是要解决生活问题，及调剂不劳而获生活的罪过，这是他希望的工学美满生活。[4]

连思想成熟的中年人也受到这股风气感染。40岁的老师徐特立，也信奉"须知世界第一等人都是作工的人"[5]，跟着青年学生去勤工俭学。

第一批学生到了法国，年底发回中国的报告，语调很乐观，说法国在大战里死了300万男丁，从西班牙等许多地方输入劳力，而中国人善于用手，许多法国工厂试用之后，多要求加派，有些工厂还为中国学生设免费的语

1　贺培真《前言》，载《留法勤工俭学日记》。
2　李金发《李金发回忆录》，页40。
3　郑超麟《史事与回忆》第1卷，页168。
4　陈毅《我两年来旅法勤工俭学的实感》，载《陈毅早年回忆和文稿》，页47。
5　徐特立《留法老学生之自述》，载《徐特立教育文集》，北京：人民教育出版社，1979年，页4。

文及技术课。[1] 当年底到法国的勤工俭学生说，他们住在华法教育会一个美军撤退后留下的大布篷里，"大家极为高兴，以为又工又学，将要过合乎理想的新生活了。"[2]

但其实当年底，上海的俭学会已主张严加考验才送人；次年初，任法国俭学总会会长的李石曾已发电国内阻止派送，并说要亲自回国向国人说明法国的实在情况，以免对勤工俭学有许多误会。[3]

形势开始不对劲，因为提倡者的如意算盘没有打响。

时机的变化，现实的落差

关于工作，实际的情况是大战结束不久，各国全力医治战争创伤。法国工商业不景气，有些工厂甚至要裁员，而且法国士兵复员，也需要工作。这些变化都不在提倡者的计划之内，而勤工俭学生已经一船一船地到达，令这个理想色彩甚浓的留学运动变成不合时宜。[4]

在学生本身，本来他们出国之前应该学过法文，掌握一些工业技术，而各地也确实设了预备学校，全盛期设了20多家，甚至要考试入学。但现实则是在大力号召出国之下，青年之间流传：与其在中国学法文，不如去法国学更有效；至于学工艺技术，既不是一时三刻可以学到，而且设备和工艺也难言先进，在急于出国的气氛下，也没有贯彻执行。

> 交学费买了一套织工工具，决意实行劳工神圣，没有几天还未上课，即有传说有第六批的勤工俭学生的放洋，有志者从速进行。乃将学费转给一个广西朋友，不约而同有四个小同乡，可以一同破釜沉舟的。[5]

---

1 沈宜甲《第一次报告》，载《安徽教育月刊》24期，1919年12月，转引自舒新城《近代中国留学史 教育通论 近代中国教育思想史》。沈宜甲是1919年中去法国的第一批勤工俭学生，后来留在欧洲。

2 贺培真《前言》，见《留法勤工俭学日记》。

3 《赴法勤工俭学运动史料》第2册，北京：北京出版社，1979年，页117，载时报1920年1月11日文《留法俭学生电止选送》。

4 贺培真《前言》，见《留法勤工俭学日记》。李璜《学钝室回忆录》，页48。郑超麟《史事与回忆》第1卷，页168。

5 李金发《李金发回忆录》，页41。

于是上千学生到了法国，既不会法文又没有技术，有些人甚至没有钱。有些人则对勤工俭学有误解，以为半工读是指半天工作、半天读书，没料到是工作后有了积蓄再去读书。

这些青年抵埠之后，经过查询意向和状况，有余资的，被送到小城镇的中学学法文；没有余资的便要设法找工作安置。靠打工挣的钱，只能够读一阵书，钱用光了，又要再打工。

> 我们独立生活，又要缴纳房租费，又要支出伙食费，再加上要用一部分零用钱，完全靠做工的收入，勉勉强强可以维持生活，余下的就很少了。所以，留法勤工俭学的学生，做工的多，读书的少，做工的时间长，进校学习的时间是有限的。[1]

学习铸造的齐笏屏在克勒佐施耐德（Schneider—Creusot）钢铁工厂铸造车间。该厂是法国重要的军火生产工厂。齐笏屏赴法较晚，1923年到法国，1928年回国，后曾任北京钢铁厂总工程师。留法勤工俭学纪念馆授权使用

---

1 陈毅《我两年来旅法勤工俭学的实感》，载《陈毅早年回忆和文稿》，页51。

工余想自修吧，做了8小时的体力活，回家还要做饭，弄得自修时间都没有。

在学校读书的勤工俭学生用带来的一点钱读了几个月书之后，便成为真正的"无产"阶级，也要安顿。间或有少数人找到工厂工作，而找不到工作的便不得不向华法教育会请求救济，每日领二三法郎津贴，吃面包和开水。有些学生干脆不再上学，实行自学。所谓自学是读中国寄来的新杂志、新书。[1]

华法教育会为了解救困局，不断去接洽工厂，找一些较简单的技术工作，例如钳工、车工。但因为学生多半没有技术，只能够做杂工，做粗活，包括在大洪炉前熔铁炼焦，热度极高，又脏又累，又或去搬运笨重的材料，常常弄伤手足。农村招来的华工可以做的工作，勤工学生去做时，就像被打入炼狱。[2]

李石曾又为体力差、做不来粗工的学生，向做钓竿渔线或黏纸花等的小工厂交涉轻松的工作。但小工厂用人少，厂里尽是女工，学生挤了进去，成为青年女工嘲笑的对象。幸好中国人手巧而力勤，比法国女工成绩高明，才能混下去。[3]

有少数学生不肯做工，宁愿借钱度日。

很多没有工作也没钱读书的学生，只靠一点华法教育会的维持费，艰难度日。在一栋捐给华侨的带花园小洋房里，"地窖住满勤工俭学生；花园搭了布篷，篷里也住满了勤工俭学生；花园树枝间拴着绳索，绳索上晾着衣、裤、袜子、被单。喧哗吵闹引起了隔壁邻舍联名请求警察局干涉。"[4]

整个留学运动在经济上已经没法继续。

---

[1] 郑超麟《史事与回忆》第1卷，页166，168。
[2] 李璜《学钝室回忆录》，页67。聂荣臻曾做过炼焦工作，见《聂荣臻回忆录》，页17。
[3] 李璜《学钝室回忆录》，页67。
[4] 郑超麟《史事与回忆》第1卷，页168—169。

爆发大学潮

原意在帮助更多青年学习西学的勤工俭学运动,终于在1921年以爆发冲突告终。

由于华法教育会没有经费长期供给维持,它在1921年1月发出通知,要求学生自己解决问题,引起了很大恐慌,于是2月爆发学潮。学生向中国公使馆请愿,要争取生存权和求学权,继而演为暴力,最终被法警棍棒相加驱散。

中国政府的善后方法,是向愿意回国的学生发放旅费。但学生怀疑政府企图将他们送回中国了事,大都不愿立即回国。又有传言说北洋军阀政府派员向法国借款,于是爆发华人示威,学生亦有参加。北洋政府则令中国公使馆断绝对勤工俭学生的维持费,说是应法国外交部的要求。[1]

更火上浇油的是里昂中法大学的出现。这家中法两国合设的大学,传说部分经费来自法国退还的庚子赔款,又由勤工俭学运动发起人吴稚晖做第一任校长,却不接受已在法国而穷途末路的勤工俭学生入学,反而在中国另行招生。[2]于是学生愤慨,风潮再起,9月爆发占领里昂中法大学的事。部分学生被拘禁,强制回国,不少加入刚成立的中国共产党,包括后来的中共领导人陈毅、李立三。

对激愤的学生来说,这些严酷的事实打破了青春的理想。整个勤工俭学运动随着这种种冲突和失望而结束。

为什么不让已在法国的学生入读里昂中法大学呢?似乎中法两国政府、甚至鼓吹勤工俭学的知识界领袖,对部分勤工俭学生日益倾向共产主义,抱有很大疑虑。

事实上,这个留学运动确实正趋向政治化。勤工俭学生里的活跃分子组成各种小团体,读当时的新潮理论,就工读的可行性、学生的前途、救国和自救的方法而激烈思辨。而旅欧的共产组织在1921年初由周恩来及勤工俭学生赵世炎等成立了。但是即使在学潮中,运动也不是完全由共产主

---

1 黄利群《留法勤工俭学简史》,页72。
2 据说李石曾是想让勤工俭学生入读的。风潮闹大时,吴稚晖曾想收20个勤工俭学生以平息风波,但是法方反对,见http://www.bm—lyon.fr/lyonetlachine。

义者领导，倾向共产主义的蔡和森一派提出争取生活权、读书权的说法；李立三等另一派并不赞成，他们坚持工读有可能，认为依靠他人劳动来生存和求学是可耻的，破坏了劳动神圣的无政府主义理想。然而经过连番的运动，尤其是争取入读里昂中法大学失败之后，坚持工读的一派也转向共产主义的斗争路线了。

一个当时信仰共产主义、后来转成托洛茨基派的学生回忆说：勤工俭学生内部有激烈的斗争，那是以政治思想结合的党派斗争，而不再是中国从前的那种地域或背景分歧之争。里大运动失败促成马克思主义者的团结，为勤工俭学问题引起的争论没有了，代之而起是主义的争论：共产主义与无政府主义、国家主义之争。[1]

于是勤工俭学落幕，主义之争上场，影响了欧美留学生活多年。

比利时沙洛瓦工业专修馆实习工厂。留法勤工俭学纪念馆授权使用

---

1 郑超麟《史事与回忆》第1卷，页175，177，179。

重伤的热情

勤工俭学本来是一个好主意，诚如同情者所总结，它突破以往的留学途径，使留学平民化，让更多没机会受良好的新学教育、不是富有家庭出身的人能够留学；留学目的也不仅仅为了获得技能和文凭，而含有法国共和思想和进步观念，为培养勤俭的良好生活方式而学习。

这么一个创新的留学方法，如果回归到留学运动来看，结果却是失败的。它送出去许多学生，却没法令他们学业有成，还让学生产生了浪费光阴、为人奴役的印象。陈毅被强制回国后即说：

> 留法的勤工俭学是寄在敌人（资本家）底下，仅可供吾人的苦工训练，不是解决问题的主义生活，差不多我来法的初志完全是失望了。因为勤工所得不能俭学，做十年八年于智识无补益，而时光可惜。[1]

组织不周

勤工俭学运动在组织上有很多不足之处。负责推动的华法教育会没有基金，办事的人也不多，执行规章不严，没有按规定要求先学好法语及作技能准备，就在短时间送去大批学生，在法国的中方人员甚至有账目不清以致违法投资等种种嫌疑，受学生诟病。吴、李两人事前极力推动，获得热烈响应之后，虽然多方奔走，竭力促成其事，但勤工俭学生的指责是合理的，主事者"事前没有整个计划、事先调查，及研究成功和失败的可能性，

---

[1] 陈毅《我两年来旅法勤工俭学的实感》，载《陈毅早年回忆和文稿》，页52。

徒事在报上宣传如何乐观，如何美好，说得天花龙凤，不问后果"。[1]

法国是个科学发达的国家，按理办事应该很严谨，对于这个充满理想色彩的留学运动，怎么会接受呢？

法国人跟英国不同，本来就有接受殖民地民众到法国读书、入籍甚至参政的传统。法国人的种族歧视也不严重，在殖民时代，外国人只要受法国教育，信天主教，就可以入籍，之后视为平等的国民，可以当议员。法国人虽然设计构思很严密，但不像英国人那么重视行政，执行随意是常事。曾经做华工教育的留学生说，英法两国管理中国工人的方式有许多不同。法国官员和工人往来多，甚至和工人开玩笑，给他们讲故事，有时与他们共食，但是营区管理却相当马虎。工人都抱怨不能和家中定时通信，不知家人是否收到寄回去的安家费和钱。[2]对这一个热情的留学计划，法国人大概也是包容有余而轻视管理。

当学潮闹大时，里昂市长赫里约在报上说，他以为"中国学生来后，总得先学好法语与技术，可以在工厂当工头技师，然后徐图深造，如法国多数贫家子弟一样"。他并不知道李石曾和吴稚晖的大量交流计划。[3]这个大力支持勤工俭学运动的里昂市长，在运动彻底失败之后，并没有被千夫所指，1924年还当上法国总理呢。

怎样评价这出人意表的运动？

这个留学运动催生了一大批中国共产革命的领袖人物，如聂荣臻、陈毅、李立三、邓小平等等，所以中国共产党对它很推崇。而反对共产党的，即使不是当事人，也对这个运动大加挞伐。

这一争拗为时甚久，以至于说勤工俭学生在中外，几乎同共产党的意义差不多。

---

1 李金发《李金发回忆录》，页40。陈毅亦认为应改良的地方很多，一味说勤工俭学绝对可能的人，未免武断，见《我两年来旅法勤工俭学的实感》，载《陈毅早年回忆和文稿》，页53。
2 蒋廷黻《蒋廷黻回忆录》，页71。
3 李璜《学钝室回忆录》，页62。

当事人的吴稚晖既是勤工俭学的发起人,却又在勤工俭学学潮之中以里昂中法大学校长的身份,带新生去这家新大学,令勤工俭学生极度不满,视他为背叛者。

李石曾协调华工、办豆腐公司、鼓吹赴法勤工俭学、运动法国政府退还庚款办中法大学,则被一些激烈的旁观者说是为了谋利、欺世盗名。[1]

汪精卫作为四个签名提议者之一,曾经分析过勤工俭学失败的原因,而吴、李二人很少对运动的失败置喙。不过,这个运动的结果显然不是他们所愿见的。他们二人信仰无政府主义,反对共产主义,几年后吴稚晖甚至主张国民党清党,李石曾亦表示附和。那次清党运动,令一大批信仰共产主义的热血青年横死,包括赵世炎及陈独秀的两个儿子等勤工俭学生。

主张国家主义[2]的中国青年党,领袖人物也多是当时的留法学生,在法国与共产党人争执激烈。李璜是该党的核心人物,当年也身处法国,帮忙接待过勤工俭学生,被视为办事人员。他赞成勤工俭学的本意,但是批评鼓吹者鲁妄,不加择别送去大批学生,认为运动是百分之百失败。对于国家主义者的论敌——共产党人,他大加贬抑,说大部分勤工俭学生获得各式公费或亲友接济之后,剩下少数人,在失望之余,心有不甘,而成为愤怒的一群。不幸这少数的一群,又为苏联共产党有意赤化中国者所乘,加以诱惑收买,无端端为中国共产党造就了一大批早期干部。[3]

为什么加入共产党?

把转向共产主义的学生描绘成没有人救济的少数不幸者,当时很多反对共产主义的人或许都同意,但是这个说法带有意气的成分。事实上,李璜也承认转投共产主义的学生,有能吃苦、能做粗工的人,"李立三与李不

---

1 罗章龙《罗章龙回忆录》,休斯敦:溪流出版社,2005年,页14。罗章龙并非勤工俭学生,他是新民学会成员,初亦拟赴法,但后来和毛泽东等留在中国。
2 留美的政治系教授浦薛凤认为,国家主义是"以提倡民族自决(美国总统威尔逊所使用之名词),亦即意大利马志尼所鼓吹之民族国家主义,简称国族主义,在1920年代普遍亦将此译作国家主义",见浦薛凤《万里家山一梦中》,页87。
3 李璜《学钝室回忆录》,页48、55。

踅两个湖南佬,干满一年的工厂粗工,可称好汉!"[1]李立三是学潮中被强制回国的,后来成了中共领导,可是他在学潮之初是坚持工读的,并不赞成倾向共产主义一派的学生的主张。

另一方面,有人从家境来探究,奇怪这些学生多数出身小资产阶级家庭,何以去搞无产阶级革命。勤工俭学生中四川人最多,成为共产党人的也很多。李璜身为四川人,则批评他们自招困境,得不到家里支持,才愤而投共的:以四川而论,民初能读书至中学毕业的子弟,其家非商人即地主,绝少赤贫之家。为什么四川勤工俭学生到了法国会陷于困境?于是他申论,这些学生不是因离家未得父兄许可、耻于以苦状报告家中求援,就是本来行为不佳、父兄不满的人。相反,广东学生比较有钱,困难时候又得到广东省公费支持,学而有成,所以很少变成共产党。[2]

说勤工俭学生不会来自赤贫之家,这讲法没有大错。据说1916年,在上海的旅店包食住一天不过几毛钱;在1918年,上海的茶叶店伙计一天做十六七小时,一个月平均只拿得两三块钱。[3]能够拿出或借得上百元川资去法国的勤工俭学生,不会来自赤贫无知识的家庭。但是勤工俭学生不是赤贫之家出身,不代表家庭经济没有困难,[4]更不代表在法国陷于困境全是他们的错。自力更生、勤工俭学本来是这些学生的理想,现在叫他们向家人求救,不也是违反勤工俭学本来的理想,而让他们感到幻灭和气愤吗?

到底是什么原因,令这些青年变成共产党人呢?

---

1 李璜《学钝室回忆录》,页67。
2 白瑜《有关留俄中山大学》,见《传记文学》30卷3期,页71。李璜《学钝室回忆录》,页63、70。广东学生确实较少需要做工,像诗人李金发,家里生意不错,答应源源接济,所以不曾打算做工。虽然有钱,但他用华法教育会的公费,支持了一年多,然后才用家里的钱在法国读中学,见《李金发回忆录》,页40、45。
3 潘大逵《风雨九十年》,页20。胡适《归国杂感》,载《胡适文存》第1集卷4,台北:远东图书,1953年,页659。
4 部分学生是由政府出资的,或请人捐助的,不是自己付钱。又,当时家用支绌的中国家庭不在少数。陈毅及聂荣臻均称家道中落,陈毅家甚至在几年间变成无处容身。中国当时大家庭制的经济破产、社会向下流动情况,还待经济史家去探究。

由穿西装的勤工俭学生变为挖煤工人。图为罗承鼎在法国拉马西煤矿升井后,与同伴合影。罗承鼎曾在学潮中从羁押遣返学生的兵营救出赵世炎。

留法勤工俭学纪念馆授权使用

知识青年的志向

勤工俭学生不像提倡者所想,安于在工厂做工。攻击者说"他们大都志大言大,不像华工头脑那样简单,如果一旦钱用完了,便须送入工厂去当工人,则是否能甘心劳作,且服从法国工头指挥,大是问题"。[1]

没错,勤工俭学生确实与华工不同,按学历,中学毕业或专科生占大多数,[2]甚至有少数是大学生,我们怎能要求他们跟华工的思想一样呢?至于是否甘心劳作,根据学潮中被强制回国的陈毅在当年的讲法,他进厂的第一个影响,就是除掉虚伪心。

---

[1] 李璜《学钝室回忆录》,页64。

[2] 事实上,勤工俭学生的学历,按1920年材料,以中学师范及各种实业学校最多,为860人,高小30多人,大学90多人,各地留法预备学校300多人。子晖《留法俭学勤工两年来之经过及现状》记有各种统计表,载《赴法勤工俭学运动史料》第1册,北京:北京出版社,1979年;张洪祥、王永祥《留法勤工俭学运动简史》。

> 我头一天入厂门，工头儿拿一张命令状来指挥。我心里想我堕地以来，这是头一次供驱使了。联想到我的初心，哪里是来法国受使唤的？学生的身价简直不好放下来。继后想着自己要吃饭，难道不作工吗？别人之对我如此，无非不互相了解所致，于是我的火气便得了安慰，登时按住了。……过了几天，有了工作习惯，便觉稍有趣味。只是我作的是杂工，不是能学技艺的工作，每日所操可算毫无意义。后头得同伴的指导，倒把耕田机的全部了解清楚。[1]

问题是除了体力不及来自农村的华工之外，主事者和攻击者都忽略了一个情况，就是这大批知识青年未出国之前受过"五四"的影响，及至来到革命气氛浓厚的法国，又受了世界思潮的冲击，世界观更不同了。而促使他们接受更激进的世界观的，又是他们身处其中的工厂。一个无政府主义学生说：

> 这一批留法勤工俭学生在国内受过五四运动洗礼，头脑里有了许多新的东西，因此即使进了工厂的人，也不满于资本家的剥削。……为资本式生产而劳动，觉得有损于劳动的目的，但为面包所驱使，不得不敛气而入工厂。加之又受资本家奴隶的工头驱使，更加一层精神痛苦。所以我每每不愿意作现在的工作。[2]

他们纷纷自行退出工厂，以为入学校学法文也比做工强。

哪怕留在工厂里，这些知识青年也不仅仅是一个工人，他们虽然反孔，却是个小士大夫，以天下为己任，常常想着救国救民。他们想学技术之余，也观察社会。陈毅当年被押回国后立即发表文章，他的说法不全是成名后的回忆：

> 我不是一个纯粹劳力者，我常常把工厂内四周用冷静眼光去透视

---

[1] 陈毅《我两年来旅法勤工俭学的实感》，见《陈毅早年回忆和文稿》，页48。
[2] 贺培真《留法勤工俭学日记》，页2，49。

一下，那资本罪恶，我便看穿了。[1]

他们所见的工厂已经不是狄更斯小说里那种情况，而是每日八小时工作，加班会加工钱，厂内有急救的医生，受工伤有半数的工价，天热有咖啡解暑及风扇，天冷有火炉。陈毅说这是劳动家流血的结果，是他称叹不置的。工厂也没有克扣工资，无论计时计件，每两星期计一次工资，从未算错一点点。[2]

但陈毅眼中的工厂实行工头制，阶级森严。工头"常常拿身份来凌辱工人，这是我极不满意的"。劳工神圣的说法也不值得夸大其词去鼓吹：

> 厂主的威严，在在令小工人失色。中等阶级之承上启下，尤令人讨厌。工人中之无识者，只有坐受裔割了。
>
> 营业畅达时，他便雇用多数工人，营业停止，他便大批退出。我见那些工人被退出厂的狼狈，真令人寒心啊！……就用神情丧失、面若死灰都形容不尽致，令人表无限同情，觉社会革命是极合道理的事。……资本家完全为自己利益起见，实毫无人心，我才知欧洲资本界，是罪恶的渊薮。

工人有饭碗威胁，不团结，所以罢工不容易成功。

> 法国工厂生活是在资本制度下面的，不容工学者有发展余地。……我学无根底，又无有求学经费，住在法国工厂内。我受的痛苦，就是不能求学的痛苦。所以我两年来的痛苦，就是国内旧社会的痛苦，与资本制度的罪恶相加。

---

[1] 陈毅《我两年来旅法的痛苦》，见《陈毅早年回忆和文稿》，页56。
[2] 陈毅《我两年来旅法勤工俭学的实感》，见《陈毅早年回忆和文稿》，页51。沈宜甲《第一次报告》，载《安徽教育月刊》第24期，亦说有些法国工厂为中国学生设免费的语文及技术课。郑超麟《史事与回忆》第1卷，页180。

虽然法国社会种族歧视不严重,但是工厂里是另一面目,与理想大为不同,不能用法国社会上的平等、自由、博爱去推想工厂内的情况。

> 对外国工人难免不歧视的。勤工学生能力不强,技艺不熟,言语不通,当然大吃其亏。厂中有班无意识的工人,常说些话来讽刺我们。[1]

细看两个人的转变

试以聂荣臻和陈毅两个共产中国重要人物的自述,来看看他们的勤工俭学实践经验是如何令他们变为共产党人的。

两人都是四川人,从家境来说,都来自破落的地主之家,但经历颇有不同,成为共产党人的过程也大有分别。

多方尝试未见出路

陈毅的祖父是秀才,陈家家道本已中落,更因为家人持家不善,几年间由地主变富农,再变为赤贫。他去法国的时候,家人在乡下穷得要住祠堂。外祖父有钱,却买官鱼肉百姓。陈毅是个反叛性强的学生,但并不搞学生运动,也没有怎么受新思潮影响。他是到出国前在上海的演讲会上,听了吴稚晖的演讲,听到反孔孟、写白话文的言论,才开始反思及改变。他自称是考入留法预备学校,拿官费去法国的。在法国,他虽然不满工厂的环境,但有去做工,可是法国经济不景气,工厂当然先拿他们来解雇。他虽然接触到共产主义,但没有加入共产党,还梦想有朝一日可以在法国读书得到文学博士,最后因为参加占领里大的学生运动,被押返中国。回国之后,他仍然做文学梦,入北京的中法大学,是直至眼见社会上没有出路才参加共产党的。他曾经上山打游击,出生入死。所以他说自己觉悟很迟,但是一觉悟就坚定不移了。

---

[1] 陈毅《我两年来旅法勤工俭学的实感》《我两年来旅法的痛苦》,见《陈毅早年回忆和文稿》,页47,50,51,55—56。

怀疑工读未能救国

聂荣臻早在四川时就受新思潮及五四运动影响,是学生运动的活跃分子,反对军阀,又参与罢买和烧毁日货。因为参加这些活动,他担心人身安全,于是抱着工业救国、科学救国的想法,想和同学去勤工俭学。由于他是独子,父母本来舍不得,最后也同意了。他到法国后,具体实践了勤工俭学的企图。他在法国中学读书,读到没有钱则做工,在大洪炉前炼过焦,也做过钳工、车工,"做钳工我老锉不好,做车工倒还容易些。"他肯拼肯试,认为1920年至1921年间法国做工机会很多,只是学不到技术。经过反复地上学及做工,他摸出门道,知道若分配不到好工种,净干粗活,是学不到技术的,于是频频转工,一旦看见合适的招工广告,马上写信去,工厂一答复,他立刻收拾简单行装,赶到新工厂。但进过很多工厂后,他的结论是,"各个工厂的情况大体相近,想真正学到点技术,那是很难的。"进工厂学不到技术,赚得的工钱又不够长期读书,于是他"不仅经历了求学和做工的艰苦,思想上,也在进一步探索着国家和个人的出路"。

聂荣臻不是因无法自给而转向共产主义的。勤工俭学生时常争论各种社会思潮,对聂荣臻有触动,但没有改变他实业救国的想法。1921年勤工俭学生已占过里大,要遣返的已遣返,其他学生亦各自找出路,运动已经落幕。这时他想继续读书,于是该年底转到比利时,半年后正式考入工科大学。却是在这可以安心读书的环境,可谓勤工俭学如愿以偿的时候,聂荣臻逐渐感到从前实业救国的愿望不现实。1921年法国的几次大规模学生运动在他脑中发酵,他认为若不改变军阀统治,一切工业均无法发展。在法国和比利时,接触到马列主义的机会很多,于是他跟倾向共产主义的朋友经常讨论政治,又看了以马列思想剖析中国现实政治问题的报刊,世界观改变了。他主动要求加入旅欧的中国少年共产党,1923年初决心放弃读书,转到苏联学习,1925年回国。

以留学运动始,以政治分裂终

撇开互骂,细看底蕴,会见到勤工俭学运动中不少有思想、有能力的青年学生,他们被处身外国的经验所困扰,却又因在外国的经验而更痛感中国存在的问题。被遣返中国的陈毅甫一回国就撰文说："中国何以独有勤工俭学生呢？中国教育不良，不够学生的需要，求不到真正学问。学校之外没有好师资，得不到观摩参考之益。……看着巴黎的华美与彼邦文明，才知祖国毛病太多，自己不能不以改造者自任。但是改造能力毫无预备的机会，此种痛苦，真非我笔能述说的了。"[1]

这是青年学生内在的寻求，这寻求的时间又恰好碰上国际社会的风云变幻，而他们处身的法国更是向来以带领近代思潮而自豪的国家，对政治激进主义满有热情。[2] 谁会料到，因为这个留学运动，中国的青年学子忽然被投到世界思想风暴的中心？

法国是社会主义思想的大本营，其社会主义思潮是马克思主义三大来源之一。而第一次世界大战之后，正当第二国际与第三国际（共产国际）转折交锋的时刻。不同的改造社会的思想在争执，无政府主义已开始褪色，主张改良议会的派别与主张阶级斗争的共产主义者在争夺主导权。留法勤工俭学恰恰发生在这个时间。

置身法国的勤工俭学生读国内新出版的《新青年》，该刊作者已是倾向马克思主义的人，而勤工俭学生自视为处在更前端的思潮中，自豪地说"促进我的思想继续发展的，还不是这种从日本贩来的第二国际马克思主义，而是经过《光明》杂志介绍来的第三国际马克思主义"。[3]

漩涡里的救国者

检点历史，因这一运动而敌对的两方知名人物都是人才，都有一番理想，都勇于任事，有所作为。以活到暮年、能见出一生功过的几个人来看：

吴稚晖是国民党元老，认为共产党阴谋灭亡国民党，因此1927年力主清党。国民党大力搜捕共产党员，处决很多年轻人，共产党人视他如寇仇。但他一生不任官职，在国民党内名望很高。

---

1 陈毅《我两年来旅法勤工俭学的实感》，见《陈毅早年回忆和文稿》，页55，57。
2 汪一驹《中国知识分子与西方——留学生与近代中国（1872—1949）》，页128。法国自大革命以来，尝试了很多种政治体制，不断全面变革前代新制，直到1950年代第五共和国才算稳定下来。
3 郑超麟《史事与回忆》第1卷，页189。

李石曾也是国民党政坛中人，亦主张清党。他与学术机构的关系颇大，先后参与了故宫博物院和中央研究院的成立。尤其在1924年溥仪被逐出紫禁城后，他立即主张设立委员会保管古物，但此举又有人指责是为了盗窃文物。

在共产党人中，与勤工俭学运动关系密切的周恩来成了新中国的总理，[1] 被认为在"文革"中保护了不少知识分子。身为勤工俭学生的陈毅和聂荣臻位列中华人民共和国开国十大元帅兼副总理。聂荣臻秉持科学救国的初志，主持国防工业，研制两弹一星。

邓小平参加留法运动时只是小青年，但是在对国民党的战争中扮演了相当重要的角色，"文革"后更是中国改革开放的总设计师。

甚至坐牢几十年而不悔的托派郑超麟，虽然没能够做出贡献，但也称得上坚持理想的硬汉。

在主张国家主义的中国青年党一边，曾琦、李璜创办报刊宣扬反共反苏主张，但"九一八事变"后，立即呼吁一致对外，还筹款北上支持抗日。

当年这些中年、青年、少年都以救国为目的，而在一场充满理想的留学运动中，竟致水火不容，互相指责丑诋。从党政立场看，当然各有所是；从中国人立场看，卷入世界思潮的漩涡，分歧撕裂，岂非积贫积弱的中国的更大损失？

---

[1] 周恩来并不是赴法勤工俭学生，他是由资助南开大学的严修资助去英国读书的，在英国时又获得省公费。因在法国生活比英国便宜很多，结果他留在法国的时间比在英国长，有一阵子还去到德国。

附：最天真的留学经费计划

1918年，在中国办的留法高等工艺预备班里的一个青年，在日记里写下青春的计划："我的志向在于工业，如果能留法作工，我一定进飞机工厂，学飞机制造。如果有机会入大学，则入工科大学。如果不能，就以所得工资约同志回国，要求各先生提倡集股办厂，造民用飞机、摩托车及一切机器。这是我的事业计划。"

这个期望到法国学先进工业技术的勤工俭学青年，不是没有计算过费用，但是他相信了偏向乐观的宣传品：在法国勤工是否能赚够四年学费，这问题已筹划成熟。据说明书所说，每日可得三四元，则用五六十元，每月可存四五十元，有些熟悉的人说每日可得六七元，则每月可得二百多元。折衷二者，每日五六元，每月储百元，一年可得千余元，两三年就可够大学学费。即使工资不敷入学也不要紧，因为所得工业知识也不少。到法国工厂做两三年，亦可算得头等工徒的价值。这些以后的事，现在不考虑，工厂虽然不便于研究，但在工作中，对于机械构造和制造方法亦易于谙熟，可以验证学校学的理论是否正确。西人的工徒而成大发明家的也不少。对这个问题暂时无过虑的必要。

待得这个青年到了法国，进过工厂，在1920年的日记说："作工难，作手艺工更难，法国老工人，是积六七年的经验，才能作上等工人。现在的中国学生，想作数月的学徒就成好工人，谈何容易。"

勤工俭学生想求学，同时过理想的社会生活——工读生活，但现实是两者都有困难。做工因为没有技能，工资不多，加上生活费上涨，更无余资上学；其次在工厂工作，工时长，没有精神、时间读书，工厂管理亦让人难堪。"没有经验，遭人轻视，工头尤其神气。"

没钱上学，唯有自修。"学法文总无善法，鲁莽灭裂的乱拼，终难免虚费脑力时光，但已在经济命定中，不能自延教员，另无法去寻良途。"

这个青年想译中国欠缺的工艺专书《铜铁冷作业实用工艺》，以练习法文，也得点翻译的钱。同时，他认为视工艺为秘密是世界通例，做几年学徒都不得要领，要使中国实业界实地制造，人才发达，须多译此类书出版。出一本书，可以使工艺公开，只要识字，就可以领略大概。

但是这种自修的锐气不易在贫困焦虑的环境里坚持。

1921年，他自叹"年长失学，颓唐不振，受环境的打击，惰性越长，无聊生活过日"。他自忖早年离乡到北京时，儿子已死，今在法国，归期无定，令到妻子忧郁而死，想到两人结婚几年，聚少离多，连样貌都记不清，想到自己老年的父母，一身重债，面对孙儿、媳妇之死，儿子远在外地，情景何堪，望儿子回国急于星火。哥哥来信大骂，直数他的罪状，而且盼他汇钱回家。

这时本来雄心壮志的青年，已生起不如归去的情绪，想储钱供路费和买书，然后回国，以安慰父母，调解家庭，筹钱还债，但又担心从此失去读书机会，将来再难出国，只能做个无大前途的小学教员。回国利在于家，而害在于己，终日思量，难于取舍。[1]

---

1 贺培真《留法勤工俭学日记》，页22，29，52—53，86—87，89，102；附录，页119，122—123。

留学苏联的政治热潮

到苏联留学去！1920年代，约有1400人到苦寒的莫斯科去留学。那是新生的苏联大受世界关注的时候。无产阶级政权既是新事物，苏联显得既神秘又具吸引力，许多人想去实地看看它能不能成功；中国则正处于军阀混战中，国共两党都期望到苏联学习，以解决中国的问题。

若说稍早的留法勤工俭学潮是以留学始，以政治终，那么持续近十年的留学苏联热从一开始就是政治性的。留苏学生不用选科选校，他们学的就是有用于革命的政治、经济、历史，少部分人则学军事。

留俄的念头

倾向共产主义的青年是由刚成立的中国共产党或欧陆组织选派去的。可是1400个留苏学生，并不限于共产党人。为了学得苏联经验，大批国民党员被派去苏联接受培训。这是1924年孙中山联俄容共政策下的措施。

对孙中山来说，这可能是权宜，是无奈，但又是不得不试的一步。此时的他年近六十，广东政府虽然号称革命政府，代表南方六省，而实际上既无经费又无军队。他不要说打败北洋军阀，连广州也不受他控制，不久前还被广东军阀陈炯明背叛，要匆匆逃亡。他的党员纪律松懈，组织力不足。他一生心血所系的共和国分崩离析。十多年来，他寄望英美协助，但是英美两国宁愿支持军阀政府，也不支持这个在美国成长、在英国获救的革命者。孙中山提出要列强拨出广东的税收交给他的广东政府，列强甚至将军舰驶到江里来示威。苏联派来中国的代表，取笑他像第一国际的傅立叶盼望财主降临等了二十年那样，期待有个自由国家有朝一日闯进他的大本营来赐福于他的人民。[1] 另一边厢，苏联刚成立不久，要寻找盟友和输出革命，不

---

[1] 鲍罗廷1924年1月25日给加拉罕的密函，见陈惠芬辑《孙中山与共产党1918—1925》（二），香港：陈惠芬，2010年，页8。

仅废除对中国的不平等条约，还答允在人力物力上支持。于是孙中山决意联俄容共，由苏联帮助国民党建立军队、加强组织力和培训人才，促进中国统一，中国共产党员则以个人身份加入国民党。可是，两党的方针南辕北辙，这样的安排不仅许多国民党人反对，就连许多共产党员也反对，包括总书记陈独秀在内。这些共产党人认为国民党是个老朽的党，毛病很多。然而列宁和孙中山力排众议，在他们生命的最后时光推行这项政策。

两党的合作后来并不长久，但是当日决意实行又不能说没有成果。一个国民党留苏学生说：

> 中俄共商创办留俄中山大学，是一远大的国际政策，可能影响世界政治。在苏俄固别有用心，而我国政府与国民党则一本至诚，以为苏俄一反帝俄前非，真能以平等待我共同奋斗。国父联俄容共之前，日英两国虽有矛盾，而谋我则一；美国孤立主义极盛，战后欧陆诸国，疮痍待复，且北洋军阀日本政府勾结日急，国家命运，危在旦夕，联俄容共，自有立场。[1]

在莫斯科的东方大学

1　白瑜《有关留俄中山大学》，见《传记文学》30卷3期，页72。

留苏的资格是要考的,[1]尤其是在南方国民政府所在的广东。在北方政府以及敌对军阀控制的地方,有时人选要靠推荐。报名相当热烈,第一批200多个学额,有1000多人竞争。考上留苏,也是出洋留学,是件光荣的事。有一个加入军队的学生考上了,在军中突然身价百倍。一个副队长极力套近乎,毫不掩饰地说:

> 兄弟,留洋回来,可别把兄弟忘记了。你们前程远大,将来我们是要依附你们的。[2]

在各种留学旅途中,由中国去苏联是最危险的,有可能被扣留甚至杀害。大多数人采取的方法是从上海坐船到海参崴,然后坐火车到莫斯科,这条路花费少,但是要掩饰身份和目的地。从上海去海参崴,先窝在货船上偷渡出境,到了公海才敢走出货舱;走东北陆路经满洲里出境的,会受日本军队以及张作霖的东北军盘查;在中国境外,早期苏联红军与俄国部队还在作战,留学生会受俄军攻击。然而这些危险并不能降低青年求学的热情。张国焘是中国共产党创始人之一,他大腹便便的妻子听闻派青年到莫斯科学习,立即要求参加,也从上海偷渡出境远赴了苏联。

莫斯科的两所大学

中国留学生主要进东方大学和莫斯科中山大学,从军队来的留学生——无论是北方的国民军或广东的黄埔军校生,则进入军官联合学校。[3]

东方大学是培训政工干部的学校,1921年创办,全名是东方劳动者共产主义大学,收共产党人或相关者入读。学生来自东亚、西亚,包括当时苏联境内的乌克兰、格鲁吉亚、西伯利亚、乌兹别克,以及境外的中国、

---

1 重点考政治思想和外文,只略考自然科学。邓文仪《留学俄国的回忆》,见《传记文学》28卷1期,页69。邓文仪是黄埔军校毕业生,后曾任蒋介石侍从秘书。
2 师哲《我的一生》,北京:人民出版社,2001年,页14。师哲是共产党人,曾任毛泽东等人的俄语翻译。
3 师哲《我的一生》,页22。该校教官全是沙皇时代的军官,有实际经验,而且不乏饱学之士。

日本、韩国、越南、印尼、印度、伊朗、土耳其、南斯拉夫等国的青年。苏联向欧洲输出革命遇到挫折，于是改向亚洲发展，不过苏联境外的东方学生不算多，中国学生有几十人，可以自成一班。[1]

莫斯科中山大学则是于实行联俄容共政策次年办的，原名是中国劳动大学，专门培训国民党干部。共产党员在联俄容共的政策下，以国民党员身份入学。中山大学开办之后，东方大学的中国学生都转到这里。中山大学前后办了五年，花了近1000万卢布。

除了1920年代最早期的一两批学生，因为苏联刚从战争中恢复，所以食宿条件较差之外，中国留苏学生的生活是很好的。中山大学比东方大学更好，可以说受到特别照顾。一天三餐，早餐奶茶、面包、鱼子酱、黄油，午晚两餐有菜有汤，还有水果和甜品；为免不合胃口，中山大学每周还专为中国学生做两顿米饭。

校舍和宿舍在古色古香的老洋房里，房间很大。中山大学甚至利用旧日王公宅邸做男生宿舍。学校提供衣服被褥、洗浴用品，每月还有零用钱。东方大学甚至曾经有托儿所，以方便女学员。

> 我在西欧、美国所见，中国留学生的食宿，皆有不及，甚至牛津、剑桥的餐厅，因传统所限，亦不如中大精致。暑假且到旧日皇室暑假胜地消夏。这是国内朋友常问到（他们皆以为很苦），使我难于答复者。[2]

这样好的食宿环境，大概在近代中国留学生中，只有清华学生可堪比拟。

在学习方面，因为两家大学都是以推动革命、培训政工干部为目的，学生也以学习革命理论为重心，所以课程侧重政治、经济、哲学、历史。[3]

---

1 郑超麟《史事与回忆》第1卷，页201—202。《季陶达自述》，见《世纪学人自述》第2卷，页315—316。东方大学最主要负责的是教育帝俄境内高加索、西伯利亚一带的劳动者，另有西方劳动者共产主义大学。季陶达曾由共产党派到莫斯科学习，后成为经济学者。
2 白瑜《有关留俄中山大学》，见《传记文学》30卷3期，页65。
3 重点科目有马列主义、政治经济学、社会发展史、革命运动史，其他科目还有经济、地理、法律、科学、语言学、俄文及各种西方语言等。中国学生还会学习中国革命史；女学员则有妇女运动史的课程。

由于偏重于苏联以为放诸四海而皆准的革命理论和经验,所以课程里,苏共布尔什维克的历史是重中之重。有人认为学习课程里,真正涉及马恩经典著作和马克思主义理论的仅是少数。[1]为了迁就学生的水平,教政治经济学时,没有用《资本论》作教材,而用较浅白的卡尔·考茨基（Karl Kautsky）的《马克思的经济学说》。有些从法国去的学生认为只教些粗浅常识,是小看了他们的水平。[2]有的国民党学生则不满于不教三民主义,反对校长拉狄克讲中国革命史时,说辛亥革命只是政变,不是彻底的革命。但这个国民党员后来做了大学教授,对苏联留学的总评价是"课程精约、教学深入"。[3]总的来说,学员普遍认为教学水平是不错的,但是与中国革命实践相关的课程太少。

在教学上,采取授课和讨论结合的方法,重视启发,虽然功课和活动繁重,但学生的精神却很愉快,学习很用功。[4]

> 凡基本课程或学术讲演,同一年级的各班学生共300余人,齐到大教室听讲,备有英法德俄四种语言的翻译。再由分班教授领导讨论,颇似英国制度,亦似美国的Seminar。[5]

这翻译的语言恐怕还包括中文,因为中国学生大多没有直接听讲俄语的能力,其他外语的能力也有限。而派发的讲义是有中文的。有人将整个学习过程细分为四个步骤:讲授、自学、辩论、总结,认为在培养学生独立思考和自学能力及训练学生表达、演说、辩论能力方面卓有成效,符合培训职业革命家的目的。[6]

---

[1] 张泽宇《留学与革命——20世纪20年代留学苏联热潮研究》,北京:人民出版社,2009年,页115。

[2] 郑超麟《史事与回忆》第1卷,页206。

[3] 白瑜《有关留俄中山大学》,见《传记文学》30卷3期,页64—65。

[4] 邓文仪《留学俄国的回忆》,见《传记文学》28卷1期,页72。

[5] 白瑜《有关留俄中山大学》,见《传记文学》30卷3期,页64。

[6] 张泽宇《留学与革命——20世纪20年代留学苏联热潮研究》,页116—117。邓文仪《留学俄国的回忆》,见《传记文学》28卷1期,页72。

论师资，两所大学的教授有不少出色学者，尤其是中山大学的首任校长拉狄克。他年纪不大，学识渊博，本身也是开国的老臣子，国际地位很高，是个有深度的知识分子，很多中国学生都喜欢他。有一次接待美国教育考察团，他就老气横秋地问，在美国的中国留学生，历年一共有多少？考察团答大概6000人以上。拉狄克说中山大学只有600多个学生。美国的中国留学生，归国大都是工程师、教授、医生，而他的学生回中国后，很多会是政治上、社会上领导改革的人物。经常听他这类倚老卖老言论的国民党学生说："一个国家的各大学校长人选，是如何的重要啊！大学校长的气识不够宏大，要贻误许多英才的。"他认为蒋经国在中山大学能受拉狄克的启迪，很是难得。[1]

这两所大学找得到一流人才任教，与当时俄罗斯的学术水平有关。有个国民党员说中山大学有些教授来自德国、法国的大学，不是共产党员。他参观理工科为主的大学时，见到一个生物学老教授研究白鹤的变种，指导员说他三十多年未出校门，简直不知有世界大战似的。参观列宁学院时，他见到研究生的案头有普列汉诺夫的名著《唯物史观》，问与莫斯科中山大学所用的布哈林著作的优劣。出人意料的是，这些研究生没有党派的顾忌，都说普列汉诺夫的书比较好，还略加解释。他因此得出结论：苏联十月革命，并没有破坏学术研究，大学依然完整；而真读书人到底是读书人，对学术还是客观公正的。[2]

除了上课，中山大学还邀约许多名人来演讲，苏联著名理论家托洛茨基、布哈林，苏共总书记斯大林都曾到校演讲，所讲"当然是着重宣传，也可启发青年器识"。[3]女士到校演讲的还有列宁的遗孀以及三八妇女节的发起人。留学生于上课和演讲之外，还参观样板企业和农场。这些样板单位并不真正代表1920年代尚未全面工业化的苏联的水平，有些国民党员认为是演戏，但也有些学员深受感动。

无论在东大或中大，是国民党或共产党员，学生间或提出尖锐的问题，

---

1 白瑜《有关留俄中山大学》，见《传记文学》30卷3期，页65。
2 白瑜《有关留俄中山大学》，见《传记文学》30卷3期，页103—104。
3 白瑜《有关留俄中山大学》，见《传记文学》30卷3期，页104。

教授并不争论。如校长拉狄克说中国自西周到民国都是封建制度,奴隶盛行,认为丫头、佃户都是奴隶。学生反问,如果是奴隶,为什么丫头出嫁,主人陪妆奁?孙儿称年长的丫头为姑姑?为什么佃户分租谷?地主的儿女称佃户为叔叔伯伯?地主家办喜事,佃户又出力帮忙?拉狄克只是笑笑。

甚至在东方大学,学员都是共产党员,师生之间仍然有商榷余地。当中国学生为国民党军队开始北伐而兴奋,问俄共党史老师革命军能不能成功,教授得意地说,北伐军若失败,红军可以从海参崴打到上海。这种话立即引起中国学生不满,认为红军打到上海去就成了帝国主义侵略,不是马克思的革命理论。那个教授不置可否,假装不懂。

从这些例子可见,这些中国学生即使是共产党人,还是带有民族立场的,而国民党学生甚至认为"中山大学的言论、思想,也很自由"。[1]

1920年代在莫斯科中山大学就读的中国学生

---

[1] 白瑜《有关留俄中山大学》,见《传记文学》30卷3期,页64,65,103。当然白瑜认为底蕴是有他们这些国民党学生在。杨子烈《张国焘夫人回忆录》,香港:自联出版社,1970年,页165。杨子烈是张国焘之妻,由共产党派赴苏联。

苏联人并非没有自己的想法,有时候也会说溜了嘴,斯大林在演讲中及俄文女教师都说过中国及全世界将来都是苏联的盟国。[1]同时,两校的教员也有一个问题,就是不算熟悉中国,大多也不会中文。因此为了方便,每个留学生一到达,先给取一个俄文名字。

由东大到中大,不断累积经验,从中国留学生的角度,应该说受到很不错的高等教育。尤其中山大学办得很认真,传说筹备了两三年,课程和教法都经过缜密的讨论。研究室设备齐全,图表、标本、幻灯片俱备,多由牛津出版,比之伦敦政经学院等处所见,并无逊色。[2]可见当时苏联对中国学生颇为重视,对他们回国后发挥苏联的影响,是寄予厚望的。

跟他处留学不同之处,是这两家大学虽然有学制年期,但是学生都要服从中国革命的需要,不时会应国民党或共产党的要求,提前回国;两家大学也不颁发学位。[3]不考试、不发学位本来有利于中国学生摆脱拿学位作敲门砖的心态,可是也有人认为这是学校管理疏忽,结果只凭俄语好的中国学生的意见,来判断学员的学习成果,给俄语好的学生得以弄权和控制同学的机会。[4]

斗争和回国

这个从一开始就着眼于政治的留学热潮,本身也受各种政治局势的影响。除了共产党学生之间有派系之争,中山大学的国共两党学生也有矛盾,第一二批出发的国民党员在船上已经和共产党人冲突,不但相骂打架,据说因国民党人多,几乎还要把共产党学生抬起来丢下海,弄得以后的学员要延迟出发。在学校里也少不了游说转向,以致双方互相提防、自组小组等等。奇怪的是,每逢国共两党党员有矛盾时,连国民党员都说,校长拉

---

[1] 白瑜《有关留俄中山大学》,见《传记文学》30卷3期,页65。
[2] 白瑜《有关留俄中山大学》,见《传记文学》30卷3期,页69—103。
[3] 白瑜称中大无学位,《有关留俄中山大学》,见《传记文学》30卷3期,页65。杨子烈称共产党当年不着重考试,见《张国焘夫人回忆录》,页163。
[4] 张泽宇《留学与革命——20世纪20年代留学苏联热潮研究》,页189。

狄克"对国民党的学生，总是宽容，每逢国共之争，他必站在我们的立场"。[1]中山大学回避介入国共两党学生的争拗，极力避免纷争升级，而且较为偏袒国民党学员，可能是为了达到争取他们的目的。[2]

更大的纷争在学校之外。1927年蒋介石领导国民革命军北伐成功之后，立即与共产党决裂，搜捕共产党人，已从苏联回国的赵世炎、陈延年等许多青年被逮捕处决。国共分裂之后，国民党召回留苏的学生，中山大学的使命不得不变为训练共产党员，1930年终于停办。苏联自身的政治风云变幻也影响到中国学生，首先是1927年斯大林要肃清托洛茨基的支持者。中山大学校长拉狄克和许多教员支持托洛茨基，认为国共分裂是斯大林的错误领导所致。他们向学生宣扬洛托茨基的理论，学生也积极响应。就在国共分裂后不久，拉狄克被免除中山大学校长职务，不少被判定为托派的学生被判刑、流放，有些客死异乡，有些羁旅二三十年才回到中国。中山大学最有名的学生蒋经国也因为有托派的嫌疑，被派到工厂工作多年，预备党员的身份经过多年才能转正。

受中国学生爱戴的拉狄克校长，1936年在斯大林的大清洗中被处决。

这次独特的留学苏联运动，以政治始，亦以政治终。

1　白瑜《有关留俄中山大学》，见《传记文学》30卷3期，页63，65。
2　张泽宇《留学与革命——20世纪20年代留学苏联热潮研究》，页211。

奇特的学批判

在留学苏联期间，中国共产党学生有一项特别的学习内容，就是学习批判和自我批判。它没有列在课程表上，不是教授的意思，也不施于国民党员。

这项特殊学习由1922年底成立的中国共产党旅莫斯科支部主持。中共先在东方大学、后来在中山大学，都成立了一个旅莫支部，管理中国留学生里的共产党员和社会主义青年团员。两个支部都仿效中国共产党，把学批判视为大事，甚至比学校的课程还要紧张。

开检讨会自我批判，是中国共产党对党员的训练方法之一。在上海大学：

> 党的组织生活很严格。每逢星期六都要开一次党小组会，由组长讲形势，每个党员都要汇报自己在这个星期读了什么书，有什么缺点，检查小资产阶级气习、是不是无产阶级化了、在斗争中是否勇敢等。那个时候倒是受了点训练，要保守秘密，要绝对服从党的组织。[1]

旅莫支部大概也想把留学苏联的党员、团员都训练成职业革命家，强调职业革命者要时刻自我检讨和批评，以净化灵魂。这种净化灵魂的要求，可能是受到当时苏联的革命气氛影响。

旅莫支部反对学习，认为要戒除知识阶级的学习，才是真正接受无产阶级统治。他们甚至反对学好俄语！"旅莫支部流行一种口号：'我们来这里是受训练的，不是来这里学做学院派。'所谓训练就是开会，批评；所谓学做学院派就是学俄文，看理论书。"[2] 互相批评的会议，有全体大会，也有小组会，每个星期开一两次，每次几小时，占用了课外不少时间，对留苏

---

1 杨尚昆《杨尚昆回忆录》，北京：中央文献出版社，2007年，页20。时为1926年。
2 郑超麟《史事与回忆》第1卷，页210。

学员的学习和生活不无影响,以致中山大学的教授批评中国留学生不用功读书。

开会的气氛大概每组不一样,有些开得紧张、兴奋、热烈。不是所有组员都习惯这种批判会,有些人嫌没做什么工作,也没研究什么学问,大多数时间消磨在"个人批评"上,拿生活琐事来互相批评。所批评的并不是具体事实,而是一些抽象的心理状态,例如个性强、骄傲、有小资产阶级习气、有无政府主义倾向等等。被评者也想出类似的批评以批评对方。结果大家面红耳赤,记下仇恨种子。[1]

有些人很疑惑,认为中国是礼仪之邦,人与人之间很有礼貌、很客气,尤其在共患难的同志之间,少有恶言厉色互相骂架。开会学无情斗争,中国同志原来不会,后来都学会了。每个人都要找点事情批评一下别人,被批评的人必须起而答辩。受过这种训练,中国学生也改变了待人态度。有个管理被服的俄国工人粗声粗气,专门给中国学生派破被单,"最初大家都忍耐着不说什么,马马虎虎用。之后学会了斗争,就同他吵,用中国话大声吼骂,不管他懂不懂。其实他用俄语骂的话,中国学生又何尝懂呢?大家像野兽一样乱吼一阵,真是何苦来!谁知这样一来,那位高大家伙的态度反变好了,下次去换衣被时,竟和颜悦色,连呼同志,破被单看不见了,吵过一点不记恨,反而好起来。"[2]

不学习,老是开会,违反了大多数党员留学的目的,引起很大的不满。一个社会主义青年团员投诉说,旅莫支部没有按第三国际的章程,加入俄国共产党,甚至怀疑它的合法性,但是没有人敢提出来问。[3]

为什么没有人敢反抗呢?有人说因为大学只按旅莫支部的领导学生对同学的口试成绩,来决定同学的去留。[4]

由法国转学而来的学生领袖赵世炎、王若飞、陈延年等,本来生龙活虎,在法国反抗过张崧年,到此也不敢反抗旅莫支部。赵世炎甚至是东方大学

---

[1] 郑超麟《史事与回忆》第1卷,页209。
[2] 杨子烈《张国焘夫人回忆录》,页154,157。
[3] 郑超麟《史事与回忆》第1卷,页209。
[4] 张泽宇《留学与革命——20世纪20年代留学苏联热潮研究》,页189。

旅莫支部的几个委员之一，而跟他一起从法国来的学生，好像不知道赵世炎是委员似的，他回忆说：

> 那里面分出了领袖和群众，领袖出令，群众受命，领袖不像是群众的同学，倒像是群众的师长，不论如何装得和颜悦色，总有不可亲近的神气。我们在法国的时候也有领袖，一路上也视赵世炎为我们的领袖，但他们的领袖地位是在群众工作（勤工俭学生和华工）当中自然表现，自然建立的。……莫斯科同学那种领袖观念，我们根本没有。[1]

惊异于这种新局面而且不适应的学生，虽然自认"我们新来的人究竟与原来的群众不同，并非盲目服从的，……晓得在服从之下贯彻自己的主张"，但也把这种苏联味道的共产主义气氛当作必须学习的内容：

> 中国同学中那种命令和服从的关系，以及这种个人批评，是我到俄国后最认为新奇的事情，……其他从法国来的或从中国新来的，是否有这个感想，我不知道。我想他们也许同我一样，会解释说这是俄国革命经验之一，应当学习，并带回中国去的。我们都学着适应环境，都学着承认既成的权威，都学着搜索枯肠来批评他人的缺点。[2]

1926年，由于大家对旅莫支部的做法很有意见，群情汹涌，闹到大学处，终于，中山大学校长主持了一场中国学生大辩论，论了几日，然后这个精于理论的校长做了几小时的总结发言，批评这种修道院式的训练，并解散了旅莫支部。而东方大学的同一组织也被共产国际解散了。

---

1 郑超麟《史事与回忆》第1卷，页203。
2 郑超麟《史事与回忆》第1卷，页210。

第七章

学 习

语文关

在外国用外文来学习，语文流利程度关乎学习成果，是迫切要跨过的第一关。

学什么虽然重要，但是懂不懂当地的语言，对选择留学国，也有参考作用。可是，当时中国外语老师不足，水平低，因此学生之间流传，去外国学更有成效。大部分学生出国之前，只有薄弱的留学国语文根柢，去到外国要先补习一番，让语文过关，才能真正地开始留学。

日本也有语文关

中国留日学生多，但日语流利的少。

由于当时日本使用很多汉字，加上张之洞、梁启超等鼓吹，梁启超甚至说几个月就能看懂日文，青年以为日文容易学，因此不少人选择到日本留学。学生受梁启超影响，对学日文等闲视之。他们平常说日语的机会不多，遇到必须说日语时则胡乱拼凑，于是闹出许多笑话。[1] 其实日文与中文属于不同语系，虽然用了不少中文词语，但是文法不同、读音不同，正式用日文来学习新知识的话，与梁启超等志在看书及翻译，效果大异。甚至学日本的汉文对中国人而言也不容易，因为是用日语的念法来念汉文。再加上中国学生常常住在一起，这些因素都不利于学好日文。

可是，日文易学的想法根深蒂固，直到1930年代，仍然有影响力。[2]

另一种误会，是不懂英文可以去日本。

早期有些英文程度不足的学生，老师建议不要留学西洋，而应改考留

---

[1] 黄季陆《忆往与借鉴——留学日本时期的一段回忆》，载《黄季陆先生怀往文集》，页497—498。

[2]《早年留日者谈日本·李乃扬》，页114。李乃扬听梁启超说学日文半年，就可以翻译，于是以东北流亡生身份赴日。

学日本的资格。可是考试时，竟然要考英文，日文反为随意。这个学生后来学日文的文法变化，觉得比英文还难，学了的简单会话向店员或下女讲时，总引人发笑。[1]

其实考留学日本资格时要考英文是有道理的，因为日本学生也要学外语，投考好学校，像东京的第一高等，入学试要考日、英、数。所以留学生到日本也要学英文。

三四十年代时，中国留学生之间流传说在日本可以用英文，一些游记说可以用英语到处游玩。有个留学生于是跑去日本航运公司问卖票的人，不会日文仅会英文去日本行不行，对方说完全可以。于是他一句日语也不会就跑到日本。[2] 另一个学生在去东京的火车上跟一个乘客讲英语，对方根本听不懂。[3]

许多中国学生学的外语是英文，到日本以前未学过日语，所以初抵日本，都得先进日语学校半年左右，能读书听课了，才去考学校。

由于留日的中国学生多，很早期日本就有专为中国学生而设的学校。这些学校有些就是日语学校；有些是中学性质，如同文中学、弘文学院等。

早期留日的学生，因为中国的新式学堂不发达，进这些中学一方面学日语，同时也为了得到中学毕业文凭，以便考高中或专科学校。后来中国的新式教育进步了，办了不少新式中学，兼有中学性质的日本学校就消失了。

专门为中国学生而设的日语学校却一直存在，最有名的是松元龟太郎开设的东亚预备学校。松元自任校长，自己编日语教材，后半生一直投入这学校的工作，经验丰富。中国留学生互相引介，往往一住下，老留学生就带新学生去报名。东亚预备学校入学手续简单，报名只要交费、交相片，[4] 教得倒是很认真，进度不慢，今天教的，明天就要背出来，每个月考试，成绩送给学生将去的学校。不过学生如果不好好学，它也不管，所以也有

1　张资平《资平自传》，页41，67。
2　《早年留日者谈日本·汪向荣》，页144。
3　《早年留日者谈日本·丘成》，页93。
4　《早年留日者谈日本·赵安博》，页37。

半数学生不很认真。认真的学生进去半年大半年，就算学成了。[1]

跟房东讲话，也是学日语的辅助方法。日本的房东对中国学生还不错，即使两国交战时也如此。

西方语文

西方语种与中文差距更大，用在学语文的准备时间较长，尤其准备读文科的。中国学生看书较好，口语一般不成。不要说一般学过外语的了，连主修德文的学生季羡林在德国也要补口语，否则像哑巴。

英文口语

在西方语种里，英文是中国人准备较足的语言。按理说，在中国有英租界，但也有法租界、德租界，为什么英文特别流行呢？这似乎不光是租界的问题，可能跟美国教会传教也有关系。不过中国留学生的英语水平对学习的影响，还是得留意。

早期有一个使馆学生，在上海时读的是教会办的圣约翰学校，中学时去美国驻中国的使馆做译员，每天译新闻100多字，还经常陪同钦差及钦差夫人拜客赴宴，任传译，按理说英文应该很好。可是他到美国的高中继续学业时，初入学，英文程度不够，每每在暑假补习英文。补习的重点似乎是发音，女补习老师教法严谨，每日要他高声诵读小说、散文一两篇，将读错的字一一划出，令他更正。[2]

另一个在教会学校读过几年书的中学生，在美国学堂的最初几天，所过的生活是一连串听不懂的课程，吃饭时受窘，无处诉苦。两个月之后，他患流行病，进了医院。养病期间他读了好几本小说，于是奇迹出现了，英语的门突然打开。他对英语感兴趣了，跟护士和同房病人谈话也感到清楚有趣。他在病房中学会很多英文成语，从前令他感到困难的发音问题，

---

1 《早年留日者谈日本·汪向荣》，页47。《早年留日者谈日本·丘成》，页94。《早年留日者谈日本·米国均》，页101。
2 施肇基《施肇基早年回忆录》，页25。

经过十周住院已经窥得梗概。[1]

外国人办的教会学校，向来不重中文只重英文。它们的学生考留学资格，向来为中国学生所畏忌，认为他们英文好。从上述两个早期教会学校学生的情况，可知发音仍然是他们的弱项。至于清华留美的学生，早已为有朝一日去美国接受英语教育而苦学八年，但是在美国也感到初期只会听，不能讲。[2]

由于英语受限，与人交流是主要的苦恼。美国学校重视讨论，每当老师口头提问，中国学生不能流利表达观点，只好用力于读书、考试、写论文、交报告上。"书面测验时，总得榜首，因为私下准备功课默记内容。"[3]

但这也要付出加倍的精力，尤其是美国的文科学生要应付一大堆阅读书目。在燕京大学读了三年的硕士，在哈佛读书有两大难关。第一是语言关：

> 虽说日常交往语言没太多障碍，但从听课到看书，完全进入英语世界，对我来说困难重重。每门课都有一大堆参考书，不但有个消化理解问题，也有阅读速度问题。唯一办法就是抓紧时间多读、反复读。一天到晚不上课就看书，吃饭也是三口两口紧赶时间，午睡不敢问津。经过一段时间，英语的困难便克服了。[4]*

直到40年代，考到留美资格的清华大学毕业生，觉得清华学生适应美国教学没有问题，如果专业对口，追赶最先进的学术水平是不吃力的，"唯一不太适应的是英语的听、说能力。英语的阅读和写作能力可谓达标，我写的读书报告有时还受到授课教师的表扬。但上课时记不全笔记，往往得课后借同学的笔记抄；由于说英语的能力较弱，常常难以及时而顺畅地进行课堂提问和答问，课外和美国同学讨论问题也一样。为此，我用英文写日记，我和

---

1 蒋廷黻《蒋廷黻回忆录》，页48。不过蒋廷黻回国做了大学教授时，有学生说听他的英文，口音仍然很重。
2 李先闻《留学时期——一个农家子的奋斗之三》，载《传记文学》15卷1期，页50。
3 方显廷《方显廷回忆录》，页34。
4 《林耀华自述》，见《世纪学人自述》第4卷，页58。

妻子及同学写信用英文，还尽量和美国同学交往，锻炼英语听、说能力。但是情况虽有好转，我也基本上顺利地完成了学校规定的各种学习任务，获得硕士学位。不过，直到此时，我的英语听、说能力仍不能令人满意，更说不上达到用英文思考、用英语做梦的境界。所以我奉劝有意到国外留学的青年朋友们，一定要对前往国家的语言打好听、说、读、写、译的扎实基础。"[1]

法　文

在西洋语种里，法文的文法比英文复杂，中国学生学过法文的不多，所以很多学生都以留学英美为首选，只有少数学过法文的学生选择去法国。

只是世事有时未尽如意，对拼命想留学的中国学生来说，等不到去英美的机会，那么能够去法国，也先抓着机会出国再说。除了勤工俭学生、主修艺术的学生以法国为目的地之外，里昂中法大学的出现，也令1920年代留法学生增加。

> 我虽想出国，但想留学则想赴美国，并不想赴法国，为的我们在女高师总算学过二年英文，程度虽浅，究竟自有门径，法文则从未学过一个字，从头来太不经济，况英语在中国在世界均风行，法文则否。学了法文将来回国无甚用处。不过既考上了，机会放弃亦可惜。第二个原因，青年人谁不想出国读书做个留学生。[2]

除了招考，自1926年开始，里昂中法大学也接受中山大学派去的学生。中山大学跟国民政府有关系，学生视里昂中法大学为中山大学的海外部，但是对留学法国也没有作过很好的准备。

> 我当时留学的目的地本来是美国，留法并不是我的志愿；但是现在留学机会既然来临，我也就不肯把它轻易地放过；几经考虑，结果接受了学校的选派。[3]

---

[1] 刘绪贻《箫声剑影（一）——刘绪贻口述自传》，页239—240。刘绪贻于1944年出国。
[2] 苏雪林《浮生九四——雪林回忆录》，页48—49。
[3] 郑彦棻《往事忆述》，页39。

这个学生24岁才到法国，法文的基础很差。里昂中法大学并不真是一所学校，其实只是宿舍，住在那里的都是中国人，好处是不致语文不通；但是在那里，吃的中国饭，说的中国语，过的也是中国式生活，不能接触法国人的环境。

理科生的语文关或者容易一点。清华大学学生钱三强，工作后才临急抱佛脚去留法，没有提及过语文学习问题。1936年他大学毕业，在物理研究所工作，所长是留法的严济慈。"有一天星期六的下午，严先生找我去谈话，问我是不是学过法语。我说在初中时学过。他就到图书室取来一本法文科技书，让我念给他听听。他听了一会儿，说我'法语程度还不错嘛！'"原来所长之意是要他去考公费留学法国的资格。[1] 1937年5月他去考留法，竟然考上了，8月就去了法国，进了世界先进的居里实验室。

当年法国的科学成就不在美国之下，但留法的中国学生却以文科、社科学生为主，都是最要求语文能力和知识背景的。在中国已学过法文、一心留法的学生都不易应付。一个学过法语十年的文科生到巴黎后，立即到巴黎大学文科去试听大课，因为他在上海复旦时对鲁索与拉马尔丁散文有兴趣，便选"19世纪法国罗曼派文学及其渊源"一课去试听，立刻在这大课中感到，法国语文修养虽已有十年，能够勉强听懂，但自己的西方古典知识训练有限，骤然去研究法国近代文学，便感到浮光掠影，不能深入，兴趣为之大减。[2]

整体而言，留法学生在法国用不少时间作语文准备，学习成就不免受到影响。为什么不在中国学好法文才去法国留学呢？本来勤工俭学计划是这样安排的，提倡者在各地办了留法预备学校或工艺学校。学校不仅教法文，还有简单的实习工厂，学膳费用很便宜。但是师资和学习时间是一个问题，当时能有多少好的法文教师呢？有一个学员说他的那个教师做过华工翻译，法文程度不好，用的虽然是正式课本，只能照本宣读，学了半年，只懂发音和简单会话，就去留学了。有一个学生是在候船去法国期间，被

---

1 钱三强《我和居里实验室》，见《徜徉原子空间》，天津：百花文艺出版社，2000年，页128。

2 李璜《学钝室回忆录》，页41。

安排住在一家工艺学校，由一个广东女士教，学了三周就出发。[1] 更有完全未学过的，因为几个同学去打听之后，认为"在预备学校又主要是学法文，大家商量说，与其如此，还不如直接到法国学法文，比在国内学效果好"。[2] 这个想法未必错，虽然华法教育会已经尽力筹办，但条件所限，还真是不如直接到法国学。华法教育会大概也有这种考虑，所以勤工俭学生去到法国，就成批地安排他们去中学读法文。

入法国中学学法文是普遍采用的方法，选小地方的中学，既省钱，在隔离的环境里学语文，收效较快。不但勤工俭学生采用这个方法，私费留学生也口耳相传。[3] 即使攻读语言学的研究生，也听从中法协会的秘书长相劝，先去没什么中国人的小地方读法语专修科，打稳法语基础：

> 大学附设的法语专修科分小班、中班、师范班三程度，小班几个人从字母教起，自编讲义，用新方法教学，不管学习长短，到一定程度就可以升班。中班也不过十来个人，师范班却多达100多人。虽然曾经学过两年法文，但只能看，因食宿自理，住老百姓家，在一家庭饭馆包伙食，一早起来无论去什么地方都免不了要和法语打交道，所以进步得特别快。一周就由小班升中班，半年升师范班。师范班除语文教材和作文、翻译等练习外，还经常约请一些知名人士来用幻灯等向学员作法国史地和文化的报告。大家都觉得很受教益。补习完法语之后回到里昂，情况可与上次来时完全不同了，上次初来时，像聋子，人家说话一点也听不懂，我说的法语人家也很难听懂。这一回却可以随便交谈，没有什么障碍了。[4]

至于没钱去中学或法语专修班作系统学习，而要硬闯语文关的，那真

---

1 沈沛霖《我的留法勤工俭学经历》(上)，见《档案与史学》，2004年4期，页34。郑超麟《郑超麟回忆录》，见《史事与回忆》第1卷，页159。

2 聂荣臻《聂荣臻回忆录》，页8。

3 严济慈曾留法的老师何鲁嘱其入中学后多与法国人接触，且可与社会隔离，学法文更快，见《严济慈：法兰西情书》，页26。

4 《岑麒祥自述》，见《世纪学人自述》第2卷，页147—148。

是听天由命，幸运的才可以读出一点成绩来。

> 我每次上课，均于听到十几分钟时昏昏入睡。睡了差不多足有半年。……自家毛病自家知，我猜到这大概是我的法文程度不够。于是请了一个年轻的小学教师补习法文。老师十分严厉，像教小孩一样，纠正发音，并选了一本法文观止要我非背不可。又命令每天作文一篇，详加改正，每天统计所犯错误数目。读完法文观止，指定读一本小说，天！我哪配？于是整个上午花在查字典与背生字的工作上。这样补习了三个月，钱用光了。[1]

这个幸运学生只好再天天去巴黎大学听课。他形容自己是顿悟地闯过语文关的：

> 有一天，正当我在迷迷糊糊中，……忽然之间，老师的每一句话，每一个字，都被我听懂，这确是奇迹。我记得清清楚楚，在这一天以前的一天，我仍是听到十几分钟，便昏昏入睡的。怎么睡了半年，总是不懂，一懂，就句句都懂？[2]

理科生的语文关比文科生要容易。然而最容易过关的，却是学艺术的学生。法国既然是艺术之都，不少中国画家都曾经留学法国，都是直接入学，很少提到要过语文关，也不提去中学学法文。这并不是因为学艺术的能力超人，吴冠中就提过他的法文不够好，听美术史的课不全明白。一个主修法国文学的学生一语道破其中的关键：学艺术的同学都不需要通过论文。[3]

德文和俄文

留学德国的人数比较少。德国没有法国那么浪漫，不管程度就接受中

---

1 黎东方《平凡的我》，页237—238。
2 黎东方《平凡的我》，页244。
3 许渊冲《逝水年华》，页191。

国学生登记，不管法语水平就接收了那么多勤工俭学生。中国留学生若要进入柏林大学，要先在补习学校或大学的德语班补习德语，得到毕业文凭，才能正式进大学。[1]一般人都要读半年左右。

上过柏林大学德语班的学生，认为很有用。教学的老师很有经验，因此效率高，重视发音和文法，要学生反复练习以达到纯熟使用，又用挂图在课堂上作形象教学，学生大声读出图中的事物，当场纠正发音和文法。全班每周出外参观游览，当场练口语。[2]蒋介石的儿子蒋纬国是没有学过德文就出国的，认为留德最大的收获是在柏林大学读了四个月语言训练班。该班是浓缩型教授法，成绩远超过在国内学习十年。[3]

留学苏联的学生也以不懂俄文的为多。去到苏联，有俄文课，但是各人程度不同，有人嫌慢，有人嫌快，甚至有人主张不用学。因为留俄的学生重视的内容是搞政治，而不在学好语文以后进修做研究。而除了俄文课之外，其他经济学、唯物史观、工人运动史等，上课时都有人翻译，教一段，就译一段。上几百人的大班教学课，甚至有英、法、德、俄四种语言的翻译；分班讨论时，发英、法、德、俄、中五种文字讲义。[4]译者的水平不能绝对保证，可能他们自己也不是句句了解，亦未必句句译出，甚至方言味重，中国其他地方的人听不懂。

争取中文可以当作外语

除了应付留学国的语言问题，留学生还要应付大学的外语要求。在日本，这个问题并不严重，只是主修医科或哲学的，不免要读德文；在欧洲大陆读书，或许语系接近，又经常来往，也没有外语的要求；但在英美大学，早期的大学入学考试，不少要考英文以外的外语。

---

1 张果为《浮生的经历与见闻》，页1。朱伯康《我的留学时代》，见《往事杂记》，上海：复旦大学出版社，2000年，页56。
2 朱伯康《我的留学时代》，见《往事杂记》，页56—57。
3 蒋纬国《蒋纬国口述自传》，北京：中国大百科全书出版社，2008年，页54，64。
4 白瑜《有关留俄中山大学》，载《传记文学》30卷1期，页64。

英国大学入学考试很早就可以考中文科，算作外语。[1]同一时期在美国，中文还不在制度之内。1912年学生考加州大学，入学时要考德文、法文、拉丁文及希腊文。对在夏威夷读书长大的孙科，前三者都没问题，但希腊文没有把握。这个贵为临时大总统之子的学生，尝试以中文代替希腊文。当时加州大学东方语文教授傅兰雅（Fryer），曾在江南制造局工作，他用英文问四书五经的内容，然后给孙科合格证明，可以入加州大学。[2]

美国的研究院后来要求读博士的学生必须懂两种外语，这是早期留学生没有的问题。直到今天，这规定还存在。这个要求对做研究有帮助，而且对英文为母语的学生来说，多学两三种欧洲语言，不是很大的问题。可是，拿这个标准来要求中国研究生，就不同了，"我就连一门所谓的母语——英语而言，也还有点麻烦。"[3]应付英语之余，还要头痛怎么应付其他语文，不免有怨言。"以华裔学生的观点，我们学习英文和另一外文已是沉重的负担，分散了在专业上的目标，如再加第三种外文，似乎太苛求了。"[4]

中国的博士生自然就想到以中文算一门外语。1930年代，这个想法还行不通。中国学生于是认为"由于中国落后，汉语也受歧视"。[5]

到了四五十年代，事情似乎有点转机，而关键就是中文是不是一种有助研究的语言。花一年读了一门外语得到合格的商科博士生，咨询研究生院院长能不能用中文作为第二外语，向院长强调"我是中国人，将来肯定会用汉语作商务研究。此外我还认为，汉语在商务管理中要比德语重要"。院长问了一个简单问题：国语与上海话有什么区别？听了中国学生的长篇解释后，院长同意让他以中文为第二外语。[6]

在哈佛，这一关没那么容易。中国同学要求时任中国学生会会长的博士生和校方谈判。"校方指，在经济学领域里无甚中文文献，故而除外。我

---

[1] 1912年伦敦大学入学考试必考英文、数学、第二外语，中文可以算作外语，见曾宝荪《曾宝荪回忆录》，页34。
[2] 孙科《八十自述》（上），见《传记文学》23卷4期，页9。
[3] 邵品刼《回忆在中美》，页125。
[4] 王念祖《我的九条命》，页53。
[5] 《林耀华自述》，见《世纪学人自述》第4卷，页58。
[6] 邵品刼《回忆在中美》，页125。

辩称：这是误解。于是组织许多同学收集了大量有关经济的中文著作，向校方提出实证，支持我们的立场。尽管事实上校方无人对所列作品的质量加以评估，但我们的外交胜利了，中文的地位从此提高了。"[1]

---

[1] 王念祖《我的九条命》，页53。

选校和选科的困惑

选 校

在求学的路上，读什么学校，好像很关键，实在还是看机缘的多。

有些人早有师长或父母安排，自己不用费脑筋。有些人拿外国奖学金，并没有选择余地。对于自费生、工读生来说，学费是首要的考虑。相识的人推介，也是重要的决定因素，尤其那些在教会学校读书、受了美国老师的鼓励而去留学的自费生，老师的话简直就是明灯了。

那时候美国华侨多是广东人，留学生在美国有亲戚的不多，很少有人为了有亲戚照顾而选定学校的，反而朋友之间相互号召，倘若科系又相近，就此结伴同行的情况比较多。清华学生不用考虑学费，什么学校都可以选，因此志趣相投的好朋友就会计及友情的因素。在清华老考第一、人又老成的潘光旦选达特茅思学院（Dartmouth College），对潘光旦推崇备至的吴文藻因而也选达特茅思；钦佩早慧诗人朱湘的柳无忌，因为同届只有他们两个人读文学，所以就结伴到劳伦斯大学（Lawrence University）。

如果没有同届的人作伴，有学长为先导，前后援引，也是常见例子，如学建筑的杨廷宝、梁思成，因为清华师兄朱彬等在宾夕法尼亚大学成绩很好，给校方留下好印象，后来就都去上这个学校的建筑系。[1]

出国时才20岁上下的青年，无论后来成就有多高，假如出国时没有人指点，势必只是瞎子摸象。物理学家吴大猷是世家子弟，亲朋里多的是留学生。1931年他得到教授推荐，拿了奖学金打算去美国，凭"学校一览"选校时也闹了个大笑话。他所选的其中一间学校，回函时称呼他女士，他才知道那是一所女校。这个物理系毕业生不仅没留意男女校的问题，申请

---

[1] 杨廷宝《我为什么学建筑》，见《杨廷宝谈建筑》，页103。

研究院时自认对各校的物理研究方向及特长毫无所知，最后他决定去密歇根大学，因为它的学费最低，"这样的选择学校，好似可笑。"好在密歇根大学的物理学在学界颇有地位。已经成名成家的吴大猷回忆说，"我选入密大，是极幸运的事。"[1]

选校迷津

当年美国东部名校在中国的名气，比其他学校要响得多，西岸的伯克利、斯坦福受推崇的程度不及哈佛、哥伦比亚。从哈佛大学、哥大毕业的早期中国学生，如任鸿隽、蒋梦麟、顾维钧、胡适、赵元任等，既得留学风气之先，又迅速在政府和学界里建立了地位，因此促成后来的中国学生震于名声，更加喜欢选择这些东岸名校。

考古人类学家李济从清华去美国，先选了一所小规模的大学读了两个学位，然后转到哈佛去读博士。"因为事先震于哈佛的名声，所以预期着进哈佛大学，是一种登泰山的滋味：这自然只是一种情绪上的激动；也可能是对于哈佛大学的期望，差不多有点儿近乎宗教式的崇拜，不过在很短暂的时间里，我便搭乘火车，很容易地从乌斯特到了波士顿，好像经验了一次哲学家所讲的'顿觉'，忽然到达了一种似乎不能到达的境界。"[2]

那些一头就栽进哥大或者哈佛的学生，却未必很享受那里的大学生活。因为学生多，师生关系不及人少的学校密切。这些学校里中国学生也多，政治气氛甚浓，社会活动太多，不是一个好的读书环境。哥伦比亚大学更位处纽约的闹市，而很多中国学生来自乡郊，并不住在喧闹的上海等大城市，一旦进入纽约大都会，生活不易习惯，转到宁静的大学反而如鱼得水。[3]

所以老成的潘光旦就先进达特茅思读书。这个颇有点自负、看不起美国大学教育的清华优异生还颇为得意地说，他一进达特茅思就插入三年级，读了半年，教务长说对不起，他应该念四年级，他也就插入四年级了，而"像

---

[1] 吴大猷《回忆》，页17—18。
[2] 李济《感旧录》，页27。
[3] 潘大逵《风雨九十年》，页70。郝更生是农村青年，虽曾住在上海，入哥大后，仍不习惯纽约生活，辅导学业的中国人告以转学。

哈佛、耶鲁这样名气很大的大学,自视很高,就把你压到二年级。"[1]其实达特茅思学院是一家历史悠久、名列常青藤体育联盟的名校,只是在中国人的世界里,名气及不上哈佛、耶鲁、哥伦比亚、普林斯顿而已。

清华学生选校

清华学堂作为留美预备学校,每年都把毕业生送到美国去深造。所以,清华学生毕业前一年都要做出洋的预备,包括决定两个重要的事项:第一是准备学什么?第二是到哪个学校去学?

清华对留学那么有经验,对学生的选校选科辅导却是由学生自主的。

> 在我出洋的那一年,我们已经是第八班的毕业生了。就学校方面来说,对送派学生已经有了相当的经验。譬如训练学生,尤其是在语言、礼貌及一切日常生活上的普通训练,差不多都有一定的规程;但是在择业方面,学校却予学生极大的自由,差不多每个同学都可以随着他自己的兴趣做最后的决定,而这个兴趣往往是由于偶然事件引发的。[2]

在选校方面,清华会先问学生想考哪所大学,芝加哥?哈佛?还是哥大?不知是老师的忠告,还是师兄的点拨,有些学生得到的印象是应该先去小城市的好大学。

> 据我们的了解,初到美国,最好先别到大城的大学,如芝加哥、纽约等。一入大城,师生接触少,很容易迷失目标,不如先入小城的好大学。[3]

于是有的清华学生选择了只有五六百名学生的哈姆林大学,希望有较

---

1 潘光旦《谈留美生活》,载《大师自述》,页231。
2 李济《感旧录》,页21。
3 李方桂《李方桂先生口述史》,页7。

多机会和教授接触，和同学来往，以及认识本地人士等等。[1]这所大学在中国人里知名度不高，但之前来读的清华学生有汤用彤和程其保，两个人后来都获得一定的学术声誉。

美国有不少因大学而为城的城镇，居民不过数万，许多居民的工作都跟大学师生的生活和工作需要有关。在这些大学城里度过美国留学最初的日子，一般学生的感觉都很好。

> 初到时确是人地生疏，但不到一年，在市街或住宅区走过，随处都有人招呼我。[2]

> 在这一年的生活当中，最令我难以忘怀的，可以说都是人与人的关系：在我没到美国以前，习惯上我们总觉得中国人与外国人之间，好像有一条通不过的界限。但是，住在他们的人群中，渐渐感觉到他们与人相处，也是非常合乎我们中国所谓的"人情"的。譬如：他们对外国学生特别地关切，而关切的真挚跟中国的老师对于他心爱的学生，可以说是完全一样的。[3]

选科三心两意

> 少年时期，性情多变，兴趣转换得也快，志愿总是一改再改。[4]

这大概是多数青年学子的状况。讲这句话的学生先学矿，再学土木工程，毕业的时候却是个体育系主修生。

不但缺乏师长作选科辅导的学生会一变再变，有几年时间准备的清华学生也有三心两意的。

---

1 浦薛凤《万里家山一梦中》，页79。程其保《六十年教育生涯》（一），载《传记文学》23卷2期，页6。
2 萧公权《问学谏往录》，页54—55。他在密苏里大学留学。
3 李济《感旧录》，页20。这时他在麻省乌斯特城的克拉克大学就读。
4 郝更生《郝更生回忆录》，页12。

建筑师杨廷宝说，当年他想过学天文，"我还想学机械，学生物，准备科学救国，也曾想学哲学；青年人的幻想是层出不穷的。一个人对心愿的选定，也不是不可变动的。在美国学习时，闻一多虽学了美学，但没有学几个月，他又改学话剧，他还劝我改学舞台美术。"[1]

当时中国政府希望多培养理工及实业领域的人才，但是清华对学生的选科却没什么限制，"出国前你要决定学哪行，然后与美国教员谈，由美国教员指导。那时候，究竟学习哪行，没什么限制，因为国内三百六十行，行行都缺。"[2]清华鼓励学生早加研究，请教老师。同学多半也慎重斟酌，根据个人的性情、天赋，家长所喜，社会所需，各种情况来作决定。[3]

清华学生选科选校自由很大，往往人还未到美国，已经改了志愿。[4]有学生定了志愿，行前实习，发觉兴趣不合，要转系，学系虽然改了，但是

在美国学习建筑的杨廷宝
选自《清风华影》，清华大学出版社

---

1 杨廷宝《杨廷宝谈建筑》，页103。
2 潘光旦《谈留美生活》，载《大师自述》，页596。
3 浦薛凤《万里家山一梦中》，页56。
4 李方桂《李方桂先生口述史》，页7。学校问学科志愿时，李方桂表示想学医学预科，因此读了一年拉丁文和两三年德文，到作最后决定时，又改变主意，想读语言学。

选了的学校已来不及改，只好读了该主修科不出色的学校。[1]有的学生不但出发前改过志愿，在去美国的船上，思前想后，衡量什么学科能够救国，又想改回原来的志愿，但已经无法改变了。[2]

至于到美国之后改变兴趣的现象，就更常见了。

对研究兴趣的探索

中国学生当时选择主修，除了个人兴趣，亲友以至学生本人还考虑实际生活的问题，所以起初选科容易倾向实用性。任何时空里，家境平常的学生都会考虑所修科目的出路，务求就业容易，而当时中国学生不同之处，是再要从国家所需的角度去衡量实用性。

最极端的实用主导的例子是革命党人任鸿隽。他在日本学化学，想做炸弹，后来到了美国仍然学科学。但清朝已经推翻，他后续的治学就不是为了做炸弹，而是为了振兴工业。

早期留日学生多选法政、师范或者医科，后来的留日学生不少选经济，都有合于中国当时的需要。再后来中国学生选法政的少了。面对混乱的政局，不少青年认为官场黑暗，因此厌恶政治，读文学又怕不能济急，故此选科时偏向理工科。爱好文艺的学生，若舍不得兴趣，又考虑到谋生，就学了建筑，"我的心愿是学美术，但家境已日趋衰败，每年只能供给我几双鞋袜，上学的路费还是向同族和亲戚告贷而来；学习用的书籍是接受别人用过的。河南省每年只津贴每个学生大洋15元。估算我的经济情况及往后的生计，总感到学美术这一行，日后难得温饱。"[3]

年轻人在各种现实条件里思量主修科目，并不容易做决定。

美国大学偏重通才教育，鼓励学生发展自己的兴趣，美国教授就主修科目给留美学生的意见，多是鼓励个人摸索寻找。

有些老师教学生，如果暂时不能确定主修，就不要强迫自己做决定，可以利用大学几年时间，广泛选修各种科目。"我所学的每种课的内容，对

---

[1] 潘大逵《风雨九十年》，页62。
[2] 陈鹤琴《我的半生》，页92。陈鹤琴本来读教育，后想改读医，于是选了医科闻名的霍普斯金大学，赴美途中又想改回读教育。
[3] 杨廷宝《杨廷宝谈建筑》，页102。

我都是新鲜的。我很满意随时都能学到新东西。随着好奇心的扩大,我追求知识的热情与日俱增,我被引导着去学习课本外、课堂外的东西……我初步接触了许多学科,却没有深入到其中的任何一门,但在某种程度上我开阔了视野,锻炼了思想。我似乎在世界观方面和在处理问题时,更客观,更注意分析和更老练些,我不再想当然地接受事物。我的大学教育并没有提供给我什么专门的东西,但帮助我取得了一个对生活更成熟的态度。"[1]

有些学生已确定主修科目,但系里老师仍然勉励他们以自由教育的精神去开阔视野,不介意学生因兴趣变化而转变主修。[2]

不要说大学生三心两意,研究生就主修的内容也常常举棋不定。物理系研究生吴大猷拿了奖学金,南开大学教授建议他做晶体研究。他去到美国,50多岁的系主任叫他先把各教授的实验室参观一遍,再决定跟哪一个做研究。"这是我第一次看到物理研究实验室。在参观了几个实验室以后,实在是无所适从,看下来都很好",于是吴大猷又回到系主任那里。系主任认为"如果一时决定不了,不妨随他见习一段时间,待以后再定"。[3]

除了老师的鼓励和宽容,美国大学在学制上的弹性也给青年学子改变兴趣提供了方便。

> 我之所以能够从扩大眼界出发,经过摸索而逐步找到主攻的方向,要归功于当时学校的选课制和灵活的转系、转学等办法所给予的大量方便,也要归功于老师的启发指导,吸引我不断向新的领域前进。……我体会在学术上的深入和扩大是相辅相成的,一个青年的兴趣和认识也要逐渐转变。只求多方面涉猎和见异思迁固然不好,但过早选定专业,框得太紧,缺乏灵活性,也不一定取得好效果。[4]

---

[1] 何廉《何廉回忆录》,页26—27。
[2] 萧公权读新闻而系主任勉以开展视野,他后来又改修了哲学,见《问学谏往录》,页46。
[3] 吴大猷《回忆》,页13—14。
[4] 胡毅起初主修文学,后转哲学,见《世纪学人自述》第2卷,页297。

教授的风度

谁都想好学生留在自己的学系或学校，但事与愿违的时候，美国教授表现得很有风度。

已经读到社会学硕士的学生想转读人类学，将转系的念头跟社会学老师谈。"他原是想我能跟他再进一步做博士论文的，听我想改学人类学，他衷心不免感到失望。但他表面的风度却表现得很好，因为他晓得我的决定是经过长久的考虑才做的；他帮了我很大的忙，说这是很好的发展，并且劝我先跟已经退休的霍尔校长谈谈。"退休校长喜欢接触年轻人，听说李济要跟他领教，很高兴，"尤其高兴的是我要学人类学，他认为我这个选择是根据一种深厚的'本能'而做的决定。"由于得到这两句话的鼓励，这个学生转系的信念更增强了。[1]

一个读完博士、公费还未到期的学生，想到名气更大的大学去听同一学系的课。他先跟老师商量，"我害怕讲了老实话，惹得老先生不高兴，谁知他哈哈大笑说，当然要利用这段时间去他们那边多听听，我们这里几个人也没有多少新东西给你讲了。我们不过是给你打下学术研究的基础，带你上了路。今后就要你自己走，要在各方面多听、多看、多去思考。"[2]

选科那么自由，留美学生主修科目的分布到底怎样？有统计说还是以主修实用科目的最多。从1909年到1929年，清华留美学生里，一半以上学理工、农科、医科，再有四分之一学经济和商业，不到10%的人学人文科学。1929年以后到抗战后的1946年，留美学生的主修科目分布基本没有大变化。[3]但亦有研究说清华留美生没有遵守80%理工、20%文法的既定政策，而任由他们自由选择，以至于清华留美生与其他留美生一样，学理工和学文法的几乎各半。[4]

统计结果分歧这么大，研究留美学生的主修科目分布，似乎比学生自己琢磨选什么主修还复杂呢！

1　李济《感旧录》，页26—27。
2　《胡毅自述》，见《世纪学人自述》第2卷，页299。
3　李喜所《中国留学史论稿》，北京：中华书局，2007年，页305。
4　江勇振《20世纪初年的中国留美学生》，载《华族留美史：150年的学习与成就》，纽约：纽约天外出版社，1999年，页120。此处用该页所引舒新城及汪一驹意见。

附：最三心两意的转系故事

清华留美的学生潘大逵去留学之前，选了读教育。出国之前，他申请先实习一年，不料却对教书失去兴趣，行前更改志愿，转读政治。去到美国，他的波折更多，"在美国先后进过五所大学，有文的，有武的，有州立的，有私立的，有三个大学合起来只念了一年和一个暑期的。"

他在私立名校斯坦福获得政治学学士，中间到加州大学读了一个暑期，然后转到哥伦比亚大学读博士。在哥大因为无端当上中国学生会会长，他没什么时间读书，加上他的革命志士兄长潘大道被刺杀，自己又失恋，于是放弃在哥大进修，想要转换环境。他那时想到读军事，于是跑去寒冷的新英格兰，在佛蒙特州读美国最古老的军事学校诺威治大学（Norwich University），花几百美元，买了讲究而昂贵的骑兵军官制服和马靴，但是读了一个学期就退学，嫌清规戒律不合他这个爱好自由的人，又嫌生活单调枯燥，结果被清华监督处扣回制服费用。

由于这经济损失，生活费不够，他从生活费高昂的美国东岸转到较便宜的中西部，在威斯康星大学读完硕士后，立即回到美国西岸，在斯坦福不注册听课，自称"可以自由选择听几门我所爱听的课，心中无忧无虑，过几天逍遥自在的日子"，到期"买了一张二等舱票，上了一个什么总统号轮船，就把它叫作学成归国吧"。

他的结论是：在美国学习的东西不外是那一套，博士、硕士都差不多，倒是学士最重要。[1]

他回国后曾在法院和大学工作，也搞民主运动，成了民主同盟德高望重的人物。

---

1 潘大逵《风雨九十年》，页60—75。

放弃科学救国

政府鼓励读理工科，中国学生也抱有科学救国的念头。

从最初选定的主修科目来看，留学生里读科学或实用科目的想法颇为普遍。不过有志愿不等于有志趣，早期留学生改变初衷并不少见。

早期留日学生里出了不少文学家，如鲁迅、欧阳予倩、郭沫若、张资平、郁达夫、成仿吾。他们的初志是学医科、地质、经济，甚至学陆军、造武器等，结果却都成了小说家、诗人、戏剧家。

郭沫若初到日本，在家信里提到"来东留学，志向在实业及医学两途"，但是与他同年生的四川学生吴鹿苹说他喜欢文科，不喜欢数学，准备数学考试就叫吴鹿苹给他圈题。[1] 吴鹿苹是富商之子，少年东渡求学。郭沫若去日本时，吴鹿苹已是大学生，后来获得东京大学化学博士，1919年回国做了不少工业技术改良工作，实践了实业救国的理想。

郁达夫入大学时选读经济，最后变成文学家，有第一高等的师弟认为，这是读书环境所致。"在一高读书很自由，随便你看书，因此曾是一高生的郁达夫变成搞文艺的。学生在校内念哲学念文学，特别风行。"[2]

其实众多早期留日学生产生对文学的兴趣，与其说是日本的风气，不如说是中国知识分子的成长环境长期偏重文科，使年轻人对文科的兴趣远远大于理工。在英美读经济的徐志摩，后来也成了大诗人。

新知识要经过更长时间，才能在新知识分子身上扎根。

在美国，早期留学生里选修农科的很多，大概因为中国以农立国，不少人认为农科符合中国需要。在民国高等教育界有名的蒋梦麟、胡适，都是初志在农的，后来却转读教育或哲学。蒋梦麟在教育有益于国还是农业更为迫切里犹疑，最后听了朋友的劝告，认为中国如果搞得好，农业自然好，

---

[1] 郭沫若《樱花书简》，页19，见1914年3月及1914年12月第18信的说明。
[2] 《早年留日者谈日本·朱绍文》，页52。

于是转读教育。

胡适读了三周农科就觉得无趣。他提到改行的三个原因，一是选修了一门哲学而且觉得有趣，另一原因"就是我对文学的兴趣。我在古典文学方面的兴趣，倒相当过得去"，再有就是读农科一年级时必须每周修英文5小时，还要读德文、法文。"这些必修科使我对英国文学发生了浓厚的兴趣，我不但要阅读古典著作，还有文学习作和会话，学习德文、法文也使我发掘了德国和法国的文学。"[1]

也有一心奔着农科去留学的学子，最后读了文科。他倒不是因为志趣改变，而是因为身体条件所限：眼睛不好，看不了显微镜，由农科转学地质，又看不了石头，最后转为学历史。[2]自始至终以农科为专业而做出大成就的，是出身农家、确实要下田的沈宗瀚，他对抗日时期以及后来台湾省的农业有颇大影响。

早期留学生出国之前没有理工背景，教育环境和社会气氛在科学精神上也根基不厚，学生出于实用目的而读理工科，兴趣难以持久。加上中国传统读书人的文史根柢强，古书熏染深，兴趣易偏于人文，留学生纷纷弃科学而选人文，觉得更适合自己的性情。

到二三十年代，留学生大部分出国时已大学毕业，本来主修已定，但是仍有放弃原来的理科背景，转读文科、社科的。他们的理由也有这种偏重人文世界价值的因素：

> 留美决定弃农学教育，认为人生择业以人为工作对象，较之以物为对象更有价值。天天和土壤、昆虫打交道没有什么意思。这种想法比较片面，但当时未加思索，即作此决定。[3]

> 我难忘故乡的见闻和被遗弃、埋没和漠视的善良而有才智的芸芸众生。……我也没有耐心和阿米巴、草履虫、蚯蚓等小生命打交道。

---

[1] 胡适《胡适口述自传》，页40，43—44。
[2] 陈翰笙《四个时代的我》，页20。
[3] 《童润之自述》，见《世纪学人自述》第1卷，页282。

我选择了政治学。[1]

有强烈的人文兴趣，但以理工为专业，并且持之以恒的留学生，也有一些，如电机学教授顾毓琇在清华读书时已矢志做工程师，在赴美的船上也不断读工程的书，但他同时又是话剧热衷者，他所记录的留美生活，演戏和工科学习的篇幅不相伯仲。

以理工科成大名的钱伟长，却反其道而行之。他的父亲是著名文史学者钱玄同，他自己本来读历史，只因受"九一八"日本侵华事件所刺激，为了救国，转而研究物理，竟然成为中国的力学奠基人。这种实践科学救国的意志，也可谓惊人了。

---

[1] 《龚祥瑞自述》，见《世纪学人自述》第4卷，页216。

自由而严谨的法国大学

对梦想留学的中国学生，法国是个天堂。

拿破仑的改革使法国的大学教育不再由教会包办。当时法国分为16个学区，每区都有国立综合大学，它们的基本课程相同，学分相通，要入学并不难，要转学也没有什么特别手续。因为大学是国立的，费用不高，在1920年代，只要交100法郎就可以注册为学生，每学期的学费也是100多法郎。注册后，学生领一本学生手册，除了实习课程，爱听什么科便听什么科。这样的架构，直至1968年巴黎大学生在拉丁区暴动之后才改变。

当时法国也有私立的大学，但名称上不用所谓"大学（Universite）"，例如私立的政治大学叫做"Ecole libre des sciences politiques"。[1]

自由听课

去法国的中国留学生一般坐船从马赛登岸，但除了勤工俭学生去里昂之外，几乎都是去巴黎的，因为那儿是首都，是法国高等教育的中心，有国立的巴黎大学。

巴黎大学有一种自由的学习制度，对学生很自由，对市民很慷慨，在那么多留学国家里，可谓别树一帜。

那时欧洲大陆许多国家的大学多半坐落在城区，教室紧靠马路，所以巴黎大学没什么门禁。除了为正式考试的学生特设的科目外，大学的课都是公开的，课程表张贴在市巷街头。人人都可以入座听讲，不必报名，不必交费，只要循规蹈矩，没人干涉。所以出门散步经过大学而来听讲的人不少，甚至老年人也来听，消磨时间。初开学的时候，来听课的人尤其多，

---

1 李煜瀛译述《法兰西教育》，巴黎：留法俭学会，1913年，页15。袁道丰《重游巴黎 抚今追昔》（二），见《传记文学》23卷2期，页83—85。黎东方《平凡的我》，页236。李煜瀛即李石曾，大力提倡取法法国教育。

真正上课考试的学生，也要提前半小时到，才能坐前边。¹这种任人听课的做法，当年在沙滩的北京大学，也有类似的传统。²

讲课的有些是六七十岁的老教授，著作等身，名高望重，但未免口齿不清，不及口才流利的中年教授受欢迎。³矢志攻读理科博士的严济慈并不介意，甚至觉得最老的教授，讲得最清晰有头绪，说这班老头子往往小题大做，讲很多故事，讲到自己从前的工作，尤其讲个不停，清晰有如昨日。他对这样的讲课风格不以为烦，还发现听课的有很多老先生、老太太，因而感慨在中国听科学课听得头昏，在法国听科学演讲，却好像听说书那样，中国人不知哪一年才可以这样听科学。⁴

大学注册的学生分为正式学生或旁听生，分别在于是否交实习费和考试费。虽然注了册，学生是否听课，完全自由，教授也不强迫学生看参考书。⁵在这种大学教育制度下，1920年代去法国的中国留学生增多，很多人不注册，或注了册而仅做挂名学生，有空时才听课。留法学生中不读学位的人也特别多。

这种自由放任又依靠自律的制度，并不为远在东方、视留学为神圣的中国人所了解，造就了不少中国留学生滥竽充数。

> 留法学生大半都因语文障碍与基础知识不够，归国后，号称在巴大或某种学院毕业。其实是以上大学听课来点缀门面；至于毕业二字，则更说不上，因为既未听懂，如何毕业；且巴黎大学只有学位或取得某科文凭的学生与自由听公开讲演者，从来无所谓毕业不毕业。⁶

---

1 李煜瀛《法兰西教育》，页15。严济慈《严济慈:法兰西情书》，页207—208。李璜《学钝室回忆录》，页41。《陈岱孙自述》，见《世纪学人自述》第1卷，页367。
2 《陈岱孙自述》，见《世纪学人自述》第1卷，页367。
3 袁道丰《重游巴黎 抚今追昔》（二），见《传记文学》23卷2期，页83。
4 严济慈《严济慈:法兰西情书》，页208。
5 李煜瀛《法兰西教育》，页15。袁道丰《重游巴黎 抚今追昔》（二），见《传记文学》23卷2期，页83。《詹剑峰自述》，见《世纪学人自述》第2卷，页203。
6 李璜《学钝室回忆录》，页68。

严格的学位制度

中国学生界盛传巴黎大学不讲资格,只讲学力,任何人可以直接考博士,引得中国学生跃跃欲试。

事实上,这种讲法也没有错,因为法国的学位制度和美国、英国很不同。

当时法国的学位分国家和学校两种。学校的学位既属学校,国家不给予何种权利,更不能作为职业上的资格。在法国做事首要资格,有资格不怕没工作,所以法国人不留意学校的学位。[1]

因此法国有两种博士,一种是国家博士,主要供法国大学毕业生或中学教师攻读;一种是大学博士,由大学发给博士文凭,上面只有大学印章,法国教育部并不过问。这种博士只适用于外国留学生。

中国留学生传说的博士学位容易取得,大概是指大学博士。

外国学生攻读大学博士,手续简便,只要留学生对法语有一定认识,用他的本国大学毕业文凭,无论真假,请求本国的驻法使馆证明,证明该人是大学毕业,就可以向法国任何大学报读大学博士,不必先成为硕士。留学生听课半年,要求主任教授给予论文题目,或找一个大学教授商量好研究题目,在指导下写出一篇有相当学术价值的论文,经答辩认可后就可以获得学位。理科学生则须在学校或指定的研究所研究一年以上而有成绩。[2]

于是不少中国学生去赶造大学博士。听信传言,放弃了清华的学籍,硬迫着父母出钱让他跑到法国的21岁年轻人黎东方,最后就是取得大学博士学位。不过他也要四易其稿,发愤读法文修辞书,论文才得以通过。

获得大学博士似乎比下文所讲的国家硕士还容易一点,若要认认真真像法国人那样读国家博士学位,就更难了。

国家硕士这回事

严格来说,当时法国没有硕士这一级学位。大学毕业生可以直接读博士,

---

[1] 严济慈《严济慈:法兰西情书》,页91。
[2] 许渊冲《逝水年华》,页177—178。《岑麒祥自述》,见《世纪学人自述》第2卷,页145,据中法协会秘书长介绍。李璜《学钝室回忆录》,页45—46。严济慈《严济慈:法兰西情书》,页90—91。

或者考证书，如果获得规定的高等研究证书（理科三张、文科四张，或者三张证书加上论文证书），就可以向法国教育部换研究的文凭，相当于美国的硕士。[1]

这种硕士修读的时间比较长，以文科而言，准备一张证书大概需要一年，四张证书起码花三四年。每张证书指定学生自己研读国内外有关的名著，教师只讲其中关键的或他有独到见解的部分，从来不发讲义。学生听不懂，做不好笔记，只好自叹霉气。[2]

这类硕士由法国教育部派员来会同大学主任教授口试，文凭须由教育部核准盖印，大学不能单独发给。所以，中国人叫它国家硕士文凭。

有了这研究的文凭，留学生才能报名去准备国家博士，同时可以在大学区内获派任一清闲教职，如助教、监学之类，以便用功读书，准备国家博士论文。[3]

国家博士

至于国家博士学位，那是更高一级的学衔。

读文科的，要提出两篇论文，一篇用法文写，要有很高的水平，另一篇用拉丁文或外文写，作为第一篇论文的副本；读理科的，应试资格是有国家硕士资格及两篇有新成果的论文。若是仅持有外国大学的硕士学位，那就不能考国家博士，只可以读大学博士。至于医科国家博士，要求更多，连学士也要从法国获得，也即必须从法国中学毕业。这种医科国家博士可以在法国及属地行医，而医科学校博士则不行。[4]

攻读国家博士没有规定的课程和年限。有些人取得国家硕士资格后，再考一两张高等研究文凭，获得在大学教书的资格，就一面教书，一面准备国家博士学位。什么时候准备好，就申请举行答辩会。

---

1 李煜瀛《法兰西教育》，页15。严济慈《严济慈：法兰西情书》，页90—91。《岑麒祥自述》，见《世纪学人自述》第2卷，页145。李璜《学钝室回忆录》，页45—46。许渊冲《逝水年华》，页178。

2 《岑麒祥自述》，见《世纪学人自述》第2卷，页145。李璜《学钝室回忆录》，页45—46。

3 李璜《学钝室回忆录》，页45—46。

4 严济慈《严济慈：法兰西情书》，页90—91。

法国人读国家博士是颇艰难而认真的。

当时法国没有资助贫寒学生和从事慈善事业的基金会，所以读大学的学生，大抵在外做事，学生的年龄也偏于成熟。1924年严济慈到巴黎大学听物理课时，大课室里听课的200多人，大都在30岁左右，其中女生约有20人，也都似年近三十。学生既然要谋生，大学也就没有预备博士规定的功课，因为即使规定了，也没有人来上。穷学生拿到大学学位，就参加中学教师考试，以便一边教中学，一边继续研究，预备考博士学位。法国中学及以上的教师都由国家任命，要取得国立高等师范学校的文凭；教大学还要再参加一个很难的会考，通过后取得学位，即法文所说的 "agrégé"，方具资格。高等师范不收学费，而校誉很高，但是向例不收外国人。[1]

1922年物理学家李书华、1925年语言学家刘半农[2]分别得到文、理科国家博士学位，应是中国人得这学位的先进者。

严格的考试

无论硕士博士，考一张证书，都要经过笔试和口试。理科的还有实习考试，是为实验科学而设。笔试是在大讲堂里上百人一起考，考几小时，所以考生除了书要读得好，还要有相当的精神体力；笔试只有一道题目，但理科的一题里面分很多节，文科的则题目极大，例如近代史科的笔试，题目是在伊丽莎白一世统治下的英国。[3]

口试可以有两次机会。考试时间不短，理科口试每人要考半小时到45分钟，[4]场面肃穆。有一个参加文科口试的学生，进屋见到长桌后面坐了五

---

[1] 李煜瀛《法兰西教育》，页90—91。严济慈《严济慈：法兰西情书》，页68，90—91。袁道丰《重游巴黎 抚今追昔》（二），见《传记文学》23卷2期，页86。郑彦棻《往事忆述》，页42。

[2] 刘半农于1925年3月17日以《汉语字声实验录》《国语运动略史》及自行设计制造的测音仪器参加法国国家文学博士学位考试，考了6小时而通过。考员包括梅耶、伯希和等。赵元任及杨步伟等共五六十名观众在场。杨步伟详写考试情况，并有赵元任拍的照片，见《杂记赵家》，页39。

[3] 严济慈《严济慈：法兰西情书》，页154。袁道丰《重游巴黎 抚今追昔》（二），见《传记文学》23卷2期，页83。

[4] 严济慈《严济慈：法兰西情书》，页161。

个道貌岸然的教授,好像法官,轮流考问。"我的神经紧张了,思路慌乱了,我也自知答得不够好。他们也不马虎随便,即宣告我口试失败。"[1]

笔试口试若都及格,就可以获得一张证书,成绩分为优、良、常、可四等。

这一张证书得之不易,记分很严,叫作普通数学证书,有时没有一个投考者考到优等。[2]

中国留学生考文凭

对法国人都不容易的考试,对中国学生自然更困难了。中国学生考硕士所需的证书,用功读书两三年毫无结果是常事,甚至很多人十年都考不到。

考普通数学证书的留学生,有的曾在法国读了两年大学,依然没有及格;在法国数学力学专门学校毕业的,只得到刚及格的可级。有一次五个中国人报考,全军覆没,其中一个假期中刻苦预备,住小旅馆的六楼,自己做饭,每日只吃点萝卜,也考不到。还有一个学生到法国已五年多,先做工存了钱,后入巴黎大学读书两年,未得到一张证书,而钱用尽,又要去找工作。[3]

这样的情况不免令人气短。

因此在巴黎大学注册读文理科硕士的中国人不多,以至于有中国学生去注册考文科硕士时,主持人甚为奇怪。[4]虽然要得国家硕士那么困难,幸好还是有中国留学生肯下死功夫,规规矩矩考四张证书,和法国大学生一样拿学位的。[5]

法国这种自由听课、教授和学生彼此不闻不问的制度,基于认为大学生有独立研究能力,不能光凭教授的讲义去考证书,但这种制度也近于让学生自生自灭。法国后来仿效英美,重视教学和研究,有小组讨论会提问辩难,迫使学生多看书和思索,被认为是很大的改革和进步。[6]

至于那些不正式读国家硕士的留学生,是不是全属不学无术、混日子

---

1 袁道丰《重游巴黎 抚今追昔》(二),见《传记文学》23卷2期,页83。
2 严济慈《严济慈:法兰西情书》,页160。
3 严济慈《严济慈:法兰西情书》,页160,200。
4 严济慈《严济慈:法兰西情书》,页162。李璜《学钝室回忆录》,页45—46。
5 许渊冲《逝水年华》,页177。
6 袁道丰《重游巴黎 抚今追昔》(二),见《传记文学》23卷2期,页83,84。

的"方鸿渐"呢？翻译家许渊冲自己就舍不得花四年时间去读一个硕士，只随自己喜欢，在硕士所需的四张证书里选课来读。著名翻译家梁宗岱和傅雷也属于那些"同朋友吸烟谈学，混一年半载，书才算读'通'了"的留学生。梁宗岱译陶渊明诗，得到法国象征主义诗人赞扬并与之交了朋友。傅雷则与法国文学家罗曼·罗兰多次通信，后来翻译了他的名著《约翰·克里斯朵夫》。[1]

学位和学识如何可以等值，这是个可以永远探究的问题。因为轻信法国容易取得博士而跑去法国的年轻人黎东方，做了历史教授之后说："研究学问最忌性急，躐等。当时的我，太不懂这个道理……把学问与班级混为一谈。"[2]

---

1 许渊冲《逝水年华》，页177。
2 黎东方《平凡的我》，页219。

附：李石曾认为中国宜重视法国教育的理由

李石曾留学法国，又推动留法俭学。他认为法国教育可以取法，不是因为自己在法国较久、相习稍深，而发为偏重之言，特以有确定之理由：就普通教育来说，西洋各国在体育、智育都不错，但德育则往往乖谬。只有法国教育能脱离神君的迷信，这是君主制国家所无，即使瑞士、美国没有君主制，但仍惑于新教。法国在1886年已废神学的专科，1901年实行国教分离。教育职务多数脱离宗教，返乎平民。这是古今万国教育界的新声，可见法人德育的观念。中国本是没有宗教的国家，因此没有宗教的心理。这是教育中最可贵之点，应该保持不变。西教输入中国的是非人人得而言之，宜避之而不提倡。所以法国教育的观念，最宜于中国。

这是就思想而论。

以事实论。法国普通教育的特长，是学费廉、求学易。公立小学是普及教育的根本，免费，人人可得求学。中学是学问的要径，学费廉而制度简单，少其他国家"贵族学校"的余味。学校的等级相去较近，学问普及较易。至于大学与高深学问的建设，多不纳学费，穷人工民都可以参加。法国人对于外国人亦亲和而无畛域。法国去"教育平等"虽甚远，但有这趋势。今天中国各事的衰废，是教育不兴所致，要解救的话应注重无力求学的人。教育的观念固如此，而求学的方法亦然。这也是法国教育宜于中国的一端。[1]

---

1 李煜瀛《法兰西教育》，页2—3。

超龄中学生

中国在新式教育上起步迟，而起步的时候，又已是革命动荡的1905年。不完全的革命之后，是二三十年的军阀混战或外敌压境。新式教育艰苦推行，虽然也有成功的例子，但是相对于全国人口，未免杯水车薪。在这种形势下，去外国读大学的青年，不免年纪偏大。更要命的是部分人还要重读中学。以超过20岁，最少也已十八九岁之龄，做超龄中学生。

重读中学的情况，在日本和法国的留学生中最普遍，早期是因为现代知识程度不足，这个问题到1920年代基本解决；另一部分是语言能力问题，尤其是在法国。到了1930年代，到海外留学仍做中学生的，主要是留日学生，为的是学制衔接的问题。

为了法语读中学

要在法国认真考取国家硕士和博士，得有相当的法语基础。而在中国，学生一般不可能达到这种程度。尽管学术上的能力已经是大学毕业生，甚至研究生程度，但是留法生进中学的特别班去学法文，似乎是最扎实的方法。

另外，勤工俭学生手边有点余钱的，也被安排进中学学好法文，因为不克服语言关，既无法读书，也无法做工。继勤工俭学生之后，去里昂中法大学的学生也大都去中学读法文。

进中学怎么学法文呢？留法勤工俭学运动时，中国学生多，一间中学可能要收30多人，会专门设一班给中国学生。中国学生少的话，就跟法国学生一起上课。有些人只上法文课，不上其他课，或者只挑自己想读的科目来上。[1]

中国学生朝夕与法国人相处，虽然法文课程比国内要深得多，但学习

---

[1] 苏雪林《浮生九四——雪林回忆录》，页61—62。聂荣臻学法文同时也学自然科学，因为语言障碍，很吃力，见《聂荣臻回忆录》，页17。郑超麟则埋怨数理化在中国都读过，对法国古典没兴趣，法国史地又觉得没大用，见《史事与回忆》第1卷，页166。

也快很多。对于初级的法文学习者，法国教师有口语的优势，也没有发音不准的弊端，自然超过在中国只是读课本的效果。有些法国教师注重听说，不用书本，指着物品反复练习口语。有时乡间中学的教员会视中国学生为客卿，不闻不问，但还是会认真改功课。几个月下来，中国学生异口同声认为能见到效果，能做到用法语交谈，甚至写出几百字而文法无大误的文章。[1]

有规模的中学有为外国人专设的法文班，这些班并不是为中国人设的，而是收10岁以上的外国学生，因此班上既有儿童，也有从别的欧洲国家来学法文的成年人。欧洲人学习法语比中国学生容易，因此他们在班上时，教师教授很快，中国学生要拼命追。中国学生多的班，才会教得慢一些。[2]

法文特别班的效果好不好，恐怕也看个人的决心和意愿。背负着许多恩师厚望的严济慈，为了及早有成，不介意以理科生而读法文古典小说：

> 该班已有两个意大利人，一个英国人，在此已有三四个月之久，所以最初须赶到他们，进步极快。所读的或是莫里哀戏剧，或是拉封丹的寓言，或是诸家的小说，两星期后我竟不显得是后来者。及到两个中国学生加入，一个英人回国，致特别班程度减低，不过我自修功夫大增，每日必读法文小说、戏剧五六十页，四时回住所后必定写作，每日两三页，教师时常为我删改，他似乎也认为我是肯用功的人。我本周去第三班上四小时文学课，教授只讲一篇的大意、来历、结构等，本不是为初学法语的人的。但能坚持学习，得益应不浅。我近来读的书，多属杰作，而且都是18世纪之前的。[3]*

---

[1] 严济慈《严济慈：法兰西情书》，页59。苏雪林《浮生九四——雪林回忆录》，页62。《岑麒祥自述》，见《世纪学人自述》第2卷，页147。聂荣臻《聂荣臻回忆录》，页16。沈沛霖《我的留法勤工俭学经历》(上)，页37。袁道丰《重游巴黎 抚今追昔》(二)，见《传记文学》23卷2期，页83。

[2] 袁道丰《重游巴黎 抚今追昔》(二)，见《传记文学》23卷2期，页82。严济慈《严济慈：法兰西情书》，页66。

[3] 严济慈《严济慈：法兰西情书》，页66。

相反，读文科的浪游者上中学法文班虽有进步，却充满抱怨和嘲讽，说特别班教师是个老头子，只有一个曾学法文的越南同学做做传译。老头子叫学文法，文科生认为太难，"听了如对牛弹琴，如何能得好处呢？只有各人自己去找字典，他觉得没趣，亦慢慢不来了。……我们没有教师指导，全靠一本中法字典，……渐渐的可以看Daudet（按：法国小说家都德）的《小东西》、福禄拜的《宝华丽夫人》（按：即福楼拜《包法利夫人》），至于文法是始终觉得太难。"[1]

无论如何，到中学学法文，最少要半年才算有一点基础。至于有家里供给，或者不在乎赶快到大学得学位，或者确实想达到更高级的法文水平的，会在中学花上一整年。[2]穷学生就没有这个机会。有些勤工俭学的学生，在中学里把手头的钱差不多用光，便进工厂做一段工，待有了少量储蓄后，又进中学学几个月，钱花光了，又赶快做工。这样反反复复，做工读书。[3]

在日本读中学

中国留学生要先入中学读书的另一个国家是日本。20世纪初，中国的新式教育办不好，留学生没有足够的新知识基础，到了日本不得不入中学学习，再谋升读大学。可是到了1930年代，中国办了很多中学，留学生的素质也上了一个台阶，去欧美的留学生很多去读研究院。但在日本因为学制问题，中国的中学毕业生若想入水平好的帝国大学，要花4年重新读高中。所以，留学日本需要的时间特别长，往往大学毕业时已用去8年。

由于不了解日本学制，中国学生以为高中毕业到日本就可以上大学。甚至有一个中国留学生，已经考上很不错的燕京大学，因为不愿由理科改文科，而改去日本，时为1939年。"当时东京大学不能直接报考，他们不

---

[1] 李金发整本回忆录语调嘲讽，不仅是讲学法文时如此。在枫丹白露中学，他说学校每收一个中国学生，就每月得到100法郎（约中国十多元），暗示校方是出于经济考虑。另一小城市的中学校长每晚为他们讲古典名著，李金发说受益不少，但说校长的目的是为了拉拢他们，见《李金发回忆录》，页43—44，46。

[2] 詹剑峰、郑彦棻在中学花了一年学法文。

[3] 聂荣臻《聂荣臻回忆录》，页17。

承认中国的学历",结果他为了入东京大学,只好先考第一高等学校,重读高中。[1]

当时日本的帝国大学是自视甚高,认为中国学生程度不够,抑或是故意不承认中国的学历呢?

论资质,中国学生并不逊于日本学生,有些还获得老师称赏。上述曾考到燕京大学的学生,就两次遇过老师赞赏中国学生聪明:在东京大学医学院时,教授很满意他的口试答案,问是哪里人,答以中国人。教授叹说:"我们日本学生,再学也学不到你这样的。"在第一高等学校,一个满头白发的老师问他一个姓宋的中国学生的行踪,好几遍感叹说:"我教的学生里,再没见过这样的学生,脑子太好了。"[2]

今人如果感叹中国学生在日本要重读高中,浪费时间,那么令人更感叹的是,这些进入国立高中、准备考帝国大学而坚持下来的学生,并没有埋怨读那么多年高中是浪费时间。入了第一高等的学生,还对一高的天下秀才精神印象深刻。这不是对当时中国中学教育水平的鞭挞吗?

---

[1] 《早年留日者谈日本·朱绍文》,页46。《早年留日者谈日本·贾克明》,页129,他的父亲是民初东京高师学生,母亲是日本华侨。

[2] 《早年留日者谈日本·贾克明》,页129,134。

留学生看法国中小学教育

一个20岁以上的青年，为了学好法文，到中学跟法国学生一同上课，未免尴尬。不过中国学生的适应问题并不严重，一方面时间不长，另一方面大家都这样做，心理关也就易过一些。

> 那时我已二十岁左右。我喜欢和法国孩童来往，以便练习法语。五点钟下课又变回原有年纪，到中学最高年级的自修室。[1]

这种经历让中国学生有机会体会1920年代法国中学的严格管理。

中国学生听惯法国如何浪漫自由，是生出种种社会新思潮的国家，及至来到法国中学，才见到这个国家另一面的根底。他们发现法国虽然号称自由民主，但是对中学生的管理却相当严格，有说是拿破仑传下来的纪律。自早至晚，学生的生活均按一定的时间和规律。全国所有中等学校的课程和作息时间，也是整齐划一的。[2]

在寄宿的中学，学生不许外出，每周只有周四可以请假。[3]几十人住一间大房，大房的一角有一个老师同住，大都是三十岁左右的研究生。学生对他尊敬而不害怕，他们害怕的是严肃的总监学。宿舍规定早上五时半或六时起床，晚十时就寝。不论寒暑，无论天亮与否，早晨灯光一亮，老师就起来巡视。洗脸刷牙有一定的时间，盥洗之后早餐之前，就到自修室自修，这是最有效的一段自修时间。此外，晚饭后也是自修时间。学生在自修室都有固定座位。自修室有老师看管，大都是大学的研究生或助教之类，

---

[1] 袁道丰《重游巴黎 抚今追昔》（二），见《传记文学》23卷2期，页82。
[2] 袁道丰《重游巴黎 抚今追昔》（二），见《传记文学》23卷2期，页82。郑彦棻《往事忆述》，页40。
[3] 严济慈《严济慈：法兰西情书》，页26。

有些学校则由年高德劭的监学看管。看管者可为学生解答疑难,但如果学生顽皮说笑,他便走近学生的桌边作为暗示。[1]

住校的学生,日常生活也不能随便。吃早餐时有老师来辅导,拍拍手表示开动,快要吃完的时候,听到掌声便要停止。学生在校内不得随便看书,要经老师检查过,连阅读报纸都在禁止之列。他们的意思是,学生应该专心读书,不该分心旁骛。法国的中小学教科书都由公家供给,学生小心使用。对不住校的学生,学校照样管得很严,迟到过了一定的时间,就不准进教室,只能进自修室。[2]

中国学生对法国中学的第二层体验,是教学水平高,老师十分认真。

法国的中学很难,要全国会考成功才能获得学位[3],水平几乎等于大学二年级,因此大学生被视为能够独立研究的成熟青年。中国学生一般够不上这种资格。[4]

法国的师范教育培训的既是教师,也是学术人才。大学里没有专门的教育系,但有一所很出名、学术地位很高的国立高等师范学校,和理工大学、国家行政学校一起,是教育中上级官员的骨干院校。如果想教中学,学生必须先领得这间师范学校的文凭,它甚至可以培训大学教授。高等师范学校只招收苦学的学生,若非才学极优,无法考进去。校方会派学生去英、德等国研究。学生从高等师范学校毕业后有优缺,而且可以终身不愁,俨然成为一种阶级,父子相传。虽然它的学费全免,贫富子弟一律招收,但穷人子弟难以从小作足够的准备。法国学生认为能进入高等师范,是无上的光荣。这家学校向例不收外国人。[5]

当时法国中学的教学水平之好,从中国未来物理学大师严济慈对中学数理课的欣赏可以看出。这个当年的物理学研究生初到法国,在中学学法

---

1 袁道丰《重游巴黎 抚今追昔》(二),见《传记文学》23卷2期,页82。郑彦棻《往事忆述》,页40。
2 郑彦棻《往事忆述》,页40—41。
3 法语为"Baccalaureate",李石曾称为稚士,见李石曾译述《法兰西教育》,页15。
4 袁道丰《重游巴黎 抚今追昔》(二),见《传记文学》23卷2期,页83。
5 郑彦棻《往事忆述》,页42。袁道丰《重游巴黎 抚今追昔》(二),见《传记文学》23卷2期,页84。

文之余，也上数学及物理课，竟然听得十分陶醉。他大赞教师的水平，说讲课材料虽然浅近，但是教授起来融会贯通，详尽不遗。他认为那个中学数学老师甚至有教大学的资格，感叹法国以老专家而从事于教授中等学问之难得，与中国侈谈高等教育的人还带着稚气，不啻有天壤之别。比较起来，中国的中学教育在普及科学知识方面极坏。他感慨中等教育不良，高等教育更没有发达的希望。中国办学数十年，竟然没有一间好中学。中等教员的学识不足，无力改善，而一二留学生，则不屑问中等教育的事，以至于没有一本自出心裁的课本，教员、学生都没有一本中文参考书。[1]

这个未来物理学大师说，这体会对他将来教课大有帮助，甚至认为即使花一年工夫在这中学里学习，亦不枉然。

另一个留学生虽然没有读中学，却在参观博物馆时听到小学教师给孩子讲美术。

> 我的法语很差，听学院的美术史课只能听懂一半，很苦恼。有一回在鲁弗尔博物馆（按：即罗浮宫），遇到一位小学教师正在给孩子们讲希腊雕刻，她讲得慢，吐字清晰，不仅讲史，更着重谈艺术，分析造型，深入浅出，很有水平。我一直跟着听，完全听懂了，很佩服这位青年女教师的艺术修养。比之自己的童年教育，我多羡慕这些孩子们啊！

这个跟着孩子听讲解的留学生就是国画大师吴冠中。[2]

---

1 严济慈《严济慈：法兰西情书》，页59，84。
2 吴冠中《美盲要比文盲多》，载《我负丹青——吴冠中自传》，页272。

实验及实习精神

五四新文化运动提倡中国要学习赛先生（按：即科学精神）。跑到外国一看，原来赛先生很重视实验和实习。

不光纯理科目要做实验，实用科目也重视实验。由工匠或老农老圃的技艺变成应用科学，由学徒制变成实业教育，这传承方法上的变化，在欧美是以大学里做实验、公司里做实习而获得发展的。

当时实验是如此盛行，以至于学术界认为不能以实验验证的，就够不上科学，所以连社会科学都重视实验。

日本和中国的新式教育也推行实验和实习。但是做实验除了要花钱买设备之余，还要教师真有所识；实习则要工矿各业有起色，才有可实习的地方。

各科都在做实验

由于信赖科学，除了文艺课程之外，其他学科几乎都在向实验和实地调查发展。

哲学有实验主义。语言学要做田野调查，要在实验室做语音实验。

心理学也强调实验。第一个实验心理学实验室由德国人冯特（W. Wundt）1879年在莱比锡建立，许多强调实验的美国心理学教授都跟过他学习。

教育学也要实验。哥伦比亚大学著名的教育学院有附属的实验学校，可以试验教学法。教育心理学做实验，更是顺理成章。两个在冯特实验室工作过的美国教授，一丝不苟地指导他们的教育心理学学生做实验：

> 他们对操作方法和实验结果的严格要求，给我留下难忘的印象。更难忘的是他们认真负责和专心研究的精神。他们都是主要教授，兼行政职务，还自己做科学研究。可是对外国年轻研究生，不但口头上

做必要的指导和考核，还亲自带我下到地下室，教实验仪器使用，又到屋顶的照片暗室，教我冲胶卷和从投影中取得数据。本来这些事他们的任何一助手都可以给我讲。我向他们致谢，说额外使他们费心。他们说那是为了使他们自己放心，使我的实验顺利，不出错。[1]

人类学也有实验。美国当时最权威的体质人类学家胡敦（E.A. Hooton），曾留学英国跟老专家基思（A. Keith）学古人类学。胡敦在哈佛教学，十分重视实验，学生必须学会认识人的骨骼，每块骨要反复摸索，仔细观察，直到一块骨的一角碎片放在手上，也立即能分辨出是哪一块骨头。他经常突袭考核，拿破骨头给学生认，认对了就给满分，认错了就给零分。[2]

在追求科学的风气下，学生也拿着科学重视测量和研究方法的尺子去衡量自己的主修学科。

在清华学堂被心理学吸引的李济，留美的时候选了心理学，学得还不错，却又放弃了：

我在这一年之中，把心理学的各派都尝试领略了一下。我的感觉是：好像这门学问所用的研究方法，还不够我所想象的科学标准；因此我也就推论到，由这些不够标准的科学方法，所得到的心理学知识不一定靠得住。[3]

重视实习

除了做实验，学农、工、矿业等等，还有实习课。

实习的传统源自欧洲，但工科实习则以美国较多较早。美国有管理程序学派，继法国人亨利·法约尔（Henry Fayol）之后而起，重视案例研究。[4]

---

1 《胡毅自述》，见《世纪学人自述》第2卷，页298—299。
2 李济《感旧录》，页30。《林耀华自述》，见《世纪学人自述》第4卷，页54—55。
3 李济《感旧录》，页22。
4 《崔克讷自述》，见《世纪学人自述》第5卷，页143—144。

工商科目重视理论和实践结合，譬如将如何科学管理工厂布置的理论和方法，结合进工业管理的实验和实习；商学院则经常到现场调查或在实验室做实验。

就应用科目而言，大学不过是初步的准备。欧洲的理工生注重工厂及矿冶实习，在工厂实习两三年的学徒，往往可以得到更合适的出路，所以他们不像中国人那么重视文凭。[1] 美国教工程学的很多教授常常提醒学生，"不可和文科学生一样的重视学位，而忽略了工科学生所必需的实习机会。他们都说，实际工程经验，比大学里的学位和书本，都要重要好多倍。"[2]

早就诟病清末民初中国的农业学校欠缺实际学问的学生，在康奈尔大学体会到实验与实习结合的作用。他跟助教做实地育种工作，并随教授旅行，实地检查改良品种的纯杂，才尽窥遗传育种与推广的底蕴。"因为教室和实验室所得，都是遗传原理，不经这实习，不知田间技术的诀窍，则回国后做实地育种工作必感困难。"[3]

在企业实习

读应用科学的学生，要获得实际工作经验，除了在学校实习、参观工厂之外，最好能够进入公司做工。有些学生自己找暑期工或者透过教授介绍，到工地或工厂工作，增加经验。[4] 尤其是抱有雄心壮志的学生，认定"如果只读书而不实习，那么我就不能希望将来成为优秀的工程人员或工科教授"。于是他争取机会在福特汽车公司做暑期工作，又在芝加哥和密尔沃基等大城，参观了许多机械工厂和电机工厂，得到汽车制造和工厂管理的许多新知识、新技能，"我才知道学工程不应以当一名工程师为满足，而要全力使中国工业化，使中国人接受西方的科学和科学精神。"[5]

1　曾宝荪《曾宝荪回忆录》，页63。
2　赖景瑚《烟云思往录》，页57。
3　沈宗瀚《沈宗瀚先生自述》，载《耕耘岁月——沈宗瀚先生自传及其他》，页132。
4　缪云台曾在铁矿做过矿坑测量，在造船厂当过工人，虽然辛苦，但锻炼了身体，也增加了工作经验，见《缪云台回忆录》，页12。赖景瑚由金陵大学教授介绍，在底特律福特汽车公司做了三个月，《烟云思往录》，页57。
5　赖景瑚《烟云思往录》，页57。

有时工厂主动到大学找毕业生或者研究生当实习生，名额甚至指定给外国学生。福特汽车公司曾请耶鲁学生到该厂勤工俭学三个月，有三个中国学生参加，工种包括生产性的，如在流水线工作，为高炉添煤；非生产性的，如调停工人的家庭争端，访问陈尸所鉴定或检验因公死亡的雇员等。工作结束之前，要写一篇论文总结收获。该公司又曾经招收外国大学生去接受一年的汽车制造和工厂管理训练。由于训练严格，实习生大呼体力难以应付。[1]

有的美国公司直接提供实习生名额，让中国学生去美国实习，像美国桥梁公司给过南洋大学两个名额，为期三年，期间绘图、设计、厂内装配、工地建设都有机会参加。[2]

实习人员也有工资。福特汽车对实习学生提供与厂内工人相同的待遇；桥梁公司则一律照公司惯例支薪及分红利。[3]这些实习人员都是有较高学识的工程人员，就是做体力工作，也只是为了体验，所以没有受工头气的情况。语言问题也不严重，在桥梁公司工读实习的凌鸿勋说，他的英语虽然不好，但在美国人看来，中国人初到美国便会讲英语，而且似乎不久就样样上了手，这使他们觉得惊奇。

与到美国建铁路的华工一样，中国人善于学习，又有灵巧手艺，只要环境适当，在实用科目上并不落于人后。中国人手艺高也是一些外国科学家的印象。在比利时的生物实验室，一个中国研究生剥青蛙卵膜很成功，因此类似的技术工作，都让他做，还叫他不要教会来参观的美国科学家。[4]

在日本的实习

日本善于系统地学习、移植整套体系，因此日本的好学校也重视实习，但有些学校条件有限，未必做得到。例如千叶医大的骨骼学有实习，东京

---

[1] 1920年代，方显廷在耶鲁读研究生第一年时的经历，见《方显廷回忆录》，页51。赖景瑚此时已读完三年级，见《烟云思往录》，页59。
[2] 凌鸿勋《七十自述》，页20、24。
[3] 方显廷《方显廷回忆录》，页51。凌鸿勋《七十自述》，页25。
[4] 童第周《童第周：追求生命真相》，页15。

医专则无。[1] 东京帝国大学的医科实习，其严格的态度带有日本的色彩。附属医院的医生看管实习医生的一举一动、一言一行，毫不客气。医生们在病房里绝不能随便聊天，但经常交流经验，并不保守医疗技术。每年都有解剖祭，在上野的庙里对被解剖者行礼，老师事前叮嘱学生必须参加。[2]

在东京高等工业学校学习工业管理的留学生，有暑期实习。来自沦陷的东北的学生，实习地点是抚顺煤矿。管理者本来不用动手干，但做实习生的就要参与每一道工序。工序很严格，不过还是会出事。有一次煤矿爆炸，幸好实习生因为睡过头，赶不上第一班下矿井的时间，这才捡回一命。[3]

1　叶曙《病理卅三年》，页452。
2　《早年留日者谈日本·贾克明》，页134。
3　《早年留日者谈日本·米国均》，页108。

欧美著名实验室

研究精神重的是求真，不做虚有其表的装饰。著名大学权威的动物学教授时常穿着破旧，远看被误为校役。[1]

中国科学院院士魏寿昆1930年代留学德国，参观德国科学界有相当声望、全国唯一的染色配合研究所，大出意料：

> 在未去参观之前，我想象不定有多么大的一所洋楼，有多少研究的仪器，有多少研究员！哪知道照地名找了半天，总算在一层与平民共同租住的一所四层楼房的最高的一层，找到该研究所的名目。……你看他们研究的精神多么高！以前我看见德国的研究所这个字，便不知不觉地造成一种幻境，想她是多么宏大的建筑！自经这次参观以后，才晓得我自己的想象太幼稚了。……德国普通的研究机关，一般都是如此。

当时这个德国工科博士未去过美国的研究所参观，凭朋友的话，认为德国研究所远不如美国的精美：

> 曾闻友人言，美国的各研究机关，个个都很堂皇。我以前对研究所的想象，便是受了美国的毒。美国有钱，当然堂皇的便是好。可是我们要晓得，德国这穷酸的办法，其研究所得之结果，或更在美国之上呢！我们祖国，比德国还穷，极应效法德国研究所的榜样。设备上应求其全，无需求其美，而更要有研究的精神。[2]

---

1 陈鹤琴《我的半生》，页101。
2 魏寿昆《读书与任教期间几个片断的回忆》，载《资深院士回忆录》第1卷，页272—273。

美国的研究所又是怎样的面目呢？

芝加哥大学有石油大王洛克菲勒供给大笔捐款，以肯用高薪抢聘名教授、高造价仿建牛津式校舍而闻名，但花起钱来还是精打细算，能利用的旧房舍并不拆掉另建。心理学系做动物实验的实验室，由旧民房的地下煤窖改装，高级教授带高年级研究生在青藤满布的牛津式校舍旁钻进旧民房地洞去做实验，一直传为美谈。[1]

霍普金斯大学是一家专门培养研究生的名校。中国科学院院士汤佩松1928年到该校专门以植物生理学命名的研究室，跟名教授利文斯顿读博士。这研究室有名校、名门、名师三重名牌，国际声望很高。他去学校报到，发现研究室只有教授、四个研究生和一名秘书：

> 那赫赫大名、独树一帜的植物生理研究室远没有我所想象的"名门"气派！只有两间各约50平方米的实验室兼"课堂"。……只有一个长约50米、宽15米左右的温室。一半用来做栽培试验，放在另一半当中的是这个研究室的"镇山宝"——一个可同时保持五种不同温度的"梯度恒温箱"，这在20世纪30年代的确是独一无二的。……同样物质条件、同样陈旧和更为拥挤的房舍，只要有富于生机、富有活动和进取心的人，总会作出卓越成绩的：山不在高，有仙则名；斯是陋室，唯吾德馨！[2]

博士毕业的时候，汤佩松的总结是：

> 在约翰·霍普金斯大学这两年时期，从最初一两个月惶惑不堪、信心丧失到百事自理，期刊的阅读，资料的整理、消化及分析（通过讨论及座谈），是一个科学工作者由被动学习转到主动学用结合的关键环节，是进入科研生涯的开端。使我最感难堪的两项过程：看到同室的同学们运用自如地安装或设计制作仪器，动手进行木、金、玻璃工的

---

[1]《胡毅自述》，见《世纪学人自述》第2卷，页297。
[2] 汤佩松《为接朝霞顾夕阳》，载《资深院士回忆录》第1卷，页18—19。

基本操作，和当他们讨论专业近代进展时我无言以对，以及谈论哲学、社会、文艺时无言回答的这些难堪的景况，令我看到了自己的"死读书、读死书"的极大弱点。这些正是对我学习、学习方法、方式，甚至学习目的的刺痛和鞭策。[1]

当下在学术腐败、视学位为叩门砖、校园争建高楼大厦的学风里，中国新式教育努力求取过的精神，气若游丝。留学大潮又再涌起，并且持续了三十年，然而目标已经很不同于20世纪早期了。下面这句当年之语，还有多少号召力呢？

> 霍普金斯的校训是"真理使你自由"……霍普金斯研究真理的那种精神，真使我五体投地。……我觉得一个游学生去外国游学，最重要的不是许许多多死知识，乃是研究的方法和研究的精神。世界上所要知道的知识，实在太多了！怎么可以在短短的五六年的时间都学得到呢？[2]

---

1 汤佩松《为接朝霞顾夕阳》，载《资深院士回忆录》第1卷，页27。自称读死书的汤佩松在清华学校里可是读书、运动兼优的学生。
2 陈鹤琴《我的半生》，页102。

培养中国赛先生

五四运动提倡赛先生，但科学是文化的一环，在欧美，孜孜以求的科学精神体现在良好的教育方法上。

学科学方法和态度

科学的基本精神对民国初年去欧美的学生是一大启发。在大学学自然科学，所接触到的科学方法和态度，大有异于中国传统课堂教育：老师不要死记课文，不要用演绎法或者引孔子格言，而要求多用眼和手，仔细观察，提出客观报告。[1]

一个本来立志读教育，却糊里糊涂进了名校读普通学科的学生，读了名教授教的政治学、市政学、经济学、教育学、心理学之后，觉得还是有实验可做的地质学和生物学最有趣。地质学实验室里藏有各种各样的石头，教授也带学生去采集，"这种有趣的地质学，我读了一年。那时我就想不读教育，专攻地质了。"

认真的地质调查其实并不轻松，哪怕修的是本科地质学，也要披荆斩棘：夏天老师带几十个男女学生在清早八时上山。山势险，无路可寻，老师引导着一路穿行，学生中有被毒虫螫，痛痒难当的。每逢可以停下稍稍休息的时候，老师每每口讲指划，启迪疲倦的学生，直到12时才下山。学生大汗淋漓，到小村落争着取水饮，老师还高呼妇女优先。[2]

前文那个觉得地质学好玩的学生，及到读生物学，又觉得生物学也很有趣。虽然他在中国也学过分类，做过标本，但美国的实验和教授的精神大大鼓动了他的兴趣：植物学教授不是空讲，每次总有很多标本看，还做

---

[1] 蒋廷黻《蒋廷黻回忆录》，页59—60。
[2] 穆湘玥《藕初五十自述》，载《李平书七十自叙　藕初五十自述　王晓籁述录》，页127。此事约在穆湘玥1910年在威斯康星大学读书时。

有趣的实验；动物学天天做实验，每人都有显微镜使用，讲课总是在实验之后进行：

> 这是一种科学上的归纳法。他先教我们去试验，去研究。我们对于实验有什么不了解，当然可以去问他，但是他总是把结果严守秘密的，等到我们一起做好了，才肯告诉我们，指出我们的错误，比较我们的结果。这种教法真是好极了。[1]

另一个从小喜欢观察自然的学生，在美国学生物学，才体会到自己年少时即兴观察自然，与在美国觉得生物科有趣，虽然二者出发点都是好奇，但是大有差别。在美国上生物课，要使用显微镜、望远镜等工具，同时必须有固定的对象和确切的目的，不能凭兴漫无选择地观察。[2]

中国早期的实验和实习

科学在中国不是自然成长的，比在欧美更需要良好有效的栽培，以求打开风气。

清末民初，去欧美上大学的中国青年，在中学里真正学得科学方法或体会到科学精神的机会较少。这并非因为当时没有自然科学课程。那时，不仅教会中学的课程跟随欧美，中国人办的高等学堂也请美国老师教科学。以生物课为例，虽然国内学校也有生物实验，但大概是有其形而未必有其神。热爱科学的赵元任上的生物实验就是在大礼堂观看解剖死狗，他称之为表演。[3]

1905年中国推行新式教育，办新学堂之余，也办了不少专门的实业学校。这些学校最需要实验和实习，但实施的具体状况就要看教师和学校了。

今天交通大学的前身，是1896年设在上海的高等实业学堂（旧称南洋公学，民国时称南洋大学，属交通部）。它是中国办得比较有基础的工业学

---

[1] 陈鹤琴《我的半生》，页97—100。
[2] 蒋梦麟《西潮》，页95，97。
[3] 赵元任《赵元任早年自传》，台北：传记文学出版社，1984年，页76—77。他曾就读于江南高等学堂，教师来自美国。

校，而且由小学到大学，非常完整，创办之初请美国人来实际主理行政及教学事宜，老师多是英美人士。1914年，土木科的美国教师率领学生作测量实习四个星期。后来曾做该校校长的毕业生凌鸿勋说，该校"土木学生出外实习测量以这次为始"。[1]

今天中国农业大学的前身，是国立北京农业专门学校。民国初年，沈宗瀚在该校读书，批评各科老师大多译述日文笔记当中文讲义，又以日本标本敷衍了事。他此前所读的省农业学校也是如此，教室和环境完全隔绝，不合实际。昆虫课没有实验，老师也从未带学生到野外采集。他自己捕了昆虫问老师，老师就拿来和日本的千虫图解对照、臆测，从未教他们养虫作研究。园艺课不去实地认识蔬菜，亦不调查栽培、留种等方法。作物教员因在日本学畜牧，于是译了一本牧草讲义，而从未提及学校所在地最著名的药用作物。田间实习只种萝卜、白菜，或整地、除草、施肥，教员的经验还不及他当农夫的三哥。[2]

这些留日的老师在日本学习的时候是什么状况？进的什么学校，学的是不是速成班，为什么回来会教成这样？这些都是留日教育史里值得探讨的问题。

1920年，南京第一农校教林科的留日教员，因为学生反对而辞职，由当时未有留学资历的沈宗瀚代课。他知道不能只恃自己从前读农业学校的讲义，于是采集附近的昆虫，参照日本图解来定科属，但不敢定种名；又解剖主要昆虫，上课时给学生看实物，于是得到"这个土货比日本货好"的评语。[3]

当时，中国新式学校仍偏于教理论，专注书本，很少注意实习与实验或设立工厂教学生去玩机器。[4]没有科学的土壤，有些中国学生到美国读大学，对自然科学不感兴趣，认为实验工作困难。只是因为中国最需要西方

---

[1] 凌鸿勋《七十自述》，页18—19。
[2] 沈宗瀚《沈宗瀚先生自述》，载《耕耘岁月——沈宗瀚先生自传及其他》，页59，76。
[3] 沈宗瀚《耕耘岁月——沈宗瀚先生自传及其他》，页119。
[4] 李璜《学钝室回忆录》，页66。

科技，他们才不读文科、社科，而靠意志去克服困难，学习科学或工程。[1]

现成的一个例子是胡适。他最初读的是农科。果树学这门研究培育果树的课程，每周有实习，包括根据培育学指南，按茎的长短、果皮颜色等等，把三十多个苹果分类。胡适批评这简直是当时纽约州培育苹果树的专门课程，"就是这个实习，最后使我决定改行的。"他又认为美国学生对各种苹果早已胸有成竹，按表分类，一望而知，只要二三十分钟，便做完实验，而外国学生对这些苹果没有认识，"我们三两个中国同学可苦了。我们留在实验室内，各尽所能去按表填果，结果还是错误百出，成绩甚差。"胡适据此得出结论并告诫青年，要按自己的兴趣和禀赋，千万不要以社会时尚或需要为标准去选科目。[2]

笼统来说，按兴趣选科无疑是对的。不过，这个例子恐怕也反映了在以农立国的中国，选派去学农科的留学生不仅对农作物毫无认识，对精细分类的科学方法也没有思想准备。

同一年去美国进同一所学校的赵元任，对实验的印象就截然不同：在大学数以百计的课时中，他认为最富刺激性的一刻，是第一个学期的宇宙引力的全班实验。他在中国高等学堂学过重力和引力，但所谓宇宙引力的说法只是一种理论而已，而这次教授让他们看到物体相互吸引简单明了的事实。学生都兴奋地在地板上跺脚。直到写自传的时候，他"仍然觉得那次实验宇宙引力是我所看到的最动人的一次物理实验"。[3]

赵元任对纯理科和应用科学的分际有心理准备，因为监护他们去美国的老留美生胡敦复跟他谈过这个问题，他因此懂得要集中心力在数学和物理上。[4]这大概是他与胡适对大学实验反应迥异的原因之一。胡适选择应用科学而未有坚定的志向，加上中国知识分子喜谈君子不器，自然就对细辨苹果的实验感到乏味了。不但如此，中国知识分子对纯理科的兴趣也大于应用科学。生物学家汤佩松回忆1927年美国大学的导师要他学医，而且为

---

1 蒋廷黻《蒋廷黻回忆录》，页59—60。
2 胡适《胡适口述自传》，页41。
3 赵元任《赵元任早年自传》，页92—93。
4 赵元任《赵元任早年自传》，页91。

他找到长期奖学金,但他拒绝了。他在职业性学科和自然科学里,选择了后者:他要深入到自然科学引人入胜的研究工作里成名成家,要做"正统"科学家。半个世纪后,他回忆导师要他读医的中肯意见:当时中国需要的不是纯学术、纯科学家,而是能够为它的社会事业、国民造福的实干家。汤佩松感念这个富有、生活水平高的纯理论生物教授,不仅无私至诚,而且同情当时中国的现实,"能这样的从当时中国现实情况出发劝他自己的得意门生去背叛师门。"[1]

从头动手建立实验室

中国留学生学习赛先生,十分不易。有心报国的留学生学了科学精神,还要多做基础工作,以便回中国动手建立实验室。

在居里实验室工作的钱三强尽量多干具体的工作,一有机会就帮别人干活,以便多学一点实际本领。"人家问我,你为什么要这样干?我说我比不得你们,你们这里有那么多人,各人干各人的事。我回国后只有我自己

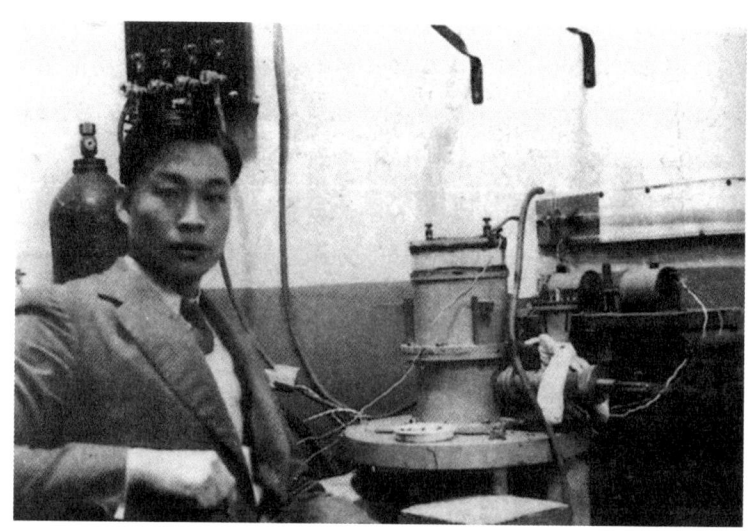

1941年钱三强在巴黎的核化学实验室。选自《清风华影》,清华大学出版社

---

[1] 汤佩松《为接朝霞顾夕阳》,见《资深院士回忆录》第1卷,页15。

一个人，什么都得会干才行。例如放射源的提取，我自己不做，又有谁给我提取呢？"[1]

还有学病理学的留学生，"我留日一留十八九年，始终不曾忘记自己的国家是个科学落后的穷苦国家，并且深知遇事都得从头做起，所以我学病理，特别注意那些最基础的技术，尤其是从书本学不到的东西。我就在这样存心之下，加倍努力，自我训练，几年之后，获得了一些看来不是学问而于建立研究室则是不可或缺的经验和技术。若非学会了这一套本领，后来回到上海东南医学院，怎能一到任即可开始病理解剖，即可作外科标本检查？"[2]这些基础技术包括苦练磨刀半年，以切组织切片；摸索染色标本能鲜艳悦目的道理，因为病理讲证据，一张好的显微镜下的照片，胜过千言万语。

1930年代初，部分中国大学例如北洋大学，已有较好的实验设备。该校的工科生到了德国，才发觉从前的身在福中不知福：

> 我们以前在国内做实验，有时结果不好，大骂仪器不佳，那才是冤枉了我们学校的设备！我敢讲：我们国内大学一年级所用的物理及化学实验的仪器，不晓得比德国大学一年级学生所用的好多少倍！我们实验室的生活是花花公子的生活，仪器是新的，要用什么便有什么。德国大学低年级的学生哪里有这样的福气，他们用的仪器都破旧不堪，样样药品都要自己付钱去买，他们的目的是在学习使用仪器的方法，越是坏仪器，越能学到东西。反顾我们当大学生时的阔绰，想起来真自愧呀！

学海无涯，留学几年之后，这个应用科学博士生终于不再迷信留学：

> 未到外国来时，常常对留学一层，觉得有莫大的神秘；以为留学归来，便什么都会，可称万能。现在想起来，才晓得当年未免太崇拜

---

[1] 钱三强《徜徉原子空间》，页131—132。
[2] 叶曙《病理卅三年》，页8—9。

留学生了。[1]

理科尖子攀上高峰

经过几代留学生的努力，随着科学教育普及，中国人对西方实验和研究的精神逐步有了认识。培养精英的清华学校在1917年开了一门心理学，特别从美国请来教师。一个学生读了半年，就渐渐地产生了一种先前所没感觉到的新趣味：

> 譬如这位先生说："人的智慧可以用科学的方法测量，测量人的智力就好像测量人的身高一样。"我们这些听的人都觉得怪好玩的，大家争先要他量量我们的智慧。所以IQ（智商）这个符号，我们这班同学知道得很早。以后又过了好些年，中国教育家才用这种方法测量中国儿童的智慧。[2]

中国的地质科学发展较早，数学、物理、化学等学科在1930年代也开始发展。1930年代去欧美留学的理科生，大都是大学毕业生，把握实验及科学方法再不是他们的学习主题，顶尖的学生像钱三强，去法国入的是世界有名的居里实验室。

不幸，中国的科学事业尚在萌芽阶段，就因为抗战兴起而停顿了。[3]抗战时期，正常的教学都有困难，要讲进行研究几乎有些可笑。但清华大学的物理学教授坚持认为：

> 我们这些避难的教授们坚定地相信研究是保持知识进步的最有效的方式，无论在战时还是和平时期都必不可少。[4]

---

1 魏寿昆《读书与任教期间几个片断的回忆》，载《资深院士回忆录》第1卷，页271—273。
2 李济《感旧录》，页19—20。
3 吴大猷《回忆》，页29。
4 任之恭《一位华裔物理学家的回忆录》，页89—90。

幸好清华大学有自己的基金，在昆明的远郊分散建立了五个研究所，以躲避空袭，把沉重的设备间关万里运到租来的研究室，让老师和学生能够从事初步研究。同是西南联大一员而没有基金的北京大学，想向清华借钱做研究，没有借成。[1]这些顶尖的大学，战时上课条件差，师生过着颠沛流离的生活，购买和运送实验设备困难重重，但是课业成绩未必落后。一个战时从西南联大转学到美国的机械工程学生认为，在美国念本科比在西南联大容易很多，除上课条件好之外，美国的实验和实习设备也好，对实用科目有利，而且功课比西南联大浅一些！[2]

工业没有良性循环

中国想以应用科学救国，还面对着中国企业未成长的困难。因为应用性的理工科目，要社会上有相应的企业，才易互相推动发展。像东京高工号称日本的麻省理工学院，校内老师常在大公司兼职，掌握许多新的实际资料。[3]中国的实业发展不起来，这种企业与教研的良性循环就建立不起来。在美国学农科回国、凭纱厂发达后又破产的穆湘玥，缕述中国企业发展的困难，对于每年回国的留学生以千人计，颇感忧虑：

> 一切事业受时局影响，非但发展无望，原有局面且难以支持。续续归来之如许高才生，如何位置？此今日一大问题。

他回忆起留学时读农业，见到年近六十的化学教授，每晚九时后仍在做实验，其他教授也大多忙于搜集新教材，悉心研究不曾稍懈，所以学问日进，发明亦日多。而回到中国的留学生，"所谓学成，只是储备了理想。以实验而论，则尚付阙如。农工商矿等实科生，竟无从投身于各本业；国内又没有大规模的各种试验室，供他们实验而求学术上的精进，则学成回

---

1 吴大猷《回忆》，页46—47。
2 梅祖彦《晚年随笔》，页13。
3 《早年留日者谈日本·米国均》，页105，106。不过，米国均说老师虽然多是从东京大学来兼课，水平不低，但学校没有多少教材，学习全靠笔记，一般上课很随便。

国者大多数无地投效，人才之废弃，至堪痛惜。"[1]

今天我们思考全球化的好坏，受过正统训练的金融与国际经济学学者说，各经济落后国既有受惠，也有受害。受害的国家"似乎是政局不安定，或是政治、市场运作不良，注定了经济失败的命运"。[2]抚今追昔，世间道理并无不同。

还待认真普及的赛先生

中国顶尖的研究者已攀至高峰，可是普及科学的教育只有寸进。那个在名校一忽儿爱地质、一忽儿爱生物学的学生，最后还是实践前志，读教育学，并已成中国著名教育家。1940年代末，他感叹"现今我国学校里的教员还不是拿着书本死教？还不是把活的科学用死的注入法讲死了吗？"[3]

大留学潮过去又半个世纪了。我们学校里的教员有没有把活的科学教活了呢？最少我自己的经验，还是被教死了。不但课程被教死了，我们的研究气氛——曾经在西南联大等条件甚差的时候，仍然努力保护过的研究精神，又重坠谷里，至今再没有达到当年美国好大学的热烈：

> 霍普金斯的研究精神真是好极了。教授、学生一天到晚，都浸润在研究精神之中做研究工作，而没有一点傲慢的神气、自满的心理，总是虚怀若谷，诚恳万分。[4]

---

1 穆湘玥《藕初五十自述》，载《李平书七十自叙　藕初五十自述　王晓籁述录》，页126。
2 [美]里沃利《写在前面》，见《一件T恤的全球经济之旅》，台北：宝鼎出版社，2006年。
3 陈鹤琴《我的半生》，页100。
4 陈鹤琴《我的半生》，页101。

小班讨论会

无论希腊、印度、中国，互相问难，砥砺切磋，自古已有，而欧美则引用为现代大学的教学方法。

小班讨论会（Seminar）[1]是欧美大学里，不论文理学科，教授指导高年级尤其是研究院学生时，常常采用的教学形式。讨论会由教授主持，但不是讲课，而是聚集一小班人，定一个题目，由一个人做报告，大家互相提出问题和意见。这种人数不多的讨论会，有点集思广益、互相攻错、切磋琢磨的味道。至于在小班讨论会的框架下，该发挥什么作用，怎么去发挥到那作用，就因教授的不同，各施各法了。

有些讨论会以研读论文为基础。教授选择最近重要的论文预先分发阅读，开会时，先由主讲的研究生报告和评论这篇论文，再由在座者发表意见，藉此训练研究生的阅读能力及学术见解。辩论常常颇为激烈而饶有兴趣。[2]

也有些讨论会则由学生提出想法或研究成果。例如学教育哲学的学生读了参考书，构思一个教育思想体系，向小班讨论会提出大纲，征求大家意见，经论证后的大纲可以作为博士论文的基础。[3]

用小班讨论会这种方式教学，并不纯粹是上课人数多少的问题。有些课程的研究生很少，像梵文课，但仍然在授课之外有小班讨论会。[4]小班讨

---

[1] 小组讨论会可能英美大学采用较早，之后欧陆的大学才仿效。日本开办现代大学，很早引入这种教学制度，京都帝国大学1899年创办法科大学时，就以小班讨论会作为必需课程，见吴光辉《转型与建构——日本高等教育近代化研究》，北京：世界知识出版社，2007年，页174。

[2] 沈宗瀚《沈宗瀚先生自述》，载《耕耘岁月——沈宗瀚先生自传及其他》，页130。1924年沈宗瀚正读康奈尔大学研究院。

[3] 《陈科美自述》，见《世纪学人自述》第1卷，页268。陈科美称在哥大时，小班讨论会同学不过10人，多是年龄较大且有工作经验的。

[4] 季羡林在德国学梵文，第五学期才进入真正的小班讨论会，读中国新疆吐鲁番出土的梵文佛经残卷，见季羡林《留德回忆录》，页86。

论会能不能达到切磋琢磨的作用，很在乎主持者以及参加者的水平，所以少用在低年级大学生的学习上。这种方法利在透过互相问难，让人明白自己的不足。有些学生本来自命不凡，结果到了研究院一两个月，骄矜之气被打垮，开始天天发愤读书，连寒暑假都不怎么放。

  （哈佛）经济系新入学研究生约二十几人，一半是大学毕业参加一段教研工作后才再来深造的，底子较厚，思想较成熟。其他本科直接升学的人也十有八九是班中尖子。研究生有一个自修室，自修室旁有一个seminar小教室。第一年的研究生除了上课外，大都每天来自修室，经常互相问难，相争不下，就退入seminar小教室大声争辩。我有时也参加，但不久就有点内怯，感到学识大不如人，四年发愤苦读就是在这种压力下逼出来的。[1]

高水平的学生讨论足以催人努力，教授主持的高水平小班讨论会自然更令人印象深刻。1930年代，费孝通在英国留学，跟人类学大师马林诺夫斯基，就见识过他那名叫"今天的人类学"的著名小班讨论会。每逢星期五（除了假期），马林诺夫斯基总是坐在伦敦经济政治学院那间门上标着他名字的大房间里，主持他的小班讨论会。费孝通第一次见他就是在他的小班讨论会里。房间里满墙满桌，甚至满地都是书籍、杂志、文稿，到处是形式不同的沙发、靠椅、板凳。那天的小班讨论会照例坐满了许多人，除了注册上课的学生，还有他的同事和学术界朋友，包括来自各国的人类学家，以及毕业多年、恰好在伦敦的老徒弟。他们高高兴兴地来，公开谈学术，也交换人类学的新气息。

  因为在这里讨论的，不但书本上还没有写，课堂上还没有讲，甚至一般的人类学家还没有想到的问题。这类问题为什么在这里会提得出来，……靠参加的人多，他们四面八方从实地研究中带来了新问题。他们遇到困难，或有了心得，在老师的席明纳（按：即seminar）里发言，

---

[1]《陈岱孙自述》，见《世纪学人自述》第1卷，页365—366。

经过讨论得到了启发,又回去工作,解决问题,提高质量。大家得到好处。

善于搞小班讨论会的马林诺夫斯基首先抓方向,就是在小班讨论会里提出要谈的问题。

> (他)事先安排一两个主要发言人。这个发言人首先念一篇准备好了的文章,有的是调查报告,有的是对于一个问题的意见。……他的特点是不喜欢讲空理论,什么时候都不许离开调查的"事实"说话,所以讨论时,都是那些亲身做过调查的人摆材料。老头子听得高兴时,插上一段话,这些插话就是大家所希望的"指导"了。

费孝通第一年听小班讨论会,讨论的主题是怎样解剖一个文化,第二年的主题是文化变动。房间里没有禁止吸烟的告示,年轻人大多躲在墙角抽烟,包括费孝通。

> 我最初参加这种场合,真是连话都听不懂。听不懂的原因有二:一是这里的人虽则都是在说英文,但是来自世界各地,澳洲的、加拿大的、美国的、欧洲大陆的之外,还有亚洲的、非洲的,口音各有不同,而且在席明纳里都是即兴发的言,不是文言,而是土话。其次是材料具体,富有地域性,地理不熟,人类学知识不足,常常会听得不知所云。……我们这些小伙子就躲在墙角里喷烟,喷喷就慢慢喷得懂了一些,也觉得它的味道不薄了。[1]

费孝通说马林诺斯基是感觉敏锐的老头,这应该包括他学术嗅觉的灵敏。这个紧抓着人类学当时发展的特点、走在学科前沿的小班讨论会,"在伦敦经济政治学院相当有名,在人类学界当时也是为大家所推崇的",当不是浪得虚名。

---

[1] 费孝通《留英记》,见《费孝通文集》第7卷,页111。

在外国研究中国

欧美留学生当年身负热望，国人期盼他们外出求新知，取经回来帮助中国，不料却有传言说，中国留学生的论文常常以中国为题目。这有点耸动的传闻，混合了《围城》等描写的不成材留学生的形象，惹来国人的疑问和嘲讽。

一方面，大家猜疑这是博取学位的功利行为。明明是西游去求取新学，怎么却研究起中国来？不是躲懒、图快、骗中国人，是什么？

另一种猜疑是外国教授为什么会接纳研究中国的题目。他们叫留学生研究母国，留学生交了学费，却帮助别人研究自己的国家，最大得益者不是学生，而是教授和西方学界。

纵使不信阴谋论，可是外国教授大多不懂中国，他们指导的中国论文，又有什么大价值呢？胡适以中国上古哲学做博士论文题目"A Study of the Development of Logical Method in Ancient China（中国古代哲学方法之进化史）"，论文答辩会的六个教授里，只有教授夏德懂得中文。[1]留美的哲学家金岳霖基于同样理由，也反对博士论文写中国题目。他回忆当年有人用英文译了"不知天高地厚"，美国教师说"我也不知道天高地厚，你要知道那个，干什么！"[2]选中国题目做论文的，主要是人文或社会科学的学生，做理科研究的则不致有类似问题。

留学生自己对中国学生的行为也有微言。留法的李璜描述中国学生获得法国博士学位的窍门之余，还加上评语"中国学生大体用中国材料作论文的多"。[3]这类知情者的言论，无论对错，不免成为物议者的把柄。当日的传说也不全是空穴来风，据统计中国留美生的博士论文（主要是人文科

---

1 胡适《胡适口述自传》，页112。
2 金岳霖《金岳霖回忆录》，北京：北京大学出版社，2011年，页22。
3 李璜《学钝室回忆录》，页46。

学），80%以上论述中国问题。[1]

当年硕士论文选了中国题材的一个留美学生，事后回忆同学之间重视学位的风气说：

> 那时在我们这些年轻人眼里，学位是了不起的，对于它，像小孩子想吃东西那样，馋得很。后来才认识到一个人学问的好坏，并不是学位决定的。谈起当年来，同学之间都不免要开玩笑，说那时简直是发疯的驴子。

这个发疯般想着学位的留学生，担心自己读外国历史，赶不上美国同学，所以论文题目选中国历史。他到美国几家大图书馆翻阅数据，发现数据比国内还丰富。[2]

自感有实力得到学位的留学生，往往申明自己反对用中国题目做论文研究，多年之后还不忘在回忆文字里声明，自己是选外国题目做论文的，又强调自己选了要求严格的教授做论文的导师。

> 当时我国留美的经济学留学生中，往往趋易避难，选择中国题目写作论文，很少选做外国题目的。我比较熟悉中国经济思想家的文献，做起中国经济思想史题目的研究来，有利条件是比较多的，可是我选作外国经济思想史方面的题目。[3]

除了申明不选中国题目，有的学生还立誓绝不选汉学作辅修科目：

> 当年我在国内患留学热而留学一事还渺茫如蓬莱三山的时候，我已经立下大誓：决不写有关中国的博士论文。鲁迅先生说过，有的中国留学生在国外用老子与庄子谋得了博士头衔，令洋人大吃一惊；然而回国

---

1 李喜所《中国留学史论稿》，页90。
2 陈翰笙《四个时代的我》，页23。
3 《赵乃抟自述》，见《世纪学人自述》第1卷，页181。

后讲的却是康德、黑格尔。我鄙薄这种博士，决不步他们的后尘。[1]

研究中国以图走快捷方式，纵使不说是急功近利，[2] 稍轻一点的罪名也得说是急于求成。以学位为叩门砖，求个人前途和名利，或者抱速战速决的心态，在今天同样严重。中国社会对学位的盲目崇拜，亦反映了对新学问的认知能力还不足。无论当年或者今日，中国留学生这种行径都无益于中国，也做成不少虚耗和是非。

不过，一竹竿打倒所有写中国题材论文的人是混学位，也未必无冤情。除了胡适，后来做了大学者、一生勤于研究的留学生，如老一辈的吴文藻、李济，晚一辈的吴于廑，以至吴文藻的学生费孝通、林耀华倒也都是以中国题材做的论文题目。

研究中国题目的理由

我们也来看看以中国题目做论文的留学生的自白。

留学是去学习，哪怕是博士研究生，也只是学业上有待成就的青年，在学术上尚不是有真知、有主张、有确见的学人。学问不算成熟的青年，在选择用力的方向时，自己的幼稚想法以及导师的意见会起主导作用。

费孝通的恩师是吴文藻。他留美时选择硕士论文题目，就颇有点稚嫩，因为信仰三民主义，并且因为当时北伐的发展，中国革命高涨，所以以《孙逸仙的三民主义学说》为硕士论文，说是想为国宣传。他的博士论文《见于英国舆论与行动中的中国鸦片问题》，仍然跟中国有关，但比较有角度。这个题目是出于指导教授的提议，用意是引导他注意研究中国社会现实问题，及提高他运用历史方法和分析文献资料的能力。[3]

---

[1] 季羡林《留德回忆录》，页62。
[2] 好笑的是，1903年美国哲学家和心理学家威廉·詹姆斯谈到中国人在美国追求博士学位的情况，以农业名词喻之为"Mandarin disease"，有一语双关之意，该书中译者译之为"中国病"。见〔美〕史黛西·比勒《中国留美学生史》，页43。原书名为 *"Patriots" or "Traitors"? A History of American-educated Chinese Students*.
[3] 吴文藻《自传》，载《大师自述》，香港：三联书店，2000年，页256。

导师为学生的论文提出意见时，也有现实角度的考虑。读哈佛女校拉德克利夫学院（Radcliffe College）的任以都，父母都是著名留美学生，自己主修英国史。决定论文题目时，指导教授提议她利用懂中文的优势，选择与中国有关的主题。于是她就以"中国铁路运动与英国投资"为题。

　　这个英国史教授的建议有助于充实该校的东亚研究，是一家便宜两家着。但他也不算马虎，认为这篇论文要用大量中文资料，建议她找费正清一起来指导。[1]

　　吴文藻的研究生费孝通、林耀华等去了英美名校跟了名教授，然而也是以中国题材为论文的。费孝通甚至认为他偶然做的中国调查，恰好遇上人类学转向的时机，正中了他的英国名教授下怀，这才有机会被名教授收为门生。

不写中国题目，也要关心中国所需

　　再从当年中国留学的现实情况来看，不少留学生出国时既然满怀救国激情，那么研究什么对中国有利，恰是他们学习的动力。

　　1920年代，一个清华留美本科生在教授建议下，用半年写了一篇关于逻辑的学士论文，获得不少收集、选择和整理资料的经验。他在同一时期利用这新学的手段做中国的内容：

> 　　我用同样的方法，利用图书馆历年美国国会纪录，根据正式文件，收集了许多一手资料。例如美国联邦及各州政府早年吸收华工开发金矿，修铁路，后来压迫排挤华工，甚至迫害外交官员。我整理了这些资料，用中文写了一篇文章发表在留美中国学生的刊物上。许多同学说这篇文章虽然未得学分，也无奖励，却比我的学士论文更有价值。我完全同意他们的看法。[2]

---

[1] 任以都《任以都先生访问记录》，台北："中央研究院"近代史研究所，1993年，页53—54。

[2] 《胡毅自述》，见《世纪学人自述》第2卷，页296。

倾向于以中国问题为治学方向，这种情况哪怕到20世纪三四十年代，哪怕出国的学生已有研究生资历、学术能力比较成熟，还是不能免除。当时考取庚款留学的公费生都算得上中国学术的精英，他们并不专以中国题目为论文，但是有意无意间，研究的取向还是跟中国有关。

例如很多中国研究生都喜欢研究条约问题。一个清华研究院毕业的公费留英学生，表示对条约问题有兴趣。剑桥大学讲座教授感到奇怪，问他原因，他说："道理很清楚，中国受帝国主义压迫，国际法在中国并无实际效力，在中国的对外关系中，重要国际法问题是废除不平等约及所引起的种种问题。"[1]

考取公费留美的吴于廑早已产生了学历史宜做比较研究的想法。1940年代留学哈佛时，哪怕听的是西方政治思想史，他的重心还是放在中古前期西欧封建社会和周朝的比较。他发现在周朝和西欧中古的封建国家，国君都没有立法权和更废权。法律是不成文的，源于风俗，越古越有权威。君主专制之前很长一段时期，原则上君权是受约束的。他于是反对西方某些学者在谈论东方专制主义时，把专制主义说成仿佛是和中国历史相始终的怪物。[2]

以中日两国留学相比较，日本的维新以学得别人全套功夫为目的。日本史上两次大革新——求学于唐朝的大化革新、求学于西洋的明治维新，都是这样。这是日本维新变革的特征。中国人求西洋新知有点不同，从这个角度讲，中国的留学运动做不到日本式的舍己从人。

至于个人的层面，中国留学运动既夹带着混学位的功利，也夹带着有心人的焦急躁动，因此鱼龙混杂，泥沙俱下。日本学生沉潜为学，下忘我的死功夫，以所知的西方学问，配合国内的全力改革，二三十年而有成。中国的留学大潮拖拖拉拉，历经五十多年，而时局越来越紧张，这从容治学的要求，对于中国学生难免有点唱高调的味道。

1《王铁崖自述》，见《世纪学人自述》第4卷，页420。1930年代，王铁崖在伦敦政经学院读法律。英美两国直到1943年才取消在中国的治外法权。

2《吴于廑自述》，见《世纪学人自述》第5卷，页6。

留学生的留学规划

留学潮是中国西化和现代化运动的直接结果。由于大留学潮持续几十年，前一代留学生大有机会为下一代作留学规划。留学既然带上救国的任务，自然出现不少牺牲自我、成就他人去达到更高留学成就的故事。

容闳想不到的成果

讲到中国近代留学的大事，首先讲的一定是留美幼童120人，在1870年代浩浩荡荡去美国的事。促成其事的，是留学生容闳。容闳是中国第一代留学生，1854年已经从耶鲁大学毕业回国。

幼童留美计划虽然中道夭折，但是所播的种子，三十年后又落在留学的土壤上。庚款留美和清华学堂是中国近代最重要的留学计划，而在其中折冲樽俎、令美国落实退还庚款的中国驻美公使梁诚，就是第四批留美幼童之一。一个在美国生活过的中国少年，三十年之后，以他熟悉美国的特长，为中国取回一大笔民众血汗钱，又缔造了新的留美潮，这恐怕是容闳意料不到的。或许可以说，容闳的留学计划没有全盘失败，只是在曲折多艰的路上，费了近半个世纪的时间，终于间接实现了。[1]

促成退还庚款一事之外，留学生在规划这笔钱的用法上，也是中坚分子。庚款是块肥肉，存在美国花旗银行户头，中美两国政府官员对这笔钱有很大发言权，使用情况也有不明。1924年，美国提出退还庚款全部余额，于是国内出现由专门机构来管理的呼声。中美两国民间领袖共同成立中华教育文化基金董事会，第一二任的干事长是留学日本的范源廉以及留日、留美的任鸿隽。两人不光管理基金，还主张用这笔难得的钱来推动中国的教

---

[1] 罗香林认为梁诚受到容闳影响，因此重视教育发展。1903年，他出任日本和美国公使时就带了26个学生赴美留学，向清廷报告接任的奏疏也特别提到在日、在美的留学生，见《梁诚的出使美国》，页8。

育事业，尤其是科学教育。[1]

　　至于用庚款成立的清华，主事者也缺不了留学生。清华学堂时代最初的两任校长都是留学生，首任的唐国安是留美幼童之一，[2] 第二任校长周诒春则是留美硕士，参加1911年清朝的留学生考试，获得进士资格。

　　清华学堂改为大学之后，首任校长是留美的罗家伦。他是五四运动的学生领袖，由更早留美的工业家穆湘玥资助留美。罗家伦在任仅一年零九个月就被学生驱逐。在清华大学任期最长的校长是留美的清华生梅贻琦（1931—1948年）。1949年后，"国立清华大学"在台湾省设立。

　　美国退还庚款，本来是想培养更多亲美的领导人才。这个算盘既有成功，也有失败。20世纪上半期的留美学生，很关心中国的命运，没有变成完全听命于美国的人。虽然美国对庚款的用途和清华学堂的教育方针，有很大的话事权，但是参与其事的归国留美生也有中国角度的一套想法。

　　例如，清华学堂首任教务长胡敦复是省派留美硕士，家中一门三兄弟一姐妹都是留美的。[3] 胡敦复做教务长时，按美国的要求，清华学堂要设美国史地和公民课，美国史是必修课，有些美国教师还要设美国文学课。而中国人留学以救国为急务，因此胡敦复主张要多培养实业和科学人才，多开数理课。美国表示不满，胡敦复拒绝执行而辞职。[4]

　　清华学堂由中等教育学校变为大学，也不符合美国的想法。1916年，清华学堂才开办五年，校长周诒春就提出要把清华办成大学，以后由中国人自己教大学生，培养出的优秀毕业生才去美国读研究院。这是个很有远见的想法，既可以省经费，又可以培养更多、更高级的人才。周诒春为了落实这个宏愿，花钱建图书馆、科学馆、体育馆和礼堂。但这些建设也令周诒春饱受攻击，终于任校长四年而辞职。不过周诒春的宏愿也是很多中国教育家的想法，所以他去职之后，清华终于在1925年升格为大学。

1　程新国《庚款留学百年》，页55—59。

2　程新国《庚款留学百年》，页18。

3　三兄弟是敦复、明复、刚复，姐妹为胡彬夏。胡敦复和胡彬夏1907年用省派公费留美。胡敦复在康奈尔大学主修数学，由周自齐招回国任职清华留美学务处。胡明复考取第二批庚款考试，胡刚复考取首批庚款留学考试，入哈佛。

4　程新国《庚款留学百年》，页31。

这些事都体现了中国留美学生对下一代的留学自有规划，总以中国整体利益为依归。

精心布置的世界留学计划

除了在1920年代清华改办成大学，1930年代它就有系统地派优秀研究生去留学，贯彻了在国内培养大学生、研究生才找外国培养的方针。为什么要留学生到外国去读研究院呢？因为学成归国的专门人才虽然所在多有，但是"这些人自己工作也许可以，指导研究便成问题。因为计划及指导研究工作，不但对于某种学问要有精深知识，而且要有博大的了解，这些不是初回国的学生所能有的"。[1]

早期的留学生不光参与制订下一代留学政策，还以自己的人脉关系，为优秀研究生规划研究方向，推进学科发展。

有一个个案很能看出中国前辈留学生使学科向精尖发展的筹划。清华留美的吴文藻学的是社会学，但自称在美国时接触人类学，又常到自然历史博物馆人类学组参观实习，这对他后来的研究方向有重大影响。"我初步意识到人类学与社会学之间密切的关系，以及把这两门学科结合起来进行研究的必要。"[2] 吴文藻在自己留学时，已经想以学术研究为中国服务，1929年回国后，他在燕京大学社会学系任教时，策划派研究生继续留学，以掌握人类学在英美各国的前沿发展。他"心里有一个培养徒弟的全盘计划，分别利用各种不同的机会，把他们分送到英美各个人类学的主要据点去学习，谁到哪个大学，跟谁去学，心里有个谱，后来也是逐步实现了的"。[3]

吴文藻自己则说，"30年代时，中国社会学和人类学都还属于草创时期，专业人才比较少。因此，我把培养这方面的专业人才作为当时的重点工作之一。"方法是请外国学者来讲学及指导研究生，以及派优秀的学生去深造。

---

1 任鸿隽《再论大学研究所与留学政策》，载《科学救国之梦》，页514。
2 《吴文藻自述》，见《世纪学人自述》第1卷，页394。另据吴文藻的学生林耀华说，吴文藻留美时主修社会学，但也就学于著名的人类学、民族学家博厄斯（F. Boas），所以兼有人类学、民族学造诣。《林耀华自述》，见《世纪学人自述》第4卷，页53。
3 费孝通《留英记》，载《费孝通文集》第7卷，页100。

他最少送了五个学生出国。[1]

吴文藻布置费孝通到英国留学。他"想经过司徒雷登的同意,把英国牛津大学的导师制引进到燕京,为了实施这一计划,他在哈佛大学成立300周年的聚会上,同当时社会学界的领头人、英国的马林诺夫斯基教授接上了头,马氏同意了吴老师的这个设想。可惜后来因为爆发抗日战争,这个事情没有成功。为了社会学本土化,吴老师千方百计想通过各种渠道把他选中的学生送到国外学习,培养中国自己的社会学人才"。[2]

虽然早有预谋,但推行这个计划的路还是颇为曲折,需要相当毅力。以费孝通为例,"为了通过清华派留学生的机会把我送到英国去学习,他先是说服清华大学社会学人类学系在1933年招收人类学研究生,然后又亲自带领我去拜见该系的史禄国(Shirokogorov)教授,得到了史氏的首肯之后,经过考试,我终于成了史禄国在中国唯一的及门弟子。"史禄国来自俄国,"是一个真正的欧洲学者,他眼里的学术世界与中国学者的学术世界是完全不同的……当时在中国是没有人懂得他讲的是什么,更谈不上了解史氏在学术上有什么成就了。"这么一个孤独的白俄学者,脾气又怪,吴文藻却识货,安排得意学生去跟他。史禄国安排了一个六七年的硕士修读计划给费孝通,准备让他读完这个硕士才出国!只是因为清华改了研究院制度,史禄国又离开清华,费孝通才提早用清华公费去英国跟马林诺夫斯基学社会人类学。[3]

费孝通到了英国,马林诺夫斯基却去了美国。他的大徒弟接收了这个讲英文时乡音浓重的中国新生,还根据他的调查材料定了论文题目《中国农民生活》(这就是后来的中国社会研究名著《江村经济》)。大徒弟一插手,看来费孝通无缘拜马林诺夫斯基为师了。然而,大徒弟带领费孝通见了大师,不久大师却突然接收了他,直接带。同学大为惊异,纷纷贺喜和羡慕。这转变的原因是什么呢?

---

[1] 《吴文藻自述》,见《世纪学人自述》第1卷,页397—399。他派出的学生包括费孝通、林耀华、瞿同祖、李安宅等。

[2] 费孝通《暮年自述》,载《费孝通在2003——世纪学人遗稿》,北京:中国社会科学出版社,2005年,页28。

[3] 费孝通《暮年自述》,载《费孝通在2003——世纪学人遗稿》,页43、45。

马林诺（夫）斯基主动承担起作我业师的任务，并不是我在他面前表现出了什么特别的才能，我那时连席明纳里讨论都跟不上，话也听不太懂，正是躲在墙角里抽烟的时候。

真正的原因是："吴文藻先生是代表燕京去参加哈佛300周年纪念会的，有司徒雷登给罗氏基金会（按：即洛克菲勒基金会）的介绍信。马林诺（夫）斯基一直是罗氏基金培养的人物，他的学生们在非洲进行的大部分调查就是罗氏基金给的钱。吴文藻先生到美国去，后来又到英国来，口袋里就有一个在中国开展小区研究的计划，我这个人是计划中的一部分。这个计划深得罗氏基金的赞许。这些，马林诺（夫）斯基都知道。他是个感觉敏锐的人，在这里卖一个人情，正可以迎合老板的用心；而且培养一个自己的学生在东方为他的学派开拓一个新领域，又何乐而不为呢？"[1]

另一个燕大研究生林耀华被吴文藻派去美国留学。这个留美机会也是吴文藻活动的结果：

> 1936年，吴文藻先生去美国参加哈佛大学成立300周年校庆活动时，与哈燕社、京学社负责人商妥，获一项奖学金，派我赴美学习人类学专业。……我进入美国哈佛大学人类学系，在这里度过了艰苦而难忘的四年，受到了全面的人类学、民族学理论训练，奠定了后来从事民族学研究的坚实基础。[2]

私费留学规划

吴文藻是有心人，同时背靠一间大学，还有一个学系许多同事和学生共同努力，才能实践这个经年才有成的计划。没有制度支持、只有个人力量的人，就只能够靠自身之力去做一点薪尽火传的工作。

1　费孝通《留英记》，载《费孝通文集》第7卷，页113。
2　《林耀华自述》，见《世纪学人自述》第4卷，页53—54。

这需要财力和识力，于是有钱的出钱，无钱的出力。

1910年代，留美的穆湘玥回国后，在第一次世界大战期间办纺织业致富，20年代资助了22个人去留学，从学生领袖到学徒都有，而且生活津贴很优厚，比清华公费生都多。那时清华的公费是每人每月80美元，他给每人每月120美元。

其中五个名额给了五四运动的北京大学学生领袖，当时戏称为"北大五大臣出洋"，因为清朝末年曾经派五位大员出国考察宪政，时称"五大臣出洋"。因为所给的费用优厚，实际上去了六个人：五个学生领袖都自愿每月只花100美元，把多余的钱凑起来再增加一个名额，所以实际上是"六大臣出洋"。[1]

穆湘玥还资助在他的纱厂工作的学徒，其中一个是工作了两年多的年轻人。这个学徒受师傅穆湘玥的事业心激励，本来想向师傅借专业书自修，师傅却给他学费进中学作系统学习，待他中学毕业，又资助他去美国深造，每月汇给定期生活津贴，津贴绰绰有余，学徒甚至可以汇钱回国给未婚妻在上海读书。[2]可惜当时中国的经营环境不稳定，不数年穆氏生意失败，没法再资助留学。这个学徒共留学七年，后五年要靠勤工俭学来完成学业。

三代理科留学生的奋斗

20世纪中国的科学界有"三钱"，钱学森、钱伟长、钱三强都是留学生，对中国的两弹一星计划（原子弹、氢弹、人造卫星）起了关键作用。其中留学法国的钱三强是清华大学毕业生，到物理研究所工作，所长严济慈是留法学生，他不管钱三强毕业于清华，英文才是强项，鼓励钱三强考留法公费，并介绍他进入世界闻名的居里实验室学习。钱三强在第二次世界大战后回中国。

钱三强的成就是三代中国理科留学生薪尽火传的佳话。推动钱三强去法国留学的严济慈是20年代私费留法的。他是农家子弟，穷得要命，哪有

---

1 冯友兰《三松堂自序》，页56。方显廷《方显廷回忆录》，页28。穆湘玥《藕初五十自述》，载《李平书七十自叙　藕初五十自述　王晓籁述录》。

2 方显廷《方显廷回忆录》，页35。

钱去留学？要他去留学的，是他的几个老留学生老师。严济慈说："要一国科学发达，很要一班牺牲者，如老师胡刚复等，我就认为是牺牲者，因为他现在不能做科学研究，而竭力做预备筹划科学研究的生活，这是为我们这一辈而牺牲。"[1]

愚公移山式求新知

费孝通说一门学科必须代代相传才能存在，才能有生命力。[2]他以自己的事例，说明1930年代后期，中国的留学制度确有一些新变化。"早期的留学生出国时的水平很多是比较低的，在国内只是准备了一般的基础，专业训练比较差，到了外国才选择专业，选择老师。但是到了我去留学的时候，不论是经过留学考试或是研究生院毕业之后才出去的，都在专业上花过了一番工夫；学什么，跟谁学，这些问题在出国之前都经过一番考虑的。这样加强了目的性和计划性，对于专业培养和提高质量，看来是有帮助的。"[3]

在政治秩序混乱、外侮内战频仍的几十年里，这代代相传留下来的火种，是多么艰难和珍贵！而不怕艰难、持之以恒地要培养出学术精尖人才，也可见当时有心人的留学目标，志气何其大！

1　严济慈《严济慈：法兰西情书》，页83。
2　费孝通《一代良师》，载《费孝通文集》第11卷，页286。
3　费孝通《留英记》，载《费孝通文集》第7卷，页101。

附：最艰难的作育英才故事

义助资送留学，自然是人情温暖的佳话，而其中最感人的资助留学规划，莫如几个留学回国的名教授瞄准了一个有前途的农村小子，因得不到官费，便合力送他去法国，指点他进入最好的研究机构。

这个农村小子叫作严济慈。牺牲自我、供他出国的几位老师，是早期留法的俭学生何鲁、考取首批庚款留学的留美生胡刚复以及哥哥胡明复，还有熊庆来，都是当时有名的科学家。

无论师生都知道这条自费的路很艰难。严济慈离开上海前夕，拜别胡明复，"凡三握手每以加紧，明复先生送出九如里，默然，以吾辈可通信一语了之，过面，吾且泪下。……明复先生亦以远居国外，无虑经济为言。"

无虑经济的离别赠言，其实就是忧虑经济的心底苦闷。因为资助的几个老师无力一次付出，受助者到了外地还得不断告急，不免把双方都迫得很苦。这成才佳话背后的几个老师，在贫困的中国教着薪水不多的大学，自己也捉襟见肘，有时迟了汇钱，让外地的学生几乎绝粮。

昨晚从学校回来，即就床卧，盖我到今日，此情此景不复能支持了。无事做，无书读，无钱用，无饭吃，月内事不知如何而后可，我至此已恍惚不复能作想。此非惫倦更非病，当是失望者的懒惰同焦急者的怨恨，是我生来所未前历。……

即日内何师款到，是合前两月而同寄的，我于何师且将责他应先函告这种办法……无钱时最不能省钱，往往有许多因为无钱的花费，如日前我想打电（报）何师，每字25佛郎则至少须200佛郎，想日内款总可到，200佛郎在我不是小数，在今日尤其不易筹措，所以总只得坐着等。

法国学校，今日复始矣，我不能不谓之失学，不宁之状，想易想到。吾到今日,不知何故最易流泪,有一日数次的,有一次达半小时的,虽深思自爱自抑,竟或因此而更甚,深知不日汇款到,但度日如年,除读书外,无事可将光阴误过,未读二页,盼款之念又来,读书亦实无心。……怅望前途,唯默祷官费梦能够成熟,不知老天有意留我此条生路吗?

这里讲的何师是何鲁,有名的数学教授。何鲁的经济情况也不好,有不少家庭困难。学生一边埋怨他,一边又感激他:

> 何师倘不是真正困难,决不至陷我于此,何师或亦当与我洒同情泪。何师是完全自造的青年,他事实上的历史我不知道,他的情形,我却很明白。……(1919年7月回国)在沪且向科学社借400元,到去年(按:1923年)夏间还没还清。这不是他告诉我,我看到胡明复先生给他两封信才知道,明复先生是科学社会计也。

按道理老师穷到这种程度,仍然资助学生出国留学,学生怎能埋怨?可是人在异地,已入绝境,那种不安彷徨,哪能没有半点宣泄?日夜想盼的私费留学,实践起来何尝不是一场噩梦?而严济慈终于得到法国国家博士,成绩出众,没有辜负义助他的老师。[1]*

严济慈曾表示希望中国办好教育,使下一代不必再远涉重洋去留学。到他的学生都做出氢弹了,这个梦想仍未完全实现。20世纪末的留学潮甚至比他出国的时候还大呢!

---

[1] 严济慈《法兰西情书》,页22,103—104,115—116,118。

玩新生　兄弟会　艺术节狂欢

欧美学界有不同于中国的活动或风俗，像玩新生、加入兄弟会或姐妹会、参加法国艺术生特有的艺术节。这些活动不一定跟学习有关，却是一种生活经验，也是中国学生体会西方风俗的一个侧面。日本的大学虽然模仿欧美，但并没有这些玩意。

玩新生

玩新生究竟是美意还是苛政？这种中国绝无的校内玩意，当年在美国大学很流行。在麻省理工读书的学生说：理工学生不流行各大学的玩新生。[1] 这就可知其他大学里玩新生之常见。

玩新生是每年新生入校之后，在一定期间，要受二年级学生的种种侮弄。次年他们升入二年级，就可以把受过的待遇，如法炮制，或花样翻新，加于一年级的新生。

中国留学生很少提及这种流行玩意，或许因为他们是外来人，美国学生不好意思开他们玩笑吧。而这种玩意有什么意思，大家一时也说不准，既然不理解，又没有受侮弄，所以不怎么触及。有的人写了一两笔，解读为"本科一二年级学生多半还保持中学生的幼稚心理和淘气习惯"。[2]

反而是一个年长学生对玩新生记载较详。穆湘玥三十多岁才到美国读大学，遇到玩新生这一招，看着年少者的胡闹，有什么反应呢？

　　（1909年）开课后，最足以令我永志不忘的，是侮弄新生的"海寻"（按：应指hazing）。第一年级生，每年入校的有1000多人，第二

---

[1] 胡光麃《波逐六十年》，页97。
[2] 萧公权《问学谏往录》，页71。

年级生有特权指挥第一年级生,使他们服各种劳役,如擦皮鞋、扫积雪、取邮件及宿舍里种种杂务,甚至加以谑浪笑傲,穿奇装异服等种种不可方物的形态。命他跑,不敢不跑,命他角力,不敢不角力。开课一两个月,每日每班聚散时,学校四周无非二年级生故意侮弄一年级生,作各种取乐。而新生不论清晨傍晚,男生女生,都耐性忍辱,力行"海寻"职责,认为是应尽之份而甘之。我是中国学生,幸而获免。[1]

年长学生在洋人里获免被玩,在中国人里却不成。

当年圣诞节前夕,十六七个中国同学在广东餐馆聚餐,席上只有两个一年级新生。忽然一个高年级生跟他开玩笑说:"你是新生,而时时违抗高年级同学的命令,不愿尽职服务,而且星期日僭用新生不能用的黑色硬礼帽,又跟女生来往,常常去跳舞看剧,凡高年级生应有的权利,你竟无一不享受。我今天郑重告诉你,明天圣诞节,停送邮件,请你代劳取各同学的信件,门前积雪亦应扫除。这样我们还能容忍,否则有以对待你。"说完问各同学,都拍手叫好。

穆湘玥知道他开玩笑,但各同学年少气盛,未经世故,只好想办法折服这个年轻的高年级生,于是起来说:"我很愿尽职效微劳。今天是圣诞前夕,愿送各位礼物,并敢进忠告,以表敬意。各位侥幸生在富家,有好机会来求学,才20岁,而学位不日可得。我不幸十多年来效力社会,现在这么大年纪才戴一年生的小绿帽,但各位毕业回国做事,还要几年才能立足,我学成回去,即可投身社会,创办事业。"未说完,一个学生大呼:"你什么人?敢讲这话。"在座很多人应和他。穆湘玥历数自14岁工作至来美国为止的经历,包括曾做江苏省铁路警务长。他们才相顾愕然,一个学生说:"你曾做老爷?"同学于是送给他穆老爷的雅号。[2]*

美国风俗大多得自欧陆,欧洲的中国留学生却没有提过玩新生这玩意。但是在巴黎读艺术学校的学生,仍见到这种遗风。巴黎有许多古老的传统,

---

1 穆湘玥《藕初五十自述》,载《李平书七十自叙 藕初五十自述 王晓籁述录》,页116—117。

2 穆湘玥《藕初五十自述》,载《李平书七十自叙 藕初五十自述 王晓籁述录》,页119—120。

玩新生就是其一。而且艺术学校的学生不比美国学生淳朴，对中国学生照来这一玩意。新生请客是必经的。

> 一班中新旧同学阶级很严，有如监狱中老犯之歧视新监……根据他们的不成文规定，新生进教室，一定要请客，把全班同学迎到咖啡室里，美酒咖啡，饮料点心，让大家喝个痛快；这笔开销，往往相当的大。请了这一次客，还并不能够使新生获得平等的地位，因为平时在学校里面，旧生多半会装出盛气凌人的模样，把他们呼来叱去，颐指气使，新生简直就成了学徒和小工，什么事情都要替他们做；稍微反抗一下，凌辱就要来了。[1]

新生请过客，被呼叱过，还未算完，"必有一次班中好事之徒，要出来建议，将新同学裸体给大家看。"[2]

这与中国的风俗大相径庭。法国艺术学校虽然大画人体素描，中国学生照样画，但落到自己头上，虽然男女不同班，仍是大感难受的。传闻有中国学生遭过侮弄，这个学生"个性倔强，不甘受旧生的指挥奴役，竟敢抗命，当下只听到有人大叫一声：脱呀！转眼之间，老资格们一拥而上，七手八脚，把他全身衣服剥得精光，拖到模特儿台上，当众展览；最谑的是一位旧生，用些黄色颜料，从他臀部直到股间，曲曲弯弯地画了一条粗线，乍看起来，就像是他在泻肚子遗矢，于是全室哄堂大笑，弄得那位赵同学，羞惭万分，无地自容"。据说这些调皮难惹的艺术学院学生，还会捉弄来校参观的客人。

又要学习下去，又要避过这一关，中国学生怎么应付呢？记下中国学生反抗受侮一事的徐悲鸿之妻蒋碧薇，接着说"徐先生在他们之中，却是较严肃的一位，他不参加同学们的那些戏谑和恶作剧，当然这些事情也不会临到他的头上"。事情是不是这么简单，不得而知。比徐悲鸿晚到巴黎的李金发，对这玩意是大有意见的，"这等于美国欺侮新生，作弄新生，将其

1　李金发《李金发回忆录》，页52。蒋碧薇《蒋碧薇回忆录》，页57。
2　李金发《李金发回忆录》，页52。

投入水池之类。这种下流举动，令人鄙视，我见来势不对，径到教授处去，教授写了一信给班长说，不得去骚扰李同学，才得无事。林风眠因为此种困扰，不久不再去上课，在外面打游击。"李金发跟林风眠后来感情不洽，不忘添上一笔，说林风眠因此"没有好好的基本训练，影响他后来的成就"。想来那个因反抗而受侮的中国学生，若过不了心理关，也只有放弃学业一途。

为玩新生讲好话的中国人很少。年长的留美学生穆湘玥虽然不受其辱，但是当年曾在大学的英文班里写文痛诋。1920年代他写回忆录时却改变了态度，认为留学日久，才知道玩新生推行于最高学府，跟校风及学生的品性陶冶有密切关系，实有美意。他认为玩新生有三个妙用：一是去初入大学的傲气；二是对血气未定的青年加以约束，少受外界诱惑；三则维持法规。

对于维持法规，他认为美国一年级新生因不及格而被开除的常占三四分之一，但未闻有新生不服与教员冲突的。然后他笔锋一转，讲到当时中国学界大闹学潮：环顾中国的学校，民国成立十多年来，学潮的鼓荡几乎报不绝书，膨胀已到极点，虽然间有旗帜鲜明不为他人所利用的，但每每又只为一党一系的拘牵而奋斗，或止为三数私人的地盘而助力，或竟因日常小故，而掀起盛大的波澜，亦不在少数。中国前途的命脉系于学生，一生成败的关头决于当念，怎可不审慎周详而谨慎应付呢。[1]

以此看来，这个回国做了纺织实业巨子的年长学生，大受国内学生风潮的刺激，或许已将玩新生视为整顿学风的手段，默祝教育当局严加整顿，以清其源。

兄弟会

留美的中国学生见到美国大学里有兄弟会（Fraternities）、姐妹会（Sororities），有些认为其目的是便利社交、寻求娱乐。[2]

兄弟会、姐妹会在美国大学是久已存在的学生组织，最早的成立于1776年，以希腊字母命名，所以又叫作希腊字母组织，经过多年的发展变化，

---

[1] 穆湘玥《藕初五十自述》，载《李平书七十自叙 藕初五十自述 王晓籁述录》，页116—117。

[2] 萧公权《问学谏往录》，页71。

跟最初的组织方法已不一样。

兄弟会有会址，甚至有宿舍，本来是交谊性质的，却有秘密的入会考验仪式，握手或有特别的手势，会员的聚会也不会向外谈论。

这么神神秘秘，大抵也有它的起因，只是难以查明。有些美国大学的学会根本不神秘，却也有特殊的手势，如以毕业成绩优异为门槛的荣誉学会，成员是由学系推荐入会的，也有这一套。

> 荣誉学会会员，获配金钥匙，可以佩戴示人。入会仪式由主持人向新会员道贺，握手的特殊姿势犹如证券交易所内手势的神秘。[1]

中国学生加入美国大学兄弟会的不多，却仿照兄弟会的形式，搞自己的"兄弟会"。最早的中国留学生兄弟会成立于1909年，叫作"兰集（Flip Flap）"。兄弟会在1920年代很流行，各社各有特性，有的倾向理想，有的重视社交，每个会的发起人必有好几个中坚分子，社员大抵都知道原始发起人是谁，当时主持领导的又是谁。[2]这些仿美国兄弟会的学生社团也搞得神神秘秘。徐志摩在1919年说"学生中秘密结社，风盛一时"。有同学谈起这些社团，总表示不满，还互相猜测是不是秘密参加了什么团体。[3]到1935年，最少还有五个兄弟会存在，会员约1300人，而且发展到在中国和美国都有会员。[4]

举一个延续时间比较长、企图心比较大、成员多的成志会为例，以见

1　王念祖《我的九条命》，页47。
2　浦薛凤《万里家山一梦中》，页94。中国学生的兄弟社，当时有好几个。徐志摩提及"插白"和"诚社"的变形（以王正廷为首，重要分子如蒋廷黻、晏阳初等），《留美日记》，见《徐志摩未刊日记》（外四种），页137。潘光旦提到过"十字架与剑"、"Φ&Λ"、"Flip Flap"、"醒狮社（非青年党的醒狮社）"等，《谈留美生活》，载《大师自述》，页233。
3　徐志摩《徐志摩未刊日记》（外四种），页137。"泽宣（按：即教育家庄泽宣）屡次谈天，总愤愤不满于这类团体，而致疑于余之有所属。初不料其自身亦此道中人。"徐志摩被这个刚加入仁社的同学问到派属，便说自己是不社主义。
4　P.T.Chen, "Chinese Fraternities in America", 见 American University Men in China, the American University Club of Shanghai, 1936, P159。5个兄弟会包括"兰集"、"成志会"、"仁社（Phi Lambda）"、"曦社（又名醒狮社，Alpha Lambda）"、"素友（Rho Psi）"。

这些秘密结社的大概情况。

成志会由两个中国学生社团合并而成。一个是1907年由王正廷、顾维钧等建立的"戴维与乔纳森"（按：David and Jonathan，《圣经》里一对莫逆之交）；另一个叫"十字架与剑"（Cross and Sword），或称"Cands"，1917年由洪业、陈鹤琴等七个基督徒成立，它是秘密团体，口号是"联合起来振兴中国"，成员有许多清华人。王正廷等毕业回国，要考虑怎样在美国维持会务；"十字架与剑"又想在中国有发展，于是1920年两会在上海合并成成志会。[1]

"成志"的意思是成就人生志向，会旨是振奋中国人的精神，集合有共同志向、有才干勇气的人，互相砥砺学业和品格。学成之后，各人就其专长和职位，服务社会，报效国家。成志会一开始是秘密的，各项仪式模仿美国兄弟社的一般通例，后来逐渐公开。[2]

几个参加了成志会的学生，都强调他们不是搞政治活动或者结为朋党，不过是想多结交几个中国朋友，培养振兴中国的兴趣；又或者认为成志会比类似组织要严肃，社员有许多政界和学界领袖。[3]

成志会每两三个月集会聚餐或游览，每年冬天集合美国东部各州会员举行年会，平均约有30人参加，日间游览，晚间各自报告身世与抱负，讲会史或报告会务只占很短时间。[4]1924年，一个年方二十、刚毕业的大学生参加为时一周的年会，分在历史学家蒋廷黻领导的小组里，蒋廷黻当时已拿了博士回国初任教授。作为一个小兄弟，他聆听那些年长的兄弟推心置腹的发言，分享对祖国的雄心壮志和梦想，自己也谈在中国实行人口生育控制的重要性，感到充满乐趣。[5]

---

1 陈毓贤《洪业传》，页75。方显廷《方显廷回忆录》，页42。
2 方显廷《方显廷回忆录》，页33, 42。浦薛凤《万里家山一梦中》，页93—94。潘光旦《大师自述》，页233。潘光旦认为"十字架与剑"这一组织的政治性很强。
3 何廉《何廉回忆录》，页34。王念祖《我的九条命》，页47。
4 浦薛凤《万里家山一梦中》，页93。
5 方显廷《方显廷回忆录》，页44—45。

反对组兄弟会的意见

联谊活动为什么要模仿美国兄弟会弄得神秘兮兮的呢？会员可以辩护说各项神秘仪式无非为了刺激新成员的心理，令新成员留下深刻印象；又或者称社员的名单保密，以回避朋党或裙带关系之嫌。[1]

不过，他们也明白一般留学生对这些组织未必欣赏，小部分殊有误会和批评。只就保守秘密这一点而论，已足以引起怀疑，一般人多以为将来彼此援引，图谋私利，或者有政治作用。猜疑的程度足以促使他人向素不相识的兄弟会成员当面进谏，劝他退出。[2]

在清华读书时以温和、成熟、稳重而为同学敬重的潘光旦，自己参加了大江社，[3]但是反对学美国人搞兄弟会，说这些兄弟会常闹矛盾，互相倾轧，认为这种迹近朋党的团体妨碍青年人格的健全发展；又说美国大学生的兄弟会是社交性质，而中国学生搞兄弟会却"加上了政治色彩。尽管还没有社团以外的人去利用这些社团，但社团以内的人却有人想利用这个东西去升官发财，准备在回国后，大家讲交情，大哥哥对小弟弟拉一把等等。有些人想在美国拉成一个班子，成个小帮会，将来回国后，好在政界形成一派势力，所以就预先准备，互相拉拢"。他声言旧中国这种疙瘩已经很多，如同乡、亲戚、朋友等等，再加上新疙瘩，是不健全的，像发霉的面粉一样。[4]

1　浦薛凤《万里家山一梦中》，页93—94；王念祖《我的九条命》，页47。

2　浦薛凤《万里家山一梦中》，页94。

3　浦薛凤谓大江社是1923年一些清华学生"商谈组织一个爱国会社，以提倡民族自决（美国总统威尔逊使用之名词），亦即意大利马志尼所鼓吹之民族国家主义"，《万里家山一梦中》，页87。但该社被其他留学生视为政治性组织，见黄荫普《忆江南馆回忆》，页26。大江社部分成员回到中国后，与同样提倡国家主义的青年党有合作。梁实秋述及他们1921—1923级的学生组织大江会的原因，并说该会不是政党，不是利益集团，见《谈闻一多》，载《大师自述》，页49—51。大江社成员潘光旦、罗隆基、闻一多、梁实秋、浦薛凤等后来都成了文化界名人。

4　潘光旦《谈留美生活》，载《大师自述》，页232—233。潘光旦称自己在《留美学生月刊》上写了1万字的文章骂兄弟会。后来他说自己当年的批评对兄弟会的会员容或失诸太苛，见《自由之路》，载《潘光旦文集》卷5，北京：北京大学出版社，1997年，362页。

艺术狂欢节

法国艺术举世崇尚。当时法国艺术家一年一度的艺术节,是全城的活动,大概以化装游行为主轴,继之以晚餐、舞会,直闹到深夜。最盛大的艺术节在巴黎,而小城的艺术学校也有活动。在法国学艺术的中国留学生,哪怕醉心艺术,也不适应这艺术节,大多旁观,并不参与。

在第戎小城的艺术学校,李金发和林风眠"入学不久,适逢学校里有一个春季化装跳舞会,校长要我们去参加,我们是乡下人入城,除在电影上偶然看这欧洲贵族化装跳舞会之外,不知跳舞是什么,贸然去参加,唯有出洋相了。男女同学坚持我们要去参加,不化装亦可以。我们虽有好奇心,但想不出化装什么,姑且各人拿出箱里绸袍子来,在他们看来亦可以说是化装"。

> 跳舞会非常热闹,男女来宾化装各式各样的人物,如王子、公主、武士、吉卜赛人、船长、村姑、木匠、矿工、大将等等。真是五光十色,确实花钱不少,……跳的多是"狐步""一步""二步",我们连这些都不会,只好看人家热闹。我们自己不去请女子伴舞,她们自然不会把我们写上小册子去轮到我们的份儿。在她们看来我们是一对骨董。他们停下来去买香槟酒喝,我们也只好学样,到了早上一时,我们也只好尽兴而返,翌日谈话时多一点资料而已。

两人后来转到巴黎,再次遇到艺术节,没有再去参加,只是记述了传闻:

> 学校里每年春季有一次"四艺"舞会,男女化装各种人物,五光十色,先在马路上招摇过市,载歌载舞,路人皆带羡慕和蔑视的眼光去看他们,并指说:"这是艺术家的本色!"闻女的化装的,多是模特儿之类,女同学恐怕很少,我们少年老成,束身自好,瞧不起这种浪漫玩意儿。开舞会中愈夜愈荒唐,不礼貌的动作,当然不足为外人道,后来想想,为观风阅俗起见,应该去参加一次,以广见闻,今已悔之晚矣。[1]

---

[1] 李金发《李金发回忆录》,页48—49,52。

在巴黎一心学艺、下死功夫的徐悲鸿，到处拜访艺术名家，却没有记述过巴黎的艺术节。他当时的妻子说"在巴黎一住五年。他始终不敢参加这样的热闹场面"。[1]徐悲鸿没有参加，他的妻子却记下了大段的艺术节情况：

> 法兰西举国上下，尊重艺术，尊重艺术家，更尊重艺术家思想言行的自由。法国一年一度的美术节，通常都在5月份的某一天举行，全巴黎的艺术家如癫如狂，尽情欢乐。节日的怪诞，行径的荒谬，一直到20世纪70年代的今天，都不是任何常人所可想象的。但是上自法国政府，下至平民百姓，不但不引以为怪，而且还用崇敬的目光，羡视艺术家们在那儿做惊世骇俗之举。
>
> 到了这一天，艺术家们的血管里，仿佛注入了疯狂放肆的血液。下午开始盛大壮观、多彩多姿的化装游行。所有的艺术家和模特儿一律参加，奇装异服，袒裼裸裎，有人骑马，有人骑象，人人别出心裁，装扮成古今中外各色各样的人物。总之以越新奇越好，越古怪越妙。曲线玲珑的模特儿们，干脆全身上下一丝不挂，露出丰满健美的天体，任人欣赏。有钱的艺术家订制古代帝王全套服饰，穷些的就套上纸制的彩衣，还有就在自己身上画上许多鲜艳图案或色彩，高歌长啸，招摇过市。年年此日，巴黎万人空巷，途为之塞，市民们麇集街头，参现这一年一度最狂热的盛会。穿制服的警察跑来跑去，他们并不是忙于取缔，而是在为狂欢的游行队伍维持秩序。[2]

这记载如果不是出于传闻，至多是旁观。至于晚餐舞会，徐妻更没有参加了，所以以下记述，必定来自传闻，未必当真，但也可见当时国人传闻巴黎艺术节是如何放纵的：

> 晚餐的舞会，照例在巴黎最大的餐馆举行，山珍海味，征歌逐舞，醇酒美人，尽情享受；一到午夜，人人醉了光了。什么千奇百怪的事情都做得出来。

1　蒋碧薇《蒋碧薇回忆录》，页59。
2　蒋碧薇《蒋碧薇回忆录》，页58。

有一对美国夫妇，很向往法国美术节的热烈欢腾，乘赴欧洲度假的机会，在参观了新鲜的游行以后，兴高采烈地跑到聚会地点，要求准许参加。主事者一口答应，但说必须收取门票美金若干，那位男士很慷慨地立刻照付，于是两夫妇分别被引到两个门口，男的七弯八拐，不知道被他们弄到什么地方去了。女的却被带到会场，可是一进会场便有人叫她脱衣服。她大惊失色，竭力推拒，哪晓得有几位画家冲到面前，强制执行，动手便撕，把她身上的衣服撕得寸缕不存。然后被人推入舞池，婆娑起舞。[1]

无论是主动旁观，或者谢绝参与，两个记载者笔锋一转，都将艺术节与女性的地位连起来看。李金发认为小城第戎的艺术节，"目的不止是狂欢一晚。多数是想找一个爱人，法国女孩子，那时很难找出路，非有丰富的嫁奁，是很少人过问，男子遂成为奇货可居了。故女子不能不捉住交际的机会，出去活动一番，才有一点的希望。"[2]

在小城，艺术节兼具了交谊功能。而在首都巴黎，传闻如上述那么癫狂的艺术节，并不反映法国的社会开放程度：

我先后两次旅欧，住在巴黎的时间共计在九年以上，因此我对法国人的了解也比较深。根据我当时的看法，法国始终是一个很守旧的国家，并不如一般人所想象的那么浪漫放荡。社会习俗方面，古老的传统很难改变。以法国女孩子来说，她们的境况恐怕还不如现代的中国女性，由于法国女多于男，女孩子受高等教育的真如凤毛麟角，少之又少，普通念到高中就已经很了不起了；而且受专业训练的也不多，因此就业机会很难，没有陪嫁或者没有继承遗产可能的女郎，多半难于嫁人，更加以根据法国的法律，出嫁以后的女人，假如在银行里存钱，必须丈夫共同签字才能领用，在这种种的情形之下，法国女孩子的地位是很可怜的。[3]

---

1 蒋碧薇《蒋碧薇回忆录》，页58—59。
2 李金发《李金发回忆录》，页48—49。
3 蒋碧薇《蒋碧薇回忆录》，页59。

歧视女生的英美大学

美国是大学实行男女同校的先驱，1837年成立的奥柏林学院（Oberlin College），从一开始已经是男女同校，到20世纪，女生的人数已经近半。[1] 而法国在1860年、英国在1878年才各有一间大学容许女生入学。

那么能不能说美国的大学就是两性平等教育呢？这又不尽然。奥柏林学院同时是一所公平招收黑人的学院。明乎此，这家学院的平等教育精神在美国是异类，多于是主流。继奥柏林学院之后，美国陆续有大学实行男女同校。南北内战时，除了解放黑奴，提倡女权者也推动对女性的教育平等，到19世纪末，男女同校的大学达70%，超过100家，包括较多中国留学生的康奈尔、密歇根、芝加哥、伯克利、斯坦福等。

不过，中国留学生趋之若鹜的耶鲁、哈佛、哥伦比亚不在其中。这些位于新英格兰和纽约的美国东部名校响应男女同校趋势的方法，是设立另一间女子学院，或与已成立的女子学院成为关联学校，例如哈佛在1879年设立招收女生的拉德克里夫学院（Radcliffe College），该校迟至1999年才并入哈佛；1888年设立的巴纳德学院（Barnard College），则是哥伦比亚大学的女子学院，巴纳德学院一直没有和哥伦比亚合并，始终是独立的女校；耶鲁和早已成立的瓦萨女子大学（Vassar College）成为关联学校，后来瓦萨女子大学拒绝和耶鲁合并，并自己收男生。

当时不仅大学拒绝男女同校，男学生也不赞同女生入学。在弗吉尼亚大学读书的清华学生说，这家男校的学生很多跟大学、中学的女生交际，同游共餐，但是弗吉尼亚大学坚持不收女生。弗吉尼亚州素称保守，自1915年起州议会连续三年否决大学收女生的议案。中国学生听说很多同学支持否决议案，他们的理据是家里花钱供他们上大学读书，如果大学招收女生，就会改变风气，课程内容水准降低，那他们就要选择转校；并说女

---

[1] 梅贻宝《大学教育五十年——八十自传》，页29。

孩子到处都有,何必将大学变为找女友谈恋爱的地方,丧失大学的宗旨呢?¹

即使容许同校,也有限制或无形歧视。

像在与瓦萨女子大学成为关联学校的耶鲁,1920年代中选修社会学的学生就目击教授对男女一同上课政策的虚与委蛇。研究生班只有三个学生,其中一个是女生。教授通常上课一小时就宣告下课,而当那个女学生快要离开的时候,他却以目暗示两个男学生留下,"然后他总是一面掏出他的烟斗,一面说'现在让我们开始来点真货色'。"他不歧视中国男学生,却不喜欢有女学生!²

在1891年创校时就实行男女同校的斯坦福大学,中国留学生获悉女生人数限在500人,录取特别严格。³中国学生没有介绍,原来这个限制竟是由女人设定的。斯坦福先生既是为了纪念早死的儿子而捐款建校,因为申请入学的女生相当多,他的妻子担心学校会变成瓦萨女子大学的西岸版,于是设下女生人数的限制。这限制到1933年才稍作修改,不限人数,但限制男女生比例。

有女哈佛之称的拉德克里夫学院,它的学生到1943年才能到哈佛校园上课。在瓦萨女子大学毕业的一个中国女生,1944年在拉德克里夫学院读研究生,说从前一个教授教同一课程,要在哈佛先教一次,再到拉德克里夫学院教一次。但她入校时,拉德克里夫学院已经可以男女一起上课了。她把哈佛同意男女一同上课,归因于1941年"珍珠港事变之后,很多男生辍学从军,人数锐减"。但是哈佛的风气还是很闭塞,她说有一次亲身经历,几十年来每次提起,总是无人置信:

> 在哈佛,女生进总图书馆必须到专设的阅览室看书。那房间只容一张桌子和六张椅子,几乎挪身的空间都没有。后来女生多了,就把左边一个房间全开放,女生开心得不得了,有一种解放的感觉。不过,中间的大阅览室和右面的房间还是不能进去。有一次她读到一个字不

---

1 吴宓《吴宓自编年谱》,页172。
2 何廉《何廉回忆录》,页33。
3 潘大逵《风雨九十年》,页62。

认得，想到中央查一本放在木架上的大字典，不料馆员来告诉她不能在那儿看书。哪怕她强调只来查个单字，还是不成。她气得说，若查不到这个字，就做不成作业，坚持不走。那馆员看看我，没办法，只得把这部大字典抬起来，搬到指定的女生阅览室，站着看我查完生字，再把字典搬回去。

她又见过一个同宿舍的女孩，上文学课时被指定要念一本善本书，于是到图书馆藏有那本善本书的房间敲门，没想到管理员指着门上的铜牌，说铜牌上写着这是某某校友捐给青年男子受教育用的，她不能来，任凭她说好说歹也没用。她回到宿舍大发脾气。[1]

相比之下，中国的新式大学向男女同时开放是在1920年，北京大学也在次年正式招收女生。此后很多中国大学都实行男女同校。大概经过反对旧礼教的五四运动洗礼，中国大学里男女的平等发展，比之欧美并不落伍。牛津大学的学堂（Academic Halls）早在1878年接受女性，但到1920年才给她们完整的成员身份，剑桥二次大战后才给女生学位。所以1917年从英国毕业的中国女学生说：那时英国还很守旧，牛津、剑桥不向女生开放，伦敦大学虽然男女平等，但是医学院仍不开放，要另设一个女子医学院。牛津、剑桥不反对女生读书，两校都有女书院，女生可以旁听，可以考试，但反对给女生学位，因为有学位便是大学的一分子，有权决定大学的政策，有权投票。老学究认为几百年来大学都是为男人而设的，不能让女生损害男人的利益。[2]

1920年来中国讲学的英国哲学家罗素因此说："有一件事使我大感惊异，那就是中国人所管理的新式学校里男女受同等的待遇。女生在北京大学地位比在英国剑桥大学要好，她们可以参加考试并获得学位，大学里还有女教师。北京女子高等师范学校就是培养女教师的，也是最优秀、最进步的一所学校，女生中自由发问的精神，恐怕英国的女校长见了也不禁愕然。中国现在有一场男女同校的运动，而且在初等教育中尤为突出。主要原因

---

[1] 任以都《任以都先生访问记录》，页47—50。
[2] 曾宝荪《曾宝荪回忆录》，页49。

是学校太少,如果女孩不与男孩同校,就无处求学了。我刚到中国,以为中国是落后的国家,第一次听到(外国人对中国地方官员)男女同校的提议,颇感惊异,后来才知道我们所空谈的改良,在中国却能得到实行。"[1]

---

1 [英]罗素《中国问题》,页177。

第八章

生　活

面对父母主婚的新青年

青年学生正当婚嫁的年华。早期留学生出国之前,很多人已经承父母之命订了婚,甚至已经有孩子。

订婚未结的学生,为免留学期间有什么变卦,双方家长会出动很多理由,让子女完婚。关键的说辞是孝道:父母年纪大了,留学去国的时间长,结了婚父母放心,也有人在家照顾长辈。有些父母则从年轻人的角度游说,说结了婚一起去留学,有人照顾起居。

1909年底,一个留学生中途回国,母亲没有阻止他再次出门,只是低声跟他说:"你不独是我的长子,你还是你祖父以下一大家庭的长孙,你今已成年,又将再次出洋,不知何时始归,你父不幸逝世,你何不趁我尚存,早日成家,使我安心呢?"儿子没有成婚的念头,但母亲泪下苦求,使儿子感慨万千:

> 她这番话因出于乡族中的一种传统思想,但探其意义,又非全出于自私,实由于爱子情殷所致。……自想此次远别,不知何时始能再晤?……一念及此,感情与理智相冲,一时无可抉择,只得顺从母意,草草结了婚。[1]

去留学的人,往往自命是新人物,自然反对父母主婚,而且怕婚姻枷锁会影响人生的选择。父母未必不知道当时的风气,于是对这些新人物既哄且骗,例如要求儿子出国之前,回乡一次,抵家才知道要结婚。这个儿子尽管不愿意,也只好服从长辈的命令。[2]

这种软硬兼施的事,有时竟带有喜剧色彩。1905年一个留日学生刚回

---

[1] 程天固《程天固回忆录》,页45,49。
[2] 蒋廷黻《蒋廷黻回忆录》,页66,指蒋廷黻的留学生兄长。

到家乡，家里就叫他娶亲。

> 我绝对不肯，以后毕竟还扭不过，招赘到丈人家里去。那时我有个决定的计划，是结婚尽管结婚，结了婚三天后，我就一跑。我家里为着这个事甚为着急，尤其是岳丈大人十分担心，只有丈母娘确有把握的以为不会；果然不出所料，我三个月还没有走。

为什么呢？

> 我的夫人是很聪明能干的人，当我娶她的时候，她的诗文绘画都比我高明，且极识大体而又好学。我和她性情说不出的相投，虽然是旧式婚姻，却是爱情之浓厚，比偷情密约还有过之。我打主意和她一同出洋，费尽周折，家里却不肯，但是我始终不能不走，万般无奈，我还是一个人走到日本去了。这是多么难过的事啊！[1]

这种喜剧收场毕竟百中无一。对那些人在外国、又一力反对旧式婚姻、誓死不肯回来的青年，父母之命也难以发挥作用：

> 我立刻写信告诉父亲，请他解除婚约。家父的回信可以总括为两句话"荒谬绝伦，不可能"。当他发现我的意志坚决时，他开始用说服方法，要我不要使他失信，让亲友看他教子无方，丢他的面子。我无法向他解释我对婚姻的观点，我只说我要自己选择对象，除非和贺小姐解除婚约，我决不回中国。
>
> 这样一威胁，亲戚们的信函雪片飞来。这都是家父发动的，要他们帮助说服我。有些人说家父对我的主张很震惊，甚至因此而生病。另一批人说贺小姐既温柔又漂亮。我的三弟，当时正急于赴美留学，写信告诉我，说家父已经后悔当年让他的两个儿子赴美留学，因此，他绝不让他的三儿子赴美，以免受美国不良思想的熏陶。对这些说辞，

---

[1] 欧阳予倩《自我演戏以来》，上海：神州国光社，1933年，页8—9。

我坚不低头。[1]

　　结果，这个父亲甘受亲戚邻里的闲言而向儿子妥协，解除了婚约。其实这个父亲还是宽容的，他没有出动杀手锏——断绝经济支持。当家庭出动经济封锁，没有独立能力的学生往往只好投降。有的留日学生因为养父反对他升学，实行半工读，谁料根本养不起自己。"年轻人要学会容忍与服从，实在不是一件容易的事，但我已做到了。"饥寒交迫之下，他不但同意不升学，连养父安排的婚姻也只好应承。"父母之命决定的婚姻，就像买奖券似的，它可以给你美好的幻想，但却有的是落空的机会。"幸好这一次也是美好收场，新娘出自名门世家，"虽未受过新式教育——在当时男人受过新式教育的尚属寥寥无几，女人自更不用说了——但国学的修养却不算太浅，尤其从她平日的言行与风度上，可以看出她是受过良好教养的。……她个性沉默寡言，理解力甚强，是一个够条件的贤内助。"[2]

　　到"五四"前后，青年男女都讲自由恋爱，不仅男子不听命，女的也拒婚了。有一对父母之命的未婚夫妻分在两地留学。长辈没办法叫他们回国成婚，也学了新式方法，让两家小儿女通通信，联络感情，期望感情融洽以后他们自愿回国结婚。[3]

　　有的人尽管并未出洋，也受时代新学说的影响，反对父母主婚，于是向岳母要求：允许他与未婚妻见面，以便互相了解；允许他汇钱让未婚妻受教育。岳母都同意。结果七年后他留学回国时，他恬静而机敏的未婚妻已从上海著名女子中学毕业，即是用七年时间完成了六年小学及四年中学的课程。[4]

　　随着时间推移，后来的留学生已较少遇到包办婚姻的问题了。

1　蒋廷黻《蒋廷黻回忆录》，页66。
2　杨肇嘉《杨肇嘉回忆录》，页62, 75, 84。
3　苏雪林《浮生九四——雪林回忆录》，页70。
4　方显廷《方显廷回忆录》，页29。时为1921年。

在传统里找出路的留学生

对旧式婚姻,留学生明显有两种态度,有一批人并不认为旧式婚姻是万恶的。

一个订了婚的留美学生与新认识的中国女生经常通信,偶然出游,引起恋爱的传闻。他的族兄听见传言,力劝他与中国的未婚妻通信,并以自己为例,与未谋面的未婚妻通信,发现她的信写得很出色,措辞亲切得体,字迹端秀;他的族侄则认为新交往的女学生见识、性情、容貌都动人,劝他不必受旧传统束缚,以免后悔。当事人自己呢?他认为男女可以有浓厚的友谊,不必一定是恋爱。他并且就婚姻发了一通议论,认为主张解除旧婚约的人都假设父母之命的婚姻不及自己选择的美满,对这种"五四"以来流行于知识界的信条,他并不完全同意。

> 其实婚姻是否美满并不全由自主或包办而决定。……主要关键在当事人是否有志愿、有诚意、有能力去使之臻于美满,而不在达成的方式是自主或包办。……包办婚姻并不是只顾传宗接代,而同时企图达成郎才女貌、一对璧人的理想,儿女的幸福也在考虑之中。我认为除非一个青年确知父母代择的未来配偶有重大(乃至不重大)的缺点,他很可不必反对。[1]

爱是能力问题,不是对象问题,这留学生的议论倒合乎心理学家弗洛姆在《爱的艺术》里的这句话。他最后跟未婚妻结了婚,并且认为过渡时期的青年,应该可以走一条知新而不弃故的婚姻之路。

至于自由恋爱的青年,若能获得父母认同,也有利以后家庭和谐。"20世纪的婚姻,还讲父母之命,近乎具文。不过事先手续越完备些,事后发生问题的机会可以越减轻些,这倒是一条至理。"[2]于是一对在外国自由恋爱的留学生,照顾到双方家长的心理:一起回男家,让父母及家人看过;又跑

---

[1] 萧公权《问学谏往录》,页84。
[2] 梅贻宝《大学教育五十年——八十自传》,页53。

一趟女家,让泰山泰水把未来的快婿审查一番。

对于恋爱和婚姻,社会各有不同的制度和风尚,其实不必以一方的习惯去诋评他人。传闻有外国人对外交家伍廷芳讥笑中国父母作主的婚姻,认为缺乏爱情。伍廷芳反唇相讥说:"中国人结婚是爱情的发端,西方人结婚是爱情的终止。"[1]但是中国是正在挨打的国家,又有新思潮席卷而来,因此怀疑自己的一切,崇尚国力强盛的一方,也是常有之情。只是在这种常情之下,更弱势的中国传统女性就成为最大的牺牲品。

被拒婚的旧女性

当时反抗父母之命的留学生,不止抗婚,还会离婚。退婚耽搁了对方的青春,但离婚对女方打击更大。当时留学生离婚的风气颇厉害,留过学的胡适并不赞成:

> 近来的留学生,吸了一点文明空气,回国后第一件事便是离婚,却不想想自己的文明空气是机会送来的,是多少金钱买来的;他的妻子要是有了这样好的机会,也会吸点文明空气,不致受他的奚落了![2]

传统女子夹在新旧社会的习俗里,有人百般无奈,演成悲剧,也有人在柔顺之中,表现出泰山崩于前而色不变的坚强。

前文回乡时被迫结了婚的留学生,婚后不承认对方是妻子,不肯同床。他出国之后,这婚姻关系就拖着。几年过去,女方请弟弟趁拜年的时候,为她跟也是留学生的小叔说明情况。女方弟弟讲的要点是:"两家门当户对,且为多年世交,他姐姐明媒正娶嫁给蒋家,但是始终没有圆房。他姐姐没有别的希望,只求能圆房生个孩子。此外别无奢望。如果我哥哥要娶小老婆也无所谓。"这个看来奇怪的要求,在当时中国的风俗里是正当的,有了孩子,这女子才名正言顺,在夫家家族中有相应的地位。这对一个传统女

---

[1] 萧公权《问学谏往录》,页84。
[2] 胡适《美国的妇女——在北京女子师范学校演讲》,载《胡适文存》第1集卷4,页659,时为1918年。

孩的自我是很重要的事。所以男方的家人,包括男方的女性亲友——继母、祖母、伯母都认为这女孩是对的,是男方理屈。而在男子这一方,则认为自己曾表示反对,但是族人硬迫着他完婚,他早就告诉过父母,在婚姻问题未解决前他绝不回家。对这个"妻子"的处置,男方想到的解决方法是由继母收作女儿,让这个女子以女儿身份或是以修女身份住在男家。这件事最后怎么完结呢?"若干年后,那个悲剧性的女孩子死了,悲剧才算落幕。"[1]

其实中国女子也不全是柔弱无能的。下面这个结婚和离婚的故事,很能见到旧式女子也可以有理有节,而且坚强。[2]

男方少年时与出身中医世家的独生女订了婚。他在美国读大学的时候,父亲想他完婚。青年想自立,待学业有成有了职业才结婚,以免像他哥哥以及同辈许多年轻人那样,依靠父母,"那种情况虽然在中国是很平常的,但我认为是不对的。……我脑里想的是未来,但是我的家庭、特别是我的父母,却主要关心我的个人生活。"这是青年的心事。

父亲的心事呢?父亲说自己老了,为儿女安排婚姻是父母的责任;幼子是唯一未结婚的儿子,给他办理婚事是为了履行父亲的义务。办完以后,为父的就可以优游岁月,颐养天年了。这个父亲已经有孙儿,不是为了传宗接代而希望幼子结婚的。

在父亲怎样都说服不了儿子的情况下,哥哥来做说客,说老人太伤心了,饭都不吃,不让人到他屋里,独个儿在流泪。幼子结婚是他乐于办的最后一件事,并把它看作是他的义务。"我父亲对我哥哥说过,他从来没有料到把一个孩子抚育成人使他受到最好的教育,而这孩子竟然不理解他的心情。这不但使他失望,而且夺去了他的幸福。这席话使我深受感动,并且开始看到事情的另一面。"

在父亲绝食、亲密的二哥游说的情况下,男子答应行婚礼。婚后他却晚晚在母亲房里睡,直到母亲下逐客令,他才回新房,但仍然睡躺椅。要回美国时,父亲要求他必须带着妻子。

---

[1] 蒋廷黻《蒋廷黻回忆录》,页92。
[2] 顾维钧《结婚和离婚》,载《顾维钧回忆录》第1分册,页52—60。

我肯定这时新娘对情况已经完全了解，但是在当时背景下的中国女子，是没有独立见解的，即使有也不会坚持。她的任务就是叫干什么，就干什么。她愿意跟我走，也许还有几分喜悦。

留学航行长达两个多星期，新娘适应航海的能力比新郎还强。新郎要她在别的城市找个地方学英语，她欣然同意，而且表示要尽快学习。根据新郎的说法，他们像朋友那样交往，假日出外玩，谈各自的打算以及包办婚姻的缺点。一年多之后，男方提出离婚，"她当时既不表示赞同，也不表示反对。她只是听着，显然还没有充分理解我们谈话的全部意义。她只是问道，既然我们已经正式结婚，那该怎么办。"于是男方给她中国民法自愿离婚的文件。过了很久，她要求面谈，问她以后该怎么办。"我说这要看她了。一旦我们签了协议，我们两人就都自由了。她可以自由选择，或者留在美国，由我负担她的学习费用；或者回中国去，按照她自己的意愿，住我父母家，或回她自己的家。"男子觉得她在经济上不会有什么困难，因为她是独生女，她的父母肯定照顾她；就男子来说，她可以享有男家为订婚和结婚而给她的一切东西，还可以享有她自己的嫁妆。"我们对协议的轮廓多少取得了一致意见。我回到纽约，就写出协议草稿。……她说，她想不出有什么要修改的地方，如果我要在协议上签字，她也准备签。"男方要求她亲手抄写，以证明她是自愿的，以免闲话，或者给双方父母造成不愉快，她立即同意，按指示亲笔抄了四份，爽快签字。新郎认为"我们以一种十分友好的方式脱离了关系。以后她说她不知道是否该立即回家；她打算留下来，因为她已经对学习发生兴趣。我还像平日那样，不时地去看她"。

上述是男方的讲法。而新娘前后留在美国三年才返回中国。这三年里她想些什么，学了什么，回中国之后以一个离婚女子的身份，过怎样的日子，我们并不知道。正如男方的评语，"我形式上的妻子是中国式的……是典型的中国女孩子，克制、忍耐而天真，对环境安之若素。"

如果容许我加入评语，这个女孩子镇定、从容、有理有节，不也是女中丈夫的表现吗？

附：最明理的弃妇故事

以下这个真实故事像是电影的情节那么令人叹息！

一个清华学生，去国留美七年，毕了业也不回国。1929年他第一次回山东老家，探望父母，家中有自他在清华上学就等他回家、等了十多年的妻子。留学生探完父母，要再回美国，但是父母不肯资助，而且通知亲友不要借钱给他。他既没有经济能力，于是困在山东不能成行。正在一筹莫展的时候，得到一个从未谋面的清华友人接济100银元，有了这笔钱，他可以去上海，在上海再向朋友借钱，终于回到美国。

临离家之前，他人道地在那100元里，分出一点钱给受父母之命而娶的太太。留学生后来一直留在美国，结婚生子。数十年之后，他才知道那个"清华友人"就是他那盲婚哑嫁的太太，而且真相大白的时候，她早已撒手尘寰。

这真是个深明大义的女性！但是对于一个弱势的女性，这大义不是太大太沉重了吗？复述这件事的时候，留学生已经是百岁老人，但提起这件事还不免激动大哭，"这就是传统的中国女人啊！……她等了我十几年，那么想留下我，可却是她帮我离开了她。"[1]

这个留学生叫王际真，1922年赴美留学，是有名的翻译家，曾翻译《红楼梦》。

---

[1] 王海龙《哥大与现代中国》，台北：立绪出版事业公司，页215—217。

自由恋爱的躁动

一个已婚的成熟学生初抵欧洲时，谈到年轻留学生的两种主要外诱：一是色诱，尤其女色；然后是财诱，花钱过多。

> 我们的留学生，多半是廿四五以前的青年，有的是国内大学毕业生，有的连大学也未进过，他们的一切内蕴如学识见解，都非常浅薄，道德修养也都未定。一到了欧美有次序有规律也有色有香的国家，一切都震撼得非常不宁静，又在这样无拘无束海阔天空的地方，岂能把持得着？……据我耳闻目见的事来说，留学生犯色欲过度的人，并不在少数。[1]

色欲和恋爱不必是一回事，但是血气方刚的青年学生，经常会混同了自己的爱意和对异性的好奇。他们去到一个跟中国大不相同的环境，未到"五四"，已经有留学生渴慕自由恋爱，视为新的行为标准；"五四"之后，自由恋爱更变成名正言顺的追求。到1930年代，中国年轻人已在自由恋爱的风潮里过了十多二十年，在自由无拘束的留学环境，他们的男女关系有时比欧美还开放。

日本的诱惑：少女和自由恋爱

中国的青年男女本来是少有接触的。文学家张资平在广州住了两三年，不曾看见过女学生。1913年左右他在日本，"只在一段高架电车中，那些美人女学生已经像过江名士了。……因为每天要搭电车往返，激动了我许多情绪，也增加了我许多知识，特别是对于日本女性发生了兴趣。有时拥挤

---

[1] 姜亮夫《姜亮夫文录》，页307—308。

的时候，常触着她们的肩部和膝部。发香和粉香真是中人欲醉。有时乘电车的振动，故意扑身前去，准备给她叱一声也愿意。然而她的回答竟是嫣然一笑。"这个官费留学的青年，为了初尝接触异性的味道，而做出迹近非礼的行为，并且惊讶地发现同是东方人，可这异国少女竟然不以为忤。

这个青年心情矛盾，既想在电车里效法日本学生勤力攻读课本或笔记，同时又想追求那些小燕儿般的女学生，只因日本话不够流畅，未便进行。他听说有几个同伴居然妍识了日本女学生而双飞双宿，大为羡慕。"我当时便起了一个疑问。即'生理上起了变化，岁数又满了二十周年的青年男女是否应当使他有条件地获得性的满足？'我的答案是不应当！因为青年在这时代正是努力于造成学问和锻炼身心的时代。但是在当时我何以竟那样的矛盾！"[1]

这种含着欲望的爱恋情绪，在民初的时候，折磨着好些留日的青年男子。另一个文学家郁达夫也为街头所见的日本女子而迷乱：

> 日本的女子，一例地是柔和可爱的；……一般女子对于守身的观念，也没有像我们中国那么的固执。又加以缠足深居等习惯毫无，操劳工作，出入里巷，行动都和男子无差；所以身体大抵总长得肥硕完美，决没有临风弱柳、瘦似黄花等的病貌。……所以谙熟了日本的言语风习，谋得了自己独立的经济来源，揖别了血族相连的亲弟兄，独自一个在东京住定以后，于旅舍寒灯的底下，或街头漫步的时候，最恼乱我的心灵的，是男女两性间的种种牵引，以及国际地位落后的大悲哀。

当时日本社会也涌动着新思潮，易卜生的问题剧、主张妇女解放的瑞典教育家爱伦·凯（Ellen Key）的恋爱与结婚观念、主张暴露人性丑恶的自然主义派文学论、富刺激性的社会主义两性观，"凡这些问题，一时竟如潮水似地杀到了东京，而我这一个灵魂洁白、生性孤傲、感情脆弱、主意不坚的异乡游子，便成了这洪潮上的泡沫，两重三重地受到了推挤，涡旋，淹没与消沉。"终于"二十岁的青春，正在我的体内发育伸张，所以性的苦

---

[1] 张资平《资平自传》，页72—74。

闷，也昂进到了不可抑止的地步"，于是在喝了几瓶热酒的晚上，一个人上了妓院。[1]

1922年，研究西方文学的厨川白村出版《近代的恋爱观》，使自由恋爱的思想在日本和中国达到受人崇拜的高峰。[2]

留日学生都受厨川白村的著作影响，把恋爱看得至高无上。有的人沉溺爱河，连学业都在其次，甚至因而辍学。在男女留学生中，竟没有一个女人抱独身主义，不但单身女子成为大家争取的目标，连单身男子也成为女性争取的对象。[3]

欧美的实况

在浪漫的法国

留学生带着自由恋爱无限崇高的新思想，去到产生自由恋爱思潮的欧洲，行为甚至比欧洲人更开放。在去法国的船上，浪漫恋爱的气氛和传说已经弥漫开来。到了法国的土地，男女关系之复杂，连法国人也侧目。

> 我们都是经过"五四"后思想大解放，行为上是自由放纵惯了的，那在中法学校里的尚守些规矩，那流落在外边的勤工俭学生，便不能如此了。法人提起勤工俭学生人人摇头，批评的话真是不堪入耳。譬如说有一次有四个男生在一个女生房里通宵达旦，想必做丑事，这真是猪狗都不如的，人类怎可这样？结果那房东连原住女生都赶出了。……这类对勤俭学生丑恶批评，由中法学校女舍监和几个女工传述着，每日洋溢于我们耳鼓。

---

[1] 郁达夫《郁达夫自传》，载《郁达夫日记集》，页410—412。

[2] 一次大战之后，世界正处于迷惘待变，京都帝大教授厨川白村的许多著作都敏感地把握到社会的新变。《近代的恋爱观》歌颂恋爱神圣，认为恋爱是为自己，把自己的全部给所爱的人，批评日本旧有的恋爱是为了别人，为了家族的名誉财产。该书在日本引起很大反响，1928年已译成中文。

[3] 钱歌川《苦瓜散人自传》，页24。

听着这些丑诋流言的女留学生,本身并不喜欢勤工俭学生,却也怪法国人太保守:

> 法国女孩上下学,家庭必接送。学生若请假离校必向学监申述理由,学监也留其字条以便向其家庭交代。女孩子也不能随便与男子交游,必须家庭监护许可始得如意。
> 我们勤俭学生行止固多不检,法国人守旧习惯也未免太可怕吧![1]

勤工俭学生到法国时,世界大战结束不久,"男女比例失调,故法女找外国人为夫的很多,留法学生寻花问柳的事,亦时有发生。"[2]

不但中国学生之间多恋爱的行为,男学生追求外国女子,更是平常至极。法国社会的种族歧视没有英美严重,很多法国女子嫁给外国人,包括黑人。中国留学生要娶法国女孩并不难。德国是战败国,缺男丁,加上赔款,弄得人民生活不继。留学生娶德国女子也很容易,如画家林风眠和诗人李金发,趁马克贬值,一起到德国过快活日子,两人都娶了德国妻子。李金发自言忘记了家庭不与异族人结合的禁忌。[3]不几年,林风眠的妻子死于生产,他再娶法国女子。

对象难求的美国学校

留美学生群的自由恋爱,没有早期留日学生或1920年代留法学生那么放纵、浪漫。美国是种族歧视较重的地方,留美男生多以中国女子为婚恋对象,较少异族奇缘。

不过,谈恋爱仍是留美生活里一个重要片断。留学生们很少提自己的罗曼史,而往往大讲别人的恋爱,尤其是学生间流传的故事和笑话。活泼的哲学学者冯友兰常常记下留学生活细节上的淘气会心。他说,留美女生只有男生十分之一,竞争激烈。留学生里有个笑话,说搞恋爱确极其麻烦,

---

1 苏雪林《浮生九四——雪林回忆录》,页52。
2 沈沛霖《我的留法勤工俭学经历》(下),见《档案与史学》2004年5期,页31—39。
3 李金发《李金发回忆录》,页58。

搞一次恋爱，要有一年睡不着觉。看中一个满意对象，三个月想得睡不着觉；进行追求，三个月忙得睡不着觉；追求有点希望，三个月喜欢得睡不着觉；最后吹了，又得三个月气得睡不着觉。[1]

到西洋留学不易，中国女生变得很抢手，尤其是在理工科为主的学校。另一方面，直到1920年代，美国大学少有男女同校的，于是男学生都跑到女子大学或男女同校的学校去找对象。

在东岸的女校的宿舍院子，每天下午放学后，就来了许多哈佛、麻省理工、波士顿大学的男生来访女友。人缘好的女生与男朋友外出，淘气的美国女生会跟她开玩笑，几十人推开窗大叫"不成"。文学家冰心有要好的男朋友，同学都知道，但是没有人跟她开这种玩笑，可能美国女同学思量对中国人开不得太野的玩笑。[2]

讲究平等、早就实行男女同校的奥柏林学院有不少中国学生，更罕见的是中国女生和男生人数差不多。于是"常有好逑的君子们不远千里而来，作一番搜索努力"。结果呢？"达成任务的，可以说是绝无仅有。"[3]

留美男生想近水楼台自由恋爱，苦于僧多粥少，然而他们在中国却是稀缺人才，不少中国女性托留学的亲友在同学里找对象。

清华大学国学院的规划者吴宓留美时，朋友托他为妹妹介绍佳婿，信中附了照片。他把照片给人看，但对方不合眼缘。吴宓干脆去信自荐，不料朋友回复："妹与兄彼此均不合宜。兄近日来函，思想谬误甚多，望速自检查身心！"但留学生毕竟是受欢迎的。不久，又有留美同学要把姐姐介绍给他，因为同学的姐姐在中国读吴宓的诗文，心生仰慕，愿意跟他结婚。这女子是师范毕业的新女性，择偶很苛，所以24岁仍未结婚。吴宓跟朋友商量，一个认为回国后，可以随意择偶，在美决不谈婚事；另一个由父母主婚而伉俪相得的汤用彤，认为中国风俗与美国不同，这女士的做法在中国是情理常有，不应轻负这个意诚的知己。[4]

---

[1] 冯友兰《三松堂自序》，页57。
[2] 冰心《在美留学的三年》，见《冰心回想录》，页178。
[3] 梅贻宝《大学教育五十年——八十自传》，页29。
[4] 吴宓《吴宓自编年谱》，页184—185。

1920年芝加哥大学的中国学生，男多女少。选自《清风华影》，清华大学出版社

这种隔了大洋的自由恋爱，仅凭看看照片以及中介人的介绍，然后通一下信，看来还是带有浓厚的旧式婚姻味道，只是换了媒人，排除了父母。但对年轻人来说，这已经是打破父母之命、媒妁之言的新行为了。

美式约会

近在美国的中国女生难求，远在中国的素未谋面，有些勇敢一点的中国男子，就去跟美丽热情的美国女生交往。美国的男女学生交往是比较惯常的，约吃饭、去舞会并不为怪。

留学生的社交生活往往因个人的经济能力和性格而有所不同，这大概放诸四海而皆准。中国学生外向一点的、对美国生活愿意多尝试一点的人，即使在中国已有妻室，也会跟美国女同学去舞会，视之为一般社交。不过，经济条件是否许可，不能不加考虑。有一个成熟、有工作经验的私费学生，虽然手头拮据，却又要支撑场面。他和女同学去跳舞会，付了两元半的昂贵入场会费后，只剩了一角半，心想如果坐电车回去，第二天就要绝粮，于是竭力敷衍到电车停驶以后才离开，步行回去。接着他几天都啃面包，不出门，等汇款来解燃眉之急。[1]

约女士去舞会的费用后来变得便宜。在1940年代，"到周末，美国同学都约女同学去跳舞，只花5美分买瓶可口可乐请客就可以了，称为可乐约会。"[2]美国女生的心态则是"在无人来追求、无所事事时，和一个似曾相识的人去跳跳舞，看看表演，也可消磨时光，何乐而不为"。[3]可是仍然有中国学生花不起5美分，只好用其他方法消遣周末。

当美国学生花时间同女孩约会娱乐时，大多数中国学生由于种族差异、英语不好，以及渴望早日完成学业回国，一般不去干围着美国女孩转的傻事，但是也有不顾财力而陷入困境的留学生。据说有个学法律的中国学生领袖，因追求美国女友花了不少钱，伪造支票而入狱。不过有个自问不会干傻事的书呆子，"由于年轻，多少有点好奇，故也曾和一个同在餐馆打工的美国女孩约会过。"[4]

社交的笑话

关于西式社交，除了学怎么吃西餐、怎么铺西式床铺之外，有一样西方社交没有人教过中国的男生：男女交往之道。

一个富家子留学生自认成绩不俗，凭学业上的自信，认为社交活动时机已到，在自助餐厅里开始找女生一起坐。可是经过一段时间后，他才领悟为什么当问她们的年龄和体重时，她们突然大笑。"我如何知道西方的习惯呢？我在和异性交往方面完全是生手。"后来他熟悉了西方男女交往的这一套，又有钱可花，就经常跟女生去舞会，既然双方都视作消遣交际，索性次次舞伴不同，而且任凭女生建议夜总会。[5]

不那么花花公子做派的中国男学生，因经验不足，会对美国女孩的热情表错情。

一个男学生以为一个女孩有点喜欢他，不敢正视她的眼光，在夜里或

---

1 穆湘玥《藕初五十自述》，载《李平书七十自叙 藕初五十自述 王晓籁述录》，页120。
2 梁思礼《一个火箭设计师的故事》，页32。
3 王念祖《我的九条命》，页46。
4 方显廷《方显廷回忆录》，页52—53。
5 王念祖《我的九条命》，页46—47。王念祖留学时正值20世纪三四十年代。

孤独时，写散文或诗寄到她家里，但从未有回音，才知道自己误会了。"那时如此年轻而无经验的我，那种腼腆的举止，对一个美国黄毛丫头来说，一定被她看作是十分可笑的。"[1]

另一个学生在美国五年多，因为既自卑又自尊的心理，怕白人女同学有种族之见，从未与之交过朋友。一个美国女生却来主动结交，两人常常一同跳舞、游泳、野餐。这个女生来自最歧视黑人的南部，朋友很多，而且不拘国籍。交往半年，中国男生情不自禁地流露爱意，她也不以为忤，"我这个守旧的东方人，就真以为我们在互爱了"，于是果敢冒昧地求婚。结果当然是一场误会，女生早已有男朋友，并且毕业就会结婚呢！[2]

在异文化的美国社会，作自由恋爱的试验，无论对象是什么种族，经历了一番糊涂摸索的阶段。有一个留美学生总结说：

> 中国留学生刚从家长说亲的传统里踏足出来，对欧美式的求偶方式颇感迷惘，对异性总是觉得不是说得太多了，就是说得太少了；不是怕自己太妄动，就是怕对方摸不清；用鸳鸯蝴蝶式的陈腔则肉麻不堪，翻译过来的西式滥调听来简直滑稽，于是进退维谷，懊恼得很；尤其当年留学生中女学生少，造成粥少和尚多的现象。大家都想找个志趣相投的配偶，可苦于不知从何下手。[3]

五四青年的婚恋

> 恋爱和结婚被认为不可分，乃是五四新文化运动以后的新事物。我受了五四运动的教示启发，信奉了这个教条，相信结婚如没有恋爱的基础，便是罪恶。

---

1 方显廷《方显廷回忆录》，页41。这段往事大约发生在1920年代。
2 潘大逵《风雨九十年》，页29。
3 陈毓贤《洪业传》，页79—80。

说这番话的留日的五四青年，因此经历了许多曲折。家里为他订的亲，不符合他的新道德，为了"不想去完成这种罪恶"，他准备解除婚约。等待到"五四"之后几年，他已20多岁，自觉是成年人，可以自己做主了，于是暑假回国，辛苦艰难地办退婚。先是家里不赞成，除了父母，还有一个伯父是地方缙绅，要维持旧秩序，而且伯父跟女子的父亲有旧。

　　家里不肯为他去退婚，于是青年找朋友约未来岳父面谈，说了好多好话，而且为了曾耽搁姑娘的时间，立誓在女方未嫁之前，自己决不成婚。对方见他意志坚决，知道没有挽回余地，而且顾虑"当时在新思想冲击之下，社会上这种婚变事情很多，有的离家出走，有的婚后反目吵架、家无宁日，成为怨偶"，于是勉强同意。

　　这个青年以为解除旧婚约，以后就自由舒畅，婚恋的前途一片光明。他打算到欧美再读几年书，不急于找对象。谁料独身几年后，他才发觉事情不对，"中国社会上不容大龄青年单身过下去。有许多热心人好心人来做媒说亲，热情而恳切，劝我不要抱那种我心里也没想过的独身主义。家里也常有人来做媒，并且还责备大人放弃责任。那时一般人都认为子女的婚事乃是父母责任内的事，儿女长年不婚，罪责在父母。"对父母、媒人都好拒绝，但"许多朋友的好意，我不能报以敌意，很难应付，特别有人以此为目的而介绍女朋友，觉得是一大滑稽，但是也真不容敷衍，十分尴尬"。

　　要自由恋爱也不容易，因为择偶的范围有限，"中国的社会实情，青年男女见面接触的机会极少，能有所往来的，只是几家亲戚、乡邻之间"，而社会上有许多事情，却是以一个家庭为主体的，例如租房，人家就不租给单身汉。

　　同时他也自白，因为"性欲冲动起来，也确是性命交关的大事"。他曾尝试嫖妓，而事后悔恨恐惧，成为一种更难忍受的苦难。结果他"放弃了把婚姻看作终身大事，要十分认真的想法，而认为这是社会关系中所必要的一件常事"，到29岁时，就决定马马虎虎结婚了。另一方面，他对那种神圣、至高无上的自由恋爱，也有点怀疑是空中楼阁，认为只存在于浪漫主义的小说里。

　　这是事隔七十年之后一个五四老青年的感想。对婚恋，他的结论变成"结婚不要以恋爱为唯一条件,也许是更加合情合理些,这个恋爱唯一的说法,未免太浅薄也太简单化了"。[1]

思潮如流水,当日厨川白村对自由恋爱的歌颂,令刚从传统里出来的青年把恋爱简单化。今天中国的城市人对自由恋爱已经驾轻就熟,而大龄青年单身过日子也算司空见惯了。

---

[1] 章克标《九十自述》,页48—53。

附：最曲折的自由恋爱故事

高谈自由恋爱的气氛下，有一件涉及三个留美学生的恋爱故事，惊动知识界和上流社会，最是社会的谈资。

男女主人公分别是吴宓、毛彦文和她的表兄朱君毅。

毛彦文和表兄朱君毅从小受外祖母照顾，有如宝黛。毛彦文情窦初开，觉得表兄见闻广阔，又爱护她，认为是世界上唯一可靠的人。

当她读小学时，表兄已是在清华学堂读书的新青年，和其他知识青年一同发动在家乡办女校，分任女校校长和教师。这些新青年向学生灌输很多新知识，包括不能承认父母代定的婚姻。有一天，校长叫自己的堂妹和毛彦文留下，毛的表兄亦在场。

"你们两人都订婚了，知道吗？"毛彦文和校长的堂妹点点头。校长说："订婚是什么意思？那就是将来你们要嫁给一个不认识的男子为妻。"两个女孩都哭起来。校长说这是家庭革命，教她们现在不要哭，等到结婚年龄，再向父母表示反对，要求解除婚约。校长说自己会帮堂妹解决，表兄则会帮助毛彦文。离开校长后，表兄表示要和她永远在一起。

几年后，她17岁，决心反抗父亲代定的婚事，在结婚那天演出新娘逃走剧，最后由地方官协助调解，取消了婚约。

两个小情人在双方父母同意下订了婚，表兄接着留学美国，付学费让表妹继续读书。不料表兄做了留美教育学博士，学成回来之后一年，却送来退婚书，说留学美国几年，习知美国人的生活，对女子美的标准有了新的看法。大为震惊的毛彦文听人说表兄已恋上一个中学生，而且他不是回国之后才变心的。在留学后期，他身为留美学生，有许多人给他介绍对象，口袋里装着许多年轻女子的照片，因此早就想过悔婚。

男方的清华好友吴宓被请来做调解人，两人同窗六年，同去美国，关系好得可以同读毛彦文的来信。即使好友吴宓劝解，朱君毅仍很坚定，但沉静寡言，没有多讲悔婚的原因。据毛彦文转述，朱君毅要求解除婚约的理由之一，是对一般有学识、有文化，在大学毕业或肄业的女生，绝对不娶。

一个教育学博士提出这个理由，不知是真心还是砌词。

不光朋友来劝，这对表兄妹的父亲也一起来到南京劝阻。朱君毅佯作和解，等到两老回到乡间，就再次表明不会践行婚约。

此事反复调停了一年仍不成，双方只好讨论退婚条件。1924年，毛彦文在许多政界、学界名流见证之下，第二次解除婚约，二十多年的感情一笔勾销。她自言壮志消沉，"与年相若者结合，他不会和你一样嫌我年事大了吗？你长我四岁，尚振振有词，要娶十七八岁的少女为配偶。……我二十余年来只认识一个男人，我的青春是在你占有期间消逝的！有了这惨酷经验，我对于婚事具有极大戒心……从此我失去对男人的信心，更否决了爱情的存在。"

几年之后，调解人吴宓却变成追求者。

吴宓除了是毛彦文和朱君毅恋爱的旁观者和调解人，和毛彦文还有一层因缘：吴宓在美国留学时，同学的姐姐对他表示仰慕。他透过好友朱君毅，请托毛彦文去仰慕者陈一心的家中考察，看是否适宜婚恋。毛彦文去过之后，告以陈一心是旧式女子，不难看，性情温柔，适合做贤妻良母。吴宓于是越洋订婚，一毕业回国就结了婚。

但七八年后，吴宓却要闹离婚，并且函告毛彦文。毛极力劝阻，认为吴宓有中国旧文人的习气，易发不合理的脾气，而陈一心常逆来顺受，不与计较，这是新式女子做不到的。但吴宓很坚决，1928年正式离婚。

1929年，毛彦文去美国留学，吴宓开始热烈追求她，但毛彦文无动于衷，1935年还跟年已六十五的政界名人熊希龄结婚，轰动一时。吴宓则终生不续弦，宁愿独居清华园。

毛彦文晚年吐露心声，说世人怪她对吴宓薄情，是不知内情。她认为吴宓为人拘谨，是带有浪漫气息的书生，但心地善良，有正义感，对离婚的妻子女儿仍很关切。他心目中有一个理想女子的形象，要中英文俱佳，有文学修养，能和他诗文唱和，又能跟他的朋友周旋。但他把理想错放在自己身上，文学既非自己所长，而且不能像陈一心那样能容忍他的任性取闹。

至于她跟熊希龄结婚，则是考虑自己年龄已大，不能不找一个归宿。熊氏比她年长33岁，不会嫌她老，也不会变心而有中途仳离的危险。

谁料他们结婚两年之后，熊希龄脑溢血猝逝。1960年代，毛彦文自伤垂垂老矣，临老无依，一日听闻朱君毅去世，十分震惊，想他"是我一生遭遇的创造者，是功是过，无从说起"。如果没有他，自己一定已按父命出嫁，也许会儿女成行，一生浑浑噩噩，度过平凡而自视为幸福的生活，也许不会受高等教育，更遑论留学；也许不会孤零终身，坎坷一世。

后人再读这个自由恋爱的故事，除了为毛彦文不值，有谁会为她的父母感到难受呢？按当年以及今日的标准，为儿女订婚的父母，往往被指为专制。毛彦文说，迫她出嫁的父亲，在她逃婚后第一次回家时，不理睬她，但没有责骂，不久就跟以前一样爱护她、关切她。[1]

作为父母，谁会不痛心女儿的感情路如此坎坷呢？

---

[1] 毛彦文《往事》，页57。吴宓《吴宓自编年谱》，页243—247。

在外国过中国生活

留学，除了求学校里的新知，还是一个了解外国文化的好机会。不过，两个民族、两种文化要作交流，从来都不容易。留学生如果不打开社交圈，深入交流，那么对外国的了解，不过仅凭浮泛的印象。

改不掉中国生活习惯

中国学生到了外地要适应新生活。他们最难改的生活习惯是饮食。

在日本，中国学生起初吃不惯日本菜，为了吃中国饭菜，懒惰一点的甚至宁愿读学费少一点、不那么严格的学校，"在生理上说，恐怕是我们初从中国来，体质上仍保持着老习惯，需要充分的脂肪和盐分吧。"[1]

在欧美世界，学生吃不惯奶油面包，喝不惯冷水。法国餐桌上习惯以酒代水，勤工俭学生也不习惯。

> 在饮食起居上，大多数都不能一下子适应环境，吃不惯面包，喝不惯红酒。……新来者都在吵食不得饱。然而有一大半的餐位前的圆面包依然放着未动；不过翻开底子来看，大馒头的软心业已被挖空取来食了！[2]

不过我们也不必苛责留法勤工俭学的学生，因为精通中西文化学问的大才子钱锺书也不吃西餐，尤其奶酪，只喝奶茶。[3]

一方面出于省钱，另一方面又吃不惯外国食物，不少留学生或者几个人同住，或者聚居在华侨或青年工作机构提供的宿舍，分工合作，轮流做饭。

---

1 张资平《资平自传》，页68。
2 李璜《学钝室回忆录》，页63。
3 杨绛《我们仨》，北京：三联书店，2003年，页75，78。

同住同吃中国菜,既省钱又健康,但也增加了中国学生自成一国的诱因。

衣食住行中,食的适应最难,住、行等生活小节基本还可以应付。唯有日本席地而睡,有些挑剔的学生很不习惯。不喜欢每天卷铺盖的学生把带来的棉纱罗帐挂起,毡褥铺好,并阻止下女收拾这中国式床铺,引得下女都走来看,哈哈大笑,笑它像个神坛。[1]

有些成熟的学生会尽量尝试参加外国的学生生活,跟其他国家的学生来往。

在美国,中国学生如果喜欢体育,较容易打入美国学生的圈子,但是体育不是中国学生的强项,能养成看美式足球赛的嗜好,已经算是入乡随俗。至于本来就是书生型的学生,尽管努力,还是差强人意,"不会跳舞,不会游水,这在美国大学生看来是不可思议的。善意的外国女生教我跳舞,而我在这方面是想象不到的低能,出了许多洋相。"[2]

中国学生的体能、兴趣和冒险精神都及不上美国青年,加上他们毕竟是读书人,不是手段圆滑的生意人,容易介意自己的表现。

华人社交圈

中国留学生多,到处都可见中国同学,在东京、纽约、波士顿等中国人多的地方,交友圈更难以脱离中国人的网络。

> 在哈佛大学上课,然每日所与往来、接触者,皆中国朋友,所谈论者,皆中国之政治、时事以及中国之学术、文艺。盖不啻此身已回中国矣!(按:波士顿城中有中国留学生百余人,皆相识,居此无异在中国。)[3]

中国朋友多,书信来往自然也多。无论在日本在美国,中国留学生之间的来往,就花了不少时间。有个留日学生,八年之中只交了五个日本朋

1　张资平《资平自传》,页66。
2　《詹锳自述》,见《世纪学人自述》第5卷,页224。
3　吴宓《吴宓自编年谱》,页175。

友。他在日记里说：中国留学界风气，友人来来往往，耗费时间。[1] 留学美国的胡适在1916年收信1210封，写信1040封，[2] 即是平均每日收3封多，写2.8封信！可以估计，所联络的有不少是中国人。

在较偏僻的地方，情况稍为好一点。在美国四年的留学生，自言只有第一年在中国学生罕见的弗吉尼亚大学和五六个美国学生同房，可云身在美国，后面三年在哈佛，终日与中国人聚处。[3]

在法国的勤工俭学生，虽然被安排分散到各地的中学，但高峰时每间学校有几十人，足以自成一班。至于去里昂中法大学的，更是见中国人多于见外国人。"我们抵达法兰西这个文明先进之邦，终日混在中国人里，说的听的是中国话，吃的是中国饭菜，住的又好像是中国屋子，起居习惯无一不中式化，就像仍在国内一般。"[4]

成熟一些、性格独立的学生，认识到这种情况的缺点，于是主动找机会离开中国朋友一阵，例如暑假时独自出外避暑，住到乡间，终日和同住的几十个美国人接近。[5]

留学其实是颇为寂寞的。匆匆相识几年，不同文化背景的年轻人，即使语言无碍、性情开朗、交友主动，要深刻交往也不容易。

> 我与外国同学的接触，除了切磋功课的朋友外，完全在社交上得到的朋友是不多的。[6]

这是个有钱也不能完全解决的问题。有个大富翁的学生儿子大部分的挚交是中国的研究生，与几个朋友同住在工人阶层的居住区。他转学到哈佛后称，"我在哈佛的生活比较轻松而丰富多彩。惟我的大部分私交仍是华裔。"不要说跟外国人有距离，即便同是华人，因为来自不同地域，也有隔膜，

1　实藤惠秀《中国人留学日本史》，页85—86。
2　胡适《胡适留学日记》卷15，第28条。
3　吴宓《吴宓自编年谱》，页172。
4　苏雪林《浮生九四——雪林回忆录》，页51。
5　穆湘玥《藕初五十自述》，载《李平书七十自叙　藕初五十自述　王晓籁述录》，页126。
6　李济《感旧录》，页45。

"我和来自南洋等地的同学不免有文化差距,他们也很少主动和我来往。"[1]

哪怕周围学习环境都是外国人;哪怕房东很和气、很照顾,住的时间很长,相处已像家人,在感情上,留学生仍然觉得见到中国人更感亲切。一个留学达十年的学生,即便在中国人少的学校平时见不到,也会在假日里见中国人说中国话。[2] 这是任何一国留学生都免不了的感情牵挂。

1　王念祖《我的九条命》,页40,52。
2　季羡林《留德回忆录》,页61。

乡党互助的旧疙瘩

中国早已是一个国家，但以欧美后来发展出的民族国家和公民身份观念，来要求中国人，却是南辕北辙的。中国是重视血缘（宗族）和地缘（同乡）的社会，所以同乡会和宗亲会很多。由于聚族而居，宗族和乡里又可以是二而一的事情。所谓山高皇帝远，中国的乡村有很长的自治历史，所以同乡（小同乡是同县，大同乡是同省）的观念比国家的观念强。但是，应对一个大时代的大变，中国人仍然以乡里宗族为单位，就被诟病为一盘散沙。

管理留学这回事，也没有完全摆脱中国本来的社会结构。在很长一段时间里，清华的学额、留学生的名额、政府的补助是以省为单位的。

留学生的支持网络，自然也有同宗、同乡互助的因素。宗族的帮助主要体现于协助筹款，或者亲族之间相携出国，大的带小的、先去的带后去的，让后去者有个照应。亲族互助，应付的局面毕竟有限，留学生一旦出了国，互助的网络就扩大为同乡。民国建立了共和政体的现代国家，乡党的组织本应逐步减弱，可是民国时军阀混乱，据省自雄，省政府掌握着该省的留学经费，吸引留学生对省的依附。体制和人情既然都没有打破省界，于是乡里宗族的关系，既是中国的旧疙瘩，也是当时留学生的互助网络。

中国留学生在日、美、法三国最多。这种同乡的网络，在留日和留法学生里比较明显，在美国则比较弱。可能因为美国地方大，学生分散各地，不易以省为单位组织同乡会。留美学生里以清华生人数最多，而清华生的名额虽然按每省来分配，各省举一人组成级代表，校内还有同乡会[1]，但是国内八年共同生活，又有学校作为主要的组织，学生之间的省籍关系已经退居次要。相对而言，留学生在日本申请官费、留法勤工俭学生陷于困境时要取得生活救助，经费都来自省政府，同乡的团结争取就变得重要许多。

---

[1] 吴宓《吴宓自编年谱》，页100。浦薛凤《万里家山一梦中》，页54。

在日本的乡党关系

日本和中国毕竟相邻，而且长期交往，能够很快适应中国的社会组织特性。如创立很早、专收中国学生的弘文学院，1906年已有近2000名毕业生，在校学生也有1600人。它分为36班，班名多冠以地名，例如南京普通班、湖北普通班、四川速成师范科班等。"那是因为留学生大多分从各地集体来学，有颇强的乡党观念的缘故。"[1]

中国学生考入日本各间学校之后，人数相对分散，省籍关系也就不突出。清末革命运动蓬勃发展的时候，众人更是同仇敌忾，一致为国。及至民国，中国学生虽然仍有抗议运动，但是组织松散。1920年代之后，学生的自发结社少了，清末革命运动时那样团结的情况，已经一去不来。在帝国大学和相关高等学校这个系统里，还有中国同学会，[2]但在其他学校，中国学生之间往来不多。东京高等师范学校的中国学生一向较多，当时在校的有200多人，据说也不来往。不过，中国学生却仍然有同乡会，"除了有省籍的同乡会之外，没有别的组织，所以对外省人就生疏，不是同班同科的，互不相识是常事。"[3]这些同乡会是跨校的，留学生向省政府争取利益时可以起作用。1920年代时，一个考入东京大学的湖南学生被湖南省取消了官费，湖南留日同乡会派三个代表回湖南请愿，其中包括一个留学生。[4]

留日学生虽然多，但中日波动的关系令中国留学生组织的起落较大，跨省跨校的中国同学会未必容易久存；日本又没有令中国学生觉得新鲜的社会组织供模仿，于是在松散的学生群里，也就只偶见松散的同乡会了。

---

1 实藤惠秀《中国人留学日本史》，页29。在宏文学院，除了同省集体来学之外，另设有北京警务科班等，主要以职业性质为一组，但只占少数。

2 1930年代的时候，日本教育部（文部省）透过一高校方要求中国学生成立两个同学会：伪满同学会和中华民国同学会。虽然当时东北去的学生占多数，但大家只肯成立一个一高同学会。学生会里虽然有国共两党之分，但大家都是书呆子，矛盾还不大，主流仍是抗日。《早年留日者谈日本·朱绍文》，页60。

3 章克标《九十自述》，页44。

4 雷啸岑《忧患余生之自述》，页24。

在法国的乡党关系

五四运动之后，短短一二年有近2000名学生一下涌去法国勤工俭学，除了留学梦发酵的动力，还要归因于同乡相引的组织力和号召力。勤工俭学是青年的留学运动，所以这次的同乡关系是以同学的形式出现，例如中学同学互通消息，相扶出国。

去法国留学人数最多的两省是四川和湖南。四川人里又数江津去的人最多，据最近的不完全统计，江津一县去了三十多人，来自江津的聂荣臻也是由同学介绍去法国的。[1]

留学生去法国之前要先进培训预备机构，仅在河北保定的工艺预备学校里，来自湖南的同学就足以组织一个勤工俭学会湖南分会的保定支部，还可以选出四个干事。一个参加者寄望组织这个同乡会有很大利益，一则可以联络感情；二则有了团体，争取去法国及筹措川资等事要比个人去办容易，将来到法国以及在法国的行动，也必须以团体共同进退。他甚至想象到法国后各人可以因应求学目的而组合，想研究工业的，可以一起研究；想入工厂的，可以入不同的工厂，学习各种制造技术，回中国时就可以做各种工厂的工作，到资本足够时，甚至可以扩充为各种专门的制造厂。他幻想有了这个同乡组织，"事业发达，必无限量。"[2]

这个保定湖南分会的首务是开会商讨借款。因为很快就到冬初，他们手无分文，如果一夜北风紧扫，短衣薄袄怎么过日？参加者后来在日记里说：这次借款已经过若干手续，但仍延而不发。哀叹政府用同胞的血汗钱，可以一掷百万，他们借的钱只是九牛一毛而延迟如此，不禁为中国前途悲哀。[3]这个借钱的对象，应该就是湖南政府。中国人所谓的父母官，其实不是单方面施恩，人民也从子弟的角度提要求。教育是中国人的大事，湖南省的乡里百姓认为期盼省政府拨款育成十分合理。

到了法国之后，人数庞大的勤工俭学生命运相连。虽然不同省的人也会互相帮助，但是同出国、同学习的同省学生，自然更易互相支持。后来，

---

1 聂荣臻《聂荣臻回忆录》，页8。
2 贺培真《留法勤工俭学日记》，页125。
3 贺培真《留法勤工俭学日记》，页142。

勤工俭学生遇到失学、没工作、将断粮的困难时，纷纷向各自的省政府求救济，更凸显了同乡互济的作用。

> 大多数同学生活困难。后来，虽成立监护会组织，负责接济困难学生，然亦是杯水车薪，不能根本解决问题。于是，有人提议，学生应以省籍为单位，开展自救活动。川鄂两省首先成立了旅法勤工俭学会。[1]

江苏省勤工俭学生当时约有70人，也组织了江苏同学会，请省长及省议会拨款接济。同学联署的电文发出后，久久未有回复，他们又派代表回国催促，多番交涉，终于等到省政府拨钱。每个江苏籍的勤工俭学生分得3000多法郎。

当时公费留学的徐悲鸿和妻子蒋碧薇都是江苏人，但不是勤工俭学生。负责分配省政府款项的勤工俭学生说，蒋碧薇和他商量，请他考虑给予接济。"我见其态度诚恳，旋经与同学会诸同仁商议后，同意吸收蒋为江苏旅法同学会会员，亦补助其3000多法郎。"徐悲鸿为表感激，画了一幅画，题款为江苏同乡。[2]

各省的留法同学会不是只会向省里要钱，它们亦加入中国留法勤工俭学会做团体会员。1923年，山东省发生绑架外国人的事件，法国报纸说中国是土匪世界，中国旅法团体联合抗议，各省的旅法勤工俭学会也积极参加。[3]

错综复杂的旧疙瘩

留学生离开中国，本来为打破同乡交际圈子提供环境，但是一般的学生还是和同乡来往得紧密。

1　沈沛霖《我的留法勤工俭学经历》（上），见《档案与史学》2004年4期，页39。
2　沈沛霖《我的留法勤工俭学经历》（上），见《档案与史学》2004年4期，页39。
3　沈沛霖《我的留法勤工俭学经历》（下），见《档案与史学》2004年5期，页37。

在巴黎的朋友圈子小之又小，只是与同乡几个朋友厮混，连外省朋友都少，因为没有经验，没想到将来要在中国社会图生存，是不能孤立的。[1]

除了年轻人不够功利世故之外，其实语言也是各省同学之间的一道障碍。1921年留美学生及华侨想在华盛顿会议上为中国争取地位，内部开会所遭遇的第一个问题就是语言问题。留学生坚持聚会时要用国语，禁止用英语。此一规定，无异将至少30%的人关在门外，当然土生华侨青年的困难最大。[2]在前往法国的大邮船时，第一次接触外省学生的福建学生，听到许多新知识。但他听的时候多，说的很少很少，除了不善说话之外，他当时的国语程度也不够发表有系统的意见。[3]

此外，畛域之见也能形成省籍隔阂。例如福建同学在一处常常用方言，或背后，或当面，嘲笑外省人。福建学生与外省学生虽有往来，但多不过谈些今天天气等泛泛的话题。[4]而同省的福建学生也有内部矛盾，甚至也有语言问题。同船赴法的福建勤工俭学生以乡土为界，分为汀州派和漳州派，在船上为了选举学生会闹了许多别扭。这些求新知的新青年，根据乡土互相排斥，似乎不可理解，却有其客观因素。首先，他们语言不同，要靠国语交换意见，而更重要的是，双方所受教育亦不同。汀州的学生受内地中学教育，重视国文，视漳州学生为浅薄；漳州学生受通商口岸中学教育、教会学校式的洋场教育，认为汀州学生落后。两派学生曾在法国中学的课堂里上演全武行，法国校长不得不写信到华法教育会求救。[5]

当然，活跃的留学生可以既亲近同乡，又结识外省朋友。有一个工读的私费生与几个留美的湖南同学合租房子，组成合作性质的宿舍，被人说是湖南会馆。他辩护说，大家既是同乡，一部分人还是中学同学，自然会

---

1 李金发《李金发回忆录》，页56。
2 蒋廷黻《蒋廷黻回忆录》，页81。
3 郑超麟《史事与回忆》第1卷，页160。
4 郑超麟《史事与回忆》第1卷，页165，171。
5 郑超麟《史事与回忆》第1卷，页165—166。

接近。他强调自己虽然忙于打工,却是个活跃分子,参加很多中国学生会活动,结交了好多外省的朋友。[1]

不过,我们还是可以推想:社交上不那么活跃的学生,自然与同乡的关系紧密;而私费留美学生阮囊羞涩,也比清华生更依赖同乡扶持。

1　赖景瑚《烟云思往录》,页57—58。

名门望族留学生

历史洋博士蒋廷黻回国不久,在北京一个晚饭聚会上,第一次见识世家子弟的气派。

> 早到的人坐下来吃茶、嗑瓜子,谈论各种题材,包括天气、满洲溜冰方法以及元代的北京城。我根据西方观念衡量,真不晓得为什么他们一直不开饭。后来,一个年纪相当大、貌似小商人的人走进来。他头不梳,穿一件黑色缎马褂,上面沾满尘土和油垢,黑色棉袄外面罩一件蓝色大衫,下摆拖到地下足有一寸多长。我很不屑他的外貌和举止。他抵达不久,开饭了。我因为很饿,尽量吃东西不暇他顾。几道菜过后,我突然发觉那个小商人正讲古罗马城的纪念门。他指出希腊的纪念门和罗马的有什么不同。接着,他又突然把话题转到明陵上,然后又谈到西安。后来,谈话内容转到音乐,小商人认为最好的歌剧院是米兰的斯卡拉(La Scala)歌剧院。后来,他又告诉我们孔庙的乐器如何演奏,何以中国音乐单调而忧伤。无疑地他是一位古迹、名胜、音乐、戏剧……的名家。事后我问主人他是谁?主人告诉我他就是清代名臣曾国藩的孙子。

十年以后,蒋廷黻在英国见到义和团时在北京做英国公使馆医生的葛累(Grey),将那天吃饭的情形告诉他。葛累对他讲了另一个亲身经历的有趣故事。有一天,他正骑驴到哈德门街,一辆黄包车从巷子里冲出来,惊了他的驴子,几乎没有把他摔下来。他很生气,挥拳就打那个拉黄包车的。这时,乘客举手拦阻说:"你不能这样。"对方说一口流利的牛津腔英语,使他大吃一惊。葛累抬眼端详一下对方,另一件使他吃惊的事是对方衣衫褴褛,貌似落魄之徒。经过询问,他才知道那位乘客是曾国藩的后人,正是蒋廷黻在朋友家晚餐席上遇到的那位小商人。他们很快成了朋友。经过葛累的介绍，这个人居然成为英国驻华公使朱尔典爵士（Jordan）的莫逆，朱尔典靠他才能把北平历史、艺术和光荣的过去解释给赴北平的英国人。[1]

这个满腹经纶而不露在外表上的曾国藩之孙，有人猜是曾广铨，曾跟随做外交官的嗣父曾纪泽在英国多年，不光精通英语，还懂法文、德文、日文及满文。

洋博士蒋廷黻有点不满北京这些贵胄如此收藏其财富和才学，"要和对方聊上几个小时，才会发现他是某一方面的行家。"洋博士大概也为这位来自曾家的湖南同乡、名臣子弟的才学所惊，印象才会如此深刻。他留学美国多年，不想西洋文化修养比不上其貌不扬的小商人。

深厚的家学

曾广铨并不是中国早期留学生。中国的书香门第、世家大族在19世纪不流行派子弟去海外留学。他们有家教的传统，对接受新式和西式教育有自己的想法，哪怕新学已经遍地开花的时候，他们也未必愿意入学，要子女学新学，大可以延聘出色人才作家教。

1905年生于清朝大官僚家庭的周煦良，15岁之前一直读家塾，亦即民国头十年都没上过学校，一直在家中读三字经、四书及商务印书馆的国文教科书。他从12岁起学英文，家中自聘英文老师，不是圣约翰就是港大或留美的学生。后来他读大学闹事，被父亲关在家里，周家也能够请留学生数学家何鲁来教他微积分。[2]

世家大族一旦确认留学是未来的出路，经济上虽然未必优越，但既有家学，又多人脉，竞争出国资格的优势立见。

不过，中国的世家该怎样定义呢？

曾国藩是有清一代中兴名臣之首，儿子曾纪泽是著名外交官，一手拔

---

[1] 蒋廷黻《蒋廷黻回忆录》，页105。
[2] 《周煦良自述》，见《世纪学人自述》第3卷，页1—2。周煦良是文学翻译家，出身于清末民初安徽周氏望族，曾祖辈有直隶总督周馥，祖父辈有实业家周学熙，父辈有周叔弢，与同辈周一良、周绍良同以学问著称于世。

擢的李鸿章、左宗棠都权倾朝野，若说曾家是当时显赫的世家大族，并不为过。但中国早已废除了封建制度，爵位没有世袭罔替的保证，难以永续。世家只有人脉和知识上的优势，要不断以考功名和成就事功去维持声名。曾家不过是官大而且显赫几代而已，难以企及欧洲的世家。曾国藩的曾孙女去英国留学时，拜访英国最老的世家，它已延续差不多1000年，其祖先1066年与威廉一世一同由法国诺曼底到英国。"这颇令我想到我们家里，不过四代的侯爵而已，中国唯一的最久世袭是衍圣公，其余的世家都很短，中古及近代的中国，根本说不上什么封建制度。"[1]

所以，世家子弟的标准在中国宽松得多，也很难有统一的定义。显赫如曾家当然是世家，等而下之，家里出过一个大官，得了世袭一代的职位，后人哪怕只是诗酒风流、在乡绅中有名望，已经可被视为名门大族。[2] 或许中国的世家，称为望族更妥。

中国有不少一乡的望族，如巴金、郭沫若的家庭，还有凭科举高中而做过一两代地方小官、嗣后也重视读书的家族，都自视为书香门第，我们大可以小世家视之。

世家的关系网

世家自有世家的人脉和气派。1912年，曾国藩的曾孙女到上海准备出洋时，为她致饯行辞的，是民国临时政府司法总长伍廷芳。[3]

近代中国学术界赫赫有名的学者、政界及企业界名人，不少出身名门望族，而有留学外国的经历。

---

[1] 曾宝荪《曾宝荪回忆录》，页40。
[2] 季羡林在自传中"章用一家"一章提到时已为老太太的北洋政府总长章士钊的妻子吴弱男，她是留英学生，出身名门大族，做过孙中山的英文秘书，自然养成一种门第优越感，认为自己是官家，其他人是民家，认为官民悬隔，泾渭分明，而且态度坦率自然，毫不忸怩。见季羡林《留德回忆录》，页68。其实，吴弱男家由曾祖父办团练抗太平军战死，而得清朝授予世袭爵位，吴的祖父是广东水师提督，父亲虽然有清末四公子之称，却没有显赫功名。
[3] 曾宝荪《曾宝荪回忆录》，页29。

史学家陈寅恪、周一良，哲学家冯友兰，语言学家赵元任、李方桂[1]，赵元任的妻子杨步伟，军事家俞大维，物理学家吴大猷，经济学家陈岱孙，教育家曾宝荪都出身官宦之家。数学家胡明复，称为中国第一个女教授的陈衡哲，教育家杨荫榆，研究佛教的汤用彤，文学家梅光迪、钱锺书都是世代书香。

还有提倡勤工俭学的李石曾，父亲是同治、光绪皇帝的老师李鸿藻。李石曾是第一批随驻法大使去法国读书的学生之一。企业家及著名佛教居士聂其杰（聂云台）出身官宦家庭，也是留学生。

钱锺书夫妇及盛澄华1938年在巴黎。
选自《清风华影》，清华大学出版社

---

[1] 李方桂的父亲是进士，母亲是左都御史的女儿，据说曾是慈禧太后代笔女官，官家仆婢如云。徐樱《方桂与我五十五年》，页4。又，李妻徐樱是安福系徐树铮之女。

这些世家子弟之间有复杂的姻戚关系，像曾宝荪的曾家，跟俞大维的俞家、陈寅恪的陈家、聂云台的聂家都是姻亲。

筹划建立清华国学院的吴宓，本身不是世家子弟，在哈佛读书的时候却与不少世家子弟交往，既与俞大维、陈寅恪、梅光迪、汤用彤论交，还跟大家庭出身、娶曾国藩孙女为妻的尹寰枢同住，见识过世家留学生的豪气。

尹寰枢是中国国防会副会长，该会是留学生愤于"二十一条"国耻而组织的。吴宓说这个同屋者"才气纵横，不拘小节，早晚在房中洗澡，每每裸体兼练习体育运动，拍打肥胖身体、白皙肌肉，发出声响，自赏健壮和武勇。宾客很多，高谈阔论"。[1]

至于文人气质的陈寅恪，虽然不富有，也有豪举。他的豪举首先表现于买书，主张大购、多购、全购。他研究世界史，买了剑桥所出全套20多册的历史书，又劝吴宓买《莎士比亚全集》的注释汇编本。吴宓回国后一次也用不上，没地方放，搬运又费钱，于是以贱价出售了。陈寅恪的豪举第二表现于宴会。陈寅恪到波士顿后受到很多友人宴请，于是在波士顿东方楼一次汇总还席，酒宴丰盛，所费不赀。吴宓初次到东方楼，见房屋宽大宏敞，布置精洁，器皿都是银器或景德镇上等瓷器，虽然在美国，酒肴完全是北京、上海著名大酒馆的规模，鲍参翅肚全备，各地名酒及特产食物如烤鸭、火腿亦有储存。[2]

世家子弟的学识深度也令吴宓敬服，所以后来他才有推荐没有学位的陈寅恪做清华研究院导师之举。另一世家子弟俞大维，到哈佛研究院不到两个月，已尽通当时哲学最新颖趋时的数理逻辑学；又在哈佛找出中国学生不认识的著名印度哲学和梵文教授，向他问学；还能为吴宓简明扼要地讲欧洲哲学史纲要。这些能耐恐怕不能只归因于聪明过人。[3]

世家不必是富家

不过家族庞大，又经分家，所以中国的世家子弟既不同于富家子弟，

1　吴宓《吴宓自编年谱》，页182。

2　吴宓《吴宓自编年谱》，页191。

3　吴宓《吴宓自编年谱》，页187。

如徐志摩、杨宪益、王念祖、赵无极；也不同于当权政要的子弟，如孙科、唐筱蓂（唐继尧之子）、蒋纬国。

曾宝荪留学的钱由英国人捐助，后来才由做了大实业家的表叔聂云台及曾家共同还清。她回国的时候，部分家人已迁居上海，房子小，人多挤迫，随她回家的教会老师要住到另一位传教士家中。[1]

才子钱锺书娶了杨绛，是无锡两个书香门第的结合。杨绛的父亲和姑姐都是留日又留美的留学生，出国很早。[2]杨绛自称家贫，说家里"两代都是穷书生，都是小穷官。……有上代传下的住宅，但没有田产。我父亲上学全靠考试选拔而得公费"。[3]

到1940年代，世家出身而且父亲是实业家的周一良，也没有自费留学的本钱。

不过书香门第的知识分子，在留学潮里，还是比别人机会多。如果曾宝荪不是曾家后人，她的英国老师哪怕再爱护她，也很难想象为了帮助她留学，竟至于甘愿放弃退休金，在英国又介绍许多世家大族给她认识。

世家子弟争取官费留学亦有一定优势。这不一定是走后门的结果，而与他们的家学渊源以及消息来源有关。世家子弟若对时局敏锐，加上自己的志向和努力，又有受人尊重的家庭背景或人脉关系，不难在很早期就得到公费留学资格。

在留学风气已开，而留美潮刚露风头的时候，最早用庚子赔款资送留美的学生里，已有世家子弟赵元任、陈衡哲、胡敦复一家四兄妹的身影，后来保送美国的清华学生中也有李方桂、汤用彤、陈岱孙等。钱锺书则于1930年代考取庚款留英，成绩为各届录取者中最优秀的。

除了全国的留学考试，当时省费留学也是留学公费的大宗，而且批准权在省政府人员手里。史学家陈寅恪除了留日时自费之外，留学德国、瑞士、法国、美国前后十一二年，始终是公费生。陈寅恪能够留学不读学位而受

---

1 曾宝荪《曾宝荪回忆录》，页37。
2 杨绛的父亲杨荫杭1899年至1902年以南洋公学官费生留日，几年后自费留美。杨荫榆于1907年留日，1918年由教育部资送留美。
3 杨绛《回忆两篇》，页5。

时人敬重，除了学养深厚之外，家庭背景恐怕也是一个招牌。

以上只是后来在学界里出了名的留学生，而且偏重文史，想来学界之外而出身世家的留学生更有不少。如帮助梅兰芳成为一代名伶的齐如山，父祖都是进士，父亲齐禊亭是李石曾的老师。齐如山的子侄五人——三兄弟两姊妹都在德国，三兄弟更是小学就在德国读书。[1]

世家子弟虽然机遇比平常人好，但他们又不同于纨绔子弟。科学家严济慈1920年代在法国认识朱氏兄弟，说他们两人虽然年少来法国，绝不染华习，是极完善的青年，"我颇以为世家子弟，自不同也。"[2]可惜他没有详细写世家子弟的教养和生活。

世家子弟的与众不同，和他们的严格家教以及自我和旁人期许有关。父祖辈都不是官宦的郭沫若，仍以望族自诩，"吾家是乡中望族，一举一动影响全乡。"他家开始打麻将，乡中就蔚然成风。他时常将留学所见与故乡比较，对移风易俗念念不忘。[3]

出洋的大传统

> 西方人所看到海外谋生者的，是小传统，因为大传统他们看不到，士大夫阶级根本不出海。[4]

外国人不光在海外见不到中国的大传统，甚至到了中国也见不到这个大传统。许多宗教家传教的对象都是平民，后来办学堂，又自成一个单位。曾国藩的曾孙女1917年回国，住在姻亲聂云台家。陪她留学的英国教会老

---

1 三兄弟中，齐焌为学生会主要人物，参与"九一八"反日运动。见关德懋《关德懋先生访问记录》，台北："中央研究院"近代史研究所，1997年，页16。关德懋曾追随陈铭枢任文职，后赴德读工业学校，返国后于大学及政府任职，做过驻德外交人员。
2 严济慈《严济慈：法兰西情书》，页221。
3 郭沫若《樱花书简》，页113。
4 王赓武《离乡别土——境外看中华》，台北："中央研究院"史语所，2007年，页8。

师初次入住中国大家庭——聂府,自称增加不少见识,看见一个世家人家的和睦、子弟晨昏定省的规矩、敬老慈幼的态度,使她感觉中国文化的伟大。[1]

有学者说不少读书人在太平天国南方大乱后,政治上待不下去,纷纷跟着大量劳工到东南亚,有些跟着商人谋生,有些教书,有些办报。这些读书人可能与士大夫有些关系。[2]就留学教育而言,士大夫子弟大概也有这种由不出海到纷纷跟着去的情况。在求新求变的局面下,传统出身之路既然到了尽头,于是在大规模的留学潮中,有相当数量的士大夫子弟,跟在19世纪的穷孩子、商人子弟的脚步之后,也出洋了。他们身在海外,中国的大传统如何默默流注,以及世家子弟在吸收新学上的角色,实在值得深入了解。

---

1 曾宝荪《曾宝荪回忆录》,页67。
2 王赓武《离乡别土——境外看中华》,页19。

附：最扑朔迷离的留学公案

清皇室贵胄溥心畬是个大画家，与张大千齐名，有"南张北溥"之称。他作为道光皇帝的曾孙，原姓是爱新觉罗，溥是他的辈分名字，也即与末代皇帝溥仪同辈。

清室倒台，皇族生活所资已经今非昔比。溥心畬性格内向，不是那种交游广阔、夸夸其谈的人，但他既有艺术天分，又有旧王孙的家世，本来已足以交接友朋，成就事业，可是就他的生平，却有一宗到底说不清的留学公案。

他自称曾经留学德国，而且得到天文、生物两个博士。这引起不少疑问，他为了辩白，写了一篇《学历自述》，却在死后才以遗稿的形式发表。

文中说他母亲和兄长在青岛居住时，他去青岛省亲，遇到德国亨利亲王。亨利亲王介绍他到德国游历。1913年他考入柏林大学，时年19岁，留学三年后回到青岛和北京，结婚生女。他再到青岛省亲时，又去德国，入柏林研究院，读了三年半，1922年得到博士后回国。他还说："今序学历，并非欲藉此宣传，所以不惮详明陈述者，欲使对余学历怀疑者，明了而已。"[1]

不过这篇自述并未了结这桩公案，不少研究其生平的人从他的唱和诗文里，找他当时在中国的证据。

至于跟从他学画的学生，有些坚持老师留学是真有其事。

当时山东是德国势力范围，青岛由德国人占据。而各国为了在中国有影响力，纷纷拉拢控制各方政治人物，重要的清室皇族自然会在其中。德国亲王介绍皇族成员到德国留学，并非不可能的事。

可是溥心畬只是众多皇族中的一人，毕竟不如皇弟溥杰可以亲近废帝溥仪，大有政治价值。

以三年半而得到两个全不相干的理科博士学位，这也是令人惊异的事。

---

[1] 溥儒《心畬学历自述》，载《传记文学》13卷3期，页43。

而溥心畬回国后，没有在科学上继续探求，却潜心作画，近于自学般成为名重一时的画家。他的画作风格，纯然是传统的中国画，不同于曾留学法国的徐悲鸿、林风眠、吴冠中、赵无极等人的融合中西。

有人根据溥心畬所讲的时间，去柏林查大学的记录，查不到相关数据。又有人说他在香港曾与德国人同席，而不会讲德文。为他辩白的人，则认为他青年时毕竟在德国人办的礼贤学院补习德文，断不会连基本德文也不懂。

如果说溥心畬作假，动机是什么？而且夸大到说得到两个德国理科博士学位，也未免太启人疑窦。如果说确有这事，却又没有真凭实据去证实。

由于死无对证，这件公案将永远是大留学潮及这大画家生平的一个谜团。

第九章

归去来兮乎?

新科举　洋进士

科举的本意是拔擢人才为国所用，自1905年废除这延用千年的制度之后，中国政治人才的选拔要另辟蹊径了。

这时候，举国上下都知道中国古书的道理不能济眼前之急，而寄望于培养留学生成为新式人才。于是清朝举行了专门针对留学生的考试，当时的人就说这是考洋进士。

谁来考这些洋读书人呢？除了原来的官员，就是那些洋务运动时期的老留学生，如严复、唐绍仪、詹天佑等。

第一次考试知道的人不多，应考的全是留日学生。[1]据参加者回忆，考试共考两次，先在学务处，考关于新政的策论，及格的人再入保和殿殿试。殿试也像考科举，考生黎明齐集，自捐一个可折的矮几，殿内铺藏毡，席地而坐。试题分为文理两类，文科试题是关于时政的一道策论。参试的人全部及格，第一名是日本帝国大学的工科毕业生。[2]

第二年考取32人，最优等的9人中8人留美，1人留英。

由于在在需才，这考试不像传统科举那样三年一考，而是每年都考，从1905年到清朝灭亡，一共举行了七次考试，总计有1388人获得进士或举人。成绩最好的仍是留欧美的，但是留日的人数最多，超过千人。[3]从前举人及进士资格是很难获得的，新科举考试则似乎较容易。有一届由老留学生主考，考生甚至可以用外文答卷，于是连不懂中文的华侨子弟也能得到功名。受西洋教育的政治学博士顾维钧也说，"按西方民主的观点看来，似乎有些

---

[1] 实藤惠秀称有留学欧美的学生参加考试，见《中国人留学日本史》，页39。但按曹汝霖及张元济《议改良留学日本办法》亦证只有留日学生参加考试。曹汝霖说共14人考，学务部试全榜及第，见《曹汝霖一生之回忆》，页34。张元济《读史阅世》，页79。

[2] 曹汝霖《曹汝霖一生之回忆》，页34。

[3] 杨学为等《中国考试制度史资料汇编》，页532—539。谢青、汤德用《中国考试制度史》，合肥：黄山书社，1995年，页641—649。1388人中留欧美的136人，留日的1252人。

奇特。"[1]

数年间产生了近1400个洋举人、洋进士，人数不能说少，但是在庞大的清政府里，又急于用人的情况下，也不能说多。从第二届起，清政府修改方法，考试只是给予科名，官职要由各部门决定。这1000多人里最后有838人获得官职。

政府留意招揽

清朝覆亡，洋进士考试没有办下去，但共和政体的民国政府还是将发掘新人才的眼光放在留学生身上。政府透过驻外机构，一直留意中央和各省派出的留学生，从中物色人才。清廷代表唐绍仪访美时，邀请40个学生代表到华盛顿，在哥伦比亚大学读博士的顾维钧厕身其中。

> 在宴会上，他（唐绍仪）向我们表示欢迎，并说，中国正处在使国家现代化和强大的伟大运动的开端，为此急需经过训练、受过现代教育并熟悉西方各国崛起富强的思想和方法的人才。他说，在美国学习的中国人，和在西方各国学习的中国人一样，都是非常需要的；他们回国后，都大有可为。[2]

顾维钧才二十多岁，还未毕业，袁世凯政府已透过驻美公使将其聘为政府办公室英文秘书。他才三十出头时，已是参加巴黎和会的中国代表。

1924年，从美国留学回来才八年的宋子文30岁，已成为民国（孙中山政府）的中央银行行长。

在分崩离析的中国政局里，一部分早期留学生的仕途之顺利，升迁之快，难以想象。1922年，蔡元培提倡不参加政府时，提到留学生在政府里的支

---

[1] 顾维钧《顾维钧回忆录》第1分册，页128。1906年该届考试由唐绍仪、严复主持，重视外文，致有以英文答哲学卷及不懂中文者得进士的情况，见谢青、汤德用《中国考试制度史》，页649。

[2] 顾维钧《顾维钧回忆录》第1分册，页64。

柱地位："现在（1919年）政府哪一个机关能离掉留学生。"[1]

不过，哪怕再有许多在政界崭露头角的留学生故事，中国的政治改革并没有达到日本维新的效果。

大学争相延用

国内大学对留学生也是早已留心。大学没有政府驻外机构提供消息，但"往往凭借一些个人关系对海外留学生之成就、学业及行止了如指掌，并尽力设法将最佳人选延聘为本校教师"。[2] 所以1920年代时，不少留美学生在回国前已有教席，[3] 较好的大学里有很多留美的教授。1926年的南开大学，"除去讲授中文课和中国文学课的教师外，所有的教员都是从留美学生中延聘的。大家都很年轻，平均年龄30岁左右，其中大部分在美国就学时就是朋友了。"[4]

优礼有加

那时候中国学界犹存古风，凭中介人的推荐，对想延聘的人优礼有加。"那时大家都凭知交信用，凭真才实学，并不要人家什么证书。教书还有古代礼聘遗风，校长亲送聘书，不像现在要先审查证书才决定取舍。"[5]

1919年，教育部派去美国的考察团副团长陈宝泉是北京高等师范校长。经留学生梅光迪介绍，他与只有26岁的哈佛研究生吴宓见面。吴宓说见面时陈宝泉致钦崇之意，并且说该校英语科将会办研究部，仰赖高明，面奉英语科主任教授的聘书，月薪300元，自到校之月起薪。吴宓谈及添购书

---

[1] 蔡元培《蔡元培口述传略》，见《蔡元培先生纪念集》，页268。
[2] 何廉《何廉回忆录》，页36。
[3] 哥伦比亚大学博士程其保未回国已受聘东南大学，见《六十年教育生涯》（一），载《传记文学》23卷2期，页8。1924年，陈翰笙在哈佛读博士尚未毕业，蔡元培已托人来请他到北京大学任教。他到北大时只有27岁，见《四个时代的我》，页27—28。所聘的人也不限于博士，也有硕士，见《言心哲自述》，载《世纪学人自述》第1卷，页255—256。
[4] 何廉《何廉回忆录》，页37。
[5] 钱歌川《苦瓜散人自传》，页56。

籍的重要，他即给200美元，请吴宓在美国选购书籍寄回该校图书馆。因吴宓在美国的清华公费留学尚未满期，他又表示如果吴宓要在美国再留一两年或三年，以求深造，均无不可。陈宝泉回国不久，因为校内闹风潮而去职，但接任者亲笔来信，说聘约继续有效。[1]

得到有名声的留学生推介已经使陈宝泉对吴宓如此礼待，若由已成为大学者的留美教授推介，就更不得了。1929年，芝大语言学博士李方桂回到上海。中央研究院院长蔡元培大概从赵元任处得到消息，李方桂一到上海，就派一个研究员到船上接他，说已在旅馆订了房间。李方桂讲到这事，强调自己当时只有27岁。他后来的妻子说，年轻学人受此礼遇，受宠若惊。[2]

蔡元培虽然没有亲自接船，但第二天就请李方桂去家里作客，杨杏佛、李四光、傅斯年等好几个大人物在场，席上说准备任命他做中央研究院研究员。李方桂辞谢，因为回国之前，美国的教授已经为他申请到洛克菲勒基金会的基金，除了回国旅费，每月还给他二三百美元，比中国许多教授薪水还高。如果李方桂发现中国不适合久居，可以靠这笔钱支付旅费回美国。各人请李方桂名誉上保留该职，只是不收薪水。李方桂照办，因为这职位有助他到中国各地旅行调查。[3]

另一个密歇根大学博士吴大猷，推荐他得奖学金去留学的老师，早把他推荐给北京大学。谁料回国之前，他又接到中央大学校长罗家伦电聘，船到上海时，罗家伦并派教授丁宝绪来接他，也是订妥旅馆。这种诚意礼待，不免使吴大猷感动，只是因为已应北大之约，只好婉谢。[4]

有些留学生不止受聘为教授，还立即担任行政职位。

在芝加哥大学学教育的高仁山，回国一年已经是北大教育系副主任。[5]麻省理工博士顾毓琇刚毕业，本想找一间公司实习以获得实践经验，但浙

---

[1] 吴宓《吴宓自编年谱》，页186。
[2] 李方桂《李方桂先生口述史》，页41。徐樱《方桂与我五十五年》，页35。
[3] 李方桂《李方桂先生口述史》，页40，42。
[4] 吴大猷《回忆》，页25。时为1934年。
[5] 陈翰笙《四个时代的我》，页24。1924年陈翰笙回国时，高仁山任教育系副主任。陈氏说他未拿到硕士学位就回国，亦有说他已硕士毕业。

江大学工学院院长来聘，于是实践经验还不足的新科博士，就做了电机系系主任。[1]

然而引介是重要的，没有教授或者同学推荐，没有母校青睐，没有世家子弟人脉或者早就活跃于学界的话，留学生就未必会受到上述礼遇。萧公权是清华留美，且有康奈尔大学博士资格，回国以前因为没有向比较像样的学校接洽工作，回国之后只能在两所私立大学教书，待遇不厚，课业不轻，后来更发现这些大学是野鸡大学，没有图书馆，也没有可切磋的同事。后来，他经亲友推荐，转去南开大学。[2]

救国事业的成绩

留学的目的本是要学习在中国学不到的东西，以帮助中国在该方面改革。但是从幼童留美开始，中国的留学生出国，目的性并不强。从这个角度来说，留法勤工俭学运动本想学生入工厂学技术，留苏是为了学政治、经济，目的反而比较清楚，至于所学是不是中国所需，当可另论。

留学生投身高等教育的贡献为众人瞩目，但是中国的现代化不能只有高等教育现代化。而且，怀着实业救国美梦的留学生回国教大学，大多从教育到教育，实践经验不足，对中国情况也欠了解。

在工商业秩序混乱、进程又常受战乱打断的局面下，所谓民族工商业，荆棘满途，在实业界里打拼成功、使民族工商业得以大力发展的留学生并不多。如白手兴家的穆湘玥成了纺织界巨子，最后仍逃不掉企业在乱局中倒闭的命运。

没有资金，没有长期累积资本的环境，强大的中国工商界根本难以建立。学实业的留学生如果确实投身实业界，那么家族有工商业生意基础的，还有施展的空间，如唐炳源来自纺织界的唐家，又或蔡声白之于丝织业；如果没有家族生意作基础，那就不能干等着大公司聘用，最好还是自筹资金创业，但这又谈何容易？

---

[1] 顾毓琇《一个家庭 两个世界》，页50，时为1929年初。
[2] 萧公权《问学谏往录》，页79—81。

学者和技术人员，终是两种人才。在欧美大学只能去求学，技术上的知识得到很有限。不过这在欧美学生，没有妨碍；苟愿投身工业，则毕业后可入工厂，在极短期内便能得到工厂内应有的学识和经验。而在中国则不然，留学生回国后，非但无工厂可入而得重事深造，还要努力去创工厂，这点可见我国留学生处境的困难。[1]

在中国知识分子一片赞美留学贡献的声音中，很早就有一些研究者质疑：哪怕是实业界的好禾苗，但不是去了学校做研究，就是委身于外商机构。学实业科目的留学生是不是无用武之地，在实业救国的路上举步维艰呢？[2]

传统的进士大都是文人学者，被讥笑为百无一用的书生，谁能料到抱着实用救国目的的洋进士，竟然也主要是在文化教育界发挥所长呢？

为人诟病的问题

回国的留学生还有一个问题就是分党分派，因为留学国不同而互相轻视，不光留欧美的轻视留日的，留欧与留美、留英与留欧陆，也各各自视较高。

而中国民众看留学生，则一直诟病两个方面：一是洋化，一是心气高而不耐吃苦。

对于洋化的指责，早在1920年代中期以研究留学著名的舒新城已经尖锐地指出，教育本不能假手他人，留学生既到外国去受教育，一切外国化是应有的结果，否则便是该外国教育的失败。一般人责难留学生洋化亡国，实则是悠久的留学历史造成。[3]

对于好高骛远、不肯吃苦的问题，舒新城认为，被出路前途所驱，大

1　魏寿昆《读书与任教期间几个片断的回忆》，载《资深院士回忆录》第1卷，页274。
2　舒新城认为留学生的职业和所学学科不相称，且有集中于教育界的问题，见《近代中国留学史》之"结论"，页178。汪一驹认为20世纪三四十年代工商业界有成就的人里，较少留学生。工业界略好过商界，但留学生也只是由工程师晋身管理者，没有做企业家的。欧美留学生亦不见得比留日学生有优势。因为缺乏资金，政治气氛又欠佳，中国始终没有强大的工商界。见汪一驹《中国知识与西方——留学生与近代中国（1872—1949）》，页169，293—294。
3　舒新城《近代中国留学史》，页183。

量一般程度的学生涌去外国，本来就杂有目的不纯、良莠不齐的毛病。这种不是个人自发有目的、有计划地去研求学术的留学，应该加以改变，以研求学术来改进本国文化作为留学的唯一目的。他断然地说这是他长期研究留学状况的唯一结论。[1]

从文化学术的角度来看，这个结论是王道的主张。而1930年代，派遣出国的公费留学生也渐渐朝着这个方向了。只是留学已经成狂热，这王道只能向精英要求。

---

[1] 舒新城《近代中国留学史》，页185。

回到中国的第一印象

1919年，一个留美学生坐中国船回国，因为船小吃水浅，可以一直驶进黄浦江。

> 船一进黄浦江，我就很高兴地站在甲板上瞭望江边的同胞，船慢慢儿驶近码头时，江边的同胞渐渐呈现在我的眼前了。船驶得越近，他们的行动看得越清楚。当初我以为他们都站在岸上不动，仔细看看，他们都在动着，有的驼着背望着我们，慢慢儿走来；有的拖着脚跟一步一步地沿着江边走。我仔细看了之后，一种感想油然而生：我国人为什么驼背呢？为什么走起路来，这样拖沓迂缓呢？我在美国住了五年，见到美国人驼背的很少，都是挺胸，走起路来，头竖立，背笔直，眼睛看前，胸部稍向前倾，步履轻快。[1]

这是个电影场景似的回国第一印象。上演的地点是上海——当时最洋化的中国城市。五年前，这个学生从上海出发去美国的时候，并没有觉得上海的中国人走路缓慢。

拿上海对比外国

离开才不过几年，留学生回到中国时，头脑里多了一个参照系。

上了岸，这些留学生还感到上海人欠缺公德心，也不讲卫生。旅馆晚上喧声扰人，还有人搓麻将，向茶房投诉，茶房也不管。坐电车，有青年跟老妇人争座位；乘客在车上吐痰，跟他说不该吐痰，对方还恶狠狠的，而全车乘客都像不在乎的样子。有个留学生由上海坐船到天津，高级舱里

---

[1] 陈鹤琴《我的半生》，页129—130。

也多老鼠,同舱的人好像不知公共卫生。"初回国的我看了实在不习惯!"想到在美国,旅馆清静,10时以后客人都静下来,灯也暗下来,形成适当的睡眠环境;吐痰的事如果在美国,那全车的人一定不会放过这个吐痰的人。[1]

亲人的行为也与留学生所持的外国尺度不符。看见哥哥为了省钱,买坏了一点的水果吃,刚回国的留学生立即阻止。哥哥回说烂水果已经吃了几年,从来没有吃出毛病。他挑了个又大又红的苹果,咬掉坏的,其他全部下肚,然后仰天大笑。[2]

刚踏上日思夜想的国土,留学生却自然地事事拿留学国的尺度来对比,因为离国时的印象已经浅淡了,而留学国的印象还很新鲜。正是这种对比令他明白中国要现代化还要做多大的努力,同时也会惹起摩擦或产生失望情绪。

住在上海的学生离国四年,1908年夏天短暂回来,"当我到达上海的时候,我发现什么都不一样,不是和我离开上海时相比,而是和我在美国所见到的相比。街道、房屋、服装和风俗习惯等,一切东西看来都很稀奇。这个鲜明的对照使我明白了,上海是多么落后,要使国家和人民赶上海外的生活条件,该作多少事情啊!虽然我很高兴见到父母、兄弟、姐妹,我却有一种失望的感觉,同时也产生投身建设现代化中国的愿望。"[3]

但是,中国在西风东渐之下,变化也很快。未到1920年代,留学生发现上海到处可见短旗袍、高跟鞋,认为洋化得可以追上纽约,可是骨子里中国人还是被欺侮。他承认,在美国时,他喜欢用中国的尺度来衡量美国,回国以后,则颠倒过来,有时更可能用一种亦中亦西的尺度。如看见上海的黄包车夫为了几个铜板跑得气喘吁吁,烈日炙灼着背脊,他用美国尺度说,这太不人道了,碰到外国人踢黄包车夫时,更想把这些外国人踢一顿,但是一想到给外国人撑腰的治外法权,只好压抑满腔气愤。"这时以美国尺度会讥笑自己为懦夫!以中国尺度则劝慰自己忍耐!"[4]

---

1 陈鹤琴《我的半生》,页132—133。沈怡《沈怡自述》,页89。
2 蒋梦麟《西潮》,页126。
3 顾维钧《顾维钧回忆录》第1分册,页48。
4 蒋梦麟《西潮》,页123—125。他于1917年回国。

深入内陆的印象

留学生的家乡大多在各处小城或山村,离国多年,必定回家探望老人,见到中国更广大地区的面目。那广大幅员的面目,更是五花八门,但见先进与落后纷陈,社会在混乱里前进。

1917年从上海到宁波的轮船,过道和甲板挤得像沙丁鱼,一伸脚就踩到人。小贩成群结队上船叫卖。[1]而内陆的水路交通更见窘迫。同一年曾国藩的曾孙女坐大海轮从海外回国,由上海坐长江轮船到湖南,到岳阳因湘江水浅,改坐小火轮拖船,再接拖船撑篙摇桨走上水,一天一夜才到长沙。要去湘乡,还要转小船,船只有一个中舱,后面隔一层板就是船家煮饭的地方。"由亚细亚皇后那样大船——可坐2000余人——到长江轮船,到小火轮拖船,到这样的小划子,可说是一落千丈!"走了三日,才到湘潭,在又脏又有臭虫的伙铺住下,一夜不能睡觉。幸好她想到可以见到母亲,归心似箭,也就不觉痛苦,第二天坐轿走了八九十里,一日到湘乡——那个搭救了清朝江山的曾国藩出身的小山村。[2]

同样在以水急滩浅闻名的湖南,1918年从日本回国的留学生在急滩翻船,竟然见到立即有船来救,而且不收钱,是制度,不禁啧啧称奇。[3]

中国的新式交通建设和管理,就是在一片混乱的政局、人多资源少的环境里,退一步进两步。十年后,经满洲里回国的美国博士、后来的大学教授,看见日本人管理的南满铁路,火车整洁准时,车长查票彬彬有礼,但到了沈阳,中国人管理的京奉路车站则杂乱无章,颇引起他游子还乡之感!这个还乡游子立即丢弃了他的美式标准,买动两名脚夫,火车到站时将他连人带行李一起由车窗推进,找到个地盘,按捺这24小时到北京的行程。"三等车座位上面有摆行李的架板。我爬上去躺下就睡。这一手也许在公德上有问题,但亦顾不了了。"[4]

---

1 蒋梦麟《西潮》,页126。
2 曾宝荪《曾宝荪回忆录》,页68。
3 龚德柏《龚德柏回忆录》,页32—33。中国其实在宋代已有救生会的公益组织,专为渡江事故施援手。
4 梅贻宝《大学教育五十年——八十自传》,页52。时为1920年代末。

家乡的第一印象

　　农村凋敝,农民破产,剩余劳动力涌去城市,知识分子也涌去城市。城乡循环的良性流动断绝,涵养过许多大人物的中国农村流失养分,身体虚弱,变成落后封闭的地方。这些留学生在时光的缓慢游移里,看着生养他们的土地失血苍白。

　　地灵人杰的江浙地区,明清时繁华富庶,文风鼎盛。那个在上海码头惊讶于中国人驼背的留学生,回到故乡浙江上虞,"第一个使我感触到的就是穷人太多,那时候原来有钱的人已经把田地卖光,没有钱的人越来越穷困。"[1]这是当时中国乡村的普遍现象,不光浙江如是。卖了田地,家庭已不能够靠田地维生,不少年轻力壮者去当兵。然而当兵者众,做成内战和贫穷的循环,仍然是一个严重问题。"内战是贫穷的原因,也是贫穷的结果。"幸好清末一度因为穷和乱而出现的盗匪问题,已经敛迹,可能因为老百姓已经能够适应新兴行业,而且上海工商业发展以后,许多人到上海谋生去了。[2]留在乡镇的上年纪的人,包括曾经有新思想的人,生活方式没有大变。[3]只是很多人开始抽香烟,点煤油灯,穿洋布衣服,用新纺织机,铁器是机器造的,可见洋货流行,手工业被取代了,但是中国的主要生产力——种田方法却十年没有变过。[4]

　　小城市的发展速度也很参差。1910年代末,沿海的宁波可以跟清末一模一样;1920年代中,内陆湖南省的省会长沙仍很古老,没有现代旅社,没有汽车,到处都是轿子、黄包车和手推车。[5]而这时沿海的福州却变了很多,城墙全拆下来,高一级低一级的街道碾平了,到处都是黄包车、脚踏车,

---

1　陈鹤琴《我的半生》,页134。
2　蒋梦麟《西潮》,页130。蒋廷黻《蒋廷黻回忆录》,页93。此处综合了二人在浙江及湖南邵阳所见。
3　蒋梦麟《西潮》,页127—128。其故乡在宁波不远的余姚。余姚家中,厅堂布置依旧,可见其曾努力学西洋新知的父亲的生活方式仍然很少改变。
4　蒋廷黻《蒋廷黻回忆录》,页93。
5　蒋廷黻《蒋廷黻回忆录》,页90。

轿子非常罕见。[1]各个城镇的新式教育有发展,风气也有变化,街上女人多了,小女孩也到学校读书,很多学生都会讲国语了。

可见小城乡的发展面目,也像上海一样,新旧杂陈。没有人能讲出中国到底依什么步速,走什么方向。看着公路在慢速发展的留学生,知道仍在官道上开小客栈的人将会承受时代进步的灾难。他感叹的是促使进步的人没有同时预谋补救之道。[2]

如果乱中有序,而且持续向前,那么中国还有望一二十年后实现现代化。令人伤心和急躁的是,局势并不总是朝好的方向发展。1931年"九一八"之后回江西婺源看老母亲的留学生,见到家乡教育仍是老一套的私塾教育,什么国家大事、自然之理一概不在教学范围之内。要知道位处江西、安徽之间的婺源,不是穷山恶水的蛮荒之地,而是朱熹的家乡、自古文风颇盛的地方。为了救国、不顾战火回来的留学生,于是着手合并村里两个蒙馆,改成小学,自任校长。村里共100多户人家,但这时只有几百元的公共财产,为此他不得不到处募集经费。"中国老百姓对办教育很支持,这是我们的民族传统,连村里一个寡妇还捐了5元钱。"[3]

热心教育,确是中国的文化传统,甚至坏人也会捐钱给好大学,这令读书人慨叹"歹人特别尊敬正直的人,这真是既滑稽又重要的事"。[4]所以,抗战时亟于向外国人介绍中国的名著《西潮》说,"中国有些伟大事,即使在那个贫穷、落伍、分裂的年代也是伟大的。在贫穷、残酷斗争的中国社会中,中国人还是很讲面子,对正人君子大公无私的人还很尊重,对于慈善事业愿意伸出援手。这是中国历来的遗风,它使中国能在所有的灾难

---

1 宁波在辛亥革命之后六七年,没有大变化,与清末一模一样,见蒋梦麟《西湖》,页127。再过几年,1924年,洪业回到福州,对城里的变化不敢置信。他被邀到处演讲,诧异地发现各校学生都会讲国语,十年之前,他还是全校师生中唯一会讲官话的人。陈毓贤《洪业传》,页119。

2 蒋廷黻《蒋廷黻回忆录》,页90。1920年代前期,长沙正在修筑到湖南其他地方的公路,新公路未建成时,轿子还在旧官道上走,但是官道旁的房产已在跌价,因为商业机会逐步转向了新公路。

3 《詹剑峰自述》,见《世纪学人自述》第2卷,页206。

4 蒋廷黻《蒋廷黻回忆录》,页88。

中屹立不摇。"[1]

锦绣河山　破碎祖国

见过世面的留学生，并不因长了见识而嫌弃自己的故土，反而在对比里，见出河山的美丽、文化的深厚。

1911年初回国搞革命的留美学生，革命搞不成，于是到广州和江南游览，所到处不及全国疆域十分之一，"所见天然景致之秀丽，土地之肥沃，令人羡慕不置；至于国家面积的广大、山河的壮丽，确非亲自到过中国的人不知。"然而国土虽大，但是广州、上海等城市，失业闲人很多，与美国城市里人人为事业奔走、上学时间在街上绝少见到儿童的景况，截然不同。这都因为工业不发达、社会贫困之故。然而见过壮丽河山的留学生，仍然"确信国家前途，无可限量，爱国之心更加油然而生"。[2]

作为明清帝都的北京，更令人怀想无穷。生于天津的留美博士，熟悉北京，"越是走得远，越是想念北京，越是见识的地方多，越是怀念北京。北京的历史、名胜、风景之外，更有居民的风格，实在是并世无双。"从未到过北京的另一个留美博士，回国第一次去北京，"不禁对自己惊呼：'北平真能代表中国伟大的过去。北平证明中国过去是伟大的，看到北平使我感到生为中国人实在值得骄傲。'……几乎在北平每座有纪念性的建筑物前我都愿意叩头。样样东西都令我感到新奇满足。"[3]

但是美丽河山、壮丽京城敌不过时代的摧残，在贫穷中求活命的生活，在人文上是破败的。艺术家常书鸿认同祖国的山河秀美，"但是艺术、绘画艺术的天地，在这个国家里几乎就像抛弃的垃圾，没有一席可栖存的土地。"他于是到巴黎留学，"我是抱着艺术高于一切、为艺术而艺术的观念到巴黎的。"1936年，日本侵略日紧，他却为了追寻敦煌艺术，放弃巴黎的生活回国，但回国"旅途的见闻和亲身的经历，使我那种艺术高于一切、为艺术而艺术的观念受到强烈的震动"。震动他的是东北沦陷的景象：

---

[1] 蒋廷黻《蒋廷黻回忆录》，页89。
[2] 程天固《程天固回忆录》，页49。
[3] 梅贻宝《大学教育五十年——八十自传》，页53。蒋廷黻《蒋廷黻回忆录》，页103。

> 列车驶进满洲里，心情非常激动，我想高声喊："祖国啊，你的儿子回来了！"列车在满洲里停车时，和我同行的日本人、法国人、俄罗斯人都下车进站游览去了，我却被困在车厢里。几个日本宪兵和汉奸围着我，要检查我的行装。……一踏上沦陷了的满洲里，日本军国主义的政治，就来干预艺术了。在我们自己的国土上，外国人可以到处横行，可是我作为一个中国人，一个回到祖国的中国人，却被困在车上不让我下车去。一股民族尊严受到侵犯的怒火，在我心中燃烧起来。……（哈尔滨）昔日的繁华看不到了，大家都像机器人似的。……这时，我才意识到当亡国奴的耻辱。我们的国家哪像个国家啊！[1]

熬过了八年日本侵略，滞留外国的留学生纷纷回来。有学生乘战后第一艘开往远东的运输船回到上海，"多年不见祖国又出现在眼前，激动得泪眼模糊。"已炼成了哈佛经济学博士的富家公子也在回国的队伍里，"当我们即将到达目的地时，上海的轮廓逐渐呈现在我们眼前，我内心深处涌起一种复杂的情绪。祖国已不再为日本占领，我们全家也在大难中幸存了，但芸芸众生如何生存？登岸四望，满目疮痍，一片混乱喧哗之声不绝于耳；一群衣衫褴褛的三轮车夫，往往是光着脚、瘦骨嶙峋，为了争夺顾客，相互推挤，时出恶声，招致了维护秩序的警察们肆意挥鞭抽打。这一幕幕的景象，使我游子回国回家的欣欣气氛大煞风景。在一群家人簇拥之下来到故居，一股温情便又涌向心头。"[2]

对父母之邦的依恋纠缠着艰难的国运，摆在一代又一代留学生面前，是他们要面对的回国现实。

---

[1] 常书鸿《九十春秋——敦煌五十年》，页11，24—26。
[2] 《韩德培自述》，见《世纪学人自述》第4卷，页260。王念祖《我的九条命》，页61。

抗战也回来

踏入1930年代，中国的大留学潮已过了四分之一个世纪，读书救国的愿望还未完成，而日本的侵略却越来越紧迫，中国甚至有亡国的忧惧。这个时候，留学镀金潮正当最热，不少学生络绎于留学路上。然而中日战争爆发，不少留学生又赶忙回国。

抗日战争八年间（1937—1945），大概是近代中国生活最艰难的日子，一方面战争时间长，另一方面沦陷的地方多。烽火连天之下，回国难望有好的读书或生活条件，还要面对炮火威胁，性命难保。这个时候，富有人家会给大笔钱叫儿女去留学，好避过战争。[1]许多留学生却是一闻战争打响，立即收拾行装回中国。

他们有的从敌国日本回来、从动荡的欧洲大陆回来，也有的从相对少威胁的英国、远离战争的美国回来。

既然中日开战，留日学生大规模回国很能理解，尤其在1938年初驻日大使也要撤回中国的时候，留学生再不走的话，不当汉奸就要当俘虏。[2]

从欧洲回来的人，除了共赴国难的情绪之外，在欧战阴霾逼近时，还多了一重经济和旅途安全的考虑。一旦战争爆发，航行极不安全，邮船都有触雷沉没的危险。从日本回国虽然也有危险，但毕竟航程较短，而从欧洲回国，费时长，风险也大得多，开战后恐怕就没法上路了。私费学生斧资有限，更怕流落他乡，所以不仅留德的学生回国，留英、法的学生也纷纷回国。

何况留学的人多是青壮男子，有些身为长男，见父母在战区生活艰难，也得回家尽孝。1930年代出国的留学生年纪比较成熟，不少已成家立室，有妻有儿，思乡情绪更浓。在美国时想国家、想亲友的一个留学生，"七七

---

[1] 如富商之子王念祖，父亲拿出一大笔钱让他在1937年到英国留学以躲避战争。
[2] 彭迪先《我的回忆与思考》，页33。

事变"爆发时正横贯美国大陆赶着回国，到了西岸才知道事变的消息，大为震惊。他乘船回到上海时，北京已经不通电报和火车，只能冒险坐英国的船北上，船在途中被炸，幸好没有伤人。回到家，妻女见到他仿佛从天而降。幼女见到爸爸很亲热，但是没理解久未见面的爸爸也是一家人，临睡觉时指着爸爸小声对母亲说："妈妈，怎么他还不走啊？"[1]

试想充满家国之思的留学生，怎舍得留在安逸的异邦，让父母妻儿面对战火？

绝不独善其身

不要以为家人在中国的穷留学生才冒险回来。有些留学生有很好的家庭条件，完全可以置身事外，也都回国了，还带了外国国籍的妻子，让妻子也同受战火的折磨。

名校霍普金斯大学博士汤佩松在1933年回中国。他离开美国前，研究院时期的同窗好友闻讯，立即从纽约赶到他在哈佛工作的地方。这美国富家大族子弟提出：向一家大学捐钱，建立一个基金，专供他在学校里长期做研究及少量教书工作。至于他有眼疾的太太，好友可以资助她回娘家及作经济支持。面对这无比优厚的条件，汤佩松的反应很直接：

> 我未与任何人商量，当面既十分感激他，也十分痛苦地谢绝了他。……我当时没有仔细想过我断然谢绝这个"大好良机"，决心回国的动机。

1933年，中国虽然未正式向日本宣战，但是东北已经丧失。

> 我有什么理由一定要放弃这个机会，回到"风雨飘摇"、没有亲人的并在1918年谋杀了我父亲的政党统治的中国来呢？

---

[1] 李抱忱《山木斋话当年》，页90—92。

汤佩松是民国议长汤化龙的儿子，其父被国民党人刺杀于加拿大。汤佩松晚年回忆他的回国动机：

> 我对这个问题一直没有仔细地思考过，因为我一向想法很简单：我是一个中国人，当然要回中国去，这是其一；其二是，我的成长教育，是由"四万万国民"的血汗（庚子赔款）换来的，我对这个"国恩"一生也是报答不完的。但是这两点现在看来并不全面。中国人在国外仍能为国争光，何必一定要在国内？我现在得到了另一方面的回答：这就是我现在，以及过去在美国的时期虽然在生活上是愉快的，但我内心一直有这一感觉:这不是我的本乡本土，即有"不如归去"的感觉。而生我之乡的山山水水总是最可爱的。[1]

汤佩松的发妻是加拿大籍华人，也跟他回中国。夫妇俩坚持留下来，直到1943年妻子因为营养不足，缺医少药，以致双目失明，于怀孕期间独自带三个孩子离开昆明回娘家。夫妇二人从此两地分隔。

结交了英国女友的杨宪益则是在欧洲也陷入战争的1940年回中国的。他来自富裕家庭，和英国女友感情深厚，本可以留在英国，却念念不忘要回中国。"我知道，回到中国，我不会有机会过平静的书斋生活。我是中国人，我知道自己必须回去为中国效力。如果我放弃中国国籍，留在国外，我将对自己的行为感到十分羞耻。"他本来有志于学术工作，自1937年起却把大部分时间用于宣传抗日，做中国协会的主席，又用英文写抗日的剧本。抗战的心使他对于从事学术工作失去兴趣，1940年毕业时他只得了个四等荣誉学位，"既然我准备回中国，那么我得哪一等都无所谓。"[2]

杨宪益不是美男子，眼睛细长，脸色苍白，他的女友戴乃迭（Gladys Tayler）第一次见到他，几乎给他吓了一大跳。但戴乃迭不介意这个彬彬有

---

1 汤佩松《为接朝霞顾夕阳》，载《资深院士回忆录》第1卷，页40。民初政治十分混乱，汤化龙是进步党领袖人物，而进步党与国民党对抗，被国民党人视为袁世凯的附庸。汤化龙被刺后，孙中山运回行刺者的棺柩，由国民党封为烈士。
2 杨宪益《漏船载酒忆当年》，页70，77。杨宪益是留英学生，后成为翻译家。

礼的中国男子的外表,"他对祖国的热爱打动了我,在他房间的墙上挂着他自己绘制的中国历朝历代的疆域图。"

他们的婚姻和回中国的计划简直吓坏了女方的母亲。杨宪益也有一定的顾虑,他知道在战争时期的中国,生活会非常艰苦,而他的年轻未婚妻本来可以坐在软垫儿上,衣着讲究,吃草莓、糖和奶油。但是自称对政治无知的戴乃迭说,"我对这些意见根本不予理睬。哈佛大学向他提供了一项研究经费,但我们俩都想回中国。"她下定决心跟他回国。

> 中国当时的国际地位那么低,以致我1940年申请护照时也遇到了困难。我告诉批护照的官员:"我有合约,要去中国一所大学任教。"
> "你不能相信中国人的合约。我们必将不得不由政府出钱将你带回。"
> "我跟一个中国人订了婚,我们将一起去。"
> "你要是发现他早已有两个太太了呢?那我们必将不得不由政府出钱将你带回。"
> "我父亲在中国,为工业合作组织工作。"
> "那就另当别论。"
> 这样,我才拿到了护照,跟杨宪益于1940年夏离开英国。[1]

几十年后,身为丈夫的杨宪益说,"中国无论在当时或是现在都很贫穷。对于乃迭来说,尤其不容易,特别是战时在中国内地度过的那些岁月。"[2]

而戴乃迭就说:"不同于许多的外国友人,我来中国不是为了革命,也不是为了学习中国经验,而是出于我对杨宪益的爱、我儿时在北京的美好记忆,以及我对中国古代文化的仰慕之情。"[3]

---

1 杨宪益主编《我有两个祖国——戴乃迭和她的世界》,南宁:广西师范大学出版社,2003年,页8,10—11。
2 杨宪益《漏船载酒忆当年》,页79。
3 见杨宪益主编《我有两个祖国——戴乃迭和她的世界》一书的书封勒口。

书生报国

无论公费或私费，中国出了巨资送子弟出国，期望他们学成，有用于国，这些年轻人却在炮火纷飞时回来，轻言牺牲，对中国有用吗？

这些学业初成的青年，大都是书生。除了医科生可以立即投入救人，其他读实用科目的，还未有深厚经验；读文史艺术的，在战乱的环境，更可以说是百无一用。

> 卢沟桥之战——八年血腥的侵略战争开始了！当时我的心情既没有悲伤，更没有畏惧，只是愤恨的沉默。旅途中一面不断地听战报，一面在沉思：我能做点什么？[1]

留学生不会打仗，虽然有人曾冲动地想从军。身为生物学教授的汤佩松与校长及几个好友打了招呼后，离家试图到武汉、南京及上海的军事机关接头参军。但军事机关的人"都认为我是疯子。先是劝阻，继而是不接见。……即便参加了也不过是做后勤服务，何况我无一技之长"。[2]

投军无门之后，青年人能够想到的，难免以书生事业——亦即搞研究为主。武汉、清华及其他大学的理科教授都试做过防毒面具，但以测试失败告终。"其实我一个秘方也没有，只有从我那本化学战书上得来的早已过时的东西！"[3]

文科或社科科目的留学生回到中国，或在后方的大学教书，或在沦陷的地方默默做教育工作。[4]这些一心报国的学生，留学时省吃俭用，储钱买书带回中国，准备为国所用。[5]

---

1 汤佩松《为接朝霞顾夕阳》，载《资深院士回忆录》第1卷，页60。
2 汤佩松《为接朝霞顾夕阳》，载《资深院士回忆录》第1卷，页63。
3 汤佩松《为接朝霞顾夕阳》，载《资深院士回忆录》第1卷，页66。
4 1941年抗战正艰难，哈佛毕业的林耀华还是毅然回国，教云南大学社会系，见《世纪学人自述》第4卷，页61。到美国学音乐教育的李抱忱，在沦陷的北平销声匿迹，在中学教音乐，其合唱团亦不活动，见《山木斋话当年》，页90—92。
5 《严群自述》，见《世纪学人自述》第3卷，页225。严群是严复的侄孙，学西方古典哲学。《早年留日者谈日本·朱绍文》，页75。

书生的损失

在流离失所的逃难生活中,生存很不容易。当时在大学也是穷教授,生活困难,且带了许多书回来为国效劳的书生,不得不以卖名著度日,又或者存书于战区,毁于战火。[1]辛辛苦苦写成的学术著作、译述文稿,也弄得七零八落,只能长歌当哭。

> 在这种动乱的时代,财物的丧失原是意料中事,文人最宝贵的东西就是文稿,但同样也要在大浪潮中付诸东流。[2]

连自身也不得安稳,更难说做学问了。"留学归来,遭逢国难,流亡转徙,失去一切著述、钻研的机会。穷愁、流离、艰苦、潦倒。"[3]

归来的学子不计较自己的学术生命中辍,教导流离中的学生,让下一代在战火里也有求学的路径,使中国的学术工作不致中断,这大概是书生最有作为的所在。赓续新知,薪尽火传,这也是救国使命的重要一端吧。

生物学家汤佩松总结了抗日初期又要参军又搞防毒面具的鲁莽经验后,立定宗旨要在昆明"这个后方基地为百孔千疮的祖国做出我应当做、也能做的贡献。……为战时和战后国家储备及培养一批实验生物学的科学人才"。[4]让人苦笑的是,50年代思想改造中,人家要他检讨回国动机。他说这完全出乎他的意外,他从来没有思考过这个问题!

对这些正直的知识分子而言,回国就是那么天经地义、不必思量的事。改造他的人大概不会明白,天之骄子似的留学生,在外国生活得好好的,为什么会回来既穷又乱的中国。而我们今天也难以明白当年中国人的家

---

1 严群1940年在燕京大学任教,由于国难,生活艰苦,以卖书度日,卖掉很多名著,见《世纪学人自述》第3卷,页225。林焕平从日本带回大量书籍,寄存上海小学,"八一三事变"时全毁,见《世纪学人自述》第4卷,页151。另据陈寅恪"文革"期间第一次交代稿,他存书在长沙亲友处,长沙大火时烧光,见蒋天枢《陈寅恪先生编年事辑(增订本)》,上海:上海古籍出版社,1997年,页116。
2 钱歌川丢失英译茅盾《蚀》三部曲的原稿,见《苦瓜散人自传》,页129。
3 《周传儒自述》,见《世纪学人自述》第1卷,页358。
4 汤佩松《为接朝霞顾夕阳》,载《资深院士回忆录》第1卷,页74。

国之思。汤佩松不但在抗战烽火中由着失明的怀孕妻子远赴异国，战后的1947年，他去联合国开会，转去加拿大探亲。当时亲友为他在温哥华大学谋得职位，而他仍然要回中国，把夫妇之情放在次要。终于，妻子比他早死，夫妇俩未能再见一面。北平易帜前，他跟陈岱孙长谈后，决心留在新中国。他坦承从道义和作为丈夫、父亲的责任上说，这可能是他一生中一个重大的错误决定。在以后种种运动里，他有几次几乎过不了关，幸好得到续弦的妻子支持。"文革"结束之后，他可以去美国安度晚年，可是仍然拒绝外国大学的聘约，因为在中国还有许多事要做。

> 当想到在这五十多年的沧海桑田中，我也曾一砖一瓦地为我的国家作了哪怕一点微不足道的贡献，我的终生心愿就得到满足了。[1]

同样经历了十年"文革"、哀叹抗战之后又再耽搁不少时间，"回首思之，心有余痛"的学者，也说1979年后，响应号召，献身现代化，从头收拾旧业，作为过渡人物，承先启后，继往开来，上点专业课，带几名研究生，责无旁贷。[2]

今天的中国人能够不把前人这番献身现代化的话，视作样板的官腔，明白其中的深刻创痛和奋发最后光辉的动力吗？

哪怕国家满目疮痍、支离破碎，当时不少留学生仍然以身为中国人为荣，也不鄙弃中国文化。无论受了多少洋教育，中国传统上国家兴亡、匹夫有责的思想，仍然鞭策着中国男儿。

这种匹夫有责的念头在共赴国难的回国学生中清晰可见，在离国避难的留学生里，亦可能隐蔽存在。备受父母怜爱的幺子黎锦扬听从长兄的安排，在抗战最艰难的1943年出国。他的大哥是北京师范大学文学院院长黎锦熙，与政府中人有来往，既能够不经考试就让弟弟拿到留学资格，又能够在恶性通胀肆虐时用官价换外汇，在美国又因为认识赵元任，令弟弟得到奖学金。

西南联大毕业的小弟黎锦扬回忆说，当日在重庆与阔别有年的大哥简短会面，大哥连寒暄也没有，第一件事就说政府希望所有大学毕业生尽快

---

[1] 汤佩松《为接朝霞顾夕阳》，载《资深院士回忆录》第1卷，页40，123。
[2] 《周传儒自述》，见《世纪学人自述》第1卷，页358。

离开中国。这真是政府的态度抑还是他的说辞，无从得知。而当他帮弟弟以官价换到美元时，他心情沉重地叫幺弟"赶紧出国，免得在这里被打死"。长兄当父，保护幺弟免致死于战祸，流露了这个长兄的真情。

这个弟弟在美国生活得十分安全，上课之余，也跟朋友上夜总会找女孩跳舞。凭黎锦扬出国的条件以及在国外的生活，谁都可以将他视为有后台、走后门出国的小衙内。可就在日本投降、二战结束的那天，他与中国朋友庆祝，大吃一顿，喝得半醉，独个儿回到小屋时："在日历的1945年8月14日那一天上画了一个红色的大圆圈。八年的战争造成数百万人丧生，给人类带来难以形容的苦难。我的心潮澎湃，热泪滚滚。我是个幸运儿，还活着，而且生活得很好。泪水是我对那些受难者及失去生命的人的感激，也是为我对抗战事业无所贡献的自责。我睁大眼睛向日历上这一天行了个礼。"[1]

---

[1] 黎锦扬《跃登百老汇》，合肥：黄山书社，2008年，页119。黎锦扬后成为导演。

何以想归国？

虽然有许多政治纷争，回国又要直接面对种种艰难，可是在20世纪上半叶，中国留学生的一大特征是对归国的热情。[1]这是相比于后半个世纪而言的。

> 那时的留学生情形，与近年的大不同处，一是人数远较近年为少，私立的纽约大学、加州大学、密歇根大学都不过百人；一是皆急于回国，未听说有想长留彼邦的，大多留二三年而已。……一般言之，目前留学的心情和目标，是与那时代不同的。[2]

当然，我们也不能高估这种热情而忽视1882年至1943年美国尚有排华法案（Chinese Exclusion Act），限制中国人入境和入籍，令留学生不易留下来。此外，外国也有环境不好的时候，如1929年美国大萧条，毕业生不易找工作，赚零钱亦甚难。

总体情况是复杂的，数字可以道出一些现实，却又会失去另一些，时人的印象也如此。我们应该怎样统计或记录这种归国和去国的意愿呢？

---

1 说留学生都想归国，是不成立的，只是相比较而言，那时归国的人数和热情都比后来的留学生高。汪一驹称1937年的清华同学录里有21个毕业生已长住美国；又据Yung Kwai（或指容闳侄容揆）一份未刊的文件，说留美幼童有5至10人违反规定留在美国或回国后不久再到美国。幼童中八个大学毕业（留美幼童被召回国时只有詹天佑及唐绍仪赶及大学毕业）的四个成了美国人，见《中国知识分子与西方——留学生与近代中国（1872—1949）》，页87，120。

2 吴大猷《回忆》，页26。

不忍去父母之邦

在归国的大队留学生心里，希望为生养自己的地方效力是很重要的感情。中国是他们生活成长而有感情的地方，既然不是抱着弃国的心情争取留学，学成之后回国也就顺理成章。正如容闳虽然读大学时就入籍美国，却回到中国寻求个人和国家的发展。

留学生回国并不一定要做大官，有些人甚至立志不做官，像教育家晏阳初在耶鲁读书，和许多留学生一样，立下志愿，学成回国决不做官，只愿做救国的工作。他沉默寡言，举止严肃，有学者风度，在同学中鹤立鸡群，我行我素。[1]

> 那时候留学生所想的，几乎一致的是如何学些对于国家民族有用有益，对于解救国家民族有效有速效，最好能立竿见影、根本解决之效的学问，然后早日回国，将所学能贡献于祖国。[2]
>
> 一般说来留学的人都想学点什么，以备回国服务；很少（我不能说没有）预备在美国居住下去。所以在那个时候，每个留学生都有一定的目的：这个目的就是在美国学一点新东西，预备回国以后，能对社会、对国家尽一点责任。[3]

不留下不是因为不喜欢外国生活，留学生们回国前不免依依不舍，"但是学成回国是我的责任，因为我已享受了留美的特权。"[4]

这种持续半个世纪的回国热情，根底里更基本的是一种抹不去的生于斯、长于斯的情怀。

历史学家何炳棣是考取公费留美的清华学生，留学期间国共内战正酣，于是留在美国。1980年代，他重回中国，见到比他早一届考取公费留美的历史学家吴于廑，立即感谢他救了自己一命。若不是因为吴于廑高中，使

---

1 胡光麃《波逐六十年》，页176。
2 郝更生《郝更生回忆录》，页14。
3 李济《感旧录》，页18。
4 蒋梦麟《西潮》，页121。

他晚了一届取录,他毕业后早已回中国,避不过"文革"的折腾了。[1]如果问,为什么当年的留学生都要回国,连抗日也不回避?答:那是父母之邦!而且对比自己成长所得,对中国老百姓有一种罪恶感。[2]

不因政局改初志

中国的局势不断试炼留学生的回国意志,尤其是在远离战乱而富庶的美国的留学生。但是在日本侵略的阴影下,他们回国;国共内战的时候,他们回国;各种救国主张经过近二十年纷争、感情撕裂的情况下,政权易手,面对不明确的前景,仍然有很多人回国。

这里面也有加入共产党的学生动员的原因。有些留学生组织本来不是政治性的,后来由共产党留学生掌握了领导权,于是鼓励留学生回国建设,据说当时留美学生5000多人,被动员回国的有1000多人。[3]

然而1949前后有关"共产中国"的消息很多,正反面都有,鼓励只能起加速催化的作用,留学生素有回国的本志,还是其归来的底蕴。

> 多数留美生对中国真实政治形势不清楚,只知经历翻天覆地变化。大家出于对国民政府腐败和无能,早有失望以至痛恨心情,认为什么变革也不能比国民党更坏。另外出于爱国心,深信技术可以救国,只想中国赶快安定下来,好重新开始停顿十多年的经济建设。[4]

有些学生如吴冠中,知道回国发展是一条艰苦的路,但相信在中国寻找艺术之路更适合个人的发展。吴冠中是国共内战时公费留法的,回国时

---

1 何炳棣《读史阅世六十年》,页134。
2 这问答是笔者访问何炳棣先生所得。
3 例如北美中国基督教学生联合会。梁启超小儿子梁思礼是该会的积极分子,本不是共产党人,但一经共产党同学动员,他便以身作则带头回国,见梁思礼《一个火箭设计师的故事》,页39—41。
4 梅祖彦《晚年随笔》,北京:清华大学出版社,2004年,页15—16。他是清华大学校长梅贻琦的儿子,1954年从美国回国。

政权已经易手。[1]

回国意味着要放弃美好的外国学术环境。但是，要搞研究工作应该回中国搞的想法，经常占据首要地位。[2]这种想法没有因为政权易手而消失。当时不少回国的留学生在美国有条件留下来，甚至已经有工作。许多朋友规劝，说美国的工作条件是全世界最好的。他们所想的却是"美国的工作条件、物质生活，虽然比目前中国优越，我认为我等有责任去改进自己国家的条件，而不是等别人创造好条件然后我来坐享其成"。[3]当然也有很多人徘徊于回或不回、看局势发展而再作决定，最后留在美国的。

当时美国国内的形势也很复杂，既有不想人才回国帮助共产中国发展的，也有不信任亚洲人、主张遣返中国学生或集中监管的。[4]留学生回国的机会和困难都受美国的对华政策影响。起初政策倾向于留下中国学生，给留下来的学生经济支持：本来公费留学而今经济来源断绝的，可以向美国政府"借贷"；非公费留学的，可给予居留权，让其找工作。[5]1950年，朝鲜战争爆发，意识形态大分歧的国家两阵对圆，中美势同水火。美国的政策有点转变，认为让亲共的学生回中国，对美国的安全有利，因此夏秋之间准许留美的人买船票去香港。决定回国的中国学生说，美国起初并不阻止他们回国，"美国政府还漂亮地说，你们是中国来的留学生，愿意回国可以回国呀"[6]，但是同年稍后政策又变，美国政府竭力阻止中国学生回国，不再轻易批准。学自然科学的留学生固然难获批准，就连学心理学的申请回国，移民局也多方阻挠。[7]

但是一心冲破阻拦的留学生，经历千回百阻，1950年代头几年，还是

---

[1] 吴冠中《我负丹青——吴冠中自传》，页18。吴冠中出国时打算不再回国，认为美术界当权人物观点过于保守。

[2] 童第周《童第周：追求生命真相》，页19。

[3] 郁知非《飞鸿——一个老教授医师的生平自述》，广州：暨南大学出版社，1994年，页81。他在美国医院工作，从家信中见到正面的消息，立即决定回国效劳。

[4] 梅祖彦《晚年随笔》，页15—16。

[5] 郁知非《飞鸿——一个老教授医师的生平自述》，页81。

[6] 何兹全《爱国一书生》，页224。

[7] 《詹镇自述》，见《世纪学人自述》第5卷，页223。

有不少人陆续从美国回国。有人因为护照及签证已经过期,在美国没有合法身份,要离开美国只能冒险偷渡。[1]

后人或许说他们笨,但是他们的"笨"有共通点,非处在当时环境,不易明白他们的心情。

永不完结的争论

在中国局势不明时,身在外国的留学生却千方百计要回国,难免被视为可惜。而且在国际关系紧张的形势下,有些人回到中国后觉得自己不受信任。[2]后来,新中国发生许多政治运动,知识分子首当其冲,更让回国决定是对是错,成为留学生被问和自问的问题。

有在政治波涛中曾经试图自杀的科学家,临老回首,认为回国是个错着。他劫后重临留学国,发现自己原来研究课题的继任者,得了国际大奖,禁不住老泪纵横。[3]而远去台湾的人,有些也深恨自己没有做出成就来:

> 中国学生从麻省理工学院出来的前后同学,至少有四五百人,单是占本校开科第一名接受第一班颁给学位的就有四人,……毕业校友中留在美国的倒有好几位在教育和工程界卓有声誉。不过毕业回国做事的,我很惭愧的说,连我在内都没有什么特殊的成绩表现,无论是否由于政局不定、流离颠沛的原因,比起美籍校友来,我觉得应该是很可悲、惋惜的。[4]

偷渡回国的梅祖彦却说对当年回国不后悔。他是学机械的,正是科技救国所需要的理工人才:

---

1 梅祖彦《晚年随笔》,页15—16。
2 《詹锳自述》,见《世纪学人自述》第5卷,页223。他归国后,国内的心理学研究所不肯接受他。
3 朱锡侯《昨夜星辰昨夜风》,北京:人民文学出版社,2011年,页79。
4 胡光麃《波逐六十年》,页104。胡光麃于1931年回国办实业,国共内战后赴台湾。

回国后第二年肃反运动,再两年整风运动,接着大跃进,反右倾,稍有恢复又发生文化大革命。这些政治运动对我们的业务工作和个人生活都带来了很大冲击。我们对当年回国是否后悔了,觉得这一段时间是否白过了? 从相熟的老同学经历来看,倒不是这样的。我们尽管遇到各种挫折,但为社会主义建设的责任心没有动摇,考验只会加深对自己使命的认识。当年美中之间隔着一道铁幕,意识形态、政治体制、生活方式上俨若两个世界。年轻人从一个熟悉的环境毅然闯入一个陌生环境,确实经受了考验。[1]

一个文科的哲学毕业生,在朝鲜战争爆发后,冲破美国政府所设的重重障碍,拒绝师友劝阻,毅然回国参与建设,并照顾妻儿老母。他自视为爱国和反抗种族歧视的表现:

> 有人说太笨,但自己始终不后悔,因为对国、对民、对家都做了自己应做的事,心安理得。[2]

既然人生的路不可以重新选择,这些不后悔的表述都可以被人视为阿Q,不过聊以自慰。

留学生到底为什么要决然回国呢? 或许像生物学家汤佩松所说,他回国五十年,从来没有仔细想过这个问题,就是在政治运动中也没有深刻地想。1950年代"思想改造",群众向他提出,令他短暂地想过;后来"文化大革命",他脑中有时掠过。反而动荡过后,他见到曾经共事或共学的美籍华人、外国专家,心头总会涌起这个问题。[3] 总的来说,回国对他是自然而然的,动荡亦不移其志,但追求学术的心一直没有死。

至于当年许多知识分子的心境,"七七事变"之后烽火连天时回国的杨

---

1 梅祖彦《晚年随笔》,页70—71。他在1954年回到中国大陆,而不是追随其父梅贻琦到台湾。
2 《李匡武自述》,见《世纪学人自述》第5卷,页357—358。
3 汤佩松《为接朝霞顾夕阳》,载《资深院士回忆录》第1卷,页39。

绛讲得最好：

> 我们如要逃跑，不是无路可走。可是一个人在紧要关头，决定他何去何从的，也许是他最基本的感情……我们不愿逃跑，只是不愿去父母之邦，撇不开自家人。我们是国耻重重的弱国，跑出去仰人鼻息，做二等公民，我们不愿意……一句话，我们是倔强的中国老百姓，不愿做外国人。[1]

在这样一种思想感情里，不回国是不是成就会更高的疑问，或许会在这些爱国书生的脑中闪过，但是个人得到十分比起国家得到一分，哪种价值对他们更有意义，非身在其中的，又怎能妄下结论？那个时代的个人最基本的情感，是不能用现在的人的判断去估值的。然而，让国家和个人都得不到分，就未免太令人难过了。

一百年来的留学潮，前半世纪以救国为基调，可是这留学潮在后半世纪却久久未能退潮，还变成以离国为上着，这恐怕才是百年留学潮最大的讽刺、最无奈的终局。

---

[1] 杨绛《我们仨》，页122。

附：最基本的爱国心故事

历史学者何兹全1930年代留日，1947年去美国留学。他16岁就参加国民党，与国民党有深厚的感情，因为在日本留学的一年，看见日本军人野心勃勃，而国民党却颟顸而专注于内战，所以反对蒋介石，但仍拥护孙中山的三民主义。在美国时他跟共产党学生接近，思想上和国民党决绝，然而还保留着和平、民主、改良的思想。

> 在1947年至1948年之交，我思想深处仍在希望社会主义和自由主义的结合，出现新局面。……虽然承认共产党的领导了，但思想上却仍是一个自由主义者。

1949年，国民政府从大陆退守台湾，何兹全本可以去台湾，因为他在"中央研究院"保留有职位，也可以选择留在美国，当时他在霍普金斯大学已经有研究员的位置，工作稳定，至少两三年不成问题。他却在朝鲜战争爆发之后的1950年9月从美国回到中国大陆。

他的背景让他回国时心情很复杂。

> 回国？我和共产党虽无仇无怨，但我总是几十年的国民党人……在武汉时共产党的刊物还送了我一顶帽子——新陶希圣主义。无论新也好旧也好，总是陶希圣，不仅政治、学术上我是陶希圣的学生，《食货》的撰稿人，地道的《食货》派。这样一个人，回国行吗？能受欢迎，能受容纳吗？

然而，他的心思是，虽然是国民党人，但他想出力建设中国。何兹全自知受过欧美社会自由民主思想教育的知识分子，是个人主义的，独往独来的，个人行动受自己的思想意志指挥，与共产党人是两种世界观、人生观。他们这种知识分子还有轮流坐庄的思想，你不行时就换换我，而"共产党的民主是无产阶级专政下的民主，工农人民大众对无产阶级专政下的民主很容易接受，跟着共产党才有饭吃，才能不受剥削和侮辱，他们不要求换换领导"。

那么为什么这个个人主义知识分子会选择回到中国大陆呢？因为他不想像他在东北所见的白俄知识分子那样，变成没有祖国的人。

> 到回国时，脑子里已很清楚地认识到，我回国是向共产党投降。

他希望中国出现一个祥和的局面：知识分子彻底真诚地向共产党投降，而共产党能放心地对知识分子宽容。

他的选择反映了中国留学生长期怀揣的爱国意志。哪怕个人前景不明，他们的爱国心还是燃烧不熄，可以打破党派界限。

> 我虽然痛惜国民党的失败，我爱的是国家，我应该接受既成事实，希望共产党把国家建设好。

他的朋友，另一个国民党人萨师炯也打算从英国回国。萨师炯在信里说，他没有何兹全的雄心壮志，回国后能有一碗饭吃就行了，别的什么都不想。何兹全说，"当时我还不理解，我有什么雄心壮志？稍后我才领会他的意思，我还想知识分子在共产党领导下做点事，他已认为是雄心壮志了。"

何兹全回国前后，始终沉默努力地工作，希望最终能被接纳，"回国前和中国科学院通讯，心情有过一次凄凉；回国后找工作，又一次心情凄凉。此后在工作中还有几次心情凄凉感，造成我的情绪波动。"

那么多年过去，这个想在共产中国努力使祖国富强的国民党人，将他晚年出版的自传叫作《爱国一书生》。

> 是"祖国"这两个字的神圣力量把我这游子召唤回来的。我这样说，

丝毫没有往自己脸上涂金的意思，说我多么好，多么爱国。在中国传统优良文化养育和百多年来帝国主义侵略侮辱下成长起来的中国近代知识分子和中国人民，都有一颗强烈的爱国心。爱国，鼓舞着他们杀身成仁，舍生取义，前仆后继，为国牺牲。八年抗战，千百万人壮烈牺牲在敌人的炮火和枪口下。……我只是我同时代爱国人群中的一个，和有些人是没法比的，和为国牺牲的先烈们更是不能相比的。

当时许多留学生都义无反顾地回到因战乱而残破的中国；20世纪上半叶的留学运动，就是一场爱国众书生的运动。[1]

---

[1] 何兹全《爱国一书生》，页218—227，232—233。

第十章

国际风云中的留学生

可怜异代却同时：不同世代的留学生

中国大规模的留学运动是在救亡图存最紧迫的时代进行的，历时半个世纪。在漫长的五十年中持续地求西学，看来一心一意，其实是很多代的青年出洋，前仆后继。这取西经的半个世纪，恰恰又是欧美思潮最动荡、社会变革和冲突最大的时代，仅以政局而论，已发生了两次世界大战。而中国在推翻清朝之后，中央权力成为真空，军阀各据一方，互相攻伐，跟东汉末年的州郡割据相似。

对西方的社会思潮或者它的日本式变奏，留学生在外国时已经有所争论，待回到中国推动探索，更在青年中掀起思想大潮。中国社会内部既有权力纷争，又受外围政局挟带，被涌入的各种纷杂思想影响，可以想象整个社会撕裂得有多严重，当时国人唯一同心的，是对列强欺凌、对日本侵略的愤慨。

在如此复杂的场面里，几代留学生的救国志向没有改变，但救国的方法也是多番变换，前未仆而后继。在这左冲右突的几十年里，可说越救越危亡，人心也越急。

留学生的几个世代

撇除19世纪七八十年代洋务运动的留学举措，研究者将这半个世纪的留学热潮分成几个阶段。大划分的话，研究者一般都以辛亥革命或五四运动为界线，而进一步的细分，从清末到辛亥革命，是救亡、革命作主轴的时代，以留日学生为主体；民国头十年或头二十年，则缤纷多彩，自由发展，留学美国、法国、苏联都掀起高潮，头十年以留美惹人瞩目，后十年的留法、留苏大潮变成政治事件；进入1930年代，中国要备战日本，留学生仍然不忘救国，但政治纷争颇令年轻学子无奈，同时，在一大班教育界留学生的支撑之下，留学管理更成熟了，这是以学术和专业为重的留学时期；抗日战争结束后，因为美国的政策，又掀起理工人才留学美国的潮流，直到两岸对峙，大陆被封锁，留美的热潮转在台湾持续。

从这个时间表来看，几乎十年就是一代，而20世纪头三十年所上演的，可称得上中国近代留学大潮最波涛汹涌的一段，每十年就生成一个巨浪，留日、留美、留法及留苏变换上场。

在这三千年未有的大变局里，后浪推前浪，哪怕曾经新潮的，一下子就变成旧人。在"五四"当年去留学的青年学生说：

> 中国社会基础业已根本动摇；中国的前一辈人业已无法领导我们这一代后生，中国的老新党或老革命党的想法、作法又多不切实际，而西方思想的冲击直似狂风四面吹来；再加以苏俄共产党的宣传与组织，有目的，有计划的向中国青年下手领导，则中国大变局之将来临，大动乱之必然发生，在理与势皆无法避免的。……青年有志之士其时对政治现局都主张取远距离，而一面努力吸收新知，一面注意社会活动。但这一类的社会改革思想并未成熟，大家即群趋于新文化运动：文字解放、思想解放、家庭解放、妇女解放等等，……海阔天空之后，如何修己，如何治事，如何改革社会，如何治理国家，则大家都只有向西方去寻求范本。[1]

可怜中国取西经以救国的热潮，经历多番挫折，磨损了好几代留学青年的棱角，仍然未竟其功。这是我们看这一段追求现代化的留学经历时，不能忽视的境况。

---

[1] 李璜《学钝室回忆录》，页108—109。

留学生世代	年份	政治	留学主力
清朝留学生	1896—1910	立宪和革命之争	多数留日，少数留美
民初留学生	1911—1919	辛亥革命、五四运动	留美潮发轫
混战时代留学生	1920—1930	军阀混战，西方社会思潮包括共产主义思想急速涌至，造成学生之间的政治分歧	留美已成重要风尚，留法掀起大潮，留苏也有上千人
做留学梦的成熟留学生	1931—1945	政治思潮大分歧，日本侵略威胁，社会经济困难	限制留学，要以考试争取，但人才更成熟，留学国更分散。留日重新成为高潮
理工科学生赴美	1946—1950	国共内战，国民党政府退守台湾，中华人民共和国成立	数以万计的理工科学生赴美

一代革一代的命——几件事例

不细辨历史的人，会认为留学生的对立面就是那些抱残守缺的旧派人物。他们忽略了一个现实，即半个世纪的留学潮已教育过好几代新人了。

旧一代留学生回来，未及改变中国，新一代留学生又已受新思想而回国。国际风云变幻，中国政治的昏暗，令努力取经未能收到宏效。每一代留学生施展变革抱负的时机都极短，想在政治上有作为的，要跟乱局下的政府合作，又或者变质而成同流合污；想在学界有作为的，却抵不住青年学子对现实的怒火，学校里不断涌现学潮。

中国出现一代革一代之命的局面，哪怕取过西经回国的留学生，也会被下一代视为保守而扬弃。

后浪推前浪的无奈

五四运动是为了抗议巴黎和会出卖中国在山东的利益，两年后的华盛顿会议是巴黎和会的后续。这两次国际会议期间，中国的学生无论在外国或中国，都主张"外争国权"，"五四"时又要求"内除国贼"。

"五四"游行示威所针对的三个官员——曹汝霖、章宗祥、陆宗舆，都是1900年前后的留日学生。两次国际会议中的六个中国政府代表全是留学生。陆征祥、魏宸祖留学比利时，施肇基、王宠惠、王正廷、顾维钧四人则是辛亥革命之前的留美学生，王宠惠并曾留日。

1921年华盛顿会议召开，留美同学会派去华盛顿的学生代表有罗家伦、陈翰笙、段锡朋，罗家伦和段锡朋都是五四运动的学生领袖，这时正由留美工业家前辈资助在美国留学。他们劝谏中国代表团，不要在丧权辱国的条约上签字。据说段锡朋一度激动得要打中国代表顾维钧。顾维钧则承认他们劝抗议者接受条约时，被骂为卖国贼。[1]力争之下，中国仍没法全面废

---

1 陈翰笙《四个时代的我》，页24。顾维钧《顾维钧回忆录》第1分册，页232—233。

除不平等对待,包括治外法权等,中国代表最终在《九国公约》上签了字。

曾经留学而且参加革命的新人物,在政治的大潮里也很快就被视为保守。上海锦江饭店的女老板董竹君笔下的丈夫,就是这样。董竹君家穷,流落青楼,在烟花之地认识比她大12岁的革命党人夏之时。夏之时17岁到日本学军事,辛亥革命时24岁,以新军身份起义,做了四川副都督。夏之时答应带董竹君到日本读书,于是15岁的董竹君千辛万苦逃离青楼。婚后董竹君觉得丈夫是个大男人,对待妻子不是平等互爱的态度。在日本,他不喜欢她上学读书,宁愿请五个家教,又重男轻女,不重视女儿的教育。在政治上,丈夫仍追随孙中山革命,护法战争时任靖国军总司令,行为却有如军阀:在驻防地所征的税,用在军费之外,有一部分入了自己口袋,以供养一大家子几房的人口,"整个大家庭的开支费用,除祖上遗留下来的少数田地收租米外,其余都要依靠这笔收入。"失势之后,他日夜谋划的是如何东山再起。

五四运动时,董竹君对运动冲击旧礼教很兴奋,订购了许多新书和报刊。但丈夫对新刊物毫无兴趣,也不喜欢妻子看。夫妇俩思想渐行渐远,1929年,"我越来越感到家庭方面无论教育、经济必须有所改革。但是,丈夫守旧,从不答应什么革新的。"董竹君终于脱离夏家。[1]

在学界,新与更新的矛盾一样尖锐。

1908年中国公学闹风潮。这间学校是因为清政府取缔留日学生,大批留日学生抗议、退学回国,而在1906年创办的。最初因为欠缺捐款,留日的干事姚弘业投江自尽,舆论敬仰,学校才获得经费,得以存续。学校由学生自办,同学也多是剪了辫子的革命党人,可是只及两年,就闹起风潮:

> 校章的修改也不是完全没有理由的。但我们少年人可不能那么想。中国公学的校章上明明载着"非经全体三分之二承认,不得修改"。这是我们的宪法上载着的唯一的修正方法。三位干事私自修改校章,是非法的。评议部的取消也是非法的。[2]

---

[1] 董竹君《我的一个世纪》,页93,143。

[2] 胡适《四十自述》,页149。

讲这番话的，是参与学潮的学生胡适。他因此失学，于是去考留美考试，十年后成了新文化运动的风头人物。

1924年北京女子师范大学发生风潮，反对的对象更是两度留学读教育、刚回国不久的女校长杨荫榆。

事缘当年秋天开学时，有学生因为天灾及战祸迟了回校，杨荫榆要处罚学生。在那个青年深感中国黑暗，无处不是苦闷，苦闷，苦闷，苦闷……的年代，又加上"五四"以后的气氛，学生对于带有家长态度的措施，都有疑虑以至反对。杨荫榆自问负笈重洋、执教十年，有如家长般爱护学生，却不自知这种带了家长心态的处理手法，正与当时青年的思想不合，终于闹到学生会公开要校长下台。杨荫榆避到其他地方，召集教员以行政手段开除学生自治会成员，以至于求助警察入校。纠纷扰攘一年，针对支持者和反对者的流言四起，最终杨荫榆被免职。这件事不但为教育界所知，还因为鲁迅发文反对杨荫榆，[1]在文学界也很有名。

杨荫榆的性格大概是比较耿直、少有修饰的。她在哥伦比亚大学读教育时，徐志摩也在哥大，在日记里评论十个女生，也包括杨荫榆。

在二十出头的徐志摩看来，已四十上下的杨荫榆以教育家自居，有点自命不凡。她比平常女生多留意国事、世界形势以及美国家庭状况，论意见则是个温和保守派，不愿意叫旧道德让路，不赞成欧化中国，主张作局部的变通。然而仔细查究起来，她也没有一定的主见。她看不惯活泼的女生、开舞会等，认为太过火，大概生性戆直，或者是教训惯了小学生，所以评

---

[1] 女师大学潮争执经年，流言四起。其间鲁迅作为教员，除了与六个教员发宣言支持学生之外，又与为杨荫榆讲话的陈西滢等论辩，揶揄刊登陈文的《现代评论》。这段公案涉及当时好几方面的争论，并及于共产思想与学生运动，甚为复杂。杨荫榆开除学生的主张，得到当时提倡整顿学风的教育总长章士钊支持，而章士钊任总长的北洋政府是军阀政府，由段祺瑞执政。章士钊被视为军阀的帮凶，压制日趋厉害的学生运动；反对新文化运动的章士钊提倡读经，固然被声讨，留美回国创办私立大学的胡敦复继任女师大的校长，也被说成觊觎职位。第二年，学生为反对外国侵侮到段祺瑞的住处抗议，军警开枪镇压，死伤多人，称为"三一八惨案"，死者包括女师大风潮的学生领袖。详可参鲁迅《坟》中的《论费厄泼赖应该缓行》《从胡须说到牙齿》，《两地书》及《华盖集》正续篇的《并非闲话》《北京通讯》《忽然想到》《碰壁之后》《不是信》等等，《集外集》的《女校长的男女的梦》及陈西滢《西滢闲话》。

论口不择言，得罪了不少人。有一次受邀在中国学生大会上演说，她先是主张要强健体格为国家出力，次说现在中国人只能卧薪尝胆，不可歌舞游乐，紧接再说她不赞成美国化。这番讲话惹出许多闲话。徐志摩说，"就他命意说，倒是句句金言，我就很钦佩他的敢言不惮。无如他说得太啰嗦了——他骂人了——他于是触怒人了。"徐志摩说自己同情杨荫榆，她明知没有什么好结果，还是敢言不忌，的确是一位大本营里统辖管下的监学先生杨大姐！[1]

徐志摩自言不甚了解她的履历，只知道她曾留学日本，曾经离婚或退婚，在中国妇女界大概也是一个人物。杨荫榆确实是妇女界一个人物。徐志摩当时不知道她详细的婚姻故事：她听从父母之命结婚，却发现夫婿是个低能儿，于是激烈抗婚不回夫家；当然也不知道她后来在抗日战争中舍命斥责日兵而被杀的壮烈事迹。这些行为，跟她在美国、在女师大的表现，还是一脉相承的。

女师大的风潮，自然跟杨荫榆的个人性格和手腕不灵活有关系，但是19世纪末敢于抗婚、20世纪两度留学的一个新女性，却在"五四"之后，变成年轻人眼中保守的人。徐志摩说"中国人见了没有一个不说他是国粹保存家"。

杨荫榆的侄女杨绛说，"她挣脱了封建家庭的桎梏，就不屑做什么贤妻良母。她好像忘了自己是女人，对恋爱和结婚全不在念。她跳出家庭，就一心投身社会，指望有所作为。她留学美国，做了女师大校长，大约也自信能有所作为。可是她多年在国外埋头苦读，没看见国内的革命潮流；她不能理解当前的时势，她也没看清自己所处的地位。"[2]

教育的宗旨不应变，但是教育的手段不得不因应而变，在时代的悲剧巨流里，戆直的杨荫榆只好做了一个悲剧人物。事实上，在1920年代中期到1930年代紧张的局势下，许多留学生和维新人士即便不戆直，他们办的学校、所提的主张，也得不到年轻学生支持。

清华大学的历任主事者多是留美学生。一个1930年代中期考取公费留学的年轻人，在清华读政治时，就反对学校的主张，指摘"国家情况一天

---

[1] 徐志摩《留美日记》，见《徐志摩未刊日记》（外四种），页115—117。
[2] 杨绛《回忆我的姑母》，载《回忆两篇》，页95。

比一天坏，学校的方针不是鼓励救亡图存的爱国青年，而是奖励埋头读书的学生"。[1]

私立的大同学院是留美学生胡敦复等人创办的。生于清朝大官僚家庭的周煦良是该校的学生。胡敦复兄弟很早就致力于科学救国，或因如此，大同学院有重理轻文的取向，周煦良并不喜欢。1925年"五卅运动"时，20岁的周煦良反对大同学院主张学术救国、要学生埋头读书的风气，赞同蔡元培"读书不忘救国，救国不忘读书"的口号。周煦良的父亲是开明士绅，曾和胡敦复、胡明复兄弟筹办中国科学社，当知道儿子在学校闹事，很生气，将他禁闭在家。[2]

在新文化运动中风头一时无两的胡适，在1920年代中期感叹"不容忍的空气充满了国中。并不是旧势力的不容忍，他们早已没有摧残异己的能力了，最不容忍的乃是一班自命为最新人物的人。……这种不容忍的风气造成之后，这个社会要变成一个更残忍更惨酷的社会，我们爱自由争自由的人怕没有立足容身之地了"。[3]

---

[1] 《龚祥瑞自述》，见《世纪学人自述》第4卷，页217。他说这番话是在1932年。
[2] 《周煦良自述》，见《世纪学人自述》第3卷，页1—2。周煦良后来去爱丁堡读文科硕士，为了搞翻译，他翻译贝莱克《神秘的宇宙》寄给父亲，"被来信骂了一阵，说有些句子简直像外国话，后来我得知他在集邮杂志上写的白话文完全是'五四'以前的白话，但我还是接受了他的意见。"约1930年代，他翻译《地球末日记》出版，寄了一本给父亲，这次他没有再骂，页3，6。
[3] 胡适致陈独秀的信，谈及1925年11月《晨报》报馆被烧事，见耿云志编《胡适遗稿及秘藏书信》第20册，合肥：黄山书社，1994年，页76—77。其实，胡适等提倡白话文，把中国古文学说得一文不值，也让梅光迪等认同中国传统文化价值的留学生痛哭流涕。

时潮作弄弄潮儿

留学生是天之骄子，他们也一腔热血，以为自己取得西经之后，将会是时代的弄潮儿、中国的拯救者。这种雄心在1910年代的留美学生身上体现最强烈。

然而在20世纪的西方，思潮如疾风骤雨，欧美社会也正在自己的急流里寻找出路。设想社会改良、变革的各种主义，百家争鸣。取西经，千头万绪。

1920年末，一个留法勤工俭学学生翻阅《旅欧周刊》，上面有一篇《留学界的两大潮流》，说留美学生造成资本主义，留法勤工俭学生造成劳动主义，而留德学生有自然与法国留学界连络之势，将来这两种主义在中国必有短兵相接之一日，造成社会的革命。[1]

这个预言，是不是不幸而言中呢？

汹涌而入的西方思潮

1910年代，中国在求自主求富强的路上，已经挣扎了许久，连国体都变革了，虽号称亚洲第一个共和政体，却陷入大国解体后军阀争权的混战中。知识分子苦思冥想，来自西方的理想社会思潮，被他们视为拯救民族的药方。

思想大变革的五四运动前后，西方思想如潮水般涌入。近百年里欧美出现过或者刚冒起的思想，纷纷传入中国：来自法国的空想社会主义、主张适者生存的社会达尔文主义、渊源甚早的无政府主义、法国和日本思想家带实验色彩的新村主义、托尔斯泰推崇的泛劳动主义、美国的实用主义等等。

---

[1] 王光祈《留学界的两大潮流》，载《王光祈旅德存稿》，页447，原载1920年《巴黎旅欧通讯》。此文并为法国勤工俭学生贺培真记在当年12月6日的日记中，见《留法勤工俭学日记》，页35。王光祈曾与李大钊、曾琦等在北京创立少年中国学会，1920年赴德留学，1922年转攻音乐学，1936年于波恩逝世。

这些思潮透过留学生（尤其是留日学生）的推介，在五四运动以前已经陆续传入。[1]

1919年的五四运动是一条分水岭，汹涌袭来的西方思想再不限于学界和城市，而波及全国乡镇的青年。巴黎和会时，中国人对国际公义本来充满期盼，却突然受到巨大的政治挫折，不啻当头一棒。这时知识分子趁势推动思想启蒙，风潮席卷青年知识界，令西方思潮的传入更深更广。

虽然中国学生多数留学日本和美国，但是震动中国青年的许多思潮，根源还是来自欧陆。"五四"之后，留学生和知识分子更广泛邀请欧美的哲学家来中国，到各地大学演讲及授课一两年，传播他们的新学说，如1919年从美国请来提倡实验主义的杜威（1919—1921），1920年从英国请来提倡个人主义的罗素（1920.8—1921），1922年从德国请来生机主义进化论的杜里舒（Hans Driesch，1922.10—1923.6）。这些引入中国的新思潮，只是欧美思潮的一端，因应人脉关系而进入中国，但都风动一时，对当时的大学生思想有示范的影响力量。[2]

青年人透过以上海为中心的渠道，接触到外国百花齐放的思潮。一个后来服膺于无政府主义的青年说，他1918年到上海，似乎进了一个新世界：

> 我要认识我们这个世界，渴望得到真理，像新生儿一样，到处吸吮，不管是奶头还是手指头。我乱七八糟地接触到当时在青年学生中传播的许多思潮，如进化论、创化论、民约论、互助论、个人主义、社会主义等等，也读过《共产党宣言》。[3]

这个时候，不仅十几岁的青年大感新鲜，已有社会阅历的余家菊也眼

---

1 据陈万雄所提供的人物介绍，《新青年》从同仁杂志到以北大为阵地，前四卷的26个主要作者中有23人曾留学，且以留日为大多数，虽然其中革命学生不少，亦有留日只九个月的沈尹默，见《五四新文化的源流》，香港：三联书店，1992年，页2—17。

2 这些西方学者分别由蒋梦麟、胡适、梁启超、张君劢等邀请而来。1923年4月《东方杂志》有专号介绍杜里舒。另外，1924年印度诗人泰戈尔也受邀来中国，1933年则有英国作家及费边社的萧伯纳来华，见李璜《学钝室回忆录》，页109。

3 《詹剑峰自述》，见《世纪学人自述》第2卷，页198。

花缭乱：

> （1922年）出国时国家危兀，国事动荡，国人方沉迷公理战胜之说，而醉心于世界和平。威尔逊"十四条主张"失败于凡尔赛，世人终觉其为偶尔小挫，难阻进化潮。于国际则国际主义兴盛，则无政府思潮隐然充沛，赛先生与德先生固为时人所崇拜，而新村运动如日人武者小路之所为者，亦为青年所景仰。甚且废除军备之主张，亦复时见于报端，以故当时志士之胸襟清新活泼而肤泛空洞，思想自由之机运已启而见解大率短近，议论殊为庞杂。[1]

刚刚才在五四新文化运动里带领风潮的留美教授胡适，称之为"怪论百出"，而余家菊就回复说"事殆难言，唯有慎之"。

一个青年留学欧美之后回想，当时传播这些新思潮的中国知识分子，也处于认识摸索之中：

> 这许多社会思潮都是传入中国不久的，由于当时知识界的思想水平普遍不高，传播者在传播时又有自己的理解或先入之见，使得许多青年学生对这些思潮的理解都很模糊，对马克思主义的理解更是如此。记得我所读的《共产党宣言》第一个译本的卷首语是"四海之内皆兄弟也"。当时所知道的马克思，也多是他与燕妮谈恋爱的事。[2]

政治思潮分歧

虽然文学思潮对爱好舞文弄墨的知识分子有吸引力，连五四新文化运动也几乎变成白话文学的运动，可是在众多传入的思潮里，还是以社会改造的政治思潮为主，而社会改造的政治潮流，又怎能不涉及实际的世界政

---

1 余家菊《疑是录》，载《余家菊景陶先生回忆录》，台北：慧炬出版社，1994年，页220。
2 《詹剑峰自述》，见《世纪学人自述》第2卷，页199。

治操作？在沉疴不起的中国，知识分子争相执着自己的新信仰，各怀一个药方来救中国，在国内使政见纷争变成社会议论的中心，在国外则改变着留学生团体的气氛。

清末的留学生也怀抱救国之心，那时候虽有立宪与共和之争，但只是中国内部政治的纷争，没有涉及国际局势的角力。所以，留学生的政见或者不同，感情还是比较融洽的。立宪和革命两派都以日本为大本营，意见之争也很少演变成拳头相向，一旦意见不合，则退会另创新组织。在美国，辛亥前留学生团体的气氛也比较融洽。

> 我有一个清楚的印象，当时中国学生不属于任何党派。作为中国人，他们关心祖国的幸福。一般说来，很少表达政治见解。中国学生联合会注意使任何建议都超越派系之上。因此，如果有人提议就某一时事向北京发出电报，不难获得差不多一致的拥护。……据我回忆，在主张共和和赞成君主立宪两者之间，从来没有发生过公开论战。我想，中国学生开会时是有意回避公开论战的。……有些学生属于同盟会，但他们肯定不会暴露身份。[1]

这种和而不同的局面什么时候改变呢？"五四"之前，大家都不满军阀政府，分别不明显。"五四"之后，青年学生开始分化。

留学生的派系冲突

面对许多主义和学说，文艺思潮或教育理论上，留学生虽然也有争执，各不相让，但政治和社会的思潮才是分歧和纷争的症结。这种分歧终于使中国留学界分裂。

厕身欧陆的学生直接接触这些思潮以及思潮所产生的现实世界。他们思想的涌动和分歧，比中国国内为早，甚至可以说，正是他们将争执带回中国，令争执在中国延续。这些传播者之一是五四运动前后出国的留法学生，包括自费生和勤工俭学生。他们在欧陆思想十分活跃的法国留学，卷

---

[1] 顾维钧《顾维钧回忆录》第1分册，页66—67。

入各种主义的论战，早在国人及留美学生未分裂时就已分裂。虽然他们不少人的外语水平受限，不免还要靠中文媒体来了解，但是又可以依稀模糊地看外国的材料。后来的共产主义者、当日勤工俭学的聂荣臻说：1000多名留法勤工俭学生的社会思潮基本上可以分为五大派：共产党、国家主义派、无政府主义派、社会民主党、国民党右派。学生们不属这一派，就属那一派，几乎没有一个"白丁"。[1]

这种无人能置身事外的情况，并不是一开始就如是的。

由论战到流血冲突

读了许多西洋理论的青年，为国运、为个人前途路向，纷纷提出自己的意见，落到具体的施为上，则变成各种论辩。由于勤工俭学生的困境最大，所以他们之间的争论出现最早，也最突出。他们钱不多，但是踊跃订报刊、自办刊物，或者胶印宣言、写公开信。[2]

他们组成各式互助小团体，成员的想法也不固定，最初并不都是共产党，甚至不很认同共产主义。一个勤工俭学生曾参加这些小组织，想多学些知识，也得到团体的训练，但当小组织参加一些更大的团体时，他在日记里就说："我自己主张：（一）假若是搞共产党的组织，我以个性不任束缚的关系，必需退出社外。"[3]

无政府主义提倡自由、个性解放等等，当时很合青年的胃口。中共第一任总书记陈独秀的儿子陈延年，据说最初也倾向无政府主义。他与朋友一起办刊物，起初没有明显立场，几个月后才变成马克思主义者。[4]

事实上，当时世界格局复杂，各国年轻人论辩社会发展，非常普遍，并不限于中国学生。当时留英的中国学生多数爱读书，不搞政治活动，但是在由费边社办的伦敦政经学院，有世界各地去的学生，印度、埃及去的特别多。在学生会做干事的一个中国学生经常和他们接触，觉得他们都不喜欢当时列强在世界上的行径，许多同学自动集会辩论重大国际问题，各

1　聂荣臻《聂荣臻回忆录》，页26。
2　郑超麟《史事与回忆》第1卷，页179—180。
3　贺培真《留法勤工俭学日记》，页104。
4　郑超麟《史事与回忆》第1卷，页180。

抒己见。[1]

当时大部分勤工俭学生的讨论，本来只是这种社会状况的反映，意见也很纷纭。

> 在法国，我不仅经历了求学和做工的艰苦，在思想上，也在进一步探索着国家和个人的出路何在。留法勤工俭学生中间，当时有各种各样的社会思潮，他们时有争论，对我是有所触动的。但是1920年到1921年这期间，这种触动还没有彻底改变我那种实业救国的想法。

可是勤工俭学生爆发学潮并被镇压之后，许多人就逐渐倾向共产主义，包括怀抱实业救国梦的聂荣臻：

> 1921年开展的几次大规模群众斗争的场面，经常浮现在我的面前。我经常翻来覆去地思考着：中国是这样一个现实，你的科学技术学得再好，即便是成为工程师，回国以后又有什么用呢？总之，我的思想很矛盾，遇到的问题很多，觉得一切都同原来的设想不一样。[2]

学潮之后，勤工俭学问题引起的争论没有了，无政府主义、共产主义和国家主义的争论成了主角。这时主张共产主义的学生人数大增，而且积极和持另外两种主张的学生论战。

在共产主义声势增加时，几个在法国留学而主张国家主义的自费生曾琦、李璜等，不同意阶级革命、无产阶级专政，酝酿组党，1923年底成立中国青年党。他们的口号就是五四运动标举的"外争国权，内除国贼"，认为要用国家主义的精神，争取中国的独立和自由。

国家主义源自西方政治理论，与无政府主义和当时流行的国际主义可以说刚好是三个出发点。国家主义有思想系统，有反对集体主义的成分，尤其因为反对不讲民族、专讲阶级，所以与共产主义者成为论敌。

---

[1] 钱昌照《钱昌照回忆录》，北京：中国文史出版社，1998年，页12，16。
[2] 聂荣臻《聂荣臻回忆录》，页18，22。

国家主义推到极端，也容易流于褊狭的国家民族意识，变成只问国家，不问是非。留学生身处第一次世界大战后的欧洲，经常体会到英、法、德之间的战争仇恨。一个学生跟法国房东聊天，见他对从前普法战争的耻辱犹有余憾，又见协约国拍的第一次世界大战电影渲染德军死伤，青年和妇女看得大呼狂叫。他认为这是灌输军国爱国主义，"国家主义的思想，中人如是之深，遍欧洲人民，我想尚有大半数犹沉醉于国家主义中。"[1]

1923年，分持国家主义与共产主义的中国学生论战激烈。共产主义者攻击国家主义者宣传国家至上，支持北洋政府，反对阶级斗争，反对苏联，也反对国共合作。[2]

在20年代上半期，这些主义之争在法国和德国的留学生里闹得不可开交，由笔战甚至演为动武。"各党由思想斗争，演至流血打斗，为留法学生从事政治运动的波澜壮阔时期。""留德学生分两派，新派进步和旧派守旧学生，斗争相当剧烈。为了夺取学生会会址，甚至动武。"[3]

除了主义之争，共产党人还反对各种救国论，认为政治不良，科学、教育救国都不会有成；共产党人虽然尊重孙中山，尤其在国共合作的时候，但认为三民主义是不彻底的。

后来这些人物都先后回国，继续斗争。青年党在1924年把总部也移回中国。

纷争搬到中国去进行之后，在法国的留学生可以比较安心读书了。虽然1927年北伐前后，青年党、国民党派去的党员留学生，跟共产党仍有冲突，国民党自己也有不同派别，但是相较1920年代早期，党派争斗在国外的形势已大为缓和：

> 留法学生人数突然增加，可算是留法另一高潮时期。……这时留法界的政治冲突和斗争，已经移到国内。各党的活动表面上已归于沉静。中共完全归入地下，很少公开活动。国民党虽有两个派别不同的驻法

---

1 贺培真《留法勤工俭学日记》，页96，100。
2 聂荣臻《聂荣臻回忆录》，页27—28。
3 吴俊升《教育生涯一周甲》，页39。钱昌照《钱昌照回忆录》，页13，留学生间激烈冲突发生在1921年夏季。

支部在巴黎，但除了各自宣传外，相安无事。青年党总部已移国内……突然增多的这一批留法学生，来源比较整齐，大都是大学毕业，……形成一种平静的学风。我们在这种学风中留学，幸能免除政治纷扰而专心于学问。[1]

这不同意识形态短兵相接而生的种种冲突，风眼已经不在国外。随着各派留学生纷纷回国，两种主义在中国土地上相冲突的一日已经来临。

留美学生的挫折

这里要加插一笔留美学生的故事，因为他们曾以为自己将是改革中国的先锋。而美国也有透过庚款留美计划来取得中国未来人才培养权的想法。事实上，在新文化运动期间，胡适作为留美学生代表确实风光过好一阵。

英国哲学家罗素对美国的传教士和政府对中国施加影响不很看得惯，1920年代时，他说越来越多受过美国影响的中国人在中国担任要职，而他们都深信美国是世界列强中对中国最友好的。[2]

罗素的判断没有错，因为后来的美国研究者也同意"在20世纪之交，中国学生将两国之间的关系定义为'特殊关系'。学生们认为美国有别于其他国家，因为它愿意与中国公平交易。这一点通过美国支持中国领土完整，并且返还部分庚子赔款可以体现出来。"[3]

然而留美学生以至美国的愿望在后来却受到大挫折。

1924年分界线

思想分歧和政治纷争以至于分裂、流血打斗，虽然先发生在风暴中心的法、德，然而终究在几年之后，影响到美国留学生，留美学生也发生分裂冲突。吴大猷在1931年"九一八事变"后才到美国，因为不属任何派系，被推举为学生会会长。因为他没有驱逐一个父亲依附伪满的学生出会，国

---

1 吴俊升《教育生涯一周甲》，页40。
2 ［英］罗素《中国问题》，页172。
3 ［美］史黛西·比勒《中国留美学生史》，页276。

民党的留学生指控他包庇汉奸，又称他是国家主义派或者青年党，而且要在国内控告他。读研究生的吴大猷只好放下极忙的课业，专程到芝加哥的国民党部请求派人调查，幸而没有再生枝节。[1] 诸如此类的冲突，到1940年代仍然影响着留学生团体。

清华学生潘光旦参加了有国家主义倾向的大江学会，他认为1924年很重要，是一个分界线。"大江学会里面的1921、1922、1923这三班的清华人，可以说是旧时代的最后一批人了，它代表旧时代的一个尾巴。1924年到美国去的学生，有的搞劳工运动，后来加入了共产党。所以从1924年开始有了第一批共产党员。"[2]

1924年，曾在清华成立超桃社、以政治救国为号召的学生陆续毕业赴美，后来加入美国共产党。留学生的变化也可说反映了更大的社会变化——1924年是孙中山决定联俄容共的一年。

两次重大国际会议

在1924年之前，有两次重大的国际活动，对留学欧美的学生以及国人希冀于美国主持公道的一厢情愿，有很大打击，那就是1919年巴黎和会及1921年的华盛顿会议。

早在日本提出"二十一条"的时候，留美学生就希望美国帮忙阻止日本，美国却与日本互换照会，支持日本对中国有特殊兴趣。接着，留美学生又把希望寄托在美国总统威尔逊的国际民主计划上。[3]

1919年巴黎和会

1919年巴黎和会召开，中国人希望身为战胜国的中国，能在巴黎和会上收回山东权益以及取消不平等条约。

当时英、法的立场变得明显，中国代表团知道争取不了。这时，与朋友合办通讯社的学生李璜和另外两个中国记者去访问英、法领袖，表示中国政府既然参战，中国国民不能让日本接手德国在山东胶州湾的利益。法

1　吴大猷《回忆》，页25。
2　潘光旦《谈留美生活》，载《大师自述》，页234。
3　[美]史黛西·比勒《中国留美学生史》，页277。

国总理的反应是怒容满面，英国首相则"答复得甚为滑稽：'中国大得很呀！区区的胶州湾一点地方，又值得诸位如此紧张的来问吗？'这个说法，真令人有点啼笑皆非。幸一同业，很是机警，他立即用英语说道：'山东是我们孔夫子的出生地，等于我们中国人的耶路撒冷；所以我们不能再放弃耶路撒冷的权益。'……当时我感到所谓西方的大政治家对中国史地的知识真有限得很，同时也感到英法并不重视我们这一弱国，而对日本的要求是决意予以满足了"。[1]

中国人只能以拒签和约作为抗议。签字前一天，巴黎的中国学生去见中国代表，要代表们答应不参加签字典礼，但北洋政府首席代表陆征祥没有出来，各人恐怕受骗，为免他私自潜往签署，于是便去包围他的住处。"相约，陆敢于出来，便饱以老拳，与他同归于尽。其时，我们这些人的心情紧张与忿怒，也不亚于国内罢课罢市的人们的情景！"这个反对共产主义的留法学生在回忆里慨叹："西方短识的所谓政治家外交家，又哪能了解并远见得到，这个中国新的一代人，其忿怒的种因，竟将为苏俄阴谋家所利用，而会种下后来以至今日东方祸乱的根苗。"[2]

这是留法学生的愤怒。

而在美国，如罗素所言，留美学生一直深信美国是列强中对中国最友好的。中国学生也说"第一次世界大战时，特别是威尔逊总统领导各国反对同盟国和同情中国学生时，我很亲西方。……威尔逊总统所说的每一个字，我都信以为真"。[3]

美国东岸有许多中国留学生。在巴黎和会及五四运动之年，从春至夏，波士顿的中国留学生多次集会，一再电呈威尔逊，祈求他在和会中主持公道，助中国反对日本要求。[4]留美学生对威尔逊的民族自决主张期望甚殷，不免对巴黎和会的结果大为失望。

---

1 李璜《学钝室回忆录》，页42。
2 李璜《学钝室回忆录》，页43。
3 蒋廷黻《蒋廷黻回忆录》，页65。
4 吴宓《吴宓自编年谱》，页193。

> 会中决议将德国在山东的权利转让给日本，令我十分吃惊。我对一向主张全世界人民自决的威尔逊，实在不解，何以他竟违背了自己的原则。不过我对威氏此举有不便公之于世的充分理由也说不定。¹

连向来不激进的学生洪业也深感被出卖。从1919年到1920年11月威尔逊连任落选之间，洪业至少演说过100次：扶轮会、溪瓦娜社、女士缝补团，什么地方有人肯听，他就去讲。他指出威尔逊在山东问题上违反了自己提出的"十四点原则"的人民自决。日本等国违反他主张的公开外交，他便背叛了自己的原则。洪业是基督徒，每每用一个小故事来结束演讲：幼儿园老师问了很多次谁想上天堂，同学都举过手了，学生詹尼仍不肯举手，因为他虽然想去天堂，但不要跟同学那伙儿人一起去。洪业说，同样，国联虽好，但不该跟那伙儿人一起去。²

1921年华盛顿会议

巴黎和会的后续，是各大国——包括日本，在美国华盛顿召开会议，谈判裁军，但也要讨论一些有关中国的问题，例如租借地、关税自主、领事裁判权、山东权利，包括以前德国在山东的铁路和在青岛的权益。

华盛顿会议在1921年11月到次年2月开会。美国宣布召开会议后，"一年间，所有留美学生都为华盛顿会议而激动。""中国人的看法是一致的，都希望中国能和其他国家一样享有自主权。"³

中国留美学生组成华盛顿会议后援会，在开会前后都曾游行示威。在召开重要会议时，中国学生利用口号和标语，使各国出席代表清楚知道，中国要在国际家庭中获得完全平等。华盛顿会议的结果是，日本交还山东，但中国仍然不能废除租界和列强的治外法权，也不能恢复关税自主。⁴留学生代表又要求不要在条约上签字，但这次中国签了字。尽管参加后援会的

---

1 蒋廷黻《蒋廷黻回忆录》，页72。
2 陈毓贤《洪业传》，页89。国联是联合国前身。
3 蒋廷黻《蒋廷黻回忆录》，页80—81。
4 日本在1886年便与列强谈判修改不平等条约，但实力不足，未能如愿。到甲午战败中国前后，日本与西方的谈判完成，可在1899年取消外国的治外法权，关税自主则到1911年才达成协议，见汪向荣《痛苦的回忆》，载《中国的近代化与日本》，页157。

蒋廷黻认为中国的代表已经尽力，中国在恢复主权方面，这个会议是重要一步，但也认为已下台的总统威尔逊偏颇，"在巴黎对中国的承诺，在华盛顿会议中根本未予兑现。"[1]

信念和现实

在这次会议期间，有一些支持中国的美国大学教授聚在华盛顿，甚至愿帮中国代表团做文书准备工作。已退休的政治系教授芮恩施（P.S. Reinsch）曾经在威尔逊执政之初出任驻中国公使。他当时也在华盛顿，曾尽量使西方政府对孙中山的计划发生兴趣，"当世人对国父的民生主义不感兴趣时，他深感失望，这是我永难忘记的。"[2]

书生议政的热望、威尔逊向世人宣称的理想，在政治现实的冲击下屡屡受挫。在英国，准备到牛津进修的经济系学生也对华盛顿会议大失所望。"所谓九国公约、门户开放、机会均等，不过是列强共管中国的代名词，无非彼此分赃而已。当时我国内乱不已，每个军阀无例外地都有帝国主义作后台。那时的爱国青年，无不感到悲愤。我对孙中山先生十分钦佩，但又感到他没有实力，没有实力也就赶不走帝国主义，打不倒军阀。"[3]

1924年孙中山的联俄容共政策，是多少次失望后采取的一步呢？[4]

1926年，一个美国人在《中国留美学生月报》上写："除非美国政府的对华官方政策马上出现变化，否则《中国留美学生月报》可能会关门或者搬到莫斯科去。在二十年的时间里，年轻的中国充满渴望、信任地把脸转向美国，期待同情、鼓励、建议和帮助……今天，一股不信任美国的潮流在增长，美国那些信誓旦旦与中国人民交好却没有付诸行动的言辞是越来越受质疑了。"[5]

1　蒋廷黻《蒋廷黻回忆录》，页83。
2　蒋廷黻《蒋廷黻回忆录》，页84。
3　钱昌照《钱昌照回忆录》，页17。
4　［美］哈罗德·史扶邻《孙中山与中国革命》下卷，太原：山西人民出版社，2010年，页411。美国不确认收到孙中山致新总统哈定的贺电，甚至退还他给哈定的信，又冷待他提出的世界共同发展中国实业的计划书。
5　［美］史黛西·比勒《中国留美学生史》，页280，引自 The Nation 的编辑 Lewis Gannet 的 America's Choice，CSM（May, 1926）

不过十多年前，踏上美国土地的大批留美学生踌躇满志，他们不光是要成为学者，还打算回中国办企业、搞金融等，无论他们计划做什么，这群青年自信中国将来属于他们，可是"到了20年代，共产主义形成了一股相对的力量，年轻知识分子的这种信念（能领导中国走向光明的前景）便开始动摇。""他们一点也没想到，其后与他们日夜争衡对抗的，主要不是顽固不化、垂垂欲坠的老学究，而是比他们雄心更大的马克思、列宁信徒；而这些受美国教育的民主自由倡导者，最后终究是惨败于共产党员手中。"[1]

历史难知的如果

"五四"前后的思潮汹涌而来，无论是留学生还是一般中国人，都是被裹挟着在时代的洪流里跌跌撞撞前进的。

一个曾经留法的创造社诗人，以自己当时的文学经验，来判断中国社会急速改变的原因。创造社是五四运动后兴起的文学团体，是浪漫派，但是叱咤了一年多以后，便已经露出疲态，而这个诗人自己也一变而为完全相反的唯美派。他认为这正如五四运动才完结，或者还没完结，便发生无产阶级运动，五四运动的领导者竟然会立刻又成为共产党的领袖，由此便可以明白社会上的急速转变是共通的，都由中国社会的发展形势决定。

> 中国是半殖民地国家，资本主义底逼来恰好在欧洲最高度的发展以后，资本主义进了中国同时便带来了一个世界末日和再生的命运。这就是说，中国接受资本主义的时候，资本主义已经快到最后残喘的时刻，跟着无产阶级队伍已经露出了伟大的势力来了，这使得中国虽然在资本主义的洪流中前进，但却不能像欧洲那样形成完整的、有步骤的资本主义社会。这便是中国在任何方面显露畸形的原因，也是中国社会思想在现代发展异常迅速的原因。[2]

---

1 陈毓贤《洪业传》，页73—74。
2 王独清《我在欧洲的生活》，页152—153。

一个传统根基动摇、思想正待大变的国家，正遇上一个思想大变的世界，不得不转变再转变地翻滚前去。如果清末没有种族之防，中国的政治改革早早成功，中国留学运动的纷争会不会大改观呢？如果没有救国急务的问题，没有外国的政治操作，一切争论只限于书生论政，只是文化进境的探求，中国会不会有一个新文化的生机呢？反对苏联和共产党的人认为，如果没有苏联，结果可能大不一样：

> 　　如果孙中山先生不决心联俄容共，而竟将广东的地盘让史太林（按：斯大林）派代表，赠粮械来从事革命训练及活动，则陈独秀等虽于民十（1921）发起了中国共产党，然而也不过止于书生的思想宣传，一如当时其他的西方思想，同样的吸收信徒，如自由主义、实验主义、科学主义、民主主义、社会主义、工团主义、基尔特社会主义、无政府主义等等，各说各的，各做各的，且彼此自由辩论，互相切磋，当时北洋军阀一概不懂，一律不干涉，或者经过若干时期的酝酿，能够造成更较成熟的中国新文化的成绩出来。[1]

　　这当然只能是一种假设。北洋军阀里有不少留日学生，并非一概不懂的莽夫。而世界局势的波谲云诡，更不容中国、也不容孙中山走一条容易的路。救国雄心变成主义的争执，中国在成为西方经济榨取的对象之后，又成为西方各种主义的庞大实验场。

　　今天回顾五四新文化运动，或许中国未必需要大规模的、激进的文化变革，可是苦苦挣扎而政治不能更张，在困局中的知识分子于是寄希望于文化改造，也是后人难以深责的反应。有点滑稽的是，"五四"时中国新思想蓬勃，学生取法欧美，反旧权威，但他们去到法国，所见到的法国乡下却重视传统，相当保守。神父穿黑袍，规行矩步，天天向学生说教；同学不闹学潮，不谈反抗、革命、社会主义、无政府等事情。让这些经过"五四"思想大解放、行为自

---

[1] 李璜《学钝室回忆录》，页110。

由放纵惯了的中国学生，认为法国人守旧习惯未免可怕。[1]

今天许多中国人迷惑于日本维新为什么比中国成功，其实日本明治维新，何尝有改变日本的文化底蕴呢？

历史已然发生，不容我们回过头去说如果，但它最少可以供我们借鉴来走眼前的路。

---

[1] 钱昌照《钱昌照回忆录》，页13。郑超麟《史事与回忆》第1卷，页172。苏雪林《浮生九四——雪林回忆录》，页52。

结语：未完的留学潮

中国现代物理研究奠基者
1924年书信

　　我且不愿意将来送吾们的子女来外留学，因为吾们应该把中国学校改进到他们一样好，再不要使他们受晕船思乡的痛苦。

——《严济慈：法兰西情书》，页81

工程部门教授
晚年自述。1920年代梦想留学，令家人费许多心。

　　我始终以为留学是一件不得已之事，尤其不是一件体面的事，好在别人不会来穷根问底，为甚么你们不在国内读书，甚至你们已在自己的国内大学毕业，还要远涉重洋的跑来进他们的大学，到底你们的高等教育是怎么回事？幸而无人提出此一问题，否则真使人无颜面回答。想得深刻一点，何尝不就是国家当前的一种耻辱。果然，在学术上，不应提倡狭义的民族主义，但我们不以为耻犹可，而相反的竟以此为荣，就大大的不该。我早就有这种想法，但转念一想，如果我不曾留学，就没有资格作此批评，至少话就难以说得响，人家必将会说：你不曾出洋，你是在嫉妒。

——沈怡《沈怡自述》，页75

共产党人 元帅

<u>1921年</u>

我希望中国办几个真正能求学问的学校,等学生毕业后才送他们出来游学。

——陈毅《我两年来旅法的痛苦》,页55

20世纪末掀起新一轮的留学潮,到2010年底已达127万人[1],比世纪初还要多。以上的梦想什么时候才达到呢?

哪一天中国人不必以留学为梦,中国的现代化康庄大道才算完成。

---

[1] 据中国评论社香港4月13日电。中国教育部官员12日表示,截至2010年底,中国以留学身份出国的人员超过127万。中国已经成为世界上最大的留学生来源国。BBC也曾发布类似消息。

传主介绍

生年	姓名	留学国家	学校	留学日期	界别	性别	材料来源	费用
1828	容闳	美	预科/耶鲁大学	1847—1854	教育	男	《我在美国和中国生活的追忆》	教会(美国教友)，工读
1867	蔡元培	德/法	莱比锡/巴黎及法国西南就读	1907—1911/ 1912—1913/ 1913—1916	教育	男	《蔡元培口述传略》，载《蔡元培先生纪念集》	公（驻德公使资助），私（商务印书馆编译费，补习）
1869	邝富灼	美	夜校/波莫纳学院预科/加州大学/哥伦比亚大学	1897—1905	翻译	男	《邝富灼博士传略》	私（工读）
1876	穆湘玥	美	威斯康星大学/伊利诺伊大学/德州农工业专修学校	1909—1914	工商界	男	《藕初五十自述》	私
1877	施肇基	美	中心中学/康奈尔大学	1893—1902	政界（外交）	男	《施肇基早年回忆录》	私
1877	颜惠庆	美	中学/弗吉尼亚大学	1895—1900	政界（外交）	男	《颜惠庆自传》	私
1877	曹汝霖	日	早稻田大学/东京法学院	1900—1904	政界（外交）	男	《曹汝霖一生之回忆》	私
1877	徐特立	法/苏	勤工俭学—木兰省立公学/	1919—1924/ 1938—	教育/政界	男	《留法老学生之自述》《六十自传》，载《徐特立教育文集》	勤工俭学
1878	吴玉章	日/法	成城学校/冈山高校/巴黎法科大学	1903—1909/ 1914—1915	政界	男	《吴玉章回忆录》	不详/勤工俭学
1878	江庸	日	成城学校/早稻田大学	1901—1906	政界	男	《江庸自传》，载《上海文史资料选辑》	不详
1881	张知本	日	弘文书院/法政大学	1900—1905	法学	男	《张知本先生访问记录》	公
1881	马君武	日/德	京都大学/柏林皇家工业学院/柏林工业大学	1901—1906/ 1907—1911/ 1913—1916	政界/学界	男	《马君武集》：《一个苦学生的自述》	不详
1881	鲁迅	日	弘文书院/仙台医学专门学校/东京的德语学校	1902—1909	文学	男	《藤野先生》《因太炎先生而想起的二三事》《范爱农》《俄文译本阿Q正传序及作者自叙传略》等	公

生年	姓名	留学国家	学校	留学日期	界别	性别	材料来源	费用
1884	周作人	日	自学为主	1906?—1911	文学	男	《知堂回想录》	疑为公费
1885	杨树达	日	中学/第一高等预备班/第三高等学校	1905—1911	学界	男	《积微翁回忆录》	公
1885	戢翼翘	日	振武学校/士官学校	1906—1911	军政界	男	《戢翼翘先生访问记录》	公
1886	任鸿隽	日/美	同文中学/东京高工/康奈尔大学/哥伦比亚大学	1907—1911/1912—1921	学界	男	《科学救国之梦》	私/公（稽勋）
1886	蒋梦麟	美	加州伯克利大学/哥伦比亚大学	1908—1917	教育	男	《西潮》	私
1888	顾维钧	美	库克学校/哥伦比亚大学	1904—1912	政界(外交)	男	《顾维钧回忆录》	私
1888	王绍鏊	日	早稻田大学	1908—1911	政界	男	《王绍鏊自传》，载《上海档案史料研究》第十辑	私（合会）
1889	欧阳予倩	日	成城学校/明治大学/早稻田大学	1904—1911	戏剧	男	《自我演戏以来》	公
1889	程天固	英/美	中学/高中/牛津大学/加州伯克利大学	1904—1906/1908—1915	政界	男	《程天固回忆录》	私（工读）
1889	张群	日	振武学校/士官学校	1908?—1911,1914—1915	政界	男	《张群先生话往事》	公
1889	杨步伟	日	东京女医学校	1913—1919?	主妇	女	《一个女人的自传》	私/公（省费）
1890	李书华	法	中学/图卢兹大学/巴黎大学	1912—1922	学界	男	《十年留法》，载《传记文学》3卷4期	公（省）
1890	陈衡哲	美	瓦萨女子大学(Vassar)/芝加哥大学	1914—1920	学界	女	《陈衡哲自传》载《传记文学》26卷4期	公
1890	陈公博	美	哥伦比亚大学	1923—1925	政界	男	《少年时代的回忆》，载《苦笑录》	不详
1891	孙科	美	中学/加州大学/哥伦比亚大学	1902?—1911/1912—1917	政界	男	《八十自述》(上)，载《传记文学》23卷4期	公（稽勋）
1891	杨肇嘉	日	小学/初等职业	1908—191?	政界	男	《杨肇嘉回忆录》	私
1891	胡适	美	康奈尔大学/哥伦比亚大学	1910—1917	学界	男	《四十自述》《胡适口述自传》《胡适留学日记》	公（庚款）

生年	姓名	留学国家	学校	留学日期	界别	性别	材料来源	费用
1891	龚德柏	日	补习/第一高等学校	1913—1921	报界	男	《龚德柏回忆录》	公(省费)
1891	王光祈	德	柏林大学/波恩大学	1920—1936	学界	男	《王光祈旅德存稿》	私
1892	赵元任	美	康奈尔大学/哈佛大学	1910—1920	学界	男	《赵元任早年自传》	公(庚款)
1892	陈鹤琴	美	约翰·霍普金斯大学/哥伦比亚师范大学	1914—1919	教育	男	《我的半生》	公(清华)
1892	郭沫若	日	第一等学校预科/冈山高等/九州帝大	1914—1923	文学	男	《樱花书简》	私/公
1892	张肇元	美	哥伦比亚大学/芝加哥大学	1915—1918?	政界	男	《张肇元回忆录》	私(工读)
1893	曾宝荪	英	中学/伦敦大学	1912—1917	教育	女	《曾宝荪回忆录》	私
1893	张资平	日	同文书院/第一高等/第五高等/帝大	1912—1922	文学	男	《资平自传》	公
1893	洪业	美	卫斯理大学/哥伦比亚大学	1915—1923	学界	男	《洪业传》	教会大学
1893	杜聪明	日	京都大学	1915—1921	医	男	《回忆录》	不详
1894	缪云台	美	西南大学/伊利诺伊大学/明尼苏达大学	1913—1919	政界/工商	男	《缪云台回忆录》	公(省费)
1894	凌鸿勋	美	哥伦比亚大学(兼读)	1915—1918	工程师	男	《七十自述》	公(实习)
1894	吴宓	美	弗吉尼亚大学/哈佛大学	1917—1921	学界	男	《吴宓自编年谱》	公(清华)
1894	萧瑜	法	巴黎大学	1919—1924	学界/外交	男	《我和毛泽东行乞记》	不详
1895	蒋廷黻	美	帕克维尔预科(Parkvill)/奥柏林学院/哥伦比亚大学	1912—1918, 1923年回国	学界	男	《蒋廷黻回忆录》	私
1895	沈宗瀚	美	佐治亚州农业学院/康奈尔大学	1913—1918	学界	男	《耕耘岁月》	私/半官费
1895	金岳霖	美/英/美	?/哥伦比亚大学/伦敦政经学院/剑桥?/哈佛大学	1914—1920/1921—1925/1931	学界	男	《回忆》载《大师自述》;《金岳霖回忆录》	公(清华)
1895	程其保	美	哈姆林大学/芝加哥大学/哥伦比亚大学	1918—1923	教育	男	《六十年教育生涯》(一)(二),载《传记文学》	公(清华)

生年	姓名	留学国家	学校	留学日期	界别	性别	材料来源	费用
1895	林语堂	美/德	哈佛大学/莱比锡大学	1919—1923	学界	男	《八十自叙》《自传》，载《名人自述》	半官费
1895	李璜	法	蒙达尔尼农业实习学校/巴黎大学	1919—1924	政界	男	《学钝室回忆录》	私
1895	何廉	美	波莫纳学院/耶鲁大学	1919—1926	学界	男	《何廉回忆录》	私(工读)
1895	徐悲鸿	法	巴黎国立高等美术学校	1919—1926	艺术	男	《悲鸿自述》，载《艺人自述》	公
1895	李宗侗	法	里昂大学/巴黎大学	1912—1924	学界	男	《李宗侗自传》	俭学生
1895	冯友兰	美	哥伦比亚大学	1920—1923	学界	男	《三松堂自序》	公
1896	郁达夫	日	第一高等学校/第八高等学校/东京大学	1913—	文学	男	《郁达夫日记集》	私/公
1896	朱东润	英	伦敦西南学院	1913—1916	学界	男	《世纪学人自述》第1卷	俭学
1896	溥心畲	德	柏林大学（未能证实）	1914—1917/1918?—1922	艺术	男	《心畲学历自述》载《传记文学》13卷3期	公?
1896	王若飞	日/法	明治大学/勤工俭学/东方大学	1918—1919 1919—1923 1923—1925	政界	男	《赴法勤工俭学运动史料》第3册	公/勤工俭学
1896	李济	美	克拉克大学/哈佛大学	1918—1923	学界	男	《感旧录》	公（清华）
1896	张道藩	法/英	（本拟）勤工俭学/中学/克乃芬姆学院/伦敦大学/巴黎最高美学院	1920—1926	政界	男	《酸甜苦辣的回味》，载《传记文学》1卷6期	不详
1896	雷啸岑	日	东亚预备学校/早稻田大学专门部/早稻田大学政经学部	1920—1924	报界	男	《忧患余生之自述》	私
1896	胡愈之	法	巴黎大学	1928—1931	出版	男	《我的回忆》	私(工读)
1896	罗炳之	美/英	斯坦福大学/哥伦比亚大学/伦敦大学	1928—1931/1935—1936	学界	男	《世纪学人自述》第1卷	公（省费）
1896?	贺培真	法	自学	1919—1921	政界	男	《留法勤工俭学日记》	勤工俭学

生年	姓名	留学国家	学校	留学日期	界别	性别	材料来源	费用
1897	陶晶孙	日	锦华小学/府立一中/第一高等学校/九州帝大	1907—1929	医学/文学	男	《日本への遗书》	私
1897	胡光麃	美	菲利普斯埃克赛特中学/麻省理工学院	1914—1920	工商	男	《波逐六十年》;《忆最早的一批留美学生》,载《传记文学》	公(清华)
1897	陈翰笙	美/德	波莫纳学院/芝加哥大学/哈佛大学/柏林大学	1915—1924	学界	男	《四个时代的我》	私
1897	周佛海	日	京都大学	1917—1924	政界	男	《陈公博·周佛海回忆录合编》	不详
1897	徐志摩	美/英	哥伦比亚大学/剑桥大学	1918—1922	文学	男	《留美日记》,载《徐志摩未刊日记》(外四种)	私
1897	俞大维	美/德	哈佛大学/柏林大学	1918—1929	学界/政界	男	《俞大维先生自述》	不详/奖学金
1897	萧公权	美	密苏里大学/康奈尔大学	1920—1924	学界	男	《问学谏往录》	公(清华)
1897	黄朝琴	日/美	正则/中学/早稻田大学/伊利诺伊大学	1920—1923/1924—1946	政界	男	《我的回忆》	不详
1897	宗白华	德	法兰克福大学/柏林大学	1920—1925	学界	男	《少年中国学会回忆点滴》《自德载寄书》,载《宗白华全集》	不详
1897	潘菽	美	加州大学/印第安纳大学/芝加哥大学	1922—1927	学界	男	《世纪学人自述》第1卷	公
1897	杨亮功	美	斯坦福大学/哥伦比亚大学/纽约大学	1922—1928	学界	男	《早期三十年的教学生活》	不详
1897	赵乃抟	美	哥伦比亚大学	1923—1929	学界	男	《世纪学人自述》第1卷	公
1897	钱用和	美	芝加哥大学/哥伦比亚大学	1925—1929	政界	男	《钱用和回忆录》	不详
1897	朱光潜	英/法	爱丁堡大学/伦敦大学及巴黎大学/斯特拉斯大学	1925—1934	学界	男	《朱光潜自传》,载《大师自述》	公(省费)
1897	萨孟武	日	成城中学/第一高等学校/第三高等学校/京都大学	1913—1923	学界	男	《学生时代》	私/公

生年	姓名	留学国家	学校	留学日期	界别	性别	材料来源	费用
1897	王子云	法	巴黎高等美术学院	1931—1937	学界	男	《从长安到雅典》下册	私及学校资助
1898	王独清	日/法/德/意/法	法兰西学院/自学	1918—1919/1920—1925	文学	男	《我在欧洲的生活》	私
1898	田汉	日	东京高等师范	1916—1919	戏剧	男	《田汉自述》	私/公
1898	周恩来	日/法	东亚高等预备学校/勤工俭学	1917—1919/1920—1924	政界	男	《赴法勤工俭学运动史料》第3册	私（资助）
1898	言心哲	法/美	勤工俭学/中学/太平洋学院/加州大学	1919—1928	学界	男	《世纪学人自述》第1卷	勤工俭学/半工读/半官费
1898	陈科美	美	伊利诺大学/芝加哥大学/哥伦比亚大学	1920—1926	学界	男	《世纪学人自述》第1卷	私/半官费
1898	丰子恺	日	自学为主	1921—1922	艺术/文学	男	《丰子恺自叙》	私
1898	余家菊	英	伦敦大学/爱丁堡大学	1922—1924	教育	男	《疑是录》，载《余家菊景陶先生回忆录》	公
1898	老舍	英	伦敦大学	1924—1929	文学	男	《老舍自传》	不详
1898	白瑜	苏/英/美	莫斯科中山大学/伦敦大学政经学院/密苏里州立大学	1926—1927	政界	男	《有关留俄中山大学》，载《传记文学》30卷1—3期	公
1898	蒋复璁	德	柏林大学	1930—1932	学界	男	《蒋复璁口述回忆录》	公
1898	毛彦文	美	密歇根大学	1929—1931	教育	男	《往事》	美国奖学金
1899	黄季陆	日/美	庆应大学/卫斯理大学/俄亥俄州立大学/多伦多大学	1918/1919—1923	政界	男	《黄季陆先生怀往文集》	不详
1899	钱昌照	英	伦敦政经学院/牛津大学	1919—1923	政界	男	《钱昌照回忆录》	私
1899	郝更生	美	哥伦比亚大学/春田大学	1919—1923	体育	男	《郝更生回忆录》	私
1899	吴经熊	美	密歇根法学院	1920—1921	法学	男	《超越东西方》	不详
1899	聂荣臻	法/比/苏	中学/劳动大学/东方大学/红军大学中国班	1920—1925	政界	男	《聂荣臻回忆录》	勤工俭学
1899	程天放	美/加	芝加哥大学/伊利诺大学/多伦多大学	1920—1926	政界	男	《程天放早年回忆录》	公

生年	姓名	留学国家	学校	留学日期	界别	性别	材料来源	费用
1899	盛成	法	蒙白里大学	1920—1930	学界	男	《海外工读十年纪实》	勤工俭学
1899	潘光旦	美	达特茅斯学院/哥伦比亚大学	1922—1926	学界	男	《谈留美生活》,载《大师自述》	公(清华)
1899	童润之	美	加州大学	1926—1928	教育	男	《世纪学人自述》第1卷	教会
1900	董竹君	日	日语学校及家教	1914—1917	工商	女	《我的一个世纪》	私
1900	章克标	日	东亚高等预备学校/高师/京都帝大	1918—1926	教育/文学	男	《九十自述》	公
1900	何长工	法	勤工俭学/劳动大学	1919—1924	政界	男	《勤工俭学生活回忆》	勤工俭学
1900	李金发	法	巴黎美术学院	1919—1925	文学	男	《李金发回忆录》	勤工俭学/私
1900	赖景瑚	美	伊利诺伊大学/多伦多大学/康奈尔大学	1919—1926?	政界	男	《烟云思往录》	私(工读)/半官费
1900	陈岱孙	美	威斯康星大学/哈佛大学	1920—1926	经济学	男	《世纪学人自述》第1卷	公(清华)
1900	苏雪林	法	里昂中法大学/中学	1921—1925	文学	男	《浮生九四——雪林回忆录》	私/公
1900	浦薛凤	美/德	哈姆林大学/哈佛大学/柏林大学	1921—1926/1933	政界学界	男	《万里家山一梦中》	公(清华)
1900	黄荫普	美	芝加哥大学/哥伦比亚大学/伦敦大学政经学院	1922—1927	出版	男	《忆江南馆回忆》	公(清华)
1900	沈有乾	美	斯坦福大学/加州/哈佛大学/哥伦比亚	1922—1926	学界	男	《怀念六位美国业师》,载《传记文学》49卷1期	公(清华)
1900	张果为	德	维也纳工业专门学校/维也纳大学/柏林大学	1922—1929	学界	男	《浮生的经历与见闻》	公
1900	陈立夫	美	匹兹堡大学研究所	1923—1925	政界	男	《成败之鉴》	私(资助)
1900	孙瑜	美	威斯康星大学/纽约摄影学院	1923—1926	电影	男	《大路之歌》	公(清华)

生年	姓名	留学国家	学校	留学日期	界别	性别	材料来源	费用
1900	冰心	美	韦尔斯利女子学院（Wellesley）	1923—1926	文学	女	《在美留学的三年》《我的老伴吴文藻》《悼杜波依斯博士》	私/半官费
1900	梅贻宝	美/德	奥柏林学院/芝加哥大学/科隆大学	1923—1928	教育	男	《大学教育五十年》	公（清华）
1900	周传儒	英/德	剑桥大学/柏林大学	1931—1939	学界	男	《世纪学人自述》第1卷	公
1900	沈亦珍	美	密歇根大学/哥伦比亚大学	1934—1936	学界/教育	男	《我的一生》	公（省费）
1901	黄仁霖	美	范德堡大学（Vanderdilt）/哥伦比亚大学	1922—1926		男	《黄仁霖回忆录》	不详
1901	陈毅	法	勤工俭学	1919—1921	政界	男	《陈毅早年回忆和文稿》《陈毅口述自传》《赴法勤工俭学运动史料》第3册	勤工俭学（省公费）
1901	郑超麟	法/苏	中学及自修/东方大学	1919—1924	政界	男	《鬈龄杂忆》《郑超麟回忆录》，载《史事与回忆》	勤工俭学（省公费）
1901	沈怡	德/美	德累斯顿工大	1921—1926	政界	男	《沈怡自述》	公
1901	杨廷宝	美	宾夕法尼亚大学	1921—1927	建筑	男	《学生时代》《我为甚么学建筑》，载《杨廷宝谈建筑》	公（清华）
1901	梁实秋	美	科罗拉多大学/哥伦比亚大学	1923—1926	文学	男	《梁实秋自传》《秋室杂忆》《清华七十年》，载《老清华的故事》	公（清华）
1901	严济慈	法	巴黎大学	1923—1927	物理	男	《严济慈:法兰西情书》	私
1901	吴文藻	美	达特茅斯学院/哥伦比亚大学	1923—1929	社会学	男	《世纪学人自述》第1卷	公（清华）
1901	章益	美	华盛顿州立大学	1924—1927	教育	男	《世纪学人自述》第2卷	校奖金/半官费
1901	吴俊升	法	巴黎大学	1928—1931	教育	男	《教育生涯一周甲》	私
1901	陶百川	美	哈佛大学	1934—1937	政界	男	《困勉强狷八十年》	

生年	姓名	留学国家	学校	留学日期	界别	性别	材料来源	费用
1901	胡兰畦	德/法/英/苏	不详/工农补习学校	1929—1935	作家	女	《胡兰畦回忆录》	公（省派）/私
1901	唐筱蓂	日	士官学校预科/东京大学	1920—	政界	男	《五十年前留学日本士官预校的回忆》,载《传记文学》22卷6期,23卷1—3期	私
1902	顾毓琇	美	麻省理工学院	1923—1929	电机工程	男	《一个家庭两个世界》《百龄自述》	公（清华）
1902	李方桂	美	密歇根大学/芝加哥大学	1924—1928	语言学	男	《李方桂先生口述史》	公（清华）
1902	陈碧兰	苏	东方大学	1924—1925	政界	女	《我的回忆——一个中国革命者的回顾》	公
1902	杨子烈	苏	东方大学	1925—1927	主妇	女	《张国焘夫人回忆录》	公
1902	潘大逵	美	斯坦福大学/哥伦比亚大学/威斯康星大学	1925—1930	政界	男	《风雨九十年》	公（清华）
1902	詹剑峰	法	中学/大学听课	1925—1932	学界	男	《世纪学人自述》第2卷	私/省助学金
1902	郑彦棻	法	巴黎大学	1926—1930/1930—1935	学界/政界	男	《往事忆述》	公
1902	宋英	日	东京大学研究所	1929—1931	教育	女	《我的母亲——宋英》	私
1902	胡风	日	东亚日语学校/庆应大学	1929—1934	文学	男	《胡风自传》	半官费
1902	童第周	比利时	比京大学	1930—1934	生物	男	《童第周:追求生命真相》	私
1902	杨成志	法	巴黎大学	1932—1935	学界	男	《世纪学人自述》第2卷	公(大学派)
1902	姜亮夫	法	巴黎大学/自学为主	1935—1937	史学	男	《四十自述》《自传》《我系念中的故乡》《欧游散记》,载《姜亮夫文录》	私
1902	傅筑夫	英	伦敦大学政经学院	1936—1939	学界	男	《世纪学人自述》第2卷	不详
1902	刘道元	美	科罗拉多大学	1948—	学界	男	《九十自述》	不详
1902	王造时	美/英	威斯康星大学	1925—1930	学界	男	《王造时自述》	公（清华）

生年	姓名	留学国家	学校	留学日期	界别	性别	材料来源	费用
1903	汤佩松	日/美	目白中学及同文书院/明尼苏达大学/约翰·霍普金斯大学/哈佛大学	1914—1916/1925—1933	学界	男	《早年留日者谈日本》;《为接朝霞顾夕阳》,载《资深院士回忆录》第1卷	不详/公(清华)
1903	沈沛霖	法	中学/科雷兹省布里夫工业实习学校(Ecole Pratique Industrielle De Brive)	1920—1926	政界/学界	男	《我的留法勤工俭学经历》,载《档案与史学》2004年4—5期	勤工俭学
1903	方显廷	美	威大预科/纽约大学/耶鲁大学	1921—1928	学界	男	《方显廷回忆录》	私(资助)/工读
1903	侯外庐	法/苏	巴黎大学	1927—1930	史学	男	《韧的追求》	私
1903	陈铨	美/德	奥柏林大学/基尔大学	1928?—1930/1930—1934	学界	男	陈光琴《中德思想文化交流的快乐架桥工陈铨教授》,载《旅德追忆》	公(清华)
1903	岑麒祥	法	里昂大学/巴黎大学	1928—1933	语言学	男	《世纪学人自述》第2卷	公(省费)
1903	关德懋	德	德累斯顿高等工业学校	1930—1934	政界	男	《关德懋先生访问纪录》	省费及私费及工作
1903	钟敬文	日	早稻田大学	1934—1936	民俗学	男	《早年留日者谈日本》	私
1903	钱歌川	日/英	东亚预备学校/东京高等师范	1920—1926/1936—1939	翻译	男	《苦瓜散人自传》	私
1904	邓小平	法/苏	中学/东方大学/莫斯科中山大学	1920—1926	政界	男	《邓小平自述》	勤工俭学
1904	漆淇生	日	第一高等学校/冈山六高/京都大学	1923—1931	学界	男	《世纪学人自述》第2卷	不详
1904	胡毅	美	威斯康星大学/芝加哥大学	1924—1929	学界	男	《世纪学人自述》第2卷	公(清华)
1904	刘思慕	苏	莫斯科中山大学	1926—1927	学界	男	《世纪学人自述》第2卷	公或半工读
1904	巴金	法	夜校/自学为主	1927—1928	文学	男	《我的哥哥李尧林》《巴金自叙》《忆》	私
1904	季陶达	苏	东方大学/莫斯科中山大学	1927—1930	学界	男	《世纪学人自述》第2卷	公
1904	常书鸿	法	里昂美专/巴黎高等美术学校	1927—1936	艺术	男	《九十春秋——敦煌五十年》	私/公(省费)

生年	姓名	留学国家	学校	留学日期	界别	性别	材料来源	费用
1905	龙绳武	法	圣西尔陆军学校	1927—1929	军	男	《龙绳武先生访问纪录》	私
1905	师哲	苏	军官联合学校/工程兵学校	1925—1928	政界/学界	男	《我的一生》	公
1905	周煦良	英	爱丁堡大学	1928?—1932	学界	男	《世纪学人自述》第3卷	不详
1905	冯至	德	海德堡大学/柏林大学	1930—1935	文学	男	《外来的养分》，载《山水斜阳》；《留德散记》，载《旅德追忆》	公（省费）
1905	阮镜清	日	东京大学	1934—1937	学界	男	《世纪学人自述》第2卷	私
1906	李先闻	美	普渡大学/康奈尔大学	1923—1929	学界	男	《留学时期——一个农家子的奋斗》之三，载《传记文学》15卷1期	公（清华）
1906	黄佐临	英	伯明翰大学	1925—1929	电影	男	《往事点滴》	私
1906	邓文仪	苏	莫斯科中山大学	1926—1927	政界	男	《留学俄国的回忆》，载《传记文学》28卷1期；《老兵与教授》	公
1906	周有光	日	京都大学	1933—1935	经济学	男	《周有光百岁口述》	私
1906	任之恭	美	麻省理工学院/哈佛大学	1926—1934	物理学	男	《一位华裔物理学家的回忆录》	公（清华）
1906	叶曙	日	东京医专/千叶医大	1926—1943	医学	男	《病理卅三年》	私/公(庚款)
1906	唐有章	苏	中国共产主义劳动者大学	1929—1930	政界	男	《革命与流放》	公
1906	龙冠海	美	斯坦福大学/南加州大学	1929—1935	社会学	男	《留美回忆的一章》，载《传记文学》2卷2期	公（清华）
1906	吴晓邦	日	高田稚夫舞蹈研究所/江口宫讲习会	1929—1936 三次留学	舞蹈	男	《留学日本》，载《艺人自述》；《我的舞蹈艺术生涯》	私
1906	乌兰夫	苏	莫斯科中山大学	1925—1929	政界	男	《乌兰夫回忆录》	公
1907	杨尚昆	苏	莫斯科中山大学	1926—1931	政界	男	《杨尚昆回忆录》	公

生年	姓名	留学国家	学校	留学日期	界别	性别	材料来源	费用
1907	柳无忌	美/英	劳伦斯大学/耶鲁大学/伦敦大学	1927—1932	学界	男	《柳无忌散文选——古稀话旧》	公（清华）
1907	黎东方	法	巴黎大学	1928—1931	史学	男	《平凡的我》	私/公
1907	吴大猷	美	密歇根大学	1931—1934	物理学	男	《回忆》	公？
1907	朱伯康	德	柏林大学/法兰克福大学	1934—1937	军界/学界	男	《我的留学时代》，载《往事杂记》	私
1907	李抱忱	美	奥柏林学院/哥伦比亚大学	1935—1937	学界	男	《山木斋话当年》	私
1907	溥杰	日	东京学习院/陆军士官学校	1929—1935	政界	男	《溥杰回忆录》	不详
1907	严群	美	哥伦比亚大学/耶鲁大学	1935—1940	学界	男	《世纪学人自述》第3卷	教会(奖学金)
1907	袁道丰	法	巴黎大学/政治大学	1926—1931	学界	男	《重游巴黎 抚今追昔》(二)，载《传记文学》23卷2期	私
1907	魏寿昆	德	柏林大学/德累斯顿工科大学/亚琛工科大学旁听	1931—1936	化学	男	《读书与任教期间几个片断的回忆》，载《资深院士回忆录》第1卷	公
1908	彭迪先	日	成城学校/庆应大学/九州帝大	1926—1937	经济学	男	《我的回忆与思考》	私
1908	孙碧奇	美	加州大学/斯坦福大学	1931—1935	政界(外交)	男	《沧海浮生记》	部派工作
1908	朱智贤	日	东京大学	1936—1937	教育	男	《世纪学人自述》第3卷	不详
1908	伍修权	苏	莫斯科中山大学	1925—1931	军界	男	《伍修权将军自述》	公
1908	张明觉	英	剑桥大学	1938—1941	学界	男	《困学求知回忆录》	不详
1909	洪谦	德/奥	柏林大学/耶拿大学/维也纳大学	1927—1937	学界	男	《世纪学人自述》第3卷	不详
1909	罗大冈	法	里昂大学	1933—1947	学界	男	《罗大冈自传》，载《罗大冈文集》	公
190?(1912?)	柳步青	日	东京齿科医专/千叶医大	1931—1946	医学	男	《早年留日者谈日本》	贷款

生年	姓名	留学国家	学校	留学日期	界别	性别	材料来源	费用
1910	蒋经国	苏	东方大学/红军中央军事政治研究院	1925—1937	政界	男	《留苏日记13篇》,载《传记文学》	不详
1910	林林	日	早稻田大学	1933—1936	文学	男	《早年留日者谈日本》	私
1910	薛光前	意	罗马大学	1935—1936	政界	男	《早年留日者谈日本》	私
1910	沈云龙	日	明治大学/日本新闻学院	1935—1937	报界	男	《早年留学东瀛的经过》,载《传记文学》28卷3期	私
1910	费孝通	英	伦敦政经学院	1937—1939	社会学	男	《留英记》,载《费孝通文集》;《暮年自述》,载《费孝通在2003》	公
1910	林耀华	美	哈佛大学	1937—1940	人类学	男	《世纪学人自述》第4卷	公
1910	陈彪如	美	哈佛大学	1944—1946	经济学	男	《世纪学人自述》第4卷	不详
1911	张法干	日	陆军士官学校	1928—1931	军界	男	《张法干先生访问记录》	私
1911	林焕平	日	东亚学校	1933—1937	文学	男	《世纪学人自述》第4卷	私
1911	陈省身	德/法	汉堡大学	1934—1937, 1945年回国	数学	男	《学算六十年》,载《传记文学》49卷5期	公
1911	季羡林	德	哥廷根大学	1935—1946	学界	男	《留德回忆录》《留德十年》	公
1911	何兹全	日/美	?/哥伦比亚大学研究生	1935—1936/1947—1950	史学	男	《爱国一书生》	私/省派
1911	傅衣凌	日	法政大学	1935—1937	社会学	男	《世纪学人自述》第4卷	不详
1911	龚祥瑞	英	伦敦大学政经学院	1936—1939	学界	男	《世纪学人自述》第4卷	公(庚款)
1911	韩德培	加/美	多伦多大学/哈佛大学	1940—1945	学界	男	《世纪学人自述》第4卷	公(庚款)
1912	杨一之	法/德	巴黎大学/柏林大学	1929—1936	学界	男	《世纪学人自述》第4卷	不详
1912	李乃扬	日	广岛高师	1932—1937, 居日	商	男	《早年留日者谈日本》	私
1912	钱伟长	加/美	多伦多大学/加州理工学院	1940—1946	科学/教育	男	《八十自述》	公

生年	姓名	留学国家	学校	留学日期	界别	性别	材料来源	费用
1913	周一良	美	哈佛大学	1939—1944	史学	男	《毕竟是书生》	教会大学奖学金
1913	刘真	日	东京高等师范	1930?—1937	政界/教育	男	《刘真先生访问记录》	不详
1913	钱三强	法	巴黎大学镭学研究所	1937—1948	科学	男	《我和居里实验室》《中国原子核科学发展的片断回忆》，载《徜徉原子空间》	公
1913	王铁崖	英	伦敦政经学院	1938—1939	学界	男	《世纪学人自述》第4卷	公
1913	吴于廑	美	哈佛大学	1941—1947	史学	男	《世纪学人自述》第5卷	公（庚款）
1913	刘绪贻	美	芝加哥大学	1944—1947	学界	男	《箫声剑影——刘绪贻口述自传》	私及省公费
1914	章巽	美	哥伦比亚大学/约翰·霍普金斯大学/纽约大学	1944—1947	学界	男	《世纪学人自述》第5卷	不详
1914	朱锡侯	法	里昂中法大学/里昂大学生理实验室/巴黎大学心理学院	1937—1945	学界	男	《昨夜星辰昨夜风——八十自述》	公
1915	朱绍文	日	东亚高等预备学校/第一高等学校/东京大学及研究院	1934—1945	经济学	男	《早年留日者谈日本》	私/公
1915	陈辛仁	日	不详	1934—1936	政界	男	《早年留日者谈日本》	私
1915	杨宪益	英	牛津大学	1934—1940	翻译	男	《漏船载酒忆当年》	私
1915	赵安博	日	第一高等学校	1935—1937	政界	男	《早年留日者谈日本》	私及公？
1915	李治华	法	里昂中法大学	1937—1942, 留法	学界	男	蒋力编《里昂译事》	公
1915	崔克讱	美	宾夕法尼亚大学	1945—1947	学界	男	《世纪学人自述》第5卷	私
1916	米国均	日	东京工业大学	1935—1942	政界	男	《早年留日者谈日本》	私
1916	蒋纬国	德	柏林大学语言班/慕尼黑军官学校	1936—1939	军界/政界	男	《蒋纬国口述自传》	不详

生年	姓名	留学国家	学校	留学日期	界别	性别	材料来源	费用
1916	詹锳	美	南加州大学/哥伦比亚大学	1948—1953	学界	男	《世纪学人自述》第5卷	私
1916	郁知非(阿云)	美	纽约西奈山医院实习	1949—1950	医学	男	《飞鸿——一个老教授医师的生平自述》	私
1917	丘成	日	第一高等学校	1935—1937	学界	男	《早年留日者谈日本》	私
1917	王念祖	英/美	伦敦大学/哥伦比亚大学/哈佛大学	1937—1946	政界/学界	男	《我的九条命》	私
1917	杨生茂	美	伯克利大学/斯坦福大学	1941—1946	学界	男	《世纪学人自述》第5卷	不详/半工读
1917	黎锦扬	美	哥伦比亚大学/耶鲁大学	1943—1947	戏剧	男	《跃登百老汇》	私/奖(美)
1917	宋则行	英	剑桥大学	1945—1948	学界	男	《世纪学人自述》第5卷	奖学金（英国文化委员会）
1917	何炳棣	美	哥伦比亚大学	1945—1952	史学	男	《读史阅世六十年》	公
1917	黄飞立	美	耶鲁大学	1949—1951	音乐	男	《上帝送我一把小提琴》	私
1917	李匡武	美	威斯康星大学	1949—1952	学界	男	《世纪学人自述》第5卷	奖学金
1918	萧向前	日	东京高等师范/东京文理科大学	1938—1942	政界	男	《早年留日者谈日本》	公
1918	顾应昌	美	伊利诺伊大学/哈佛大学	1940—194?	学界	男	《一个经济小兵的故事》	私
1919	贾克明	日	东京大学	1939—1945	医学	男	《早年留日者谈日本》	私及公？
1919	吴冠中	法	巴黎国立美术学院	1947—1950	艺术	男	《望尽天涯路——吴冠中回忆录》	公
1920	汪向荣	日	京都大学	1940—1942/1944	史学	男	《早年留日者谈日本》	私
1920	王安	美	哈佛大学	1945—1948	工商界	男	《教训》	公
1920	赵浩生	美	伊利诺伊大学	1952—留美	报界	男	《八十年来家国》	不详
1921	任以都	美	瓦萨女子大学/拉德克利夫学院	1941—1946	史学	女	《任以都先生访问纪录》	私？
1921	金克木	印	鹿野苑当地寺庙	1943—1946	学界	男	《游学生涯》	不详
1921	赵无极	法		1948—？	艺术	男	《赵无极自传》	私
1921	许渊冲	法	巴黎大学	1948—1950	翻译	男	《逝水年华》	公

生年	姓名	留学国家	学校	留学日期	界别	性别	材料来源	费用
1924	梁思礼	美	嘉尔顿学院/普渡大学	1941—1949	科学	男	《一个火箭设计师的故事》	教会大学奖学金/美国租借法案资助
1924	梅祖彦	美	伍斯特理工学院/伊利诺伊理工学院	1946—1950,1954年回国	科学	男	《晚年随笔》	不详
1924	李瑞骅	加	多伦多大学	1948(1950入学)—1952	工商界	男	《八十忆语》	私
1924	邵品剡	美	贝勒大学/得克萨斯大学	1948—1952	学界	男	《回忆在中美》	私
1925	陈之藩	美/英	宾夕法尼亚大学/剑桥大学	1955—1957	科学	男	《旅美小简》	私（工读）
1926	林太乙	美	小学,中学	1936—1939,1941—	文学	女	《林家次女》	私
1928	陈天机	美	布朗大学/杜克大学	194?—	科学界	男	《后话：思路历程》,载《天罗地网》	私/奖学金(美)
1929	许靖华	美	俄亥俄州立大学/加州大学洛杉矶分校	1948—1953	学界	男	《孤独与追寻——我的青少年时代》	私
1931	张忠谋	美	哈佛大学/麻省理工学院	1949—1953	工业	男	《张忠谋自传》	私
193?	李湞	美	纽约第87公立学校/纽约市华盛顿公立高中/卡登纳中学（Gardner）/圣心书院	1947—留美	教育	女	《花开梦怀》	私/教会

出版后记

《大留学潮》一书搜罗了300余位亲历者的历史回忆,以真实、完备的细节再现传统中国向西方取经的曲折历程。这一过程自清末起一直延续至今天,历经一个多世纪,牵涉到广大中国前后几代青年,留学人数总计不下数十万人,本书虽然只介绍到新中国诞生的前半段,但将其称之为潮,仍是再贴切不过的。

教育之于一个国家的意义,勿庸赘言。大留学潮在中国的兴起正是为了模仿日本维新的成功故事,汲取西方文明、培养本国精英以扭转国运,从而摆脱19世纪中叶以来落后挨打、挣扎求存的可悲处境。然而,恰如大多数人爱追问的,日本维新30年而致成功,中国的转型之路却为何走得这般艰难多舛?这问题很大,很重要,但牵涉太广,背景太深,因而又难于回答。

张倩仪女士创作的初衷,是从她的专长——教育的角度尝试着回答上述问题:一个曾经辉煌却已跌落尘埃的民族在取西经的过程中,经历了怎样的摸爬滚打,才闯出一条自新自强的路?而每一个身在其间的个体又走过一段怎样的心路历程。她写出的求学事并非单纯的象牙塔内朗朗书声,而时时处处关联着旧日中国的社会众生态。譬如,从留学经费一事入手,她既写晚清、北洋、国民政府对留学费用的统筹安排,辨析各式制度得失,又写少数权贵和主事者玩弄权柄,让子弟巧占学额,乃至一些得不到公费资格的莽撞青年,为筹钱出洋而让家人大吃苦头的故事。

由于大量摘用各种回忆录,书中不乏对留学生活大小事务的记录,譬如旅途中的意外、向人借钱、过语言关的煎熬……看似纤芥无遗,但作者察考的重中之重,仍是国内外各种思潮对于留学生人格养成,进而演至对中国国内时局、政治潮流的潜移默化的影响。20世纪上半叶,中国政局的变迁纷乱扰攘，由作者看来，却也离不开一大批自海外归来、受国际风云影响的弄潮儿播云弄雨的因素。

　　编校这部书稿时，它处处流露着时下不多见的历史接续感，让人心生感动。或许是因为社会发展太过迅猛，又或其他种种缘由，今天的中国与它的过去割裂得太深。许多在20世纪最后20年出生、长大的年轻人对本国历史仅具苍白的认知，他们对近代中国孕育、落地和成长的过程缺乏真切的了解，对祖辈、父辈的想法和作派更嘲之为"落伍"，而无法理解它们自有其发源的社会现实。读这本书或许会使他们产生新的认识，中国崛起自强的新路上其实洒满一代代有为青年的血汗，从这个角度可以说，张倩仪女士的新作大有不忘前人之功、认真总结历史教训的意义。

　　服务热线：133—6631—2326　188—1142—1266
　　服务信箱：reader@hinabook.com

后浪出版公司

2016年9月

图书在版编目（CIP）数据

大留学潮 / 张倩仪著. —北京：北京联合出版公司，2016.8
ISBN 978-7-5502-8526-2

Ⅰ. ①大… Ⅱ. ①张… Ⅲ. ①留学教育－教育史－中国－近现代 Ⅳ. ①G649.29

中国版本图书馆CIP数据核字(2016)第219573号

Copyright © 2016 POST WAVE PUBLISHING CONSULTING (Beijing) Co., Ltd.
本书中文简体版权归属于后浪出版咨询(北京)有限责任公司。

大留学潮

著　　者：张倩仪
选题策划：后浪出版公司
出版统筹：吴兴元
特约编辑：刘晓燕
责任编辑：宋延涛
营销推广：ONEBOOK
装帧制造：墨白空间·周伟伟

北京联合出版公司出版
（北京市西城区德外大街83号楼9层　100088）
北京京都六环印刷厂印刷　新华书店经销
字数450千字　690毫米×960毫米　1/16　31.5印张　插页2
2016年10月第1版　2016年10月第1次印刷
ISBN 978-7-5502-8526-2
定价：60.00元

后浪出版咨询(北京)有限责任公司 常年法律顾问：北京大成律师事务所　周天晖 copyright@hinabook.com
未经许可，不得以任何方式复制或抄袭本书部分或全部内容
版权所有，侵权必究
本书若有质量问题，请与本公司图书销售中心联系调换。电话：010-64010019